"十四五"国家重点图书出版规划项目

新版《列国志》与《国际组织志》联合编辑委员会

主　　任　谢伏瞻
副 主 任　李培林　蔡　昉
秘 书 长　马　援　谢寿光
委　　员（按姓氏音序排列）
　　　陈东晓　陈　甦　陈志敏　陈众议　冯仲平　郝　平　黄　平
　　　贾烈英　姜　锋　李安山　李晨阳　李东燕　李国强　李剑鸣
　　　李绍先　李向阳　李永全　刘北成　刘德斌　刘新成　罗　林
　　　彭　龙　钱乘旦　秦亚青　饶戈平　孙壮志　汪朝光　王　镭
　　　王灵桂　王延中　王　正　吴白乙　邢广程　杨伯江　杨　光
　　　于洪君　袁东振　张倩红　张宇燕　张蕴岭　赵忠秀　郑秉文
　　　郑春荣　周　弘　庄国土　卓新平　邹治波

国际组织志

INTERNATIONAL ORGANIZATIONS SURVEYS

国际劳工组织

INTERNATIONAL LABOUR ORGANIZATION

李西霞 著

社会科学文献出版社
SOCIAL SCIENCES ACADEMIC PRESS (CHINA)

出版说明

自20世纪90年代以来，世界格局和形势发生了重大变化，国际秩序进入深刻调整期。世界多极化、经济全球化、文化多样化、社会信息化加速发展，而与此同时，地缘冲突、经济危机、恐怖威胁、粮食安全、网络安全、环境和气候变化、跨国有组织犯罪等全球性问题变得更加突出，在应对这些问题时以联合国为中心的国际组织起到了引领作用。特别是近年来，逆全球化思潮暗流涌动，单边主义泛起，贸易保护主义升级，以维护多边主义为旗帜的国际组织的地位和作用更加凸显。

作为发展中大国，中国是维护世界和平与发展的重要力量。对于世界而言，应对人类共同挑战，建设和改革全球治理体系，需要中国的参与；对于中国而言，国际组织不仅是中国实现、维护国家利益的重要途径，也是中国承担国际责任的重要平台。考虑到国际组织作为维护多边主义和世界和平与发展平台的重大作用，我们决定在以介绍世界各国及国际组织为要旨的"列国志"项目之下设立"国际组织志"子项目，将"国际组织"各卷次单独作为一个系列编撰出版。

从概念上讲，国际组织是具有国际性行为特征的组织，有广义、狭义之分。狭义上的国际组织仅指由两个或两个以上国家（或其他国际法主体）为实现特定目的和任务，依据其缔结的条约或其他正式法律文件建立的有一定规章制度的常设性机

构，即通常所说的政府间国际组织（IGO）。虽然这样的定义明确，但在实际操作中对政府间国际组织的界定却不总是完全清晰的，因此我们在项目运作过程中参考了国际协会联盟（Union of International Associations，UIA）对国际组织的归类。除会籍普遍性组织（Universal Membership Organizations）、洲际性组织（Intercontinental Membership Organizations）和区域性组织（Regionally Defined Membership Organizations）等常见的协定性国际组织形式外，UIA把具有特殊架构的组织也纳入政府间国际组织的范围，比如论坛性组织、国际集团等。考虑到这些新型国际组织数量增长较快，而且具有灵活、高效、低成本等优势，它们在全球事务中的协调作用及影响力不容忽视，所以我们将这些新型的国际组织也囊括其中。

广义上的国际组织除包括政府间国际组织之外，还包括非政府间的国际组织（INGO），指的是由不同国家的社会团体或个人组成，为促进在政治、经济、科学技术、文化、宗教、人道主义及其他人类活动领域的国际合作而建立的一种非官方的国际联合体。非政府间国际组织的活动重点是社会发展领域，如扶贫、环保、教育、卫生等，因其独立性和专业性而在全球治理领域发挥着独特作用。鉴于此，我们将非政府间的国际组织也纳入"国际组织志"系列。

构建人类命运共同体，建设持久和平、普遍安全、共同繁荣、开放包容、清洁美丽的世界，是习近平总书记着眼人类发展和世界前途提出的中国理念，受到了国际社会的高度评价和热烈响应。中国作为负责任大国，正以更加积极的姿态参与推动人类命运共同体的建设，国际组织无疑是中国发挥作用的重要平台。这也是近年来我国将国际组织人才培养提升到国家战略层面，加大国际组织人才培养力度的原因所在。

"国际组织志"丛书属于基础性研究，强调学术性、权威性、应用性，作者队伍由中国社会科学院国际研究学部及国内各高校、科研机构的专家学者组成。尽管目前国内有关国际组织的研究已经取得了较大进步，但仍存在许多亟待加强的地方，比如对有关国际组织制度、规范、法律、伦理等方面的研究还不充分，可供国际事务参与者借鉴参考的资料还很缺乏。

正因为如此，我们希望通过"国际组织志"这个项目，搭建起一个全国性的国际组织研究与出版平台。研究人员可以通过这个平台，充分利用已有的资料和成果，深入挖掘新的研究课题，推进我国国际组织领域的相关研究；从业人员可以通过这个平台，掌握国际组织的全面资料与最新资讯，提高参与国际事务的实践能力，更好地在国际舞台上施展才能，服务于国家发展战略；更重要的是，正在成长的新一代学子可以通过这个平台，汲取知识，快速成长为国家需要的全球治理人才。相信在各方的努力与支持下，"国际组织志"项目必将在新的国际国内环境中体现其独有的价值与意义！

新版"列国志"与"国际组织志"联合编辑委员会
2018年10月

序一

莫纪宏[*]

《国际劳工组织》一书系统介绍国际劳工组织成立的国际法依据及其主要职能、组织机构及其议事规则,论述国际劳工标准的内容及其表现形式、国际劳工公约的制定程序、国际劳工标准实施的报告与监督机制,探讨国际劳工组织与其他国际组织的关系以及与中国的关系及其发展前景。同时本书还概述国际劳工组织进入第二个百年面临的挑战及其提出的应对倡议。

我国已进入新发展阶段,应贯彻新发展理念,构建新发展格局。在参与国际劳动治理和国际劳工规则制定过程中体现中国主张,是中国参与全球治理的重要方面。就此而言,该书的出版将产生重要理论贡献和实践价值。首先,在国际体系变革中,国际劳工组织在全球劳动治理领域发挥愈加重要的作用。中国提出和实施"一带一路"倡议并推动构建人类命运共同体,这必然涉及中国与国际社会之间关系的重新定位。近年来中国不断完善劳动治理体系,并在促进生产性就业、扩大基本社会保护、提高劳动收入占比、减少不平等和实现体面劳动、减贫方面,做出了巨大贡献。作为世界第二大经济体,中国在

---

[*] 莫纪宏,中国社会科学院法学研究所所长,研究员,国际法研究所原所长。

国际上的地位越来越重要，应发挥更大作用。从这个意义上讲，研究国际劳工组织法，可增强我国参与国际劳动领域的治理能力。其次，剖析国际劳工组织的议事规则，介绍该领域的最新发展和相关实践，为我国参与国际劳工规则的制定，并在此过程中发出中国声音，表达中国观点，体现中国主张，提供法理基础和实践经验。因此，动员、影响和利用国际劳工组织机制的能力，有效借助该国际机制建构全球影响力和话语权，进而对全球劳动治理体制的发展走向和形成产生影响，可有助于提升我国在国际制度建构领域的影响力。最后，该书从国际组织法的视角，对国际劳工组织进行系统研究，其研究成果不仅为国内学界深化此领域研究提供大量可资参考的国际劳动法资源、理论观点和相关实践，在一定程度上也将为相关部门决策和立法提供国际法学理依据，并促进立法、行为准则和方法上的改进，同时为我国参与劳动世界的全球治理提供国际法依据和政策建议，将对我国国际劳工组织问题研究产生积极推动作用。

中国致力于发展与国际劳工组织的关系，积极实施国际劳工标准。中国已经建立起相关的劳动和社会保障制度，并持续完善和发展。尤其是近年来，我国在工会建设和发展新会员方面取得迅速进展。工会是劳动者的代表性组织，对于劳动者权利的保护发挥着重要作用。因此，落实劳动者加入工会的权利至关重要。2018年3月，中华全国总工会下发《推进货车司机等群体入会工作方案》。据此，各级工会开始持续推进八大群体（货车司机、快递员、护工护理员、家政服务员、商场信息员、网约送餐员、房产中介员、保安员）入会和百人以上企业建会专项行动。截至2021年2月5日，全国新发展八大群体会员

874.3万人,全国23万家百人以上企业建立了工会组织,有效扩大了工会组织覆盖面。同时,我国制定出台了《事业单位工会工作条例》《基层工会会员代表大会条例》《关于企业集团建立工会组织的办法》,加强基层工会规范化建设。在国际层面,将劳工标准与国际贸易挂钩,在全球范围内一直是一个有争议的议题。然而,自1994年《北美自由贸易协定》首次将劳工标准纳入区域自贸协定以来,越来越多的自由贸易协定纳入劳工标准。近年来,我国在此领域也有突破,主要体现在以下两个方面。其一,2020年11月20日,习近平主席在亚太经合组织第二十七次领导人非正式会议上表示,中国将积极考虑加入《全面与进步跨太平洋伙伴关系协定》(CPTPP)。CPTPP是一个纳入高劳工标准的自由贸易协定,加入CPTPP意味着我国将接受该自贸协定中有执行力的劳工标准。2021年9月16日,中国商务部部长王文涛向CPTPP保存方新西兰贸易与出口增长部部长奥康纳提交了中国正式申请加入CPTPP的书面信函。两国部长还举行了电话会议,就中方正式申请加入的有关后续工作进行了沟通。其二,2020年12月30日,中欧领导人共同宣布如期完成《中欧全面投资协定》谈判,该协定文本也纳入了劳工条款,表明我国已经同意接受该协定所包含的劳工条款。我国申请加入有执行力的劳工标准的CPTPP并完成纳入劳工标准的《中欧全面投资协定》的谈判,无论哪一种情形,都显示我国在劳工标准与国际贸易关系的立场上发生了巨大的转变。

国际劳工组织在第二个百年间将进一步采取以人为本构建劳动世界未来的方法,将工人的权利和所有人的需求、向往和权利置于经济、社会和环境政策的核心,坚持不懈地推进其章程赋予的社会正义使命。这与我国以人民为中心的发展理念高度契合。国际劳工组织作为全球唯一的劳工标准体系的维持者,已经并将继续对我国的劳动和社会保障事业产生重大影响。在此背景下,我国将统筹推进劳动法领域的国内法治和涉外法治,提高劳动保护水平,促进体面就业和社会正义的实现。

序二

蒂姆·德梅尔（Tim De Meyer）[*]

中国是国际劳工组织的创始成员国。国际劳工组织作为联合国发展系统内历史最悠久的专门机构，诞生于一个多世纪前的那场毁灭性的战争之后，以铭记历史教训：只有不断努力促进社会正义，普遍与持久和平才可持续。或者，正如国际劳工组织位于日内瓦的首个办公楼的奠基石上镌刻着的拉丁文所言，"Si vispacem, colejustitiam"（如果你渴望和平，就得匡扶正义）。

强调他人的正义行为、道德行为以及将构建负责任政府作为所有公民的道德义务的中国传统，可追溯到更加久远的年代。两千多年前，孔子就提出，适当的社会行为并不会机械地产生于对法律规则的遵从，而是在很大程度上源自国家及其统治者树立的良好榜样的启迪。"子曰：道之以政，齐之以刑，民免而无耻；道之以德，齐之以礼，有耻且格。"（《论语·为政篇第二》）

"人性"或"建设性社会领导"理念（仁 ren）也意味着一种强烈的正义感，以及无论自己处于何种地位都对他人的思想、感情和行为所保持的坚定的尊重。这一古老信念与国际劳工组织永恒价值观产生共鸣，1944年《费城宣言》规定："全人类，

---

[*] 蒂姆·德梅尔，2012~2017年任国际劳工组织中国和蒙古局局长，现就职于国际劳工组织总部。

不分种族、信仰或性别，都有权在自由和尊严、经济保障和机会均等的条件下谋求其物质福祉和精神发展。"

加深理解中国传统的核心价值观与国际劳工组织建立国际劳工标准时所体现的工作中的自由和尊严多边基准之间的联系，当下正逢其时。李西霞副教授已开始这项工作，她精湛的研究将阐明国际劳工组织的运行机制和工作内容，并对中国巩固其在全球经济和国际大家庭中的地位，无疑大有裨益。

中国是世界上人口最多的国家、第二大经济体，拥有全球四分之一的劳动力。中国为实现联合国千年发展目标作出了巨大贡献，特别令人瞩目的是，它使数亿人摆脱贫困，并且几乎完全消除了极端贫困。中国决心创造自己的未来，不断深化改革，进一步扩大开放，以创新推动高附加值制造业、服务业和数字经济的发展。

中国也越来越将自己定位为国际决策领域的主要参与者，并且敏锐地意识到，繁荣是共同的，正如1944年国际劳工组织宣称的那样，"任何地方的贫穷对一切地方的繁荣构成危害"。

我们知道，劳动世界正在以前所未有的速度、规模和深度发生变化。技术创新、人口结构转变、气候变化和开放的全球经济力量的推动，以及因新冠肺炎疫情影响而加速发生的某些领域的转型，带来了高度不确定性以及人们在某些情况下对变化的恐惧。国际社会并非第一次面临此类挑战，对此，它将一如既往地坚持国际劳工组织的国际劳工标准，并将其视为基于社会凝聚力和社会正义的弹性复苏的"灯塔"。

创新和深思熟虑的动态转型在很大程度上依赖于有一定的空间、用于试验并非纯经济性质的想法，同时也依赖于对转型方向及其背后的公平性的广泛归属感。这是在各个层面开展社会对话的切入点，它是所有国际劳工标准的一个关键特征，并非所有的解决方案都来自行政规划。

共同繁荣还依赖于遏制不平等。不平等会使社会分裂，侵蚀生产力和长期经济增长的基础，扼杀人类管理收入和财富以及人类生活质量的能力。因此，对国际劳工标准及其历史演变方式的研究，将有助于解决国际层面和国家层面日益关注的问题。

我相信，在寻求一条不让任何人掉队的前行之路的过程中，读者会在这本书中找到学习和反思中国传统的灵感，正如孔子在很久以前就告诫我们的："学而不思则罔，思而不学则殆。"

CONTENTS
目 录

导　　言 / 1

第一章　国际劳工组织成立的国际法依据 / 15

 第一节　《国际劳工组织章程》的制定及其修订历史 / 15
 第二节　《国际劳工组织章程》的性质与主要的内容 / 16
 第三节　《国际劳工组织章程》的特点 / 17
 第四节　《国际劳工组织章程》的解释 / 19
 第五节　《国际劳工组织章程》下成员国的义务 / 22

第二章　国际劳工组织的成立 / 27

 第一节　国际劳工组织的成立及其法律地位 / 28
 第二节　加入、退出和重新加入国际劳工组织 / 30
 第三节　国际劳工组织的主要职能 / 31
 第四节　国际劳工组织的目标 / 36
 第五节　国际劳工组织的作用 / 39
 第六节　国际劳工组织目前面临的主要挑战 / 40

第三章　国际劳工组织的组织机构 / 43

 第一节　国际劳工大会 / 43
 第二节　理事会与国际劳工局 / 52
 第三节　国际劳工组织的结构特征 / 63

CONTENTS

目　录

第四章　　国际劳工标准 / 69

　　第一节　国际劳工标准简介 / 69
　　第二节　国际劳工标准的内容及其分类 / 71
　　第三节　国际劳工标准的特征 / 74
　　第四节　国际劳工标准的作用 / 80

第五章　　国际劳工标准的表现形式 / 85

　　第一节　国际劳工公约 / 85
　　第二节　建议书 / 99
　　第三节　对设立国际劳工标准形式的思考 / 100

第六章　　国际劳工公约的制定程序 / 103

　　第一节　国际劳工公约的制定 / 104
　　第二节　国际劳工公约的修订 / 107
　　第三节　与国际劳工公约制定相关的问题 / 115

第七章　　成员国提交报告制度 / 119

　　第一节　已批准公约的报告制度 / 119
　　第二节　未批准公约和建议书的报告制度 / 133
　　第三节　对未能履行报告义务问题的解决 / 135

目 录

第八章　国际劳工标准实施的监督机制 / 139

第一节　常规监督机制 / 139

第二节　国际劳工标准实施的特别监督程序 / 149

第三节　国际法院 / 164

第四节　国际劳工组织监督机制的特征 / 165

第九章　《〈国际劳工组织关于工作中基本原则和权利宣言〉及其后续措施》/ 169

第一节　1998 年《宣言》产生的历史背景 / 169

第二节　1998 年《宣言》的主要内容及其"后续措施" / 174

第三节　1998 年《宣言》的性质及其意义 / 182

第四节　关于 1998 年《宣言》的思考 / 186

第十章　国际劳工组织与其他国际组织的关系 / 191

第一节　《章程》关于国际劳工组织与其他国际组织关系的规定 / 191

第二节　在联合国系统内从社会视角审查国际经济政策的努力 / 194

第三节　国际劳工组织与关贸总协定和世界贸易组织的关系 / 197

第四节　加强国际机构之间的协调 / 198

CONTENTS 目录

第十一章　主要国际组织关于劳工标准与国际贸易关系的主张及其实践 / 205

　　第一节　劳工标准与国际贸易关系概述 / 205
　　第二节　国际劳工组织关于劳工标准与国际贸易关系的主张 / 209
　　第三节　国际劳工组织在实施区域自贸协定劳工条款方面的作用 / 214
　　第四节　联合国系统会议或机构关于劳工标准与国际贸易关系的主张及其实践 / 217
　　第五节　世界贸易组织视角下的劳工标准与贸易的关系 / 219

第十二章　中国与国际劳工组织的关系 / 229

　　第一节　概述 / 229
　　第二节　中国加入或批准国际劳工公约的现状 / 233
　　第三节　国际劳工公约与中国国内法的关系 / 237
　　第四节　国际劳工组织和国际劳工标准对中国的影响 / 240
　　第五节　中国与国际劳工组织关系的发展前景 / 245

第十三章　国际劳工组织进入第二个百年：挑战与应对倡议 / 247

　　第一节　国际劳工组织百年庆典系列活动 / 247
　　第二节　国际劳工组织应对新冠肺炎疫情的努力 / 254

CONTENTS

目 录

附　录　一　国际劳工组织章程 / 259

附　录　二　国际劳工组织关于工作中基本原则和权利宣言
　　　　　　及其后续措施 / 279

附　录　三　国际劳工组织关于争取公平全球化的社会
　　　　　　正义宣言 / 285

附　录　四　国际劳工组织关于劳动世界的未来百年宣言 / 299

附　录　五　国际劳工公约一览表（1919～2020 年）/ 307

附　录　六　中国香港特别行政区参加国际劳工公约的情况 / 323

附　录　七　中国澳门特别行政区参加国际劳工公约的情况 / 329

大事记 / 333

参考文献 / 335

索　引 / 353

后　记 / 357

导　言

一　研究对象

　　国际劳工组织是本书的研究对象。对此，有必要说明以下三个方面。第一，国际劳工组织的权能之一是制定国际劳工标准，到目前为止它已通过190项劳工公约和206项建议书，标准内容广泛，涉及劳动者权利保护的诸多方面，包括结社自由和集体谈判、废除强迫劳动、禁止使用童工、机会均等和待遇平等、三方协商、劳动行政管理和劳动监察、就业政策和就业促进、职业指导和培训、就业保障、工资、工作时间、职业安全与卫生、社会保障、生育保护、社会政策以及移民工人、艾滋病毒携带者和艾滋病人、海员、渔民、内河航运工人、土著和部落群体，其他特殊类型的标准涉及种植园工人、护理人员、家政工人等。对于这些具体国际劳工标准，本书不作详细讨论，仅研究国际劳工标准的制定程序。

　　第二，国际劳工组织作为国际法主体，与其他国际组织一样拥有独立的国际法人资格，可订立契约、获得和处置不动产和动产、提起诉讼，国际劳工组织及其大会代表和官员享有为达成其宗旨或承担与该组织有关的职务所必要的特权及豁免待遇。对此，本书的研究重点是国际劳工组织这一国际法主体，其建立依据、法律地位、组织机构、职权、议事规则、劳工标准的制定程序和实施监督机制、成员国的加入及其权利义务等，以期为增强我国参与国际劳工标准的制定能力和引领话语权提供理论依据和国际法参照。

第三，国际劳工组织作为联合国的专门机构，在联合国体系内承担相应的国际职责，就劳动和社会保障问题制定公约或政策，就此而言在联合国系统内应保持其与联合国相关政策的一致性。但同时，它与独立于联合国的世界贸易组织也发生一定的联系，尤其是关于劳工标准与国际贸易的关系的处理。本书在这一国际背景下探讨国际劳工组织在多边体系中与其他国际组织的关系及其作用，有助于把握宏观的国际变动脉络，增强我国参与劳动世界的治理以及全球治理的能力。

二 国际劳工组织概述

国际劳工组织（International Labour Organization，ILO）于1919年成立，是原国际联盟的自治性附属机构。国际联盟解体后，它作为独立的国际组织存在。[1] 1946年国际劳工组织加入联合国成为其专门机构，[2] 负责劳动和社会保障等事务。它是联合国系统内唯一的"三方"机构，这一独特的"三方"结构，使政府代表、雇主组织代表和工人组织代表能在平等的基础上解决与劳工和社会政策有关的问题。目前，它有187个成员国。国际劳工组织坚持和践行以社会正义为基础建立世界持久和平的理念，发挥其制定国际劳工标准和提供技术援助等主要权能，致力于通过国际劳工标准的实施促进国家层面上劳动条件的改善，促进人人获得更多生产性就业和体面劳动的机会。

国际劳工组织在100多年的发展进程中，历经挑战与困难：经历了国际体系的深刻变革，从20世纪初的多极世界，到冷战期间的两极世界，

---

[1] 刘旭：《国际劳工标准概述》，中国劳动社会保障出版社，2003，第1页。
[2] 《联合国宪章》第57条规定："1. 由各国政府间协定所成立之各种专门机关，依其组织约章之规定，于经济、社会、文化、教育、卫生及其他有关部门负有广大国际责任者，应依第六十三条之规定使与联合国发生关系；2. 上述与联合国发生关系之各专门机关，以下简称专门机关。"《联合国宪章》第63.1条规定："经济及社会理事会得与第五十七条所指之任何专门机关订立协定，订明关系专门机关与联合国发生关系之条件。该项协定须经大会之核准。"

导言

从短暂的单极时代,[1] 到当下的多极化趋势加强;美国(1977~1980年退出,1980年2月18日重返ILO[2])一度退出国际劳工组织所带来的挑战;近年来,全球化、技术革新、数字经济、人口变化、气候变化和移民,以及新的贸易和投资制度、资本流动、经济金融化、通信和运输技术的革命、新的公司结构和战略,推动了全球生产网络和产业链的发展,而这反向引发了国际上生产地点的转移以及公司的重组、劳动力的重新分配和分工以及工作外包;[3] 等等。

然而,国际劳工组织经受住了一系列考验,并取得斐然成就。国际劳工组织一再强调劳动不是商品,不得将劳工标准用于贸易保护主义的目的;从促进改善传统的工作条件转向促进就业和满足人们获得体面劳动的机会的需要等。国际劳工组织在联合国系统中发挥了无可争议的作用。在1969年国际劳工组织成立50周年之际,获得了诺贝尔和平奖;20世纪70年代,参与促进建立新的国际经济秩序;1998年通过《国际劳工组织关于工作中基本原则和权利宣言》(ILO Declaration on Fundamental Principles and Rights at Work)并确定了核心劳工标准;2008年通过《国际劳工组织关于争取公平全球化的社会正义宣言》(ILO Declaration on Social Justice for a Fair Globalization),表达了对在全球化时代其权责的当代认识,即在促进全球经济发展的同时促进社会正义;以四大战略目标(促进就业、社会保护、社会对话和三方机制以及工作中的基本权利)为基础;国际劳工组织的体面劳动议程有助于改善经济和工作条件,使所有工人、雇主和政府都参与建设持久和平、繁荣和进步的世界。[4] 为改善劳动

---

[1] Francis Maupain, *The Future of the International Labour Organization in the Global Economy*, Hart Publishing, 2013, p. 2.
[2] "United States of America," in "Ratifications by Country," https://www.ilo.org/dyn/normlex/en/f?p=NORMLEXPUB:11001:0::NO:,最后访问日期:2020年12月23日。
[3] Brian Langille, "Labor," in Jacob Katz Cogan, Ian Hurd and Ian Johnstone, eds., *The Oxford Handbook of International Organizations*, Oxford University Press, 2016, p. 475.
[4] ILO, "Mission and Impact of the ILO," https://www.ilo.org/global/about-the-ilo/mission-and-objectives/lang--en/index.htm,最后访问日期:2021年3月9日。

条件，促进体面劳动，国际劳工组织认为，必须制定在任何地方都应遵守的劳工基准标准。为此，至今国际劳工组织已通过190个国际劳工公约、6个议定书和206个建议书以及一系列宣言和倡议。①

2019年，国际劳工组织迎来了成立一百周年，这使其成为建立时间最长的国际组织之一。成立百年之际，劳动世界面临着由技术创新、人口结构转变、环境与气候变化和全球化所驱动的根本性变革，以及持续存在的不平等现象，这对劳动世界的性质和未来，以及对身在其中的人民的地位和尊严具有深刻影响。② 对此，2019年国际劳工组织通过了《国际劳工组织关于劳动世界的未来百年宣言》（ILO Centenary Declaration for the Future of Work），呼吁各成员国关注劳动世界的未来发展，③ 并提出，当务之急是立即行动起来，抓住机遇，应对挑战，创造一个公平、包容和安全的劳动世界的未来，使人人享有充分、生产性和自由选择的就业和体面劳动；④ 国际劳工组织在第二个百年间必须进一步采取以人为本构建劳动世界未来的方法，将工人的权利和所有人的需求、向往和权利置于经济、社会和环境政策的核心，坚持不懈地推进其章程赋予的社会正义使命。⑤

三　中国与国际劳工组织

中国是1919年国际劳工组织成立时的创始成员国。1949年中华人民

---

① "Information System on International Labour Standards," https：//www.ilo.org/dyn/normlex/en/f? p＝NORMLEXPUB：1：0：：NO：：：, 最后访问日期：2020年12月9日。
② ILO Centenary Declaration for the Future of Work (declaration at the 108th session of the International Labour Conference, Geneva, 2019), p.3; Tarja Halonen, "Harnessing Globalization: An Everlasting Challenge," in Tarja Halonen and Ulla Liukkunen, eds., *International Labour Organization and Global Social Governance*, Springer, 2021, pp.1–16.
③ ILO Centenary Declaration for the Future of Work (declaration at the 108th session of the International Labour Conference, Geneva, 2019), p.2.
④ ILO Centenary Declaration for the Future of Work (declaration at the 108th session of the International Labour Conference, Geneva, 2019), p.3.
⑤ ILO Centenary Declaration for the Future of Work (declaration at the 108th session of the International Labour Conference, Geneva, 2019), p.3.

共和国成立后，于1971年恢复在国际劳工组织的合法席位，1983年恢复在国际劳工组织的各项活动。截至目前，中国已签署并批准26项国际劳工公约，其中包括4项基本公约、2项管理公约、20项技术公约，[①] 这些公约对促进我国劳动权利和社会保障权利的实现起到了极大的推动作用。

国际劳工组织在中国的合作伙伴有中华人民共和国人力资源和社会保障部、中华全国总工会和中国企业联合会。人力资源和社会保障部代表中国政府参加国际劳工组织的各项活动，并参与国际劳工组织有关公约以及劳动和社会保障等方面政策的制定工作。人力资源和社会保障部与国际劳工组织在包括劳动力市场管理、就业促进和就业保护、社会保障在内的诸多领域进行密切合作。1944年中国被列为10个主要工业国之一，[②] 从而成为国际劳工组织理事会常任政府理事。中华全国总工会是中国各地方总工会和各产业工会全国组织的领导机关，代表中国工人参加国际劳工组织的会议和各项活动。中国企业联合会是中国正式确定的代表各类雇主的雇主组织，代表雇主参加国际劳工组织的各项活动。国际劳工组织支持中国企业联合会在诸多领域包括劳动关系、管理发展、中小企业家能力建设、全球契约、性别主流化、预防艾滋病等开展的各种咨询、研讨会、调查和研究活动。[③] 值得指出的是，中华全国总工会负责人自1984年之后多次当选理事会工人组理事，中国企业联合会负责人自2005年之后也多次当选理事会雇主组理事。1985年1月，国际劳工组织在北京设立中国和蒙古局（ILO Country Office for China and Mongolia），负责中国、蒙古国工作。

新中国与国际劳工组织一直保持积极互动关系。尤其是近年来，中国

---

① "Ratifications for China," in "Ratifications by Country," https://www.ilo.org/dyn/normlex/en/f? p=1000：11200：0：：NO：11200：P11200_COUNTRY_ID：103404，最后访问日期：2020年6月12日。

② 目前这10个主要工业国为德国、巴西、中国、美国、法国、印度、意大利、日本、英国、俄罗斯。参见"Composition of the Governing Body of the International Labour Office,"，https://www.ilo.org/wcmsp5/groups/public/@ed_norm/@relconf/@reloff/documents/meetingdocument/wcms_083528.pdf，最后访问日期：2020年9月18日。

③ 参见《国际劳工组织在中国的合作伙伴》，国际劳工组织网站，https://www.ilo.org/beijing/countries-covered/WCMS_624962/lang--zh/index.htm，最后访问日期：2020年6月19日。

国际劳工组织

政府高层与国际劳工组织互动积极。2011年11月29日，国家副主席习近平在北京会见来访的国际劳工组织总干事胡安·索马维亚（Juan Somavia）一行。习近平指出："国际劳工组织是历史最悠久的联合国专门机构，在国际上具有重要影响。中国赞赏国际劳工组织在促进社会公正和保护劳动者权益方面所做的开创性工作……中国将积极参与国际劳工事务，进一步加强与国际劳工组织、各成员国以及工会和企业协会的合作，促进社会公平正义。"[1] 索马维亚总干事高度赞扬中国在经济发展和社会进步方面取得的成就，称"国际劳工组织高度重视同中国发展关系，希望中国在国际劳工组织乃至全球治理中发挥更大作用"[2]。2016年9月5日，国际劳工组织总干事盖·莱德（Guy Ryder）应邀出席二十国集团领导人杭州峰会，习近平主席在杭州与其会面，莱德高度肯定中国在全球治理中的作用，"我相信中国贡献将会帮助夯实世界经济复苏和增长的根基，这对世界各国都是有好处的。中国对全球经济增长的贡献近30%，作为二十国集团（G20）主席国，中国对世界经济的提振作用巨大"[3]。高层互动表明中国愿意进一步加强与国际劳工组织合作，为全球治理贡献中国智慧、提供中国方案，同时也彰显国际劳工组织对中国发展的信心。[4]

中国发展与国际劳工组织的关系，一方面能够使中国在国际劳工组织乃至全球治理中发挥更大作用，另一方面有利于依据国际劳工标准推动和完善中国劳动和社会保障法律制度，改善劳动条件，促进体面就业。然而，相较于国际劳工组织通过的190项劳工公约，中国已批准的26项劳工公约显然占比较小；此外，中国参与劳工规则制定的力度和引领话语权

---

[1] 《习近平会见国际劳工组织总干事胡安·索马维亚》，中国政府网，http://www.gov.cn/ldhd/2011-11/29/content_2006390.htm，最后访问日期：2019年10月12日。

[2] 《习近平会见国际劳工组织总干事胡安·索马维亚》，中国政府网，http://www.gov.cn/ldhd/2011-11/29/content_2006390.htm，最后访问日期：2019年10月12日。

[3] 张龙平：《国际劳工组织与中国：百年历史回顾》，《中国社会科学报》2019年6月4日；另参见《合作应对重大挑战（回眸G20杭州峰会）——访国际劳工组织总干事盖·莱德》，人民网，http://world.people.com.cn/n1/2016/0911/c1002-28706371.html，最后访问日期：2019年10月12日。

[4] 张龙平：《国际劳工组织与中国：百年历史回顾》，《中国社会科学报》2019年6月4日。

的影响力也有待加强，但这也意味着双方在劳动和社会保障领域的诸多方面均有合作空间。因此，中国注重积极参与国际劳工标准的制定和批准实施，为全球治理贡献中国方案，是新百年双方合作的一个重要方面。①

四　研究意义和预期影响

在国际体系的变革中，国际层面的多边组织数量快速增加，国际组织和制度不断发展，国际组织之间政策目标的协调将影响全球治理格局。一方面，世界贸易组织是一个独立于联合国的永久性国际组织，负责管理世界经济和贸易秩序。1996 年，世界贸易组织明确承认，国际劳工组织是制定和处理劳工标准的适格机构，对国际劳工组织的这一定位，为其发挥巨大作用奠定了坚实的基础。另一方面，在联合国体系内，国际劳工组织作为联合国的专门机构，承担相应的国际职责，就劳动和社会保障问题制定公约或政策。2019 年《关于劳动世界的未来百年宣言》宣告，国际劳工组织必须立足其章程权责，在多边体系中发挥重要作用，通过加强与其他组织的合作并发展与它们之间的制度化安排，在追求用以人为本的方法来实现劳动世界未来的过程中促进政策协调一致，承认社会、贸易、金融、经济和环境政策之间存在的各种强劲、复杂和重要联系。② 就此而言，研究国际劳工组织及其与其他国际组织之间的关系以及参与全球治理规则的制定，不仅对我国参与全球劳动治理具有指引意义，而且对我国参与全球治理、引领多边对话、构建新型国际关系也具有统领意义。

从国际组织法的视角看，国际劳工组织对主权国家的影响越来越大。国际劳工组织作为联合国的一个专门机构，其在全球化和多边主义背景下，在全球劳动治理领域发挥愈加重要的作用。一方面，国际劳工组织对主权国家的渗透力度和影响程度日益加深，其制定的公约或政策不仅对主

---

① 张龙平：《国际劳工组织与中国：百年历史回顾》，《中国社会科学报》2019 年 6 月 4 日。
② ILO Centenary Declaration for the Future of Work（declaration at the 108th session of the International Labour Conference, Geneva, 2019）, p. 7.

国际劳工组织

权国家的对外政策和国际法实践有重要影响,而且对主权国家内部的社会生活如贸易、个人权利保护等方面也都有深刻的影响。另一方面,国际劳工组织是主权国家应善加利用的国际资源。参加国际劳工组织是国家对外关系和外交政策的重要组成部分,国际劳工组织所代表的国际社会公共利益,也包含了各国的国家利益。一个强国的作用,很大程度上体现为其动员、影响和利用国际机制的能力。[①] 从这个意义上讲,研究国际劳工组织法,介绍该领域的最新发展,是有效借助该国际机制建构全球影响力的一个重要途径,并借此提升自身在国际制度建构领域的话语权,进而对全球劳动治理体制的形成产生影响。

党的十九大是在全面建成小康社会决胜阶段、中国特色社会主义发展关键时期召开的一次十分重要的大会,标志着中国特色社会主义建设事业进入新时代。在新时代,中国继续推进"一带一路"倡议的实施并推动构建人类命运共同体,这必然涉及中国与国际社会之间关系的重新定位。新时代中国在国际上的地位越来越重要,应该发挥更大作用,其中包括国际规则话语权和影响以及引领国际关系的问题。自改革开放以来的四十多年里,中国经济年增9.5%[②];十八大以来城镇新增就业年均都在1300万以上[③],并已建立与经济发展水平相适应的、基本覆盖全民的社会保障体系。中国作为国际劳工组织成员国,拥有庞大的劳动力规模,国际劳工标

---

① 田野、林菁:《国际劳工标准与中国劳动治理——一种政治经济学分析》,《世界经济与政治》2009年第5期;刘冬梅:《论国际机制对中国社会保障制度与法律改革的影响——以联合国、国际劳工组织和世界银行的影响为例》,《比较法研究》2011年第5期;饶戈平:《本体、对象与范围——国际组织法学科基本问题之探讨》,《国际法研究》2016年第1期;林燕玲:《国际劳工组织的历史贡献及其对中国劳动社会保障法制建设的影响——纪念国际劳工组织成立100周年》,《中国劳动关系学院学报》2019年第6期。

② 国家统计局:《改革开放以来中国经济年增9.5%》,中国新闻网,https://baijiahao.baidu.com/s?id=1609961866539716655&wfr=spider&for=pc,最后访问日期:2021年3月12日。

③ 《尹蔚民代表:十八大以来城镇新增就业年均都在1300万以上》,中国共产党新闻网,http://cpc.people.com.cn/19th/n1/2017/1022/c414536-29601740.html,最后访问日期:2021年3月12日。

准的制定及其适用无一不对我国劳动和社会保障产生影响。在此意义上，立足于统筹推进劳动法领域的国内法治与涉外法治，深入研究国际劳工组织议事规则、国际劳工标准制定程序及其监督机制等国际法问题及相关实践，具有重要的理论和现实意义，将对我国应对新的国际形势带动或引领国际劳工规则的制定提出启示，并为增强我国在国际劳动领域的治理能力提供学理基础和经验参考。因此，立足新发展阶段，贯彻新发展理念，构建新发展格局，在参与国际劳动治理和国际劳工规则制定过程中，发出中国声音，表达中国观点，体现中国主张是中国参与全球治理的重要途径。

本研究成果即专著《国际劳工组织》在全国范围内公开出版发行，预期会产生以下几个方面的影响。第一，本书研究的重点是国际劳工组织相关议题，旨在加强国内关于国际劳工组织的理论研究，填补国内在此领域研究的相对不足。本研究成果可为学界深化此研究提供大量可资参考的国际劳动法资源、理论观点和国家实践案例。同时，将国际劳工组织的法律知识更广泛地传播给受众，以期提高读者关于国际劳工标准和劳动权利保护的法律意识。第二，研究国际劳工组织的议事规则，介绍该领域的最新发展和相关实践，为我国在新的发展阶段参与国际劳工规则的制定，影响或引领国际制度的构建提出启示，并深化我国关于国际劳工组织规则制定的理论研究，为增强我国在国际劳动领域以及全球领域的治理能力提供学理基础和实践经验。第三，探讨国际劳工标准适用的一般性原理，尤其是在中国的适用，提高中国劳动者保护水平，以此促进中国的法治进程，这也是本研究最重要的目的之一。就此而言，研究成果在一定程度上将为相关部门决策和立法提供国际法学理依据，并促进立法、执法上的改进。随着改革开放的进一步深化，本研究成果所包括的范例、方案和建议将为有关机关进行制度运作提供可资借鉴的资源。

五　研究方法及文献综述

就研究方法而言，本专著从历史探讨和比较研究的视角，利用国外调

国际劳工组织

研、文本分析和文献研究方法，系统地对国际劳工组织进行研究。通过国外调研，与国外研究机构专家、学者和国际劳工组织官员进行专题讨论，切实了解国际劳工组织的真实情形和存在的问题及面临的挑战。通过文本分析和文献研究方法，对国际劳工组织的建立及其发展、议事规则、公约制定程序等进行系统研究，并从国际法的视角对其进行诠释。

在国外文献中，国际劳工组织的议事规则、制定的劳工公约和建议书以及宣言等相关文件是本研究的重要参考依据，它们不仅涉及该组织的运行机制，还关涉成员国的权利和义务以及劳工标准实施的监督机制。在关于国际劳工组织的专著中，埃伯雷·奥西克（Ebere Osieke）所著的《国际劳工组织的章程和实践》（Constitutional Law and Practice in the International Labour Organization，1985）、弗朗西斯·莫帕因（Francis Maupain）所著的《国际劳工组织在全球经济中的未来》（The Future of the International Labour Organization in the Global Economy，2013）最具影响力，非常系统地对国际劳工组织进行了研究，涉及国际劳工组织的建立、议事规则及劳工标准的制定程序、监督机制等。而新近出版的由塔里娅·哈洛宁和乌拉·里乌库能（Tarja Halonen and Ulla Liukkunen）主编的《国际劳工组织与全球社会治理》（International Labour Organization and Global Social Governance，2021）则是对国际劳工组织的相关议题进行了专题研究。此外，鲍勃·赫普尔（Bob Hepple）所著的《劳动法和全球贸易》（Labour Laws and Global Trade，2005）、弗朗斯·彭宁斯编的《软法与硬法之间：国际社会保障标准对国内法的影响》（王锋译，2012年）和雅各布·卡塔科根、伊恩·赫德和伊恩·约翰斯通（Jacob Katz Cogan, Ian Hurd and Ian Johnstone）主编的《牛津国际组织手册》（The Oxford Handbook of International Organization，2016）都不同程度地涉及国际劳工组织议题。除此之外，一系列论文对国际劳工组织的不同方面进行了研究，"The Legislative Techniques of the International Labour Organization"（J. F. McMahon，1965－1966）、"The International Labour Organization's Role in Nationalizing the International Movement to Abolish Child Labor"（Junlin Ho，2006）、"The Standard-setting and Supervisory System of the International Labour

Organization"(Klaus Samson and Kenneth Schindler, 1999)、"Testing Times for the ILO: Institutional Reform for the New International Political Economy"(Sean Cooney, 1999)、"Shared Responsibility and the International Labour Organization"(Yossi Dahan, Hanna Lerner & Faina Milman-Sivan, 2013)、"The International Labour Organization as a Subject of Study for International Lawyers"(C. Wilfred Jenks, 1940)、"A Challenging Ménage à Trois?: Tripartism in the International Labour Organization"(Claire La Hovary, 2015)、"Sea Change: New Rulemaking Procedures at the International Labour Organization"(Desiree LeClercq, 2015),以及"Shrinking the International Labor Code: An Unintended Consequence of the 1998 ILO Declaration on Fundamental Principles and Rights at Work?"(Philip Alston and James Heenan, 2004)分别对国际劳工组织的立法技术、国际劳工组织在国家层面消除童工的作用、国际劳工组织的标准制定及其监督制度、国际劳工组织的机制改革、国际劳工组织与国家之间的责任划分，以及作为国际律师研究对象的国际劳工组织、国际劳工组织三方结构的挑战、国际劳工组织新规则的制定程序、工作中的基本原则和权利等进行了专题研究。

  国内文献主要侧重于国际劳工标准及其与国内法的比较研究，但其中有一些著作的部分章节专门讨论了国际劳工组织问题，如《国际劳工法概要》（刘有锦编译，1985年）、《国际劳动公约概要》（王家宠，1991年）、《国际劳工组织与职业安全卫生》（刘铁民、朱常有、杨乃莲，2003年）、《国际劳工标准概述》（刘旭，2003年）、《外国劳动法学》（田思路主编，2019年）；另外一些著作仅或多或少涉及国际劳工组织相关问题，如《国际劳工标准：演变与争议》（佘云霞，2006年）、《全球化背景下的国际劳工标准分析》（杜晓郁，2007年）、《国际贸易中的劳工权利保障研究》（杨松才，2013年）、《跨国劳动监管制度的重构》（郑丽珍，2014年）、《国际劳工标准与中国劳动法比较研究》（林燕玲，2015年）、《自由贸易协定中的劳工标准》（李西霞，2017年）。国内论文或译文从不同的视角程度不一地涉及国际劳工组织问题，有对国际劳工组织的专题研究，如《国际劳工组织的悖论与承诺》（史蒂芬·L. 威尔伯恩，2015

年）、《国际劳工组织与中国：百年历史回顾》（张龙平，2019 年）、《国际劳工组织的历史贡献及其对中国劳动社会保障法制建设的影响——纪念国际劳工组织成立 100 周年》（林燕玲，2019 年）和《国际劳工组织缔约国报告制度研究》（郭曰君、沈慧琳，2021 年）；也有从国际机制的视角对国际劳工组织相关问题进行的讨论，如《论国际机制对中国社会保障制度与法律改革的影响——以联合国、国际劳工组织和世界银行的影响为例》（刘冬梅，2011 年）、《全球劳工治理：议题、机制与挑战》（汪仕凯，2015 年）；还有从全球劳动治理的视角进行的探讨，如《WTO、劳工标准与劳工权益保障》（常凯，2002 年）、《全球劳动治理引论》（鲍传健，2016 年）、《全球劳动治理：一个新兴视角的潜力与局限》（古列尔莫·米尔蒂、保罗·马金森、宋微，2016 年）、《全球劳工治理：主体、现状与困境》（刘宏松、杨柳青，2018 年）、《劳工、贸易与霸权——国际劳工组织基本劳工权利的缘起与争议》（陈一峰，2018 年）。

从中外文献研究的主题看，国外研究较多地侧重于研究国际劳工组织的议事规则和劳工标准的制定程序及其效力等，而国内研究主要研究国际劳工标准及其与国内法的比较。

六　研究框架

基于上述研究目的和意义，本书依据以下框架展开研究。

第一部分包括第一章、第二章和第三章，系统介绍国际劳工组织成立的国际法依据，国际劳工组织的主要职能和面临的重要挑战，国际劳工组织的组织机构及其议事规则与表决制度。

第二部分包括第四章、第五章、第六章、第七章、第八章和第九章，在介绍国际劳工标准的内容及其表现形式的基础上，具体讨论国际劳工公约的制定程序、成员国提交报告制度与国际劳工标准实施的监督机制，同时探讨 1998 年《国际劳工组织关于工作中基本原则和权利宣言》的效力及与其适用相关的国际法问题。

第三部分包括第十章、第十一章和第十二章，国际劳工组织作为联合

导 言

国专门机构，承担相应的职责，就劳动和社会保障问题制定公约或政策。本部分将从三个方面研究其多边关系：其一为国际劳工组织与世界贸易组织的关系和与联合国系统内的其他国际组织的关系，其二讨论主要国际组织关于劳工标准与国际贸易关系的主张及其实践，其三介绍中国与国际劳工组织的关系，包括中国恢复在国际劳工组织合法地位的历史背景及过程，中国与国际劳工组织关系的现状，尤其是中国批准的国际劳工公约的情况及其适用，国际劳工组织及其国际劳工标准对中国的影响，中国与国际劳工组织合作的前景。

第四部分为第十三章，主要介绍国际劳工组织进入第二个百年面临的挑战与应对倡议，它不仅指出了劳动世界面临的根本性变革以及持续存在的不平等现象，还提出了当务之急是立即行动起来，抓住机遇，应对挑战，创造一个公平、包容和安全的劳动世界的未来，使人人享有充分、生产性和自由选择的就业和体面劳动。同时，还简要介绍了国际劳工组织在应对新冠肺炎疫情中的积极作用。

目前来看，有待进一步研究的问题主要有两个。

首先，2008年国际劳工组织通过了《关于争取公平全球化的社会正义宣言》，表达了该组织对在全球化时代其权责的当代认识，更为重要的是，它赋予该组织对照社会正义基本目标的实现情况检查和审议所有国际经济和财务政策的职责，这些规定再次明确了国际劳工组织在承担制定社会政策职责的同时，还应对经济政策进行审查，在促进全球经济发展的同时保障社会正义。然而，国际劳工组织对全球经济政策的审查并未实现预期目标，无论在理论上还是在实践中都有待研究。但由于资源有限，本书尚未涉及该主题的探讨。

其次，新冠肺炎疫情对劳动世界产生了巨大的影响，再加上劳动世界面临着由技术创新、人口结构转变、环境与气候变化和全球化所驱动的根本性变革，在新冠肺炎疫情结束后，对国际劳工组织的应对措施需要跟进研究，中国也应积极提出建设性方案。

第一章

国际劳工组织成立的国际法依据

第一节 《国际劳工组织章程》的制定及其修订历史

《国际劳工组织章程》（Constitution of the International Labour Organisation，以下简称《章程》）是国际劳工组织据以建立和运行的国际法依据，《章程》原始案文被纳入《凡尔赛条约》（Treaty of Versailles）并作为其第13部分，《章程》的主要内容为制定和实施国际劳工标准建立了一个体制框架。[①] 1944年通过的《关于国际劳工组织的目标和宗旨的宣言》（即《费城宣言》，Declaration Concerning the Aims and Purposes of the International Labour Organisation, Declaration of Philadelphia）是对这一框架的补充，该宣言于1946年作为《章程》附件成为《章程》的组成部分，至今仍然是国际劳工组织宗旨和目标的指南。

《章程》原始案文制定于1919年，后被以下文本修订：1934年6月4日生效的1922年的修正案、1946年9月26日生效的1945年的修正文书、1948年4月20日生效的1946年的修正文书、1954年5月20日生效的1953年的修正文书、1963年5月22日生效的1962年的修正文书、1974

[①] Klaus Samson, "The Standard-setting and Supervisory System of the International Labour Organization," in Krzysztof Drzewicki, Catarina Krause and Allan Rosas, eds., *Social Rights as Human Rights: A European Challenge*, Institute for Human Rights Abo Akademi University, 1994, p.115.

国际劳工组织

年 11 月 1 日生效的 1972 年的修正文书，以及于 2015 年 10 月 8 日生效的 1997 年的修正文书。①

第二节 《国际劳工组织章程》的性质与主要的内容

在国际法上，《章程》属于国际条约。它的内容包括两部分：第一部分为 1919 年《凡尔赛条约》第 13 部分，它内含有《章程》的主要内容，为制定和实施国际劳工标准建立了一个体制框架：国际劳工大会作为最高权力机构，国际劳工局作为秘书处，理事会指导秘书处工作并作为执行机构，制定劳工公约和建议书的程序，成员国批准劳工公约后的义务和劳工标准实施的监督程序。② 第二部分为《费城宣言》。第二次世界大战末期，来自 41 个国家的政府代表、雇主组织代表和工人组织代表出席了 1944 年在费城召开的国际劳工大会。这届国际劳工大会通过了《费城宣言》，重新界定了国际劳工组织的目标和宗旨，对前述体制框架进行了补充。《费城宣言》尤其重申了国际劳工组织所依据的基本原则：劳动不是商品，言论自由和结社自由是不断进步的必要条件，任何地方的贫穷对一切地方的繁荣构成危害，反对贫困的斗争需要各国在国内以坚持不懈的力度进行，还需要各国作持续一致的努力，在此努力中，工人代表和雇主代表享有与政府代表同等的地位，和政府代表一起参加自由讨论和民主决策，以增进共同福利。此外，《费城宣言》确认全人类不分种族、信仰或性别都有权在自由和尊严、经济保障和机会均等的条件下谋求其物质福祉和精神发展等；并界定了具体的目标，如充分就业和提高生活标准，在工资、收入、工时和其他工作条件方面，政府拟订的政策应能保证将进步的成果公平地分配给

---

① "ILO Constitution," https：//www.ilo.org/dyn/normlex/en/f? p = 1000：62：0：：NO：62：P62_ LIST_ ENTRIE_ ID：2453907：NO，最后访问日期：2020 年 3 月 21 日；刘旭：《国际劳工标准概述》，中国劳动社会保障出版社，2003，第 146 页。

② Klaus Samson, "The Standard-setting and Supervisory System of the International Labour Organization," in Krzysztof Drzewicki, Catarina Krause and Allan Rosas, eds., *Social Rights as Human Rights：A European Challenge*, Institute for Human Rights Abo Akademi University, 1994, p.115.

所有人，将维持最低生活的工资给予所有就业者和需要此种保护的人，切实承认集体谈判的权利、劳资双方在不断提高生产率方面的合作，以及工人和雇主在制定与实施社会经济措施方面的合作，扩大社会保障措施，以便使所有需要此种保护的人得到基本收入，并提供完备的医疗；等等。

第三节　《国际劳工组织章程》的特点

《章程》特点主要体现在以下三个方面。

第一，《章程》对加入国际劳工组织的程序作出了不同的规定：（1）国际劳工组织成员国为1945年11月1日已是该组织成员国的国家，以及按《章程》第1条第3款和第4款规定而得以成为成员国的其他国家。①（2）凡联合国创始成员国和经联合国大会依照其宪章规定接纳为联合国成员国的任何国家，在其函告国际劳工局局长正式接受《章程》所载义务后，亦可成为国际劳工组织成员国。②（3）国际劳工组织大会经2/3到会代表投票赞成，其中包括2/3到会并参加投票的政府代表投票赞成，亦可接纳成员国加入本组织。这类接纳应在新成员国政府函告国际劳工局局长正式接受《章程》所载义务之后生效。③换言之，根据已确立的国际法规则，具有国际联盟成员国资格的国家在接受《章程》所载义务之后可加入国际劳工组织，或者根据《章程》规定的具体接纳行为，接纳独立于国际联盟的国家成为国际劳工组织的成员国。因此，《章程》规定的加入国际劳工组织程序的多样性，是其特征之一。④

《章程》的修正案的成立，须经出席大会的代表以2/3多数票通过；而《章程》的修正案的生效，则须经国际劳工组织全体成员国的2/3，其中包括按《章程》第7.3条规定参加理事会的10个主要工业国中的5个

---

① 《国际劳工组织章程》第1.2条。
② 《国际劳工组织章程》第1.3条。
③ 《国际劳工组织章程》第1.4条。
④ C. Wilfred Jenks, "The International Labour Organization as a Subject of Study for International Lawyers," *Journal of Comparative Legislation and International Law*, Vol. 22, No. 1, 1940, p. 36.

国家批准或接受。① 目前这 10 个主要工业成员国为德国、巴西、中国、美国、法国、印度、意大利、日本、英国、俄罗斯。② 1944 年中国被列为 10 个主要工业国之一,从而成为常任理事国。

第二,《章程》在国际法史上首次确立了一套国际章程规则,体现为一种程序规则,以便制定具有立法性质的多边公约,使其生效并以有组织的方式监督其适用。就此而言,《章程》比《国际法院规约》或任何其他近期的国际文书更具革命性。就社会政策问题而言,它确立了国际立法体系的章程框架。③ 依据 2019 年国际劳工组织发布的报告《为了更加美好的未来而工作》,《章程》仍然是历史上最雄心勃勃的社会契约。④ 该报告指出,在《章程》框架下,处于不同发展水平的国家和地区制定了一系列安排,确定了政府与公民、工人与企业以及不同人口群体之间的关系。虽然适用的国情不同,这些社会契约却反映了同一共识,即工人为经济增长和国家繁荣作出贡献,作为回报,他们公平分享进步成果的权利应得到保障,他们的权利应得到尊重,他们也应免受市场经济规则摩擦的影响。⑤

第三,《章程》建立的立法体系更多地显示议会性质,而非外交性质。《章程》没有赋予任何国际机构直接的立法权,但它确立的程序在两个主要方面背离了以往的国际惯例。其一,国际劳工大会是《章程》建立的立法体系中的国际机构（international organ）,它不同于传统类型的

---

① 《国际劳工组织章程》第 36 条。

② "Composition of the Governing Body of the International Labour Office," https://www.ilo.org/wcmsp5/groups/public/@ed_norm/@relconf/@reloff/documents/meetingdocument/wcms_083528.pdf, 最后访问日期: 2020 年 9 月 18 日。

③ C. Wilfred Jenks, "The International Labour Organization as a Subject of Study for International Lawyers," *Journal of Comparative Legislation and International Law*, Vol. 22, No. 1, 1940, p. 36.

④ "社会契约"一词源自 Thomas Hobbes (1651 年)、John Locke (1690 年)、Jean-Jacques Rousseau (1762 年) 以及 20 世纪 John Rawls (1971 年) 等政治哲学家的作品。它解释了国家对公民拥有权威的合法性基础。个人同意对其不可剥夺的自由进行某些限制,以换取对其权利的保护以及社会整体利益的满足。参见 ILO, *Work for a Brighter Future: Global Commission on the Future of Work*, International Labour Office, 2019, p. 59。

⑤ ILO, *Work for a Brighter Future: Global Commission on the Future of Work*, International Labour Office, 2019, p. 23.

第一章　国际劳工组织成立的国际法依据

国际会议。在传统的国际会议中，只有政府代表参加且不经一致同意，国际会议就无权作出决定。[1] 而在国际劳工大会中，每个成员国有四名代表参加，其中两名是政府代表，其余两名为雇主代表和工人代表，而政府指派雇主代表和工人代表则必须征得本国最具代表性的雇主组织和工人组织的同意。[2] 每名代表享有单独投票表决的权利，由此雇主代表和工人代表享有与其政府代表完全平等的地位。出于某些特定目的，包括劳工公约的最后通过，必须经出席大会代表的2/3多数票通过；[3] 但出于所有其他目的，大会有权以多数票决定行事。如此组成的一个机构，显然更多地具有议会性质，而非外交性质。[4] 其二，赋予国际劳工大会这一国际机构职能只是国际立法体系的一部分，在这个国际立法体系中，国家主管机关被赋予了在国际立法进程中特定的职能。国际劳工大会通过一项劳工公约，并不对该组织成员国产生约束力，只有在该成员国将大会通过的公约提交其本国主管机关审议并批准的情形下，才对其具有约束力。在这种体系中，国际机构和被赋予职能的国家主管机关共同参与国际立法进程，[5] 并在这一过程中实质上将三方机构（政府、雇主组织和工人组织）与国家主管机关联系起来。

第四节　《国际劳工组织章程》的解释

遵守《章程》与普遍适用劳工公约，将有助于促进基于社会正义的

---

[1] C. Wilfred Jenks, "The International Labour Organization as a Subject of Study for International Lawyers," *Journal of Comparative Legislation and International Law*, Vol. 22, No. 1, 1940, p. 37.

[2] 《国际劳工组织章程》第3.5条。

[3] 《国际劳工组织章程》第19.2条。

[4] C. Wilfred Jenks, "The International Labour Organization as a Subject of Study for International Lawyers," *Journal of Comparative Legislation and International Law*, Vol. 22, No. 1, 1940, p. 37.

[5] C. Wilfred Jenks, "The International Labour Organization as a Subject of Study for International Lawyers," *Journal of Comparative Legislation and International Law*, Vol. 22, No. 1, 1940, p. 37.

国际劳工组织

普遍持久的和平,但《章程》与劳工公约的效力在很大程度上取决于对它们的解释和适用方式。因此,对《章程》与劳工公约的适当解释和适用,以及和平解决成员国之间的争端,是国际劳工组织为实现其根本宗旨而开展的活动的重要组成部分。①

依据国际法原理,条约的解释主要包括解释的主体、解释的客体、解释方法、解释效力等。② 关于《章程》的解释,《章程》第37.1条规定:"对本章程……在解释上发生的任何问题或争议,应提交国际法院判决。"③这个规定的一个重要特点是,将与《章程》解释有关的问题提交给国际劳工组织以外的独立司法机构。关于对《章程》的解释,目前已有数个案例,其中大多涉及对国际劳工组织管辖权范围的解释问题。④

然而,《章程》对其解释问题并未作出详细规定,因此有必要对以下问题进行简要讨论。其一,《章程》对"问题"(question)和"争议"(dispute)这两个术语含义的界定没有提供任何指导原则,而国际劳工组织相关机构也未尝试对其进行定义。因此,为确定《章程》第37.1条的管辖权范围,有必要首先确定这两个术语的含义,对此有学者主张可从国际法理学寻求依据。依据常设国际法院和国际法院相关裁定,如果两个或两个以上成员国之间或与其他有关实体之间在解释《章程》方面存在意见分歧或冲突,此时似乎就构成了《章程》第37.1条意义上的"争议"。⑤

其二,《章程》没有规定将"问题"或"争议"提交给国际法院的方式,然而,相关国际法规则却提供了适用遵循。首先,事实上在联合国成立前,案件必须由国际联盟行政院(Council of the League of

---

① Ebere Osieke, *Constitutional Law and Practice in the International Labour Organization*, Martinus Nijhoff Publishers, 1985, p. 198.
② 饶戈平主编《国际组织法》,北京大学出版社,1996,第143~168页。
③ 《国际劳工组织章程》第37.1条。
④ Ebere Osieke, *Constitutional Law and Practice in the International Labour Organization*, Martinus Nijhoff Publishers, 1985, p. 198 and footnote 4.
⑤ Ebere Osieke, *Constitutional Law and Practice in the International Labour Organization*, Martinus Nijhoff Publishers, 1985, pp. 200 – 201.

第一章　国际劳工组织成立的国际法依据

Nations）而不是直接由国际劳工组织以请求发表咨询意见（Advisory Opinion）的形式提交给国际常设法院。这是因为，1924 年《国际联盟盟约》（Covenant of the League of Nations）第 14 条[①]和 1929 年对《国际常设法院规约》（Statute of the Permanent Court of International Justice）第 65 条修订的议定书规定，提请国际常设法院发表咨询意见应当由国际联盟行政院提出。[②] 目前，联合国大会可根据《联合国宪章》第 96.2 条[③]规定，授权国际劳工组织通过国际劳工大会或根据大会授权由理事会提请国际法院发表咨询意见，据此针对《章程》第 37.1 条提出的任何"问题"或"争议"，均可由国际劳工大会或理事会以请求发表咨询意见的形式提交国际法院。

然而，关于当事国同意原则与国际法院管辖权的关系，国内有研究认为国家同意仅限于国际法院的诉讼管辖范畴，不会影响法院咨询管辖权的确立;[④] 也有研究主张，国家同意不仅适用于国际法院的诉讼管辖权，也适用于咨询管辖权。[⑤] 而对于当事国同意与咨询管辖权关系，有研究提出，不能单一地支持或反对当事国同意原则，应参照实践视具体情况适用。[⑥] 因此，能否将《章程》第 37.1 条意义上的"问题"或"争议"未

[①] Article 14 of the Covenant of the League of Nations provides that "The Council shall formulate and submit to the Members of the League for adoption plans for the establishment of Permanent Court of International Justice. The Court shall be competent to hear and determine any dispute of an international character which the parties thereto submit to it. The Court may also give an advisory opinion upon any dispute or question referred to it by the Council or by the Assembly."

[②] Ebere Osieke, *Constitutional Law and Practice in the International Labour Organization*, Martinus Nijhoff Publishers, 1985, p. 201.

[③] 《联合国宪章》第 96.2 条规定："联合国其他机关及各种专门机关，对于其工作范围内之任何法律问题，得随时以大会之授权，请求国际法院发表咨询意见。"

[④] 宋岩：《国家同意原则对国际法院行使咨询管辖权的限制——兼论"查戈斯群岛咨询意见案"的管辖权问题》，《国际法研究》2018 年第 1 期；王淑敏、吴昊南：《国际法院关于"查戈斯群岛从毛里求斯分裂案"的咨询管辖权研究》，《法律适用》2018 年第 17 期。

[⑤] 叶强：《同意原则在国际法院咨询程序中的地位再考》，《中国海洋大学学报》（社会科学版）2020 年第 2 期。

[⑥] 何志鹏、鲍墨尔根：《主权与职权之争——国际法院咨询管辖权与当事国同意原则关系的争议与解决》，《北方法学》2018 年第 6 期。

经所有涉案成员国事先同意,提交国际法院处理,应依据"问题"或"争议"的性质和内容作具体分析。

其三,《章程》对国际法院的"判决"(decision)是否具有约束力,没有作出明确规定。①

其四,《章程》没有对国际劳工组织内部为执行国际法院的决定而需要采取的行动作出任何规定。②

第五节 《国际劳工组织章程》下成员国的义务

国际劳工组织通过《章程》对其成员国施加了各种义务。《章程》规定,成员国在加入该组织时都须声明正式接受《章程》所载义务,③ 因此《章程》关于成员国对公约和建议书义务的规定,对于所有成员国都有约束力,即这些义务有约束力的一个重要前提是基于成员国身份。然而,所产生义务的性质则取决于成员国是否批准相关劳工公约。④ 依据《章程》,成员国应履行以下义务。

第一,成员国的一般性义务(the general obligations),如缴纳会费,⑤ 实施国际劳工组织的相关决定,指派参加大会的代表,⑥ 在规定的时间内通知国际劳工局局长是否将控诉案提交国际法院,⑦ 成员国应赋予国际劳工组织为达成其宗旨所必要的特权及豁免待遇。⑧ 这类义务与其他国际组织的一般性义务并无不同,缘于国际劳工组织的具体特点和职能。

---

① Ebere Osieke, *Constitutional Law and Practice in the International Labour Organization*, Martinus Nijhoff Publishers, 1985, p. 203.
② Ebere Osieke, *Constitutional Law and Practice in the International Labour Organization*, Martinus Nijhoff Publishers, 1985, p. 184.
③ 《国际劳工组织章程》第1.3和1.4条。
④ Ebere Osieke, *Constitutional Law and Practice in the International Labour Organization*, Martinus Nijhoff Publishers, 1985, p. 159.
⑤ 《国际劳工组织章程》第13条。
⑥ 《国际劳工组织章程》第3.1条。
⑦ 《国际劳工组织章程》第29.2条。
⑧ 《国际劳工组织章程》第40条。

第一章　国际劳工组织成立的国际法依据

此外，成员国还负有将劳工公约或建议书提交本国主管机关的义务。一旦国际劳工大会通过一项劳工标准（劳工公约或建议书），成员国应根据《章程》规定在 12 个月内（特殊情况下 18 个月）将其提交本国主管机关（通常是议会）审议，以便制定法律或采取其他行动。①

第二，成员国对已批准的劳工公约，主要有以下几方面的义务。其一，一旦成员国批准一项劳工公约，该成员国应"采取必要行动，使该公约各条款发生效力"②。为此，成员国须将已批准公约的规定纳入其国内法，而纳入方式则由每个国家的宪法制度的不同而有所不同。某些国家的宪法规定，该国已批准和公布（或颁布）的公约在其国内法中具有约束力。但在另外一些国家，则根据该国法律制度的性质和《章程》涵盖的事项，将已批准公约各条款以最广泛的含义（法律、法规、条例、法令等）纳入其国内立法。依据国际劳工组织的相关实践，为使已批准劳工公约发生效力而采取的必要行动不仅包括立法措施，还应包括使其有效适用的行政措施和其他措施。③

其二，定期提交报告的义务。各成员国应就为实施其批准或参加的劳工公约中各项规定所采取的措施向国际劳工局提出报告，此种报告应按理事会要求的格式和具体项目编写。④ 在国际劳工组织发展历程中，由于制定公约的数量、批准公约的数量以及成员国数量不断增加，报告周期逐渐延长。从早期的每年提交报告，到 1959 年开始的每 2 年提交一次报告，再到 1977 年的每 4 年（特定劳工公约为每 2 年）提交一次报告。⑤ 目前，已批准劳工公

---

① 《国际劳工组织章程》第 19.5（b）条和第 19.6（b）条。
② 《国际劳工组织章程》第 19.5（d）条。
③ ILC, Report of the Committee of Experts on the Application of Conventions and Recommendations (conference paper at 64th Session of International Labour Conference, 1978), pp. 14 - 15; Ebere Osieke, *Constitutional Law and Practice in the International Labour Organization*, Martinus Nijhoff Publishers, 1985, pp. 161 - 164.
④ 《国际劳工组织章程》第 22 条。
⑤ Ebere Osieke, *Constitutional Law and Practice in the International Labour Organization*, Martinus Nijhoff Publishers, 1985, p. 164.

国际劳工组织

约的报告周期为：对于8项基本公约（fundamental conventions）[①]和4项治理公约（governance conventions）[②]，如果成员国政府已经批准其中某一项或某几项公约，成员国政府应每3年提交一次报告，[③]详细说明它们实施这些已批准公约所采取的法律和实践措施。而对于所有其他劳工公约，除已"搁置"公约（不再进行定期监督的公约）外，批约国政府应每6年提交一次报告。[④]同时还应指出的是，各成员国应将按《章程》第23.2条规定送交局长的资料和报告的副本送交按第3条所承认的代表性组织。[⑤]

---

① （1）1948年《结社自由与保护组织权公约》（Freedom of Association and Protection of the Right to Organize Convention, 1948）（第87号公约）；（2）1949年《组织权与集体谈判权公约》（Right to Organize and Collective Bargaining Convention, 1949）（第98号公约）；（3）1930年《强迫劳动公约》（Forced Labour Convention, 1930）（第29号公约）；（4）1957年《废除强迫劳动公约》（Abolition of Forced Labour Convention, 1957）（第105号公约）；（5）1973年《准予就业最低年龄公约》（Minimum Age Convention, 1973）（第138号公约）；（6）1999年《禁止和立即行动消除最恶劣形式的童工劳动公约》（Prohibition and Immediate Action for the Elimination of the Worst Forms of Child Labour Convention, 1999）（第182号公约）；（7）1951年《对男女工人同等价值的工作付予同等报酬公约》（Equal Remuneration Convention, 1951）（第100号公约）；（8）1958年《（就业和职业）歧视公约》[Discrimination (Employment and Occupation) Convention, 1958]（第111号公约）。截至2019年1月1日，在国际劳工组织187个成员国中，8项基本劳工公约的批准数量为1376项，占可能批准劳工公约总数的92%。参见 ILO, "Conventions and Recommendations," https://www.ilo.org/global/standards/introduction-to-international-labour-standards/conventions-and-recommendations/lang--en/index.htm, 最后访问日期：2019年2月7日。

② （1）1947年《劳动监察公约》（Labour Inspection Convention, 1947）（第81号公约）；（2）1964年《就业政策公约》（Employment Policy Convention, 1964）（第122号公约）；（3）1969年《（农业）劳动监察公约》[Labour Inspection (Agriculture) Convention, 1969]（第129号公约）；（4）1976年《三方协商（国际劳工标准）公约》[Tripartite Consultation (International Labour Standards) Convention, 1976]（第144号公约）。参见 ILO, "Conventions and Recommendations," https://www.ilo.org/global/standards/introduction-to-international-labour-standards/conventions-and-recommendations/lang--en/index.htm, 最后访问日期：2019年2月7日。

③ 2009年，理事会将关于基本公约和治理公约的报告周期从2年延长至3年。参见 Committee on Legal Issues and International Labour Standards, "Improvements in the Standards-Related Activities of the ILO," https://www.ilo.org/wcmsp5/groups/public/---ed_norm/---relconf/documents/meetingdocument/wcms_103365.pdf, 最后访问日期：2019年2月7日。

④ ILO, *Rules of the Game: An Introduction to the Standards-related Work of the International Labour Organization*, Centenary Edition, International Labour Office, 2019, p.106.

⑤ 《国际劳工组织章程》第23.2条。

第一章　国际劳工组织成立的国际法依据

第三，成员国对尚未批准的劳工公约或建议书，主要有以下义务。其一，成员国应将其依照相关规定提交劳工公约和建议书至本国主管机关方面所采取的措施，随同有关主管机关本身及其所采取行动的详细情况，通知国际劳工局局长。① 同时还应指出的是，各成员国应将按《章程》第23.2条规定送交局长的资料和报告的副本送交按第3条所承认的代表性组织。一旦成员国按上述规定向本国主管机关提交了一项公约或建议书并向国际劳工局局长报告了所采取的步骤，该成员国因通过该公约或建议书而产生的直接义务即告履行。其二，依据理事会要求，成员国应向国际劳工局局长报告与尚未批准的劳工公约或建议书所订事项有关的法律及实际情况，说明通过立法、行政措施、集体合同或其他方法，使该劳工公约或该建议书的任何条款得到实施或打算付诸实施的程度，并申述有何困难阻碍或推迟该公约的批准或该建议书的实施。② 对关于尚未批准的劳工公约或建议书的报告的审查，实践中的做法是，理事会每年选定一项或几项劳工公约或建议书，要求成员国提交相关报告内容。但理事会选择公约或建议书，并没有固定的规则。有些公约被频繁选定，有些则不然。选择对关于哪一项或哪几项未批准公约或建议书的报告进行审查，取决于该公约主题在当时的重要性以及自上次审查以来情况在多大程度上发生了变化。然而，理事会的一贯政策是选择有关保护基本劳工权利的公约。③

第四，联邦制成员国的义务。《章程》尤其规定，如联邦政府认为，根据其宪法制度，公约和建议书宜由联邦采取行动的，则联邦成员国的义务与非联邦成员国的相同；如联邦政府认为，根据其宪法制度，公约和建议书的全部或部分宜由其组成的各邦、各省或各州采取行动，而不由联邦采取行动，则联邦政府应作出相关安排：（1）至迟在大会闭幕后18个月内，根据联邦宪法和有关邦、省或州的宪法作出有效安排，将该公约和建议书送交联邦或邦、省、州的适当机关，以便制定法律或采取其他行动；

---

① 《国际劳工组织章程》第19.5（c）条和第19.6（c）条。
② 《国际劳工组织章程》第19.5（e）和第19.6（d）条。
③ Ebere Osieke, *Constitutional Law and Practice in the International Labour Organization*, Martinus Nijhoff Publishers, 1985, p. 160.

国际劳工组织

（2）在取得有关邦、省或州政府同意的情况下，安排联邦同邦、省或州主管机关之间的定期协商，以便在联邦之内促进协调行动，使该公约和建议书各条款生效；（3）通知国际劳工局局长它已依照该条规定采取何种措施，将该公约和建议书提交联邦、邦、省或州的适当机关，并将有关主管机关本身及其所采取行动的详细情况一并通告；（4）关于未经联邦批准的每一项公约，应按理事会要求，每隔适当时期，将联邦及其所属各邦、省或州有关该公约的法律和实际情况报告国际劳工局局长，说明通过立法、行政措施、集体协议或其他方法，使公约的任何条款得到实施或打算付诸实施的程度；（5）对于建议书，应按理事会要求，每隔适当时期，将联邦及其所属各邦、省或州有关该建议书的法律和实际情况报告国际劳工局局长，说明该建议书中各项规定已经实施或打算付诸实施的程度，以及在采纳或实施这些条款方面已认定或可能认定有必要做出的变通。[1] 这一规定提出了一个问题，即在每个联邦制成员国中，劳工问题是否属于联邦制成员国宪法制度下联邦当局的专属权限。如澳大利亚和加拿大，劳工问题不属于联邦当局的专属权限。在这些国家中，它们实行了联邦当局与各邦、各省或州之间定期协商的制度，从而使它们能够批准一些不属于联邦当局专属权限的劳工公约。[2]

第五，尽管民族解放运动的兴起和发展，使得绝大多数"殖民地"或"附属国"获得了独立和主权，但目前世界上仍然存在非本部领土。《章程》第35条规定，成员国有义务在非本部领土实施已批准的劳工公约，"成员国保证其按照本章程规定已经批准的公约须适用于由该国负责国际关系的非本部领土，包括该国作为行政当局的各托管地，但公约所订事项属于该领土自治权力范围者，或公约因当地情况而不能实施者，或公约需作适应当地情况的变通才能实施者除外"[3]。

---

[1] 《国际劳工组织章程》第19.7条。

[2] Nicolas Valticos and G. von Potobsky, *International Labour Law*, Kluwer Law and Taxation Publishers, 1995, p. 270.

[3] 《国际劳工组织章程》第35.1条。

第二章
国际劳工组织的成立

国际劳工组织（International Labour Organization，ILO）于 1919 年依据《凡尔赛条约》（第 13 部分）成立，是原国际联盟的自治性附属机构。国际联盟解体后，它作为独立的国际组织存在。① 1946 年 12 月 14 日，根据《联合国宪章》第 57 条和第 63.1 条规定，② 国际劳工组织加入联合国成为其专门机构，③ 负责劳动就业、社会保障等社会事务，总部设在瑞士日内瓦。目前，它有 187 个成员国，通过了 190 个国际劳工公约、6 个议定书和 206 个建议书。④ 国际劳工组织独特的"三方结构"，使政府代表、雇主组织代表和工人组织代表能在平等的基础上解决与劳工和社会政策有关的问题。国际劳工大会（以下简称"大会"）由成员国各派 4 名代表组成，其中 2 人为政府代表，另外 2 人分别代表该国的雇主组织和工人组织，每年至少召开一次会议，制定国际劳工组织政策和国际劳工标准，编制国际劳工组织的工作计划和预算。在大会闭会期间，

---

① 刘旭：《国际劳工标准概述》，中国劳动社会保障出版社，2003，第 1 页。
② 《联合国宪章》第 57 条规定："1. 由各国政府间协定所成立之各种专门机关，依其组织约章之规定，于经济、社会、文化、教育、卫生及其他有关部门负有广大国际责任者，应依第六十三条之规定使与联合国发生关系；2. 上述与联合国发生关系之各专门机关，以下简称专门机关。"《联合国宪章》第 63.1 条规定："经济及社会理事会得与第五十七条所指之任何专门机关订立协定，订明关系专门机关与联合国发生关系之条件。该项协定须经大会之核准。"
③ Erika de Wet,"Governance through Promotion and Persuasion: The 1998 ILO Declaration on Fundamental Principles and Rights at Work," *German Law Journal*, Vol. 9, No. 11, 2008, pp. 1431 – 1432.
④ ILO, "Information System on International Labour Standards," https：//www.ilo.org/dyn/normlex/en/f？p = NORMLEXPUB：1：0：：NO：：：，最后访问日期：2020 年 2 月 24 日。

国际劳工组织

由理事会指导国际劳工组织工作。理事会由56名理事（28名政府理事、14名雇主理事和14名工人理事）和66名副理事（28名政府副理事、19名雇主副理事和19名工人副理事）组成。① 国际劳工局是国际劳工组织的常设秘书处，向理事会负责。国际劳工局总部在40多个国家设有办事处。② 1969年国际劳工组织在成立50周年之际，获得了诺贝尔和平奖。国际劳工组织于2019年组织相关纪念活动庆祝其成立100周年。国际劳工组织现任总干事是盖·莱德（Guy Ryder）。

第一节 国际劳工组织的成立及其法律地位

国际劳工组织的建立有其深远的历史性渊源和广泛的世界性背景，最早可以追溯到努力尝试在国际层面上进行劳动监管的19世纪。当时正值工业革命之后，工人的高强度劳动与恶劣的劳动和生活条件引起了罗伯特·欧文（Robert Owen，1771-1858）和丹尼尔·格兰德（Daniel Legrand，1783-1859）等劳动活动家的深切关注。他们首先向欧洲主要国家提出倡议，希望对劳工问题进行国际规制。因为在国际层面上制定劳工标准，当时被认为是对工作条件较差的国家进行不正当竞争予以抵制的一种保障。③ 这一努力以及其他活动促成了国际劳工立法协会（International Association for Labour Legislation）于1900年在巴塞尔的成立。在第一次世界大战爆发之前，该协会从事欧洲劳动法的翻译和出版工作，并发起了国际上最早的两项劳工公约的制定工作，这两项公约分别是关于禁止使用白

---

① 参见国际劳工组织《国际劳工组织理事会适用规则汇编》，https://www.ilo.org/gb/documents-in-chinese/WCMS_663005/lang--en/index.htm，最后访问日期：2020年9月18日。
② ILO, *Rules of the Game: An Introduction to the Standards-related Work of the International Labour Organization*, Centenary Edition, International Labour Office, 2019, p.17.
③ Nicolas Valticos and G. von Potobsky, *International Labour Law*, Kluwer Law and Taxation Publishers, 1995, pp.17-18.

第二章 国际劳工组织的成立 | International Labour Organization

磷和对妇女的夜间工作进行规制的。①

1918年11月11日，第一次世界大战协约国与同盟国宣布停火，之后经过长达半年的巴黎和会的谈判，交战国于1919年6月28日签订了《凡尔赛条约》。在1919年的巴黎和会上成立的国际劳工立法委员会（Commission on International Labour Legislation）认为，当时的劳动条件使大量的人遭受了不公正、苦难和贫困，并对世界和平与和谐造成了危害。同时，国际劳工立法委员会确认，任何一国不采用合乎人道的劳动条件，都会构成其他国家愿意改善本国劳动条件的障碍。② 为解决这些问题，它通过了建立国际劳工组织公约草案，该草案随后被纳入《凡尔赛条约》并作为其第13部分，包含了《国际劳工组织章程》的主要内容，为制定和实施国际劳工标准建立了一个体制框架。依据《凡尔赛条约》相关规定，1919年建立的国际劳工组织，是唯一一个可以追溯该条约并运作至今的国际组织。③

《章程》明确授予国际劳工组织完全的法人资格，可订立契约、获得和处置不动产和动产、提起诉讼；国际劳工组织在其成员国领土内应享受为达成其宗旨所必要的特权及豁免待遇；出席大会的代表、理事会理事、国际劳工局局长和官员也应享受为独立执行其与本组织有关的职务所必要的此种特权及豁免待遇。④ 这与其他国际组织拥有独立的国际法人资格一样。⑤

---

① Erika de Wet, "Governance through Promotion and Persuasion: The 1998 ILO Declaration on Fundamental Principles and Rights at Work," *German Law Journal*, Vol. 9, No. 11, 2008, p. 1431.

② Erika de Wet, "Governance through Promotion and Persuasion: The 1998 ILO Declaration on Fundamental Principles and Rights at Work," *German Law Journal*, Vol. 9, No. 11, 2008, p. 1431.

③ Steve Charnovitz, "International Labour Organization in its Second Century," in J. A. Frowein and R. Wolfrum, eds., *Max Planck Yearbook of United Nations Law*, Vol. 4, 2000, Kluwer Law International, 2000, p. 183.

④ 《国际劳工组织章程》第39条和第40条。

⑤ Ian Brownlie, *Principles of Public International Law*, 3rd edition, Clarendon Press, 1979, pp. 681 – 686; Ebere Osieke, *Constitutional Law and Practice in the International Labour Organization*, Martinus Nijhoff Publishers, 1985, pp. 7 – 8.

国际劳工组织

第二节 加入、退出和重新加入国际劳工组织

国际劳工组织是以主权国家为单位参加的国际组织，任何托管地或不是独立国家的自治领土，都不具备加入国际劳工组织的资格。《章程》对加入、退出和重新加入该组织作出了明确规定。

一 加入国际劳工组织

加入国际劳工组织，包括以下几种情形：（1）1945年11月1日已是该组织成员国的国家；（2）依据《章程》第1.3条加入该组织的成员国，即联合国创始成员国和经联合国大会依照其宪章规定接纳为联合国成员国的任何国家，在其函告国际劳工局局长正式接受《章程》所载义务后，亦可成为国际劳工组织成员国；（3）依据《章程》第1.4条加入该组织的成员国，即国际劳工大会经2/3到会代表投票赞成，其中包括2/3到会并参加投票的政府代表，亦可接纳为成员国。这类接纳应在新成员国政府函告国际劳工局局长正式接受《章程》所载义务之后生效。

二 退出国际劳工组织

关于退出国际劳工组织，《章程》第1.5条规定国际劳工组织成员国非经将其退出意图通知国际劳工局局长不得退出本组织。此项通知应在局长收到之日起两年后生效，而且，该成员国届时必须已经履行其作为成员国的全部财务义务。如该成员国曾批准某项国际劳工公约，其退出该组织不影响公约本身所规定的义务及与公约相关的义务在公约规定的期限内继续有效。[①] 这些规定的效果是，退出国际劳工组织需要提前两年发出通知，而且必须已经履行其对国际劳工组织的全部财务义务；而且在任何情况下，退出的成员国将继续受已批准公约所产生的义务的约束，否则退出

[①] 《国际劳工组织章程》第1.5条。

国际劳工组织将不生效。① 不过，也有研究认为，《章程》第1.5条提及的"其退出该组织不影响公约本身所规定的义务及与公约相关的义务在公约规定的期限内继续有效"，实际上只能是道义上的义务。②

三 重新加入国际劳工组织

最后，关于退出后重新加入国际劳工组织，《章程》规定，凡已停止为该组织成员国的国家，如欲重新加入为成员国，应按《章程》第1.3条或第1.4条的规定办理（具体参见前述关于加入国际劳工组织的相关论述）。③

第三节 国际劳工组织的主要职能

一 制定国际劳工标准

国际劳工标准，是国际劳工组织成员国政府代表、雇主组织代表和工人组织代表共同制定的法律文书中规定的关于工作中的基本原则和权利。这些法律文书或是经批准就产生的国际劳工公约（或议定书），抑或是无约束力的建议书。对此，国际劳工组织作为联合国的一个专门机构，在联合国体系中承担制定国际劳工标准和政策的职责，以期实现人道的工作条件。自1919年以来，国际劳工组织建立和发展了一套国际劳工标准体系，旨在促进妇女和男子在自由、公平、安全和尊严的条件下获得体面和生产性工作的机会。在当今的全球化经济中，国际劳工标准是确保全球经济增长为所有人提供利益的国际框架中的一个重要组成部分。④ 截至2020年，

---

① Ebere Osieke, *Constitutional Law and Practice in the International Labour Organization*, Martinus Nijhoff Publishers, 1985, p. 31.
② 王家宠：《国际劳动公约概要》，中国劳动出版社，1991，第26页。
③ 《国际劳工组织章程》第1.6条。
④ ILO, *Rules of the Game: A Brief Introduction to International Labour Standards*, Third Revised Edition, International Labour Office, 2014, p. 7.

国际劳工组织

国际劳工组织已通过190项国际劳工条约、6个议定书和206项建议书。[1] 国际劳工标准内容广泛,涉及劳动者权利保护的诸多方面,按照国际劳工公约和建议书的内容,大致可归为22类。[2]

从1919年国际劳工组织建立到2019年,有研究将国际劳工标准的制定划分为三个阶段,每个阶段对应的国际劳工标准的内容也呈现不同的特点:第一个阶段是1919~1945年,共制定了67项劳工公约和74项建议书,关注的是基本劳动条件;第二个阶段是1946~1997年,通过的劳工公约和建议书的数量分别是114项和115项,除细化有关基本劳动条件的规定外,还扩及更广泛的社会政策内容;第三阶段,1998年至今,制定了9项国际劳工公约和17项建议书,其重心侧重于促进8项基本劳工公约的批准与有效实施,同时推行"体面劳动议程"。[3] 2019年国际劳工组织《关于劳动世界的未来百年宣言》提出,国际劳工组织在第二个百年间必须进一步采取以人为本构建劳动世界未来的方法,将工人的权利和所有人的需求、向往和权利置于经济、社会和环境政策的核心,坚持不懈地推进其章程赋予的社会正义使命。[4]

制定劳工标准最根本的指导原则是:劳动不是商品,人们有权在自由、尊严、经济保障和机会均等的条件下谋求物质幸福和精神发展。[5] 国际劳工组织对标准制定的重视在其行动领域得到了体现。社会条件的差异不可避免地会引起社区中不同群体之间的利益冲突,需要通过政策和立法加以调和。在现代工业社会中,这一进程涉及资本与劳动力(雇主和工

---

[1] ILO, "Information System on International Labour Standards," https://www.ilo.org/dyn/normlex/en/f? p = NORMLEXPUB: 1: 0:: NO:::,最后访问日期:2020年2月24日。

[2] ILO, "Subjects covered by International Labour Standards," https://www.ilo.org/global/standards/subjects – covered – by – international – labour – standards/lang – – en/index.htm,最后访问日期:2020年2月24日。

[3] 林燕玲:《国际劳工组织的历史贡献及其对中国劳动社会保障法制建设的影响——纪念国际劳工组织成立100周年》,《中国劳动关系学院学报》2019年第6期,第7~8页。

[4] ILC, ILO Centenary Declaration for the Future of Work, ILO DOC. ILC. 108th Session of 2019, I. D.

[5] 劳动世界的未来全球委员会:《为了更加美好的未来而工作》,国际劳工局,2019,第21~23页。

第二章 国际劳工组织的成立 | International Labour Organization

人)之间的关系以及那些经济主体与国家之间的关系,国家代表公共利益并负责促进经济和社会福祉。在日益一体化的世界经济中,实施达成最低限度规则的国际标准仍被视为是驯服市场力量和防止个人沦为非人格化生产单位的商品的必要手段。虽然国际劳工组织还采取了其他形式的行动,例如技术合作、信息的收集和传播以及教育活动,但劳工标准的制定仍然是其工作的支柱,为其所有努力提供了统一的目标。①

二 提供技术援助和培训

作为对其主要法律活动的补充,自20世纪50年代以来,国际劳工组织在联合国技术援助方案的框架内,一直在为处于不同经济发展阶段的成员国提供技术援助,以促进其劳工标准的实施,② 协助成员国政府、雇主组织和工人组织履行其在标准制定和监督制度中的义务。技术援助和培训在国际劳工组织标准制定职能和各成员国之间架起了桥梁,它不仅对向所有人提供体面劳动机会至关重要,也是帮助三方成员(工人、雇主和政府)实现体面劳动议程的重要手段。简言之,技术援助和培训支持国际劳工组织三方成员的技术能力、组织能力和机构能力,帮助其制定有意义且具有连贯性的社会政策,并确保可持续发展。③

其一,非正式咨询服务(informal advisory services)。日内瓦国际劳工局国际劳工标准部门(International Labour Standards Department of the

---

① Klaus Samson, "The Standard-setting and Supervisory System of the International Labour Organization," in Krzysztof Drzewicki, Catarina Krause and Allan Rosas, eds., *Social Rights as Human Rights: A European Challenge*, Institute for Human Rights Abo Akademi University, 1994, p. 115.

② These activities were undertaken in the framework of the United Nations Program of Technical Assistance. Under this program, the ILO has helped to develop vocational training in developing countries. See Gerry Rodgers et al., *The ILO and the Quest for Social Justice, 1919 – 2009*, Cornell University Press, 2009, pp. 182 – 183; Yossi Dahan, Hanna Lerner & Faina Milman-Sivan, "Shared Responsibility and the International Labour Organization," *Michigan Journal of International Law*, Vol. 34, No. 4, 2012, p. 707.

③ 《国际劳工组织简介》, https://www.ilo.org/wcmsp5/groups/public/---ed_norm/---relconf/documents/meetingdocument/wcms_654201.pdf, 最后访问日期: 2020年5月27日。

国际劳工组织

International Labour Office）与地区办事处，特别是这些办事处的国际劳工标准专家进行合作，就相关事项提供培训、建议和协助，以帮助成员国解决劳动立法和实践中的问题，使其符合已批准公约规定的义务。这些技术援助或是应成员国政府或雇主组织或工人组织的要求提供，或是通过地区办事处发起的例行咨询使团（routine advisory missions）和非正式讨论提供。咨询服务可涉及关于国际劳工大会议程上就可能制定的新标准的项目的调查、监督机构的意见及其可能要求采取的措施、新的立法、拟起草的政府报告、拟提交主管当局的文件、政府与雇主组织和工人组织就劳工标准和国际劳工组织的活动进行协商的安排、雇主组织和工人组织充分参与劳工标准制定程序和监督程序的方式等内容。[1]

其二，直接接触（direct contacts）。为支持监督机构（专家委员会、标准实施委员会、自由结社委员会和依据《章程》第26条设立的调查委员会）的工作，国际劳工组织可派遣直接接触使团（direct contacts missions）[2] 前往涉及监督程序的国家，以期解决该国在适用已批准公约或遵守监督机构的建议方面遇到的困难。直接接触使团特别注重确定实践中的情况，从而在许多场合向成员国提供技术援助，对成员国采取的措施提出建议，协助成员国起草国家立法修正案，以及协助成员国建立程序以促进其遵守与国际劳工标准有关的活动所产生的义务。直接接触使团的代表可以是总干事任命的一名劳工组织官员，也可以是独立人士（法官、教授、专家委员会成员等），其任务是查明事实，并实地考察解决问题的可能性。[3]

其三，促进活动，如举办研讨会和讲习班，以期提高成员国对国际劳工标准的认识，加强其能力建设，并就如何适用国际劳工标准提供技术咨询。[4]

---

[1] ILO, *Handbook of Procedures Relating to International Labour Conventions and Recommendations*, Centenary Edition, International Labour Office, 2019, para. 97.

[2] ILO, *Handbook of Procedures Relating to International Labour Conventions and Recommendations*, Centenary Edition, International Labour Office, 2019, para. 98.

[3] ILO, *Handbook of Procedures Relating to International Labour Conventions and Recommendations*, Centenary Edition, International Labour Office, 2019, paras. 99–100.

[4] ILO, *Rules of the Game: An Introduction to the Standards-related Work of the International Labour Organization*, Centenary Edition, International Labour Office, 2019, p. 118.

第二章 国际劳工组织的成立 | International Labour Organization

值得指出的是，国际劳工组织于1964年在意大利都灵设立了国际培训中心，它是一家先进的技术和职业培训机构，为各国政府官员、工人和雇主以及发展伙伴提供学习、知识分享和机构能力建设的方案，其目的是成为一个平台，使发展与劳动世界中的各种形式的知识相结合，从三方结构到技术援助活动。①

最后，需要指出的是，技术援助活动不应与其他行动手段分开，特别是标准制定和研究活动。它们在实现国际劳工组织的目标方面相互补充，从而为发展作出贡献。国际劳工标准应作为国际劳工组织技术援助活动的指导原则。②

三 开展研究

国际劳工组织的第三项职能是，开展劳动科学领域理论与实践的研究工作，出版传播各类相关的期刊、专著和宣传材料。其中，最为重要的是，为加强对国际劳工标准的研究，促进成员国对国际劳工标准适用，国际劳工组织于1960年在瑞士日内瓦设立了国际劳工问题研究所（The International Institute for Labour Studies，IILS），对社会和劳动领域相关问题进行深入和综合研究。它每年出版《世界劳动报告》（*World of Work Report*），并主办和出版关于多学科的劳工和社会政策研究的刊物《国际劳工评论》（*International Labour Review*）。

综上，国际劳工组织的主要职能在于：首先，它提倡一种社会进步模式并从中获得合法性，这种模式的作用是在政府的调解下平衡工人和雇主之间的利益；其次，制定起规范作用的劳工标准并供成员国政府采用；最后，促进国际劳工标准转化为国家立法和实践。③

---

① ITC, "We Are the Training Arm of the International Labour Organization," https://www.itcilo.org/about，最后访问日期：2020年6月17日。
② Nicolas Valticos and G. von Potobsky, *International Labour Law*, Kluwer Law and Taxation Publishers, 1995, p. 32.
③ Steve Charnovitz, "The Future of the International Labour Organization in the Global Economy by Francis Maupain," *The American Journal of International Law*, Vol. 110, No. 3, 2016, p. 615.

国际劳工组织

第四节 国际劳工组织的目标

鉴于社会正义对于世界持久和平至关重要，国际劳工组织的创立使命在于追求社会正义和促进国际公认的劳工权利的实现。[1] 国际劳工组织坚持和践行以社会正义为基础才能建立世界持久和平的理念，发挥其制定国际劳工标准和提供技术援助等主要功能，致力于通过国际劳工标准的实施促进国家层面上劳动条件的改善，促进所有妇女和男子享有体面工作，以维持社会正义和世界持久和平。在全球化背景下，国际劳工组织《体面劳动议程》有助于改善劳动者经济和工作条件，使所有工人、雇主和政府享有持久和平、繁荣和进步。

首先，《章程》序言和《费城宣言》都明确提出了国际劳工组织建立的各项目标，即改善劳动条件是当务之急，通过规范工时，包括确立工作日和工作周的最长限度，规范劳动力供应，防止失业，提供足够维持生活的工资，对工人因工患病和因工负伤予以保护，保护儿童、青年和妇女，提供养老金和残废抚恤金，保护工人在外国受雇时的利益，承认同工同酬原则，承认结社自由原则，组织职业教育和技术教育，及其他措施；[2] 保障充分就业和提高生活标准，充分保护各行业工人的生命和健康，提供儿童福利和生育保护，保障教育和职业机会均等等。[3] 概言之，国际劳工组织有两项主要目标：一是向所有成员国推荐良好的劳动力市场政策和实践，以促进其经济增长；二是通过规定某些基本劳工权利为工人的法定权利，保护劳动者个人不受政府胁迫或市场滥用行为的影响。[4] 经济增长和保护工人权利的结合为实现社会正义提供了最佳机会，从而使"全人类不分

---

[1] ILO, "Mission and Impact of the ILO," https：//www.ilo.org/global/about-the-ilo/mission-and-objectives/lang--en/index.htm，最后访问日期：2019年12月1日。
[2] 《国际劳工组织章程》序言第2段。
[3] 《费城宣言》第III部分。
[4] Steve Charnovitz, "International Labour Organization in Its Second Century," in J. A. Frowein and R. Wolfrum, eds., *Max Planck Yearbook of United Nations Law*, Kluwer Law International, 2000, p.183.

第二章 国际劳工组织的成立 | International Labour Organization

种族、信仰或性别都有权在自由、尊严、经济保障和机会均等的条件下谋求物质福祉和精神发展"①，国际劳工组织的活动紧紧围绕上述使命展开。

其次，国际劳工组织的工作立足于"体面劳动议程"的四大战略目标，即制定劳动标准及工作中基本原则和权利并促进其实现，为妇女和男子创造更多的机会以实现体面就业和收入，扩大社会保护的覆盖面并提高社会保护的有效性，加强三方机制和社会对话。②国际劳工组织的"体面劳动议程"有助于改善劳动者经济和工作条件，使所有工人、雇主和政府都参与建设持久和平、繁荣和进步的世界。③从更深层次上讲，国际劳工组织并不仅仅专注于劳动力市场。在其历史上，国际劳工组织一直致力于促进提高劳动标准，不仅是为了保护工人权利和规范劳动力市场，而且是为了追求社会正义与世界持久和平。尽管自1919年以来，和平经常被打破，但国际劳工组织为保护弱势工人、打击失业和促进结社自由所做的努力被公认为是对民主化和社会稳定作出的贡献。1969年国际劳工组织在其成立50周年之际获得了诺贝尔和平奖，就是国际社会对它所作贡献的肯定。④

再次，联合国前任秘书长潘基文曾指出："经验表明，只有经济增长是不够的。我们必须采取更多行动，通过体面工作对个人赋权，通过社会保护支持人民，以确保穷人和边缘群体的声音得到倾听。在我们继续努力致力于实现千年发展目标（Millennium Development Goals）和制定2015年后发展议程（Post - 2015 Development Agenda）的同时，把社会正义作为实现所有人公平和可持续发展的核心。"⑤

---

① 《费城宣言》第 II (a) 段。
② ILO, "Mission and Impact of the ILO," https://www.ilo.org/global/about - the - ilo/mission - and - objectives/lang - - en/index.htm, 最后访问日期：2019年12月1日。
③ ILO, "Mission and Impact of the ILO," https://www.ilo.org/global/about - the - ilo/mission - and - objectives/lang - - en/index.htm, 最后访问日期：2019年12月1日。
④ Steve Charnovitz, "International Labour Organization in Its Second Century," in J. A. Frowein and R. Wolfrum, eds., *Max Planck Yearbook of United Nations Law*, Kluwer Law International, 2000, p. 148.
⑤ UN Secretary-Genaral Ban Ki-moon, "Message for the World Day for Social Justice," February 20, 2014.

国际劳工组织

制定和实施国际劳工标准旨在在全球经济中实现社会正义。当今世界，对社会正义的渴望，即每一个劳动者都可以自由地、在机会平等的基础上要求公平地分享他们共同创造的财富，与1919年国际劳工组织成立时一样强烈。当下的世界经济已发展到史上前所未有的规模，但随着气候变化、人口变化、技术发展和全球化，我们正在见证一个正在以前所未有的速度和规模变化着的劳动世界。最为令人不安的是，在这种全球化背景下，不平等和社会排斥现象加剧且已经对社会凝聚力、经济增长和人类进步构成了威胁，它日渐凸显实现社会正义的重要性和紧迫性。[1] 为此，国际劳工组织2008年《关于争取公平全球化的社会正义宣言》（*ILO Declaration on Social Justice for a Fair Globalization*，以下简称"2008年《社会正义宣言》"）和2009年《全球就业协议》（*Global Jobs Pact*）都重申了国际劳工组织的使命，即利用一切可利用的手段（包括促进国际劳工标准制定和适用），促进社会正义。[2]

对此，国际劳工组织总干事盖·莱德在2016年指出，国际劳工组织的任务是为工作领域的所有人争取一个更美好的未来，这要求它了解和预测已经开始发力的变革驱动因素，并准备快速应对那些无法合理预测的事件和挑战。如果国际劳工组织不继续向最脆弱群体伸出援手，其追求的社会正义的目标就能实现，这似乎是不可理喻的。国际劳工组织的工作成效应基于以下工作进行评判：该组织为最弱势群体（the weakest and the most disadvantaged），贫困者，没有工作的人，没有机会、前景或没有希望的人，以及那些基本权利和自由被剥夺的人所做的工作。[3]

---

[1] ILO, *Rules of the Game: An Introduction to the Standards-related Work of the International Labour Organization*, Centenary Edition, International Labour Office, 2019, p. 8.

[2] ILO, *Rules of the Game: A Brief Introduction to International Labour Standards*, Third Revised Edition, International Labour Office, 2014, p. 9.

[3] ILO, "Introduction to International Labour Standards," https://www.ilo.org/global/standards/introduction-to-international-labour-standards/lang--en/index.htm，最后访问日期：2019年12月1日。

第二章　国际劳工组织的成立　International Labour Organization

第五节　国际劳工组织的作用

从国际组织法意义上看，国际劳工组织作为一个国际组织，其作用与其他国际组织类似。对此有研究指出，在全球化和多边主义背景下，国际组织在全球治理中正发挥着日益重要的作用。尤其是，国际组织对主权国家的渗透程度和影响力度日益加深，国际组织的活动不仅对一国政府的对外政策和国际法实践有重要影响，而且对国家内部的社会生活，诸如贸易、个人权利保护等也都有深刻的影响。同时，国际组织是一个国家必须善加利用的国际资源。参与国际组织是国家对外关系、外交政策的重要组成部分。国际组织所代表的国际社会公共利益，也包含了各国的国家利益。一个强国的作用，很大程度上体现在其动员、影响、利用国际机制的能力上。实践显示，有效借助国际组织机制是西方大国建构其全球影响力和话语权的一个重要途径。可以说，对国际组织的认识、参与和利用程度，是衡量一个国家对外关系是否成熟和是否有力度的重要标志。[①] 从这个意义上讲，研究国际劳工组织参与全球治理和国际劳工标准制定规则，介绍该领域的最新发展实践，对我国应对新的形势，掌握规则制定话语权，并深化我国关于国际劳工组织规则制定的理论研究，增强我国在国际劳动领域的治理能力，具有重要的理论与现实意义。

从联合国体系内各机构的职能分工看，国际劳工组织作为联合国的一个专门机构，承担对与劳动相关的实质性问题进行决定或制定公约的职责，在国际劳动治理领域发挥着愈加重要的作用。1996 年，世界贸易组织明确承认，国际劳工组织是制定和处理劳工标准的适格机构。国际劳工组织于 1998 年 6 月 18 日通过了《关于工作中基本原则和权利宣言及其后续措施》（Declaration on Fundamental Principles and Rights at Work and its Follow-Up），标志着它更深入地参与国际社会政策的制定，旨在促进工人

[①] 饶戈平：《本体、对象与范围——国际组织法学科基本问题之探讨》，《国际法研究》2016 年第 1 期，第 62~63 页。

国际劳工组织

在机会平等的基础上获得他们创造的财富的公平份额。2008年，国际劳工组织通过了《社会正义宣言》，表达了该组织对在全球化时代其权责的当代认识，更为重要的是，它赋予该组织对照社会正义基本目标的实现情况检查和审议所有国际经济和财务政策的职责，这些规定再次明确了国际劳工组织在承担制定社会政策职责的同时，还应对经济政策进行审查，在促进全球经济发展的同时保障社会正义。然而，国际劳工组织对全球经济政策的审查并未实现预期目标，无论在理论上还是在实践中都有待研究。

第六节 国际劳工组织目前面临的主要挑战

首先，国际劳工组织在其100多年的发展历史中，经历了不同历史时期的经济和社会发展领域的多重考验。当前的世界经济已发展到前所未有的规模，在新技术的支持下，人、资本和货物在各国之间便捷和快速地流动，形成了一个相互依存的全球经济网络，几乎对地球上的每一个人都产生了影响。[①] 由此引发的全球化、技术革新、数字经济、人口变化（人口增长和老龄化）、气候变化和移民给劳动世界带来了巨大变化；新的贸易和投资制度、资本流动、经济金融化、通信和运输技术的革命以及新的公司结构和战略，推动了国际生产网络和产业链的发展，这反过来引发了国际上劳动力的重新分配和分工、生产地点的转移，以及工作外包和公司的重组。劳动世界面临着由技术创新、人口结构转变、环境与气候变化和全球化所驱动的根本性变革，以及持续存在的不平等现象，这对劳动世界的性质和未来，以及对身在其中的人民的地位和尊严具有深刻影响。因此当务之急是立即行动起来，抓住机遇，应对挑战，创造一个公平、包容和安全的劳动世界的未来，使人人享有充分、生产性和自由选择的就业和体面劳动。

其次，国际劳工组织指出，目前它正面临的最重要的挑战之一，就是

---

① ILO, *Rules of the Game：A Brief Introduction to International Labour Standards*, Third Revised Edition, International Labour Office, 2014, p. 8.

40

第二章　国际劳工组织的成立　International Labour Organization

工作生活中发生的根本性变化将内在地影响着我们的整个社会。新的力量正在改变劳动世界，这种改变所带来的转型加剧了迫在眉睫的挑战。技术进步（人工智能、自动化和机器人）将创造新的就业机会，但在这一转型中失去工作的人可能是最不具备抓住新就业机会能力的人。今天的技能无法匹配明天的工作，新学到的技能可能很快就会过时。放任其沿着当前路径发展，数字经济可能会扩大区域差异和性别差异。而构成平台经济的集群工作网站（crowd-working websites）和应用程序介导的工作（app-mediated work）可能重现19世纪的工作场景，使未来劳动者成为"数字日雇工人"（digital day labourers）。劳动世界的未来将向尊重环境并寻求遏制气候变化的方向过渡，而这将进一步冲击劳动力市场。一些地区不断增长的年轻人口将加剧青年失业问题和移民压力，而其他地区的人口老龄化将给社会保障和照护体系带来额外压力。在我们努力创造体面劳动的同时，这项任务变得更为艰巨。[1]

最后，亟待在发展经济的同时实现社会正义。[2] 当今世界，对社会正义的渴望，即每一个劳动者都可以自由地、在机会平等的基础上要求公平地分享他们共同创造的财富，与1919年国际劳工组织成立时一样强烈。国际劳工组织在第二个百年间必须进一步采取以人为本构建劳动世界未来的方法，将工人的权利和所有人的需求、向往和权利置于经济、社会和环境政策的核心，坚持不懈地推进《章程》赋予的社会正义使命。[3] 因此，如何在发展全球经济的同时实现社会正义也是其面临的挑战之一。还有，国际劳工组织在过去一百多年中不断发展壮大，逐渐迈向普遍成员制，这意味着社会正义能够在世界各地得以实现，且只有当国际劳工组织三方成员能够充分、平等和民主地参与三方治理结构时，才能保证他们对这项事

---

[1] ILO, *Work for a Brighter Future: Global Commission on the Future of Work*, International Labour Office, 2019, p. 18.
[2] Tarja Halonen, "Harnessing Globalization: An Everlasting Challenge," in Tarja Halonen and Ulla Liukkunen, eds., *International Labour Organization and Global Social Governance*, Springer, 2021, pp. 1-2.
[3] ILC, ILO Centenary Declaration for the Future of Work (conference paper at 108th Session of ILC, Geneva, 2019), p. 3.

业的全力投入。①

在2019年4月纽约联合国总部举行的"劳动世界的未来"的高级别会议上,联合国秘书长古特雷斯出席并发言指出:"近年来,国际劳工组织时刻关注建设公平全球化的必要性,不断致力于扩大(就业)机会、减少不平等,满足人们对于获得体面工作机会的需求,而这些概念本身就牢固地根植于《联合国2030年可持续发展议程》中。国际劳工组织长期致力于为年轻人扩大机会,为妇女打破事业的玻璃天花板,努力推动实现全球范围内的社会正义,值得信赖。我们生活在一个充满不确定性、不断推陈出新的技术转型时代,同时也是全球性的数字经济时代,因此,国际机构更应发挥重要作用,塑造劳动世界的美好未来。"② 国际劳工组织总干事盖·莱德说:"劳动世界正在经历前所未有的变革,机遇与挑战并存。对此,《联合国2030年可持续发展议程》提出了有效的应对措施,这其中就包括'体面劳动'的具体目标。国际劳工组织将在联合国秘书长的领导下,与联合国其他机构保持密切合作,确保没有一个人会被落下。"③

---

① ILC, ILO Centenary Declaration for the Future of Work (conference paper at 108th Session of ILC, Geneva, 2019), p. 4.
② 《联合国纪念国际劳工组织成立100周年 中方承诺继续贡献中国智慧》,国际在线,https://baijiahao.baidu.com/s? id=1630588700998743542&wfr=spider&for=pc,最后访问日期:2020年9月15日。
③ 《联合国纪念国际劳工组织成立100周年 中方承诺继续贡献中国智慧》,国际在线,https://baijiahao.baidu.com/s? id=1630588700998743542&wfr=spider&for=pc,最后访问日期:2020年9月15日。

第三章
国际劳工组织的组织机构

国际劳工组织的组织机构包括成员国代表大会（a General Conference of Representatives of the Members）（也称国际劳工大会，以下简称"大会"）、理事会（a Governing Body）和理事会管辖下的国际劳工局（an International Labour Office）。[①] 国际劳工组织的组织机构，主要采取独特的"三方结构"原则，即参加各种会议和活动的成员国代表团由政府代表、雇主组织代表和工人组织代表组成，三方代表享有单独表决权。在上述三个组织机构中，前两个机构的组成均采用"三方结构"的运作模式，而国际劳工局则是国际劳工组织的秘书处，其职员由局长依据理事会批准的规则进行委派。

第一节 国际劳工大会

本部分主要介绍国际劳工大会的组成、大会职权、大会的召开时间、大会议程的确定、大会主席的职权、大会表决规则和表决方式。

一 国际劳工大会的组成

国际劳工大会是国际劳工组织的主要组织机构之一，负责制定国际劳工标准以及国际劳工组织的广泛政策，同时也是一个供三方代表讨论社会及劳工议题的论坛。它由成员国代表组成：每个成员国派 4 名代表参加大

---

① 《国际劳工组织章程》第 2 条。

会，其中 2 名为政府代表，另 2 名为非政府代表（1 名雇主组织代表和 1 名工人组织代表）。[1] 这种组织结构体现了国际劳工组织的"三方结构"特征。

需要指出的是，向大会提名非政府代表是三方机制运作的基础，其受《章程》第 3.5 条规定的约束，即成员国有义务"保证指派非政府代表和顾问，如各该成员国内存在最具代表性的雇主或工人的产业团体，其人选应征得它们的同意"。关于《章程》第 3.5 条，国际常设法院（Permanent Court of International Justice，PCIJ）曾于 1922 年在一份咨询意见中对其作出了解释，[2] 目前它仍是证书委员会（ILC'S tripartite credentials committee）的工作指南，该委员会负责对被提名的代表进行资格审查。[3] 实践中，国际法院和国际劳工局处理关于非政府代表提名争议的基本原则包括以下几个方面。其一，工人代表应当代表该国全体工人，反映本国全体工人的意愿和要求，因此成员国在指派工人代表时，应考虑能够反映该国工人观点和要求的所有工人组织，而不应该在它们中间有所偏爱或歧视。其二，确定工人代表的资格不受有关国家是否遵守结社自由原则的影响。因为依据相关程序，证书委员会无权处理违反结社自由的案件。因此，以某一成员国违反结社自由为由，否定该国工人代表的资格，于法无据同时也超越证书委员会的职权范围。其三，如果一个成员国只存在一个工会组织，只要这个工会组织能够被认为在实际上代表该国大多数工人，该国政府就有权在征得该工会的同意后指派工人代表。其四，关于雇主代表的资格，不可避免地取决于其所属国家的现行社会制度。国际劳工组织没有规定雇主必

---

[1] 《国际劳工组织章程》第 3.1 条。
[2] "Designation of the Workers's Delegate for the Netherlands at the Third Session of the International Labour Conference," https://www.icj-cij.org/en/pcij-series-b, pp. 8, 23, 25; Claire La Hovary, "A Challenging Ménage à Trois? Tripartism in the International Labour Organization," *International Organizations Law Review*, Vol. 12, No. 1, 2015, p. 211.
[3] 《国际劳工组织章程》第 3.9 条规定："代表及其顾问的证书应受大会审查。经到会代表的 2/3 多数票通过，大会可拒绝接受被视为未按本条规定而指派的任何代表或顾问。"另参见国际劳工局《国际劳工组织章程和国际劳工大会议事规则（2012）》，国际劳工局，2012，第 23 页。

须是私人，国家也可以承担雇主的责任。这实际上打破了西方国家试图以社会主义国家的雇主代表是"政府代理人"为由否定其雇主资格的企图。①

二 国际劳工大会的职权

依据《章程》，国际劳工大会的主要职权（functions and powers）包括以下五项：（1）决定接纳某一国为国际劳工组织成员，但须经2/3到会代表投票赞成，其中包括2/3到会并参加投票的政府代表投票赞成；②（2）选举理事会理事；③（3）决定国际劳工组织预算的核准、分摊和征收的各项安排，但须经出席代表的2/3多数票通过；④（4）决定议程上的建议应采用的形式（公约或建议书），并决定公约或建议书的通过，但必须经出席代表的2/3多数票通过；⑤（5）决定《章程》修正案的通过，但须经出席大会的代表以2/3多数票通过。⑥

三 国际劳工大会召开的时间

国际劳工大会每年在日内瓦至少召开一次全体会议，并在必要时随时召开。⑦传统上，国际劳工大会会期为3周，但从2015年开始，会期缩短到2周，这一做法受到了成员国政府的欢迎，因为各成员国参会代表人数较多而政府则要承担其代表团参会期间的费用。⑧如2014年有165个成员国代表团参加国际劳工大会，各代表团代表人数多达5250人，其中包括代表和顾问。⑨同时，大多数代表也欢迎这一做法。由此，这一措施可

---

① 王家宠：《国际劳动公约概要》，中国劳动出版社，1991，第289~292页。
② 《国际劳工组织章程》第1.4条和1.6条。
③ 《国际劳工组织章程》第7.2条和7.4条。
④ 《国际劳工组织章程》第13.2（c）条。
⑤ 《国际劳工组织章程》第19.1条和第19.2条。
⑥ 《国际劳工组织章程》第36条。
⑦ 《国际劳工组织章程》第3.1条。
⑧ 《国际劳工组织章程》第13.2（a）条。
⑨ ILC, Second Report of the Credential Committee (conference paper at 103rd Session of ILC, Geneva, 2014) (as compared to 1746 in 1981).

提高代表团工作的质量，但同时，缩短会期也将压缩大会对话的时间，降低其交流的意义。①

四　国际劳工大会议程的确定

国际劳工大会所有会议的议程均由理事会决定。在决定大会议程时，理事会应考虑成员国政府或《章程》第 3 条所承认的任何代表性团体或任何国际公共组织对议程提出的建议。② 不过，如经出席大会代表的 2/3 多数票赞成，决定某问题须由大会审议，该问题应列入下次大会会议议程。③

关于国际劳工大会议程的设置，《章程》也授权成员国政府可反对把某一项目或某几个项目列入议程；④ 凡如此遭到反对列入议程的项目，如经出席大会代表投票表决，有 2/3 多数票赞成审议时，则不得被排除在议程之外。⑤

在大会议程确定后，劳工局局长应在大会开会四个月之前将议程送达各成员国，并经由各该成员国送达经指派的非政府代表手中；同时，应将议程中各项议题的报告及时寄达各成员国，以使它们在大会会议前能作充分考虑。⑥

五　国际劳工大会主席及其职责

《章程》授权国际劳工大会选举大会负责人，包括主席 1 人和副主席 3 人；副主席中，1 人应为政府代表，1 人应为雇主代表，1 人应为工人代表，⑦ 即大会的政府组、雇主组和工人组各提名 1 人，由大会选为副主

---

① Claire La Hovary, "A Challenging Ménage à Trois? Tripartism in the International Labour Organization," *International Organizations Law Review*, Vol. 12, No. 1, 2015, p. 212.
② 《国际劳工组织章程》第 14.1 条。
③ 《国际劳工组织章程》第 16.3 条。
④ 《国际劳工组织章程》第 16.1 条。
⑤ 《国际劳工组织章程》第 16.2 条。
⑥ 《国际劳工组织章程》第 15 条。
⑦ 《国际劳工组织章程》第 17.1 条。

席。对于大会主席和副主席，他们应属不同国家。[1]

依据《国际劳工组织章程和国际劳工大会议事规则（2012）》相关规定，大会主席应承担以下职责：（1）宣布会议开幕及闭幕，并在进入议程讨论之前，向大会传达有关事项；（2）主持讨论，维持秩序，并以当时情况可能要求的方法保证参会代表遵守议事规则，给予或撤销其大会发言权，将问题付诸表决，以及宣布表决结果；（3）不得参加讨论和表决，但如主席本人为代表，则可根据本议事规则第1条第3款规定，指定一位代理人；（4）当主席在开会时缺席，或在会议中途缺席，各副主席应轮流主持会议；（5）副主席代理主席时，其权利义务与主席相同。[2] 大会秉持言论自由原则，口头语言、书面文字或大会代表执行其与该组织有关的职务行为在法律上享有豁免权。这种豁免所依据的是《章程》第40.2条规定，即出席大会的代表、理事会理事、国际劳工局局长和官员应享受为独立执行其与本组织有关的职务所必要的特权及豁免待遇。

六 国际劳工大会的表决程序

《国际劳工组织章程和国际劳工大会议事规则（2012）》对表决规则作出明确规定。首先，在国际劳工大会上，每名代表对大会所审议的一切事项，享有单独表决的权利。[3] 但如发生以下任一情形，表决权可被暂停（suspension）：其一，如一成员国在它应指派的非政府代表中少指派一人时，其另一非政府代表可出席大会并发言，但无表决权；[4] 其二，成员国欠交该组织会费，如等于或超过它前两个全年应交会费总额时，该成员国在大会、理事会、各委员会中或选举理事会理事时，不得参加投票；除非大会确信上述欠交会费是由于当事国无法控制的原因造成的，经出席大会

---

[1] 国际劳工局：《国际劳工组织章程和国际劳工大会议事规则（2012）》，国际劳工局，2012，第30页。
[2] 国际劳工局：《国际劳工组织章程和国际劳工大会议事规则（2012）》，国际劳工局，2012，第35页。
[3] 《国际劳工组织章程》第4.1条。
[4] 《国际劳工组织章程》第4.2条

代表的 2/3 多数票通过，可准许该成员国参加投票。①

其次，除非《国际劳工组织章程和国际劳工大会议事规则（2012）》另有规定外，大会将尽一切努力以协商一致的方式作出决定。协商一致的特点是没有代表提出任何反对意见以妨碍通过有关决定。主席应确定是否达成协商一致。②

如果采用投票方式，"除本章程或任何公约或授予大会权力的其他文件或根据第13条所通过的关于财务和预算安排的条款已另作明确规定者外，一切事项均应经出席代表投票以简单多数票（simple majority）作出决定"③；但其必须满足对法定人数（quorum rule）的要求，即"除非投票总数等于出席大会代表的半数，否则表决无效"④。也就是说，为确定通过投票表决达成的多数，应对所投的全部反对票和赞成票进行计票，⑤ 这表明，大会投票法定人数的最大特点是在计算投票数时不包括弃权（abstentions）。

在下列情形下，大会应以 2/3 多数票（two-thirds majorities）通过作出决定：（1）接纳成员国加入或重新加入国际劳工组织时，要求经 2/3 到会代表投票赞成，其中包括 2/3 到会并参加投票的政府代表投票赞成；⑥（2）代表及其顾问的证书须接受大会审查。经到会代表的 2/3 多数票通过，大会可拒绝接受被视为未按该条规定而指派的任何代表或顾问；⑦（3）国际劳工组织预算的核准、分摊和征收的各项安排，须由大会经出席代表的 2/3 多数票通过决定；⑧（4）如经出席大会代表的 2/3 多数票赞

---

① 《国际劳工组织章程》第 13.4 条；国际劳工局：《国际劳工组织章程和国际劳工大会议事规则（2012）》，国际劳工局，2012，第 50~51 页。
② ILO, "International Labour Conference: The Standing Orders at a Glance," https://www.ilo.org/wcmsp5/groups/public/---ed_norm/---relconf/documents/meetingdocument/wcms_709518.pdf, p.4, 最后访问日期：2020 年 10 月 9 日。
③ 《国际劳工组织章程》第 17.2 条。
④ 《国际劳工组织章程》第 17.3 条。
⑤ 国际劳工局：《国际劳工组织章程和国际劳工大会议事规则（2012）》，国际劳工局，2012，第 43 页。
⑥ 《国际劳工组织章程》第 1.4 条。
⑦ 《国际劳工组织章程》第 3.9 条。
⑧ 《国际劳工组织章程》第 13.2（c）条。

第三章 国际劳工组织的组织机构

成,决定某问题须由大会审议,该问题须列入下次大会议程;①(5)准许拖欠会费的成员国参加投票,须经出席大会代表的2/3多数票通过;②(6)大会就通过公约或建议书进行最后表决时,须经出席代表的2/3多数票通过;③(7)对于章程的修正案,须经出席大会代表的2/3多数票通过。④

最后,大会表决可采用举手表决(vote by show of hands)、记录表决(record vote)或秘密投票方式(secret ballot)。第一,除以下记录表决和秘密投票方式的情形外,表决采用举手方式。第二,采用记录表决的情形有:(1)如对举手表决结果产生疑问,主席可采用记录表决;(2)对于《章程》规定须有2/3多数票通过的事项,应采用记录表决,但大会对于决定是否将本届会议议程上某一事项列入下届会议议程的表决不在此限;(3)对于任何问题,如有90名到会代表用举手方式提出要求,或某组主席提出要求,或他以书面形式通知大会主席所正式委派的其代表提出要求,则应采用记录表决,不论此项要求是在举手表决之前或紧接其后提出;(4)举手表决未达到法定人数时,主席可立即采用记录表决;如有20名到会代表提出要求,主席应进行记录表决;(5)举手表决或记录表决未达到法定人数时,主席可在下两次会议中的一次,对同一问题进行记录表决,但这不适用于通过公约或建议书时的最后表决。第三,采取秘密投票方式的情形有:(1)选举主席应采用秘密投票方式;(2)除《章程》规定须有2/3多数票通过的事项外的任何问题,如有90名到会代表以举手方式提出要求,或某组主席以该组名义提出要求,也应采用秘密投票方式。⑤

---

① 《国际劳工组织章程》第16.3条。
② 《国际劳工组织章程》第13.4条;国际劳工局:《国际劳工组织章程和国际劳工大会议事规则(2012)》,国际劳工局,2012,第50~51页。
③ 《国际劳工组织章程》第19.2条。
④ 《国际劳工组织章程》第36条。
⑤ 国际劳工局:《国际劳工组织章程和国际劳工大会议事规则(2012)》,国际劳工局,2012,第41~43页。

七 国际劳工大会各委员会

（一）大会各委员会概述

国际劳工大会的所有实质性工作几乎都是由各委员会完成的，委员会在大会开幕当日由大会任命成立。各委员会的任务是对提交大会的事项进行初步审议，并就审议结果向全体大会提出报告；其工作产生的任何文本（文书、决议、结论、决定）在大会核准（并在必要时表决）之前均无效。大会设立的委员会分为两类：常务委员会（standing committees）和技术委员会（technical committees）。常务委员会在每次大会召开时都要设立。但技术委员会的数目和目的在每届大会上均有所不同，是根据大会议程上的议题以审查其相应的技术事项而设立的。这些技术事项可以是服务于一项文书（公约和或建议书）的制定，也可以是服务于经常性讨论或一般性讨论。[①]

常务委员会包括总务委员会（Selection Committee）、证书委员会（Credential Committee）、公约与建议书实施委员会（Committee on the Application of Conventions and Recommendations）和政府代表财务委员会（Finance Committee of Government Representatives）。[②] 依据《国际劳工组织章程和国际劳工大会议事规则（2012）》，第一，大会应任命一个总务委员会，由政府组推举28名委员、雇主组推举14名委员、工人组推举14名委员组成。任何一成员国在各组的委员不得超过1人。总务委员会的职责是：安排大会的计划，确定全体会议的时间和议程，代表大会就例行的无争议问题作出决定并根据《国际劳工组织章程和国际劳工大会议事规则（2012）》向大会报告为大会顺利进行而需要作出决定的任何其他问题。凡适宜时，委员会可将其中任何职责委托给其负责人。第二，大会应

[①] ILO, "International Labour Conference-The Standing Orders at a Glance," https：//www.ilo.org/wcmsp5/groups/public/---ed_norm/---relconf/documents/meetingdocument/wcms_709518.pdf, pp.6-7，最后访问日期：2020年10月9日。

[②] ILO, "International Labour Conference-The Standing Orders at a Glance," https：//www.ilo.org/wcmsp5/groups/public/---ed_norm/---relconf/documents/meetingdocument/wcms_709518.pdf, pp.6-7，最后访问日期：2020年10月9日。

任命一个证书委员会，其委员由政府代表 1 人、雇主代表 1 人及工人代表 1 人组成，对证书和关于证书的任何异议、控诉或报告进行审议。第三，大会应尽早任命一个公约与建议书实施委员会，审议各成员国为实施其已加入公约的条款所采取的措施、各成员国根据《章程》第 19 条提交的有关公约与建议书的情况与报告，以及各成员国根据《章程》第 35 条所采取的措施。第四，大会应尽早任命一个财务委员会，由到会的成员国各派一名政府代表组成。它负责审议：国际劳工组织预算的批准、摊派及征收方面的安排，包括预算的估算、在成员国中摊派开支的安排；国际劳工组织审查过的财务报表，连同审计员的有关报告；根据《章程》第 13.4 条规定，关于大会允许欠交会费的成员国参加投票的请求或建议。

此外，还需要指出的是，经总务委员会提名，大会还应任命一个大会起草委员会，委员会人数不得少于 3 人，其人选不限于代表或顾问。

除证书委员会和起草委员会外，大会各委员会的工作均应按《国际劳工组织章程和国际劳工大会议事规则（2012）》第二部分 H 节关于大会各委员会议事规则办理。[①]

（二）大会各委员会的表决方法

国际劳工大会各委员会代表，除《国际劳工组织章程和国际劳工大会议事规则（2012）》第 65.3 条和第 65.4 条规定的情形外，每一名委员有一票表决权。[②] 实际上，各小组在各委员会中的代表权并不总是相等的，因此在正式投票时要对各小组的投票进行加权：如大会指定委员会中的政府委员人数为雇主或工人委员人数的 2 倍时，每个政府委员有一票表决权，而雇主或工人委员每人有两票表决权（第 65.3 条）；如大会指定的委员会中的政府委员人数为雇主或工人委员人数的 1.5 倍时，每个政府委员有两票表决权，而雇主或工人委员每人有三票表决权（第 65.4 条）。此外，除《国际劳工组织章程和国际劳工大会议事规则

---

① 国际劳工局：《国际劳工组织章程和国际劳工大会议事规则（2012）》，国际劳工局，2012，第 30~33、46 页。

② 国际劳工局：《国际劳工组织章程和国际劳工大会议事规则（2012）》，国际劳工局，2012，第 72 页。

(2012)》第40.2条①规定外，以到会委员会委员所投票数的简单多数即可作出决定。②

各委员会表决采用举手表决方式或记录表决方式。一般情况下，各委员会表决采用举手表决方式。然而，如对举手表决的结果产生疑问，主席可采用记录表决；另外，如至少有1/5的到会委员以举手方式要求记录表决，则须采用记录表决，不论此要求是在举手表决之前或紧接其后提出。表决应由秘书处确认，并由主席宣布。③

第二节 理事会与国际劳工局

国际劳工组织的组织机构除国际劳工大会外，还包括理事会和国际劳工局。理事会是国际劳工组织的执行机构；国际劳工局是国际劳工组织的常设秘书处，在劳工局局长的领导下开展工作，向理事会负责。以下依次介绍。

理事会是国际劳工组织的执行机构，其主要就该组织的政策作出决定，并确定计划和预算，之后提交大会通过。《章程》第2条和第7条规定了理事会的组成、负责人及其任命和换届的程序；还规定了由理事会决定的某些事项（如补充缺额和任命替补人员），但须经大会批准；并且理事会应自行制定其议事程序，等等。④ 理事会的运转，还依据一系列分散在不同文件和出版物中的规则，以及自1919年11月27日在华盛顿特区举行的第一届大会以来多年的惯例和安排。自2006年以来所有这些规则

---

① 《国际劳工组织章程和国际劳工大会议事规则（2012）》第40.2条规定："当大会仅向委员会提交了建议书文本时，若该委员会决定建议大会通过一项公约（替代该建议书或在该建议书之外），须以所投票数的三分之二多数通过。"参见国际劳工局《国际劳工组织章程和国际劳工大会议事规则（2012）》，国际劳工局，2012，第56页。
② 国际劳工局：《国际劳工组织章程和国际劳工大会议事规则（2012）》，国际劳工局，2012，第72页。
③ 国际劳工局：《国际劳工组织章程和国际劳工大会议事规则（2012）》，国际劳工局，2012，第72页。
④ 《国际劳工组织章程》第7条。

第三章　国际劳工组织的组织机构

都已合并在《国际劳工组织理事会适用规则汇编》[①]中。需要指出的是，该汇编反映了某些做法，但并未将之制定为法律规则（如理事会主席职位的轮值"规则"）。[②]

一　理事会的构成

依据《国际劳工组织章程和国际劳工大会议事规则（2012）》和《国际劳工组织理事会适用规则汇编》相关规定，目前理事会由56名理事（28名政府理事、14名雇主理事和14名工人理事）和66名副理事（28名政府副理事、19名雇主副理事和19名工人副理事）组成。这一构成是在1986年对有关理事会组成的临时提案进行审议之后，经国际劳工大会第82届会议（1995年）通过的《国际劳工大会议事规则》第49条和第50条进行修正的结果。[③] 理事会的组成体现的三方代表特征主要包括以下几方面。（1）在28名政府理事中，10人应由主要工业成员国（States of chief industrial importance）委派，他们担任理事不需要经过选举；其余18人应由不包括上述10个主要工业国的出席大会的政府代表所选定的成员国委派。[④] 目前这10个主要工业国为德国、巴西、中国、美国、法国、印度、意大利、日本、英国、俄罗斯，[⑤] 1944年中国被列为10个主要工业国之一，从而成为常任政府理事。（2）政府代表应推选本组织的其他28个成员国指派政府副理事。[⑥]（3）14名雇主理事和14名工人理事应由

[①] 《国际劳工组织理事会适用规则汇编》，https://www.ilo.org/gb/documents-in-chinese/WCMS_663005/lang--en/index.htm，最后访问日期：2020年9月18日。

[②] ILO, "Introductory Note," in *Compendium of Rules Applicable to the Governing Body of the International Labour Office*, International Labour Office, 2019, p.1.

[③] ILO, "Introductory Note," in *Compendium of Rules Applicable to the Governing Body of the International Labour Office*, International Labour Office, 2019, pp.3-4.

[④] 《国际劳工组织章程》第7.2条。

[⑤] ILO, "Composition of the Governing Body of the International Labour Office," https://www.ilo.org/wcmsp5/groups/public/@ed_norm/@relconf/@reloff/documents/meetingdocument/wcms_083528.pdf，最后访问日期：2020年9月18日。

[⑥] ILO, "Rules for the Conference," https://www.ilo.org/ilc/Rulesfortheconference/lang--en/index.htm, art.49，最后访问日期：2019年9月17日。

出席大会的雇主代表和工人代表选举产生,同时也选举产生19名雇主副理事和19名工人副理事。[1]

上述表明,在理事会中有两类政府理事,一类是由10个主要工业成员国委派的理事,另一类是由出席大会的政府代表所选定的成员国委派的理事。对于10个主要工业成员国的确定,由理事会决定。理事会应在必要时决定哪些国家为本组织的主要工业成员国,并应制定规章,以保证与选定主要工业成员国有关的一切问题在理事会作出决定之前,先由一个公平的委员会加以审议。成员国对理事会宣告哪些国家为主要工业成员国一事所提出的任何申诉须由大会裁决。但在大会裁决前,提交大会的申诉不得中止上述宣告的实施。[2]

此外,《章程》第11条规定了理事会同政府的关系,即任何成员国主管产业和就业问题的政府部门均可通过该国参加国际劳工组织理事会的政府理事,在无政府理事时,则可通过该国政府为此指派的其他合格官员,直接同理事会联系。

二 理事会的职能

依据相关规定,理事会作为执行机构有两种职能:一是对国际劳工局的管控,二是关于该机构运转和与国际劳工标准事宜有关的职能。[3] 对国际劳工局的管控职能包括批准国际劳工局委派职员的规则、指导国际劳工局的活动、控制经费开支、通过关于筹备大会工作的规则。关于该机构本身运转的职能,包括以下方面:在必要时决定哪些国家为理事会的主要工业成员国,任命国际劳工局局长,决定大会所有会议的议程,要求成员国就未批准公约或建议书所订事项有关的情况提交报告,决定各成员国就其参加的公约编写报告的格式和具体项目,处理对不遵守已批准公约的申

---

[1] 《国际劳工组织章程》第7.4条;ILO, "Rules for the Conference," https://www.ilo.org/ilc/Rulesfortheconference/lang--en/index.htm, art.50,最后访问日期:2019年9月17日。

[2] 《国际劳工组织章程》第7.3条。

[3] ILO, "Introductory Note," in *Compendium of Rules Applicable to the Governing Body of the International Labour Office*, International Labour Office, 2019, p.2.

第三章 国际劳工组织的组织机构

诉，处理对某一成员国提出的控诉，向有关政府传达控诉，设立调查委员会审议控诉并提出报告，若一成员国在指定时间内不执行调查委员会报告或国际法院判决中的建议，理事会可提请大会采取其认为明智和适宜的行动，制定下列规则并提请大会批准，即成立裁判庭以快速裁决由理事会或按公约规定向该裁判庭提出的关于解释公约方面所存在的任何争议或问题。国际法院的任何可适用的判决或咨询意见，对于按本款成立的裁判庭应有约束力。此类裁判庭所作的裁决书应分送本组织各成员国，各成员国对该判决书如有意见可提交大会。① 理事会的职能还包括制定与区域会议的权力、职能和程序相关的规则，并提请大会确认。②

除此之外，国际劳工大会还为理事会指定了其他若干职能，③ 在此不作详细讨论。

三 理事会的选举

理事会的选举主要包括以下方面。第一，选举周期。依据《章程》第 7 条规定，理事会理事任期为 3 年；如果由于某种原因，理事会的选举未能在任期届满时举行，理事会应留任到进行此种选举时为止。④ 选举团应于每个第 3 年在召开大会期间举行会议，推选 18 个成员国委派代表参加理事会，选举理事会雇主组和工人组理事。理事会理事任期从举行选举的那届大会结束时开始算起。⑤

第二，政府选举团。根据《章程》第 13.4 条以及《国际劳工组织章程和国际劳工大会议事规则（2012）》D 节（关于取消欠缴本组织会费的成员国的表决资格）相关规定，政府选举团由国际劳工组织所有成员国

---

① 《国际劳工组织章程》第 14.1 条。
② 《国际劳工组织章程》第 38.2 条。
③ ILO, "Introductory Note," in *Compendium of Rules Applicable to the Governing Body of the International Labour Office*, International Labour Office, 2019, pp. 2–3.
④ 《国际劳工组织章程》第 7.5 条。
⑤ ILO, "Rules for the Conference," https://www.ilo.org/ilc/Rulesfortheconference/lang--en/index.htm, art. 48, 最后访问日期：2019 年 12 月 2 日。

的政府代表组成，10个主要工业成员国代表除外。①选举团每个成员享有一票表决权。政府选举团应推选本组织的18个成员国，其政府有权指派理事会政府理事。政府选举团还应推选本组织的其他28个成员国，其政府有权指派理事会政府副理事。②

第三，雇主和工人选举团。雇主和工人选举团分别由出席大会的雇主和工人代表组成，但根据《章程》第13.4条以及《国际劳工组织章程和国际劳工大会议事规则（2012）》D节（关于取消欠缴本组织会费的成员国的表决资格）规定，已被取消表决权的成员国的雇主和工人代表除外。雇主和工人选举团应分别选举14人成为理事会理事，19人为理事会副理事。③

第四，表决程序。上述无论是政府选举团，抑或雇主和工人选举团，均采取秘密投票的表决方式，任何成员国或个人只有获得到会的选举团成员投票的1/2以上的票数才能当选。如经过第一次投票后还有一个或数个席位待填补，可酌情再进行一次或数次投票。选举团每个成员有权对与待填补席位数相等的若干候选人进行投票表决。选举结果应向大会作出报告及在国际劳工局备案该报告。④

第五，补缺规则。依据《章程》第7.6条和《国际劳工组织理事会适用规则汇编》第1.7条规定，补缺规则具体包括：（1）在大会正常开

---

① 关于10个主要工业成员国的选定：(1)理事会不得决定任何涉及选定主要工业成员国的问题，除非修改此类理事名单的问题已作为具体事项列入会议议程，并且在此之前理事会负责人已就有待决定的问题提交报告；理事会负责人在建议理事会修改主要工业成员国名单之前，须征求理事会任命的委员会的意见，委员会组成人员应包括有资质的专家，就最适当的工业重要性标准以及根据这些标准评估出的具有相对工业重要性的国家提出咨询意见。参见 ILO, "Standing Orders of the Governing Body," in *Compendium of Rules Applicable to the Governing Body of the International Labour Office*, International Labour Office, 2019, p. 15.

② 国际劳工局：《国际劳工组织章程和国际劳工大会议事规则（2012）》，国际劳工局，2012，第63页。

③ 国际劳工局：《国际劳工组织章程和国际劳工大会议事规则（2012）》，国际劳工局，2012，第64页。

④ 国际劳工局：《国际劳工组织章程和国际劳工大会议事规则（2012）》，国际劳工局，2012，第64页。

会期间，如果某个成员国停止占有理事会的一个选举席位，政府选举团须在大会期间举行会议，根据《国际劳工组织章程和国际劳工大会议事规则（2012）》G 节（理事会的选举）规定指定另外一个国家填补；（2）在大会休会期间，如果某个成员国无法占有理事会的一个选举席位，理事会的政府组须着手补缺。如此作出的任命必须由政府选举团在大会下届会议上予以确认，并通知大会。如果有关选举团没有确认这种任命，则应立即按照《国际劳工组织章程和国际劳工大会议事规则（2012）》G 节（理事会的选举）有关规定进行新的选举；（3）在任何时候，当由于某一政府代表去世或辞职而出现空缺，而该成员国在理事会中仍持有席位时，该席位须由该政府指派的人员拥有，以填补空缺；（4）在召开大会常会期间（ordinary sessions），如果理事会的雇主或工人理事席位出现空缺，根据《国际劳工组织章程和国际劳工大会议事规则（2012）》G 节（理事会的选举）规定的程序，相关选举团须在届会期间召开会议填补空缺；（5）在大会休会期间，如果理事会的雇主或工人理事出现空缺，理事会相关组须着手自行补缺，无须从理事会的副理事中任命新理事。这样作出的任命必须由有关选举团在大会下届会议上予以确认，并通知大会。如果有关选举团没有确认这一任命，则须根据《国际劳工组织章程和国际劳工大会议事规则（2012）》G 节（理事会的选举）规定，立即举行一次新的选举。[1]

四　理事会负责人

依据《章程》规定，理事会应从理事中选举一位主席，两位副主席。这三人中应有一人为政府代表，一人为雇主代表，一人为工人代表。[2] 这表明，理事会负责人（Officers of the Governing Body）的选举也体现"三方结构"原则。只有理事会理事才能当选理事会负责人。[3] 理事会主席在

---

[1] ILO, "Standing Orders of the Governing Body," in *Compendium of Rules Applicable to the Governing Body of the International Labour Office*, International Labour Office, 2019, p. 17.
[2] 《国际劳工组织章程》第 7.7 条。
[3] ILO, "Standing Orders of the Governing Body," in *Compendium of Rules Applicable to the Governing Body of the International Labour Office*, International Labour Office, 2019, p. 18.

国际劳工组织

其任职结束三年后方有再次被选资格。①

对于理事会主席职位，原则上由政府代表按地域轮流担任，由结构工作组（Working Party on Structure）提议，按照4年周期在美洲、非洲、亚洲和欧洲之间进行循环，并于1968年6月开始实行。② 理事会主席任期为1年。实际上，当一名工人理事或雇主理事当选为理事会主席时，地域轮换将在该理事任期内暂停；在其任职届满时，再从工人或雇主理事未当选本来应该提名候选人的地区重新开始轮换。③ 对此，有研究认为，工人理事或雇主理事当选为理事会主席应被视为一个例外，体现的是国际劳工组织的三方性质，而不应被视为违反主席区域轮换规则。因此，无论来自哪个区域的非政府理事当选为理事会主席，其当选均不应损害有权担任主席职位的区域的理事在下一年担任主席职位的权利。④

值得注意的是，虽然理事会主席的任命受《国际劳工组织理事会适用规则汇编》理事会议事规则第2.1条（负责人）⑤ 的约束，但多年来主席的任命一直是经三个组的深入协商、达成共识后得以完成，而从未经过本书上述的投票表决程序。尽管如此，仍有可能进行秘密投票，特别是在一个组未能就任命一名候选人达成一致意见的情况下。理事会中代表政府、雇主和工人的理事将根据《国际劳工组织理事会适用规则汇编》按照简单多数表决的方式选举主席。⑥

根据《国际劳工组织理事会适用规则汇编》理事会议事规则第2.2

---

① ILO, "Standing Orders of the Governing Body," in *Compendium of Rules Applicable to the Governing Body of the International Labour Office*, International Labour Office, 2019, p. 18.

② ILO, "Introductory Note," in *Compendium of Rules Applicable to the Governing Body of the International Labour Office*, International Labour Office, 2019, p. 5.

③ ILO, "Introductory Note," in *Compendium of Rules Applicable to the Governing Body of the International Labour Office*, International Labour Office, 2019, p. 5.

④ Ebere Osieke, *Constitutional Law and Practice in the International Labour Organization*, Martinus Nijhoff Publishers, 1985, p. 112.

⑤ ILO, "Standing Orders of the Governing Body," in *Compendium of Rules Applicable to the Governing Body of the International Labour Office*, International Labour Office, 2019, p. 18.

⑥ ILO, "Introductory Note," in *Compendium of Rules Applicable to the Governing Body of the International Labour Office*, International Labour Office, 2019, p. 5.

第三章 国际劳工组织的组织机构 | International Labour Organization

条规定,理事会主席职责包括以下方面:宣布会议开幕和闭幕;主持辩论、维持秩序、确保与会代表遵守议事规则,给予或撤销与会代表向理事会发言的权利,将问题付诸表决并宣布表决结果;有权参加讨论和表决,但不得投决定票;主持所有会议,但理事会主席缺席时,两名副主席应轮流主持会议(preside at alternate sittings);监督成员国对《章程》规定的遵守和对理事会决定的执行情况;在届会间隔期间,承担理事会认为适合委托的其他职能,如代表其进行联合签字或签发某些文件,针对调查的初步批准,或派遣劳工局代表参加会议、大会或代表大会;劳工局局长应毫不迟延地将劳工局工作中的重大事件和任何可能需要干预的事件通知主席,以便主席在授权范围内采取任何可能必要的步骤;检查劳工局各部门的工作,并在必要时召集理事会。①

五 理事会议程的确定

理事会每届会议的议程须由三方筛选小组(a tripartite screening group)确定,该小组由理事会负责人(Officers of the Governing Body)、政府组主席、代表政府的区域协调员、雇主组和工人组秘书或其代表组成。三方筛选小组的决定尽可能以协商一致的方式作出,如果未达成共识,则该议题将提交给理事会负责人决定。理事会在其上届会议上决定列入议程的任何议题,须由三方筛选小组列入下届会议议程。议程文本须提前分发给理事会理事,以使其在会议开幕日前至少15个工作日收到。②

对理事是否有权请求在议程中增加新的议题或反对已列入议程的议题,《章程》或《国际劳工组织理事会适用规则汇编》均未作出规定。但是,理事似乎可以将新增议题的建议提交给理事会负责人或会议主席,是否列入这些新增议题则由其酌情决定。关于将新增议题列入议程的建议也

---

① ILO, "Standing Orders of the Governing Body," in *Compendium of Rules Applicable to the Governing Body of the International Labour Office*, International Labour Office, 2019, p.19.
② ILO, "Standing Orders of the Governing Body," in *Compendium of Rules Applicable to the Governing Body of the International Labour Office*, International Labour Office, 2019, p.20.

可以提交给理事会本身。另外，一成员国似乎也可以对议程上的某一议题提出反对意见，但这将由理事会决定是保留还是排除该议题。每届会议议程并不正式提交理事会批准，因此任何此类异议都必须向理事会负责人提出，然后由理事会负责人就此事向理事会提交一份补充报告，或在会议开始时在全体会议上提出。①

六　理事会会议时间

通常情况下，理事会每年举行三次常会（ordinary sessions）。但《国际劳工组织理事会适用规则汇编》理事会议事规则第3.2.2条规定，如有必要，主席也可与副主席协商后召开特别会议（special sessions）；另外，一经收到政府组的16名理事、或雇主组的12名理事、或工人组的12名理事签署的书面请求，则必须召开特别会议。② 就此而言，《国际劳工组织理事会适用规则汇编》理事会议事规则第3.2.2条与《章程》第7.8条③规定似乎不太一致，如果在实践中对此问题发生争议，应优先适用《章程》规定。④

一般来说，理事会会议是公开的。但经一位政府代表或雇主组、工人组大多数代表的要求，理事会可召开非公开会议。非公开会议的议事记录须作为保密文件，不得公布。理事会非公开会议保密议事记录至少在十年内不得发布。十年后，劳工局局长咨商理事会负责人，或是在有疑问时，咨商理事会本身后，在适当情况下根据要求准许其使用非公开会议议事记录。⑤

---

① Ebere Osieke, *Constitutional Law and Practice in the International Labour Organization*, Martinus Nijhoff Publishers, 1985, p. 111.
② 《国际劳工组织章程》第7.8条；ILO, "Standing Orders of the Governing Body," in *Compendium of Rules Applicable to the Governing Body of the International Labour Office*, International Labour Office, 2019, p. 20.
③ 《国际劳工组织章程》第7.8条规定："理事会自行规定其议事程序和决定其开会日期。如经16名以上理事书面请求，应召集特别会议。"
④ Ebere Osieke, *Constitutional Law and Practice in the International Labour Organization*, Martinus Nijhoff Publishers, 1985, p. 110.
⑤ ILO, "Standing Orders of the Governing Body," in *Compendium of Rules Applicable to the Governing Body of the International Labour Office*, International Labour Office, 2019, pp. 21, 24.

七 理事会的表决和法定人数

理事会的表决,采用举手表决方式进行,但《国际劳工组织理事会适用规则汇编》理事会议事规则要求采用秘密投票方式的除外。[①] 关于理事会表决,具体包括:(1)如对举手表决的结果有疑问时,主席可通过对有表决权的理事进行唱名表决重新进行表决;(2)如局长已通知理事会,在理事会派有代表的本组织的某一成员国欠交的会费等于或超过该成员国前两整年应交会费数额时,该成员国的代表以及该成员国指派的任何理事会副理事,须丧失在理事会及其各委员会的表决资格,直至局长通知理事会恢复该成员国的表决权为止;大会依照《章程》第13.4条决定允许该成员国参加表决者除外;(3)大会关于允许欠交会费的成员国参加表决的决定,在作出此决定的本届大会期间有效。任何此类决定将在紧随作出此决定的那次会议之后的大会全体会议召开之前对理事会和各委员会均有效;(4)尽管有前款规定,但在大会核准某一成员国欠交会费的总数并确定在几年期间逐年清偿的安排之后,只要该成员国在进行有关的表决时已全部付清根据安排应交付的分期付款以及根据《章程》第13条在上一年年底前应交付的全部财政会费,有关成员国的代表和该成员国指派的理事会副理事,须被准许参加表决。对于任何成员国来说,如果在大会会议闭幕时尚未全部付清所有此种分期付款和在上一年年底前应交付的全部会费,此种准许即失效。[②]

前述要求采用秘密投票的例外情形包括:(1)在一个小组没有就任命一名候选人达成一致的情况下,理事会代表中的政府、雇主和工人理事按照议事规则以简单多数票选举主席;[③](2)在选举理事会主席和国际劳工局局长时,以及在任何经出席会议并有表决权的23名理事提出要求的

[①] ILO, "Standing Orders of the Governing Body," in *Compendium of Rules Applicable to the Governing Body of the International Labour Office*, International Labour Office, 2019, p. 27.

[②] ILO, "Standing Orders of the Governing Body," in *Compendium of Rules Applicable to the Governing Body of the International Labour Office*, International Labour Office, 2019, p. 27.

[③] ILO, "Introductory Note," in *Compendium of Rules Applicable to the Governing Body of the International Labour Office*, International Labour Office, 2019, p. 5.

其他情况下，须采用秘密投票表决。①

关于出席理事会的法定人数，首先，《国际劳工组织理事会适用规则汇编》理事会议事规则对参加理事会会议投票的法定人数进行了规定，"除非至少有33名有表决权的理事出席会议，否则表决无效"。其次，在特别紧急或其他特殊情况下，理事会可以通过所投票数的3/5多数决定将某一问题提交大会进行一次性讨论，以期通过一项公约或一项建议书。②

八 国际劳工局

国际劳工局（International Labour Office）是国际劳工组织的常设秘书处，在劳工局局长的领导下开展工作，向理事会负责。③ 国际劳工局总部设在日内瓦，并在40多个国家设有办事处。④

劳工局设局长一人，由理事会任命，任期为五年，可连任。劳工局局长的职责包括：（1）遵照理事会的指示，负责国际劳工局的有效运行和其他交办事项；（2）出席理事会的所有会议。⑤

国际劳工局的组成结构不是三方性质的，其职员由局长依据理事会批准的规则委派；局长在对国际劳工局的工作效率予以应有的考量的情况下，应尽可能选用不同国籍的人员，这些人员中应有一定人数的妇女。⑥ 国际劳工局的职能包括：（1）搜集和传播有关劳工条件和劳动制度的国际规定方面的一切信息，特别是对为制定劳工公约而拟提交大会讨论的各种问题进行的研究，以及按照大会或理事会的要求进行的特别调查；

---

① ILO, "Standing Orders of the Governing Body," in *Compendium of Rules Applicable to the Governing Body of the International Labour Office*, International Labour Office, 2019, p. 27.
② ILO, "Standing Orders of the Governing Body," in *Compendium of Rules Applicable to the Governing Body of the International Labour Office*, International Labour Office, 2019, pp. 22, 28.
③ 《国际劳工组织章程》第2条。
④ ILO, *Rules of the Game: An Introduction to the Standards-related Work of the International Labour Organization*, Centenary Edition, International Labour Office, 2019, p. 17.
⑤ 《国际劳工组织章程》第8条；Erika de Wet, "Governance through Promotion and Persuasion: The 1998 ILO Declaration on Fundamental Principles and Rights at Work," *German Law Journal*, Vol. 9, No. 11, 2008, p. 1432。
⑥ 《国际劳工组织章程》第9.1~9.3条。

(2) 为大会议程的各项议题准备文件；(3) 提供技术援助；(4) 大会或理事会可能授予的其他权力和职责。[1] 国际劳工局在国际劳工标准的制定和监督机制的运行过程中发挥着重要的支持作用。[2] 如凡列入大会议程的项目旨在通过某项公约或建议书时，国际劳工局在征求各国政府对拟议公约或建议书的意见的同时，应就该公约中与联合国以及其他专门机构的活动有关的条款与这些组织磋商，并将这些组织的意见连同各国政府的意见提交大会。[3] 再如《章程》没有明确的条款授权国际劳工局解释劳工公约，同时也没有明确的条款禁止其解释劳工公约。但是，要求国际劳工局就归因于某些劳工公约的特定规定的含义提出咨询意见，已成为国际劳工组织成员国的一贯做法。[4]

国际劳工局局长和全体职员的职责，纯属国际性质。"在执行任务时，局长和全体职员不应谋求或接受任何政府或本组织以外的任何其他当局的指示。作为只对本组织负责的国际官员，他们不应采取任何可能妨害这一身份的行动。"[5] 成员国也应尊重劳工局局长和全体职员身份的国际性，不在他们履行职责时试图对他们施加影响。

第三节　国际劳工组织的结构特征

一　国际劳工组织的"三方结构"特征

上述分析显示，国际劳工组织具有独特的"三方结构"特征，或

---

[1] 《国际劳工组织章程》第10条。
[2] Klaus Samson, "The Standard-Setting and Supervisory System of the International Labour Organization," in Krzysztof Drzewicki, Catarina Krause and Allan Rosas, eds., *Social Rights as Human Rights: A European Challenge*, Institute for Human Rights Abo Akademi University, 1994, p. 118.
[3] 国际劳工组织：《国际劳工大会议事规则》，载《国际劳工组织章程和国际劳工大会议事规则（2012）》，国际劳工局，2012，第39条（乙）款。
[4] Ebere Osieke, *Constitutional Law and Practice in the International Labour Organization*, Martinus Nijhoff Publishers, 1985, p. 206.
[5] 《国际劳工组织章程》第9.4条。

国际劳工组织

"三方性原则"特征。首先,体现在国际劳工组织的主要组织机构(即国际劳工大会和理事会)的建立上,遵循"三方结构"原则,由政府、雇主组织和工人组织的三方代表共同参与劳动治理,这是国际劳工组织区别于其他传统国际组织的主要特征。虽然国际劳工组织作为联合国的一个专门机构,是一个政府间国际组织,但它遵循的"三方结构"原则是其区别于联合国其他专门机构的主要特征。其次,体现在议事规则中。《费城宣言》作为《章程》的组成部分,明确规定"工人代表和雇主代表享有和政府代表同等的地位,和政府代表一起参加自由讨论和民主决策,以增进共同福利"。具体体现在,在对同一事项进行表决时,成员国的三方代表享有单独表决权。在进行表决时,出席国际劳动大会和理事会的政府代表人数等于工人和雇主代表人数之和,而在其他的小组委员会中,政府、雇主和工人三方代表的表决权却是相等的。如果实际人数不等,则采取加权技术的表决方式予以弥补,以保证三方代表表决权的均等。这意味着雇主组织代表和工人组织代表与政府代表在国际劳工组织中发挥同等作用。国家的代表性并不仅来源于其行政权力,还来源于雇主组织和工人组织,[①] 在这方面雇主组织和工人组织这两个利益集团具有明显的代表性。[②] 从这个意义上讲,"三方结构"将雇主组织代表和工人组织代表置于与政府代表平等的决策地位,这在联合国体系的格局中是独一无二的。[③] 再次,它意味着非政府组织代表(雇主组织代表和工人组织代表)不仅参与讨论和制定国际劳工标准,还参与监督这些标准的实施。概言之,"三方结构"是国际劳工组织的一个根本特征,它根植于该组织的《章程》中,被认为具有广泛的"革命性",因为相较于其他国际组织,国际劳工组织对非政府组织代表(雇主组织代表和工人组织代表)的参与采取了

---

① Steve Charnovitz, "International Labour Organization in its Second Century," in J. A. Frowein and R. Wolfrum, eds., *Max Planck Yearbook of United Nations Law*, Kluwer Law International, 2000, p. 148.
② 史蒂芬·L. 威尔伯恩:《国际劳工组织的悖论与承诺》,《上海师范大学学报》(哲学社会科学版)2015年第1期,第61页。
③ Francis Maupain, *The Future of the International Labour Organization in the Global Economy*, Hart Publishing, 2013, p. 8.

第三章　国际劳工组织的组织机构 | International Labour Organization

"最大胆的做法"[1], 使非政府组织参与该组织工作的方方面面, 其目的是促进那些受国际劳工标准影响最大的人群接受和执行国际劳工标准。

对于"三方结构"原则, 国际劳工组织采取了相关措施以加强其实施。1971年, 国际劳工大会第五十六届会议通过了一项决议, 以期加强国际劳工组织所有活动中的"三方结构"原则。该决议认为, 国际劳工组织的力量和大规模参与的能力源自其《章程》规定的独特的"三方结构"的普遍性和民主性。它申明, 严格遵守国际劳工组织的"三方结构"原则是确保其追求的社会正义得到发展的最佳手段, "必须在本组织的所有活动中保持和加强三方关系, 包括其研究活动、区域活动、一般技术合作领域的活动及其在世界就业方案中的活动"[2]。1977年, 国际劳工大会第六十三届会议再次通过了一项关于加强国际劳工组织在对国际劳工标准和技术合作方案的监督的程序中的"三方结构"原则的决议。[3] 除上述决议外, 国际劳工大会第六十一届会议还在1976年6月通过了《三方协商(国际劳工标准)公约》(第144号公约)以及《三方协商(国际劳工标准)建议书》(第152号建议书), 以促进执行与国际劳工标准和劳工组织活动有关的国家行动。

二　国际劳工组织"三方结构"特征的国际法意义

国际劳工组织"三方结构"特征在国际法上具有以下几方面意义。首先, "三方结构"特征不仅体现在非政府组织派代表(雇主组织代表和工人组织代表)出席国际劳工大会, 从而参与公约制定的筹备、讨论和投票表决阶段, 还体现在其参与公约实施的监督进程。据此, 雇主代表和工人代表以特定方式与公约制定过程中所有较为重要的阶段都建立起了联

---

[1] Steve Charnovitz, "International Labour Organization in its Second Century," in J. A. Frowein and R. Wolfrum, eds., *Max Planck Yearbook of United Nations Law*, Kluwer Law International, 2000, p. 183.
[2] ILC, Record of Proceedings (conference paper at 56th Session of ILC, Geneva, 1971), pp. 806–808.
[3] ILC, Record of Proceedings (conference paper at 63rd Session of ILC, Geneva, 1977), pp. 847–849.

国际劳工组织

系,国家主管机关批准公约和批准行为除外。也就是说,雇主组织代表和工人组织代表在确定公约内容方面发挥了充分的作用,之后各成员国将向其国家主管机关提交这些公约并在获得同意的情况下予以批准,在此意义上,它们也将对已批准公约的适用进行国际监督。因此,不可能把劳工公约仅仅看成是国家意志的产物:这既关系到以这种方式缔结的劳工公约在多大程度上可以不加限制地适用条约法的一般规则,也关系到劳工公约形成过程对于国际法一般理论的重要性。[1]

其次,尽管国际劳工组织具有"三方结构"特征,但国际劳工标准制定和监督程序的一个基本前提是国家是审议和决策的基本单位。从法律上讲,国家是负责实施劳工标准的关键行动者,国际劳工组织独特的"三方结构"特征并不能改变国家的主导地位。《章程》起草的年代,是一个国家主权观念在国际法上不可挑战的时代,它决定了国家在国际劳工组织的结构和监督体系中占据主导地位。此外,1946年国际劳工组织作为布雷顿森林体系的一部分,成为联合国的一个专门机构,并接受了布雷顿森林体系背后的中央集权逻辑,当时主流的经济模式是福利国家的经济发展模式,旨在确保国家边界内的公平再分配。[2]

再次,20世纪90年代,国际劳工组织开始着手制定跨境劳工政策。1996年世界贸易组织在新加坡举行的第一次部长级会议上,否认了世界贸易组织在制定社会条款方面的责任,并声明国际劳工组织是促进核心劳工标准制定的适格机构。为应对这一挑战和国际劳工标准实施过程中的困难,国际劳工组织于1998年6月18日通过了《关于工作中基本原则和权利宣言及其后续措施》(Declaration on Fundamental

---

[1] C. Wilfred Jenks, "The International Labour Organization as a Subject of Study for International Lawyers," *Journal of Comparative Legislation and International Law*, Vol. 22, No. 1, 1940, p. 50.

[2] Yossi Dahan, Hanna Lerner and Faina Milman-Sivan, "Shared Responsibility and the International Labour Organization," *Michigan Journal of International Law*, Vol. 34, No. 4, 2012, pp. 690–691.

Principles and Rights at Work and its Follow-Up），它标志着该组织更深入地参与国际层面社会政策的制定。2008 年，国际劳工组织通过了《关于争取公平全球化的社会正义宣言》（*ILO Declaration on Social Justice for a Fair Globalization*），表达了国际劳工组织对在全球化时代其权责的当代认识，它赋予国际劳工组织对照社会正义基本目标的实现情况检查和审议所有国际经济和财务政策的职责，提出在国家和国际层面动员一切可以动员的力量，促进实现宣言的宗旨并有效实现其承诺。然而，即使是这两份具有里程碑意义的宣言声明，也未能对国际劳工组织的基于主权国家的结构进行实质性的改变。因此可以说，国际劳工组织的治理结构和责任观念几乎没有改变。[1]

---

[1] Yossi Dahan, Hanna Lerner and Faina Milman-Sivan, "Shared Responsibility and the International Labour Organization," *Michigan Journal of International Law*, Vol. 34, No. 4, 2012, p. 692.

第四章

国际劳工标准

第一节 国际劳工标准简介

自1919年以来,国际劳工组织建立和发展了一套国际劳工标准体系,以期促进妇女和男子在自由、公平、安全和尊严的条件下获得体面和生产性工作的机会。在当今经济全球化背景下,国际劳工标准是确保全球经济增长惠及所有人的国际框架中的一个重要组成部分。[1]

国际劳工标准是国际劳工组织成员国政府代表、雇主组织代表和工人组织代表共同制定的法律文书中规定的关于工作中的原则和权利。[2]这些法律文书或是经批准就产生法律约束力的国际劳工公约(或议定书),抑或是无约束力的建议书。在许多情况下,劳工公约规定的是批约国应实施的基本原则,而相关建议书则提供关于如何适用该公约的更详细的指导,以此方式对该公约作出补充。建议书主题也可以自主设立,不与公约相关联。[3]

国际劳工组织制定劳工标准(劳工公约或建议书),其目的在于为成

---

[1] ILO, *Rules of the Game: An Introduction to the Standards-related Work of the International Labour Organization*, Centenary Edition, International Labour Office, 2019, p. 7.

[2] ILO, *Rules of the Game: A Brief Introduction to International Labour Standards*, Third Revised Edition, International Labour Office, 2014, p. 15.

[3] ILO, "Conventions and Recommendations," https://www.ilo.org/global/standards/introduction-to-international-labour-standards/conventions-and-recommendations/lang--en/index.htm,最后访问日期:2020年10月25日。

国际劳工组织

员国创设义务。国家是批准劳工公约和实施所涉劳工标准的主体,拥有是否批约的自由裁量权,从而决定是否受劳工公约的法律约束并承担相关义务。关于对已批准劳工公约所产生的义务的理解,国际劳工组织坚持一般性原则,即"一般而言,批准国际劳工公约所产生的义务,与根据一般国际公约所产生的所有义务一样,仅限于公约缔约方管辖范围内与公约义务有关的事项"[①]。

劳工公约和建议书由政府代表、雇主组织代表和工人组织代表起草,并在年度国际劳工大会上经投票表决通过。一旦通过一项劳工标准(劳工公约或建议书),成员国应根据《章程》(第19.5条和第19.6条)在规定的时间内将其提交本国主管机关审议。就成员国主管机关而言,这意味着它需要考虑是否要批准该公约。就此而言,成员国不必考虑它在投票表决时是投赞成票还是反对票,而是依据本国国情决定是批准劳工公约还是不批准劳工公约。对此,《章程》规定了各成员国将每一项新通过的劳工公约或建议书提交主管机关审议的义务,这与其说是一项强制成员国政府保持与其投票相一致的积极规则,在很大程度上倒不如说被视为以一种简单的形式,进一步验证了习惯国际法将成员国批准条约与其通过条约时对案文的支持分开的规则。[②]

如果公约得到批准,公约一般在批准书登记之日起一年后在该国生效。批约国应承诺在本国法律和实践中适用已批准公约,并定期报告其适用情况。必要时,国际劳工组织将为批约国提供技术援助。此外,对于违反已批准公约的成员国,可以启动申诉和控诉程序。[③]

截至目前,国际劳工组织通过了190项国际劳工公约、6项议定书和

---

① Yossi Dahan, Hanna Lerner and Faina Milman-Sivan, "Shared Responsibility and the International Labour Organization," *Michigan Journal of International Law*, Vol. 34, No. 4, 2012, p. 695.
② Francis Maupain, *The Future of the International Labour Organization in the Global Economy*, Hart Publishing, 2013, p. 40.
③ ILO, "Conventions and Recommendations," https://www.ilo.org/global/standards/introduction-to-international-labour-standards/conventions-and-recommendations/lang--en/index.htm,最后访问日期:2019年8月12日。

206 项建议书，① 这些劳工公约或建议书中规定的劳工标准对所有成员国的劳动法都产生了不同程度的影响。

第二节　国际劳工标准的内容及其分类

一　国际劳工标准的内容

国际劳工标准内容广泛，涉及劳动者权利保护的诸多方面，按照其涵盖的主题，大致可归为 22 类：结社自由和集体谈判、废除强迫劳动、禁止童工、机会和待遇平等、三方协商、劳动行政管理和劳动监察、就业政策和就业促进、职业指导和培训、就业保障、工资、工作时间、职业安全与卫生、社会保障、生育保护、社会政策、移民工人、艾滋病毒携带者和艾滋病人、海员、渔民、内河航运工人、土著和部落群体，以及涉及如种植园工人、护理人员、家政工人等其他特殊类型的标准。②

二　国际劳工标准的分类

国际劳工公约依据其分类，可分为基本劳工公约（fundamental conventions）、治理公约或优先劳工公约（governance or priority conventions）和技术劳工公约（technical conventions）。与这些劳工公约相对应，劳工标准可划分为三类，即基本劳工标准、治理或优先劳工标准和技术劳工标准。

（一）基本劳工标准

基本劳工标准，也称基本劳工权利或核心劳工标准，是指 1998 年国际劳工组织通过的《关于工作中基本原则和权利宣言》载明的四项劳工

---

① ILO, "Information System on International Labour Standards," https：//www.ilo.org/dyn/normlex/en/f？p = NORMLEXPUB：1：0：：NO：, 最后访问日期：2020 年 2 月 24 日。

② ILO, "Subjects Covered by International Labour Standards," https：//www.ilo.org/global/standards/subjects - covered - by - international - labour - standards/lang - - en/index.htm, 最后访问日期：2020 年 2 月 24 日。

国际劳工组织

权利，即结社自由和有效承认集体谈判权、废除强迫或强制劳动、有效废除童工以及消除就业和职业歧视。[1] 它们体现在以下 8 项基本劳工公约（fundamental conventions）中：（1）1948 年《结社自由与保护组织权公约》（第 87 号公约）；（2）1949 年《组织权与集体谈判权公约》（第 98 号公约）；（3）1930 年《强迫劳动公约》（第 29 号公约）；（4）1957 年《废除强迫劳动公约》（第 105 号公约）；（5）1973 年《准予就业最低年龄公约》（第 138 号公约）；（6）1999 年《禁止和立即行动消除最恶劣形式的童工劳动公约》（第 182 号公约）；（7）1951 年《对男女工人同等价值的工作付予同等报酬公约》（第 100 号公约）；（8）1958 年《（就业和职业）歧视公约》（第 111 号公约）。[2]

落实基本劳工权利是劳动者争取改善其工作条件的根本手段。作为体面工作计划的策略性目标，基本劳工权利对于促进社会正义，确保公平稳定的经济全球化的实现，起着至关重要的作用。[3] 依据 1998 年《宣言》，国际劳工组织通过年度报告、综合报告以及技术援助等措施，推动成员国对基本劳工公约的批准与实施。基本劳工权利的重要性并不意味着其他劳动标准不重要，1998 年《宣言》关于基本劳工权利的后续措施既不是国际劳工标准监督机制的替代，也不会妨碍其运转。因此，国际劳工组织将不会在后续措施的框架范围内对那些机制范围内的特定情况进行审查或复审。它是以严格促进方式补充国际劳工组织的监督程序。[4] 截至 2021 年年初，在 187 个成员国中，批准所有 8 项基本劳工公约的成员国数目为 146 个，批准其中 7 项基本劳工公约的成员国数目为 14 个，批准其中 6 项基本劳工公约的成员国数目为 11 个，批准其中 5 项基本劳工公约的成

---

[1] 1998 年《国际劳工组织关于工作中基本原则和权利宣言》第 2 条。
[2] ILO, "Conventions," https://www.ilo.org/dyn/normlex/en/f?p=1000:12000:::NO:::, 最后访问日期：2002 年 2 月 24 日。
[3] 林燕玲：《国际劳工组织的历史贡献及其对中国劳动社会保障法制建设的影响——纪念国际劳工组织成立 100 周年》，《中国劳动关系学院学报》2019 年第 6 期，第 8 页。
[4] Yossi Dahan, Hanna Lerner & Faina Milman-Sivan, "Shared Responsibility and the International Labour Organization," *Michigan Journal of International Law*, Vol. 34, No. 4, 2012, p.732.

员国数目为 5 个，批准其中 4 项基本劳工公约的成员国数目为 4 个，批准其中 3 项基本劳工公约的成员国数目为 1 个，批准其中 2 项基本劳工公约的成员国数目为 2 个，批准其中 1 项基本劳工公约的成员国数目为 4 个。①从 1998 年《宣言》旨在促进成员国普遍实施核心劳工标准的目标看，目前情况距实现成员国普遍批准所有基本劳工公约的目标还有一定的差距。

（二）治理或优先劳工标准

治理或优先劳工标准体现在四项治理劳工公约或优先劳工公约（governance or priority conventions）中。国际劳工组织鼓励成员国尽早批准这四项公约，因为这四项劳工公约中的劳工标准对整个国际劳工标准体系的运作至关重要，对成员国劳动法律制度与政策的形成也具有重要影响。此外，2008 年《国际劳工组织关于争取公平全球化的社会正义宣言》（ILO Declaration on Social Justice for a Fair Globalization）在其"后续措施"中也强调了要从治理的角度看待这些公约的重要性。②

这四项治理公约为：（1）1947 年《劳动监察公约》（第 81 号公约）；（2）1964 年《就业政策公约》（第 122 号公约）；（3）1969 年《劳动监察（农业）公约》（第 129 号公约）；（4）1976 年《三方协商（国际劳工标准）公约》（第 144 号公约）。③

（三）技术劳工标准

技术劳工标准也称一般劳工标准，体现在除上述基本劳工公约和治理劳工公约以外的其他劳工公约中，涉及劳动与社会保障的诸多方面，体现的劳动者权利内容也十分广泛，随着经济社会的发展而逐渐扩展。目前有 178 项技术公约。④

---

① ILO, "Ratifications of Fundamental Conventions by Number of Ratifications," https://www.ilo.org/dyn/normlex/en/f? p = 1000：10011：：：NO：10011：P10011_ DISPLAY_ BY_ P10011_ CONVENTION_ TYPE_ CODE：2，F，最后访问日期：2021 年 1 月 24 日。
② 2008 年《〈国际劳工组织关于争取公平全球化的社会正义宣言〉后续措施》第 II（A）（vi）条。
③ ILO, "Conventions," https://www.ilo.org/dyn/normlex/en/f? p = 1000：12000：：：NO：：：，最后访问日期：2020 年 2 月 24 日。
④ ILO, "Conventions," https://www.ilo.org/dyn/normlex/en/f? p = 1000：12000：：：NO：：：，最后访问日期：2020 年 2 月 24 日。

> 国际劳工组织

第三节 国际劳工标准的特征

一 国际劳工标准的灵活性

由于各成员国文化、历史背景、法律制度和经济发展水平的多样性，国际劳工标准面临的一个主要问题是如何使这些标准具有足够的灵活性，以满足不同社会结构以及不同的经济和工业发展水平的成员国的需求①，它体现了最大公约数原则。《章程》第19.3条包含了专门为解决这一困难而设计的规定，即大会在制定普遍适用的公约和建议书时，应适当考虑某些国家因气候条件、产业组织发展不完善或其他特殊情况而使产业条件存在巨大的差异。据此，大会可采用其认为需要的变通方法以适应这类成员国的情况，主要做法包括以下几种。②

（1）在公约中设置适用于指定国家的专门条款（大会近些年没有采用这种方法）。③

（2）在公约中规定基本原则，同时（或随后）制定建议书补充更详细的标准。1964年《就业政策公约》（第122号公约）和建议书（第122号建议书）就是一个典型的例子，该公约规定"为了促进经济增长和发展，提高生活水平，满足对人力的需求，并解决失业和不充分就业的问题，各成员国作为一项主要目标，应宣布并实行一项积极的政策，其目的在于促进充分的、自由选择的生产性就业"④，换言之，批准该公约的成

---

① Ebere Osieke, *Constitutional Law and Practice in the International Labour Organization*, Martinus Nijhoff Publishers, 1985, pp. 147 – 148.
② ILO, *Handbook of Procedures Relating to International Labour Conventions and Recommendations*, Centenary Edition, International Labour Office, 2019, pp. 7 – 8.
③ 如1919年《（工业）工时公约》（第1号公约）第11条规定："本公约规定不适用中国、波斯和暹罗，但限制这些国家工作时间的规定应在今后的大会上审议。"（The provisions of this Convention shall not apply to China, Persia, and Siam, but provisions limiting the hours of work in these countries shall be considered at a future meeting of the General Conference.）
④ 1964年《就业政策公约》（第122号公约）第1.1条。

员国承担的义务是"宣布并实行一项积极的政策,其目的在于促进充分的、自由选择的生产性就业";而在同时通过的"第 122 号建议书"中相当详细地阐明了实行这种政策的方法。

在此,有必要指出的是,"第 122 号公约"被 2008 年《社会正义宣言》确定为"治理标准",充分彰显其重要性。该公约施予批准国的义务不是确保充分就业,而仅仅是推行促进就业的"积极政策",其目的不仅是为了让成员国承认就业在其社会政策中的重要地位,也是为了让其承认就业在成员国经济政策中的重要性。换言之,就业既是一个经济问题又是一个社会问题,但无论是"第 122 号公约"抑或是"第 122 号建议书",都没有规定这项"积极政策"的内容,它要求成员国根据本国的发展水平和经济能力"调动一切努力",并提请他们建立某些制度(例如确保任何个人自由选择工作时不存在明显的法律障碍)。不过,依据《章程》序言,公约的主体(对所有公约而言)是国家。因此,任何批准该公约的成员国都应通过采取某种适当的政策,对就业给予应有的优先考虑。然而,由于其他方面,特别是国际金融机构(和经合组织)的影响日益扩大,大多数国家实现其经济和社会政策的独立并非易事。再者,由于众所周知的原因,在 20 世纪 80 年代初,新自由主义的"华盛顿共识"战胜了凯恩斯主义的观点,就业政策的意义不仅在国际金融机构内部发生了深刻的变化,在国家的内部也发生了深刻的变化。[①]

(3)用宽泛的措辞定义标准,例如,确定就业政策的目标,通常在与雇主组织和工人组织协商后,依据国情和实践决定适用方法(法律、法规、集体协议等)。

(4)将劳工公约分为若干部分或条款,其中只有部分义务需要成员国在批准时予以接受,从而允许此后随着成员国社会立法和执行能力的提高而扩展接受义务的范围。也就是说,这类公约包含所谓的"灵活性

[①] Francis Maupain, *The Future of the International Labour Organization in the Global Economy*, Hart Publishing, 2013, pp. 47, 49.

国际劳工组织

条款",允许各成员国制定低于设定的劳动标准的临时标准,将某些类别的工人排除在公约适用范围之外,或只适用公约的某些部分。如1952年《社会保障(最低标准)公约》(第102号公约),允许成员国在批准该公约时至少接受9项社会保障中的3项内容,[1]并允许"经济和医疗设施不够发达的成员国"可通过在其批准书中附加一项声明书的方式,将相关规定作为暂时性例外。[2]再如1947年《劳动监察公约》(第81号公约)允许批准该公约的成员国可以通过在其批准书后附加一项声明书的方式,不接受该公约第二部分(商业劳动监察)的相关规定。[3]如果批准国选择适用"灵活性条款",通常需要向劳工组织总干事发表声明,但进入新世纪后,这种情形不太多见。

(5)将劳工公约分为可供选择的部分,根据接受的部分成员国义务的范围或程度有所不同。[4]

(6)允许特定成员国(有时是暂时)接受某一特定较低标准的条款,这些成员国或是在批准公约前没有关于这一问题的立法,或是经济、行政或医疗设施不够发达。如1973年《准予就业最低年龄公约》(第138号公约)规定,"凡批准本公约的成员国应在附于其批准书的声明书中,详细说明准予在其领土内及在其领土内注册的运输工具上就业或工作的最低年龄;除了符合本公约第4至第8条规定外,未满该年龄者不得允许其受雇于或从事任何职业"[5];然而在成员国境内准予就业或工作的最低年龄"应不低于完成义务教育的年龄,并在任何情况下不得低于十五岁"[6];但如成员国的"经济和教育设施不够发达,得在与有关雇主组织和工人组

---

[1] 1952年《社会保障(最低标准)公约》(第102号公约)第2条。
[2] 1952年《社会保障(最低标准)公约》(第102号公约)第3.1条。
[3] 1947年《劳动监察公约》(第81号公约)第25条。
[4] 1949年《收费职业介绍所公约(修订)》(第96号公约)第2.1条规定,任何批准该公约的成员国应在其批准书中说明是否接受公约第二部分的规定(即逐步取消营利性收费职业介绍所和管理其他职业介绍所所作的规定),或第三部分的规定(收费职业介绍所的相关规定)。
[5] 1973年《准予就业最低年龄公约》(第138号公约)第2.1条。
[6] 1973年《准予就业最低年龄公约》(第138号公约)第2.3条。

织（如果存在此种组织）协商后，初步规定最低年龄为十四岁"[1]。再如，劳工公约中关于最低工资标准的规定并不要求成员国制定具体的最低工资标准，而是要其建立一种制度和机制，以确定适合其经济发展水平的最低工资标准。[2]

（7）允许成员国当局排除公约对特定类别的职业、企业或人口稀少地区、不发达地区的适用。[3]

此外，还允许成员国对受雇于特定经济部门的人员单独适用公约；[4] 通过援引参考著作的最新版本，或根据现有知识对某一事项进行审查；[5] 通过公约任选议定书，批准公约本身具有更大的灵活性或扩大公约的义务范围；[6] 在劳工公约中设置条款，引入替代性和更新的义务，部分修订先前一项公约，同时使公约仍以未经修订的形式供成员国批准。[7] 诸如此类的灵活性安排有助于发展中国家更易接受国际劳工标准，并使国际劳工标准适用于更多

---

[1] 1973年《准予就业最低年龄公约》（第138号公约）第2.4条。

[2] ILO, *Rules of the Game*: *An Introduction to the Standards-related Work of the International Labour Organization*, Centenary Edtion, International Labour Office, 2019, p.22.

[3] 1949年《保护工资公约》（第95号公约）第17.1条规定："如一成员国的领土中有大片地区由于人口稀少或基于各地区的发展阶段而使主管当局认为不宜实施本公约规定时，经与有关雇主组织和工人组织（如存在此种组织）协商，该当局可对此类地区或全部豁免其实施本公约，或只对它认为适当的特定企业或职业实施本公约。"

[4] 1957年《（商业和办公处所）每周休息公约》（第106号公约）第3条规定："本公约也应适用于下列企事业雇用的人员，这些企业得由批准本公约的成员国在批准书一并提交的声明书中予以说明：（1）提供人员方面服务的企事业、团体和行政机构；（2）邮政和电讯机构；（3）报业；及（4）剧院和公共娱乐场所。"

[5] 2006年《海事劳工公约》（第186号公约）指南B4.1.1第2段规定："本导则第1款的培训应建立在以下文件最新版本的内容的基础上：《国际船舶医疗指南》、《用于涉及危险品事故的医疗急救指南》、《指导文件—国际海事培训指南》，以及《国际信号规则》的医疗部分及类似的国家指南。"

[6] 如《关于1958年种植园公约的1982年议定书》《关于1947年劳动监察公约的1995年议定书》。

[7] 1992年《（雇主破产）保护工人债权公约》（第173号公约）第3.6条和第3.7条分别规定，"成员国对本公约第二部分义务的承诺，在法律上将终止其对1949年保护工资公约第11条规定的义务的承诺"；"凡只承诺本公约第三部分义务的成员国，可以通过向国际劳工局长提交一份声明，终止其承诺1949年保护工资公约第11条规定的已受第三部分规定保护的那些债权义务"。

国际劳工组织

的成员国。从早期的在劳工公约中①列入针对具体国家的条款,到自 1946 年以来的灵活性条款,国际劳工组织采用不同的方法来处理不同的义务。

二 国际劳工标准作为基本标准

国际劳工组织建立国际劳工标准并不是向成员国推广统一的立法,而是将国际劳工标准作为一些国家的努力目标,同时将其作为另外一些国家的过渡标准,使其可以通过与国际劳工标准进行比较来改进本国的立法。② 有研究指出,国际劳工组织的成立主要是为了对劳动条件进行国际规制。纵观其发展历史,国际劳工大会的一项主要工作就是致力于完成这项任务,因而劳工公约和建议书构成了涵盖国际社会所关注的大多数领域的劳工标准。这一事实增强了劳工标准的影响力。即使成员国不承担因批准劳工公约而产生的义务,其政府、雇主组织和工人组织在考虑新的政策或立法时或在集体谈判过程中,也会从国际上承认的劳工原则和规则中寻找指引。③

此外,对实施的已批准的劳工公约的义务进行解释,必须考虑这样一个事实,即旨在改善工人条件的国际劳工标准是基本标准。为避免对其产生误解,《章程》规定:"大会对公约或建议书的通过,或成员国对公约的批准,在任何情况下都不得被视为影响到那些保证使有关工人获得较公约或建议书之规定更为优越的条件的法律、裁决书、惯例或协议。"④ 对

---

① 如依据 1919 年《(工业)工时公约》(第 1 号公约)(1919 年 11 月 28 日通过,1921 年 6 月 13 日生效)第 10 条规定,它授权英属印度在其《工厂法》涵盖的行业和采矿业等领域实行每周工作 60 小时(而不是 48 小时);再如 1919 年《(妇女)夜间工作公约》(第 4 号公约)(1919 年 11 月 28 日通过,1921 年 6 月 13 日生效)第 5 条规定,印度和暹罗可以暂停适用第 3 条,即规定妇女不能在工业企业工作。

② Nicolas Valticos and G. von Potobsky, *International Labour Law*, Kluwer Law and Taxation Publishers, 1995, p. 30.

③ Klaus Samson, "The Standard-Setting and Supervisory System of the International Labour Organization," in Krzysztof Drzewicki, Catarina Krause and Allan Rosas, eds., *Social Rights as Human Rights: A European Challenge*, Institute for Human Rights Abo Akademi University, 1994, p. 119.

④ 《国际劳工组织章程》第 19.8 条。

此，有研究指出，这项规定"没有施加任何维持高于公约规定的标准的义务"，或"适用于超出公约要求而与公约要求不相抵触的规定"。①

三 国际劳工标准的国家主义模式

尽管国际劳工组织具有明显的"三方结构"特征，但是国际劳工标准的制定过程及其性质，体现的仍是国家主义模式。如劳工公约包含具有约束力的劳工标准，为成员国创造法律义务。就此而言，国家是保护劳工权利的唯一法律责任承担者，也是程序下唯一受监督的法律主体，因为它们是批准和遵守这些标准的唯一行为体。不过，每个成员国拥有是否批准劳工公约的充分的自由裁量权，并因此受所批准公约的法律约束，而成员国对已批准的劳工公约所产生的义务的承担仅限于该缔约国管辖范围内发生的事项。②

此外，国际劳工标准制定和监督程序的一个基本前提是国家是审议和决策的基本单位。从法律上讲，国家是负责实施劳工标准的关键行动者，国际劳工组织独特的"三方结构"特征并不能改变国家的主导地位。《章程》起草的年代，是一个国家主权观念在国际法上不可挑战的时代，它决定了国家在国际劳工组织的结构和监督体系中占据主导地位。此外，1946年国际劳工组织作为布雷顿森林体系的一部分，成为联合国的一个专门机构，并接受了布雷顿森林体系背后的中央集权逻辑，当时主流的经济模式是福利国家的经济发展模式，旨在确保国家边界内的公平再分配。③

与世贸组织有约束力的争端解决程序这样的硬法执行工具不同，国际

---

① Nicolas Valticos and G. von Potobsky, *International Labour Law*, Kluwer Law and Taxation Publishers, 1995, p. 275.
② Yossi Dahan, Hanna Lerner and Faina Milman-Sivan, "Shared Responsibility and the International Labour Organization," *Michigan Journal of International Law*, Vol. 34, No. 4, 2012, p. 695.
③ Yossi Dahan, Hanna Lerner and Faina Milman-Sivan, "Shared Responsibility and the International Labour Organization," *Michigan Journal of International Law*, Vol. 34, No. 4, 2012, pp. 690–691.

劳工组织依靠软法工具来说服成员国采取行动。① 也就是说，国际劳工组织在实践中的假设是，一旦各成员国同意采取行动改善劳工权利和工作条件，其纠正低劳工标准的最大障碍在于缺乏知识和专业技能（这可以通过技术援助加以克服）。②

第四节 国际劳工标准的作用

国际劳工组织认为，国际劳工标准具有以下几方面的作用。③

第一，它是维持社会凝聚力和稳定经济的力量之一。为了正确认识其当下作用，有必要回顾1919年《凡尔赛条约》的签署国在创建国际劳工组织时，已认识到当时的"劳动条件使很多人遭受不公正、苦难和贫困，以致产生如此巨大的动荡，竟使世界和平与和谐遭受危害"④。为解决这一问题，新成立的国际劳工组织建立了一套国际劳工标准体系，其内容几乎涵盖了与工作有关的所有事项。换言之，国际劳工组织创始者在1919年就认识到，全球经济需要明确的规则，以确保经济进步与所有人的社会正义、繁荣与和平同步前行。这一原则在当下并没有失去其意义：在一个对工作产生巨大影响的时代，劳工标准仍是维持社会凝聚力和稳定经济的源泉之一。⑤

为此，国际劳工标准被开发成可以提供劳动和社会政策的全球标准系统，并辅之以监督机制，以解决在国家一级适用这些标准时遇到的各种问题与困难。这些是国际劳工组织管理全球化、促进可持续发展、消除贫困

---

① Brian Langille, "Labor," in Jacob Katz Cogan, Ian Hurd and Ian Johnstone, eds., *The Oxford Handbook of International Organizations*, Oxford University Press, 2016, p. 477.
② Erika de Wet, "Governance through Promotion and Persuasion: The 1998 ILO Declaration on Fundamental Principles and Rights at Work," *German Law Journal*, Vol. 9, No. 11, 2008, p. 1450.
③ ILO, *Rules of the Game: An Introduction to the Standards-related Work of the International Labour Organization*, Centenary Edition, International Labour Office, 2019, pp. 8 – 16.
④ 《国际劳工组织章程》序言。
⑤ ILO, *Rules of the Game: An Introduction to the Standards-related Work of the International Labour Organization*, Centenary Edition, International Labour Office, 2019, p. 12.

第四章 国际劳工标准 | International Labour Organization

并确保每个人都享有尊严和安全的工作的战略的法律组成部分。[①] 2008 年 6 月，各国政府代表、工人代表和雇主代表通过了具有里程碑意义的 2008 年《社会正义宣言》，旨在加强国际劳工组织推进"体面劳动议程"（Decent Work Agenda）的能力，并有效应对日益严峻的全球化挑战。"体面劳动议程"的推进面临着许多与国际劳工组织建立之初面临的相同的挑战，其目的是通过促进社会对话、社会保护和创造就业机会以及尊重国际劳工标准，实现所有人体面工作。[②] 该宣言强调，为了促进国际劳工组织协助其成员国在全球化背景下达成其目标，该组织必须"通过加强国际劳工组织的标准制定政策对劳动世界的相关性，将之作为国际劳工组织活动的基石加以促进，并确保标准作为实现本组织《章程》目标的一个有益的手段"[③]。

第二，是实现《联合国 2030 年可持续发展议程》（Sustainable Development Agenda 2030）关于促进充分的生产性就业和人人获得体面工作的目标的一个途径。国际劳工标准首先是关于人的发展的。在 1944 年《费城宣言》中，国际社会承认"劳动不是商品"。工作是每个人日常生活的一部分，对人的尊严、福祉和发展至关重要。经济发展应当包括创造就业机会和提供劳动条件，使人们能够自由、安全和有尊严地工作。简言之，经济发展并不是为了经济自身，而是为了改善人类的生活；国际劳工标准的制定是为了确保经济能专注于改善人类的生活和尊严。[④] 体面工作不仅是一个目标，而且是实现新的国际可持续发展方案具体目标的一种手段。在 2015 年 9 月的联合国大会上，充分就业和体面工作已明确体现在《联合国 2030 年可持续发展议程》（目标 8）中，各国正在努力根据已制定的国别计划实现这一目标。

[①] ILO, *Rules of the Game: An Introduction to the Standards-related Work of the International Labour Organization*, Centenary Edition, International Labour Office, 2019, p. 12.

[②] ILO, *Rules of the Game: A Brief Introduction to International Labour Standards*, Third Revised Edition, International Labour Office, 2014, p. 9.

[③] 2008 年《国际劳工组织关于争取公平全球化的社会正义宣言》。

[④] ILO, *Rules of the Game: An Introduction to the Standards-related Work of the International Labour Organization*, Centenary Edition, International Labour Office, 2019, p. 13.

国际劳工组织

第三，它是促进公平与稳定全球化的国际法律框架。在全球化经济中实现体面工作的目标需要在国际层面采取行动。为应对这一挑战，国际社会的一项努力就是制定关于贸易、金融、环境、人权和劳工等方面的国际法律文书。国际劳工组织也通过制定国际劳工标准来充实这一国际法律框架，以确保经济增长和发展与体面工作的同步进行。国际劳工组织独特的"三方结构"特征能够确保这些标准得到政府、雇主和工人的支持。因此，国际劳工标准规定了全球经济所有参与者需要达成的基本社会标准。[1]

国际劳工标准一般来讲被视为一种国际普通法（a kind of international common law），可资成员国政府利用并作为其立法指引来源，无论其当时的条件或发展阶段如何，它们都或多或少影响了大多数国家的立法进程。[2] 换言之，成员国政府在起草和实施国内劳动法和社会政策时，都会考虑国际上承认的劳工标准。具体而言，如果一成员国决定批准劳工公约，必要时它还将修订其立法和政策以便遵守拟批准的公约；如果一成员国决定不批准公约，也会在国内立法时尽量考虑劳工公约的相关规定。除此之外，国际劳工标准还可以为一国制定国家和地方政策（如就业、工作和家庭政策）提供指导，并用于改善各种行政结构，如劳动行政管理、劳动监察、社会保障和就业服务等。[3]

第四，它是可持续减贫的有效战略。经济发展始终依赖于人们对规则的接受。立法和正常运作的法律机制将确保产权、合同的执行、对程序的尊重和免受犯罪的侵害，这些都是善治的法律要素，没有这些，任何经济将无法运行。一个由一套公平的规则和制度规制的市场更为有效，能为所有人带来利益。劳动力市场也不例外。国际劳工标准中规定的并通过国家

---

[1] ILO, *Rules of the Game: An Introduction to the Standards-related Work of the International Labour Organization*, Centenary Edition, International Labour Office, 2019, p. 14.

[2] Nicolas Valticos and G. von Potobsky, *International Labour Law*, Kluwer Law and Taxation Publishers, 1995, p. 289.

[3] ILO, *Rules of the Game: An Introduction to the Standards-related Work of the International Labour Organization*, Centenary Edition, International Labour Office, 2019, p. 26.

第四章 国际劳工标准 International Labour Organization

法律制度实施的公平劳工做法（fair labour practices），能确保工人和雇主都有一个有效和稳定的劳动力市场。在许多发展中国家和经济转型国家中，很大一部分劳动力活跃在非正规经济部门中，而且这些国家通常缺乏有效地提供社会正义的能力。在这种情形下，国际劳工标准可成为有效的工具：因为大多数劳工标准适用于所有工人，而不仅仅适用于那些在正规经济部门工作的工人；有些劳工标准，如那些涉及家政工人、移民工人、农村工人，以及土著和部落群体的劳工标准，实际上是专门针对非正规经济领域的。国际劳工组织认为，扩大结社自由、社会保护、职业安全和卫生、职业培训以及国际劳工标准所要求的其他措施，是减少贫穷并使工人进入正规经济部门的有效途径。此外，国际劳工标准要求国家建立能够执行劳工权利的机构和机制，结合一套明确的权利和规则，有效运行的法律机构有助于经济正规化，并建立对经济增长和发展至关重要的信任和秩序氛围。① 此外，国际劳工组织还认为，国际劳工标准有助于创造人人平等的竞争环境，提高经济效益和构筑应对经济危机的安全网。②

第五，制定、促进、批准和监督国际劳工标准对国际劳工组织至关重要。这要求国际劳工组织拥有一套清晰、强大和最新的国际劳工标准体系，并进一步增强其透明度。国际劳工标准还需要顺应劳动世界的变化趋势，保护工人并兼顾企业的需求，同时还应受到具有权威性且行之有效的监督机制的约束。国际劳工组织将协助其成员国批准和有效实施标准。此外，所有成员国应致力于批准和落实国际劳工组织的基本公约，并经与雇主组织和工人组织协商，定期考虑批准国际劳工组织的其他劳工公约。③

综上，国际劳工标准是各国政府代表、雇主组织代表和工人组织代表与世界各地专家协商后讨论的结果。它们代表了国际社会就如何在国际层

---

① ILO, *Rules of the Game: An Introduction to the Standards-related Work of the International Labour Organization*, Centenary Edition, International Labour Office, 2019, p. 16.
② ILO, *Rules of the Game: An Introduction to the Standards-related Work of the International Labour Organization*, Centenary Edition, International Labour Office, 2019, pp. 14–17.
③ ILC, ILO Centenary Declaration for the Future of Work (conference paper at 108th Session of ILC, Geneva, 2019), p. 6.

国际劳工组织

面解决特定的劳工问题所达成的共识。各国政府、雇主组织、工人组织、国际机构、跨国公司和非政府组织可通过将劳工标准纳入其政策、经营目标和日常行动中而获益。这些劳工标准的法律性质使其能够在国家一级的法律制度和行政管理中适用，并作为国际法的一部分，使国际社会更加一体化。[1] 国际劳工组织认为，随着世界各国需求的增长，国际劳工标准体系将持续发展和完善。国际劳工标准体系为社会进步作出了许多贡献，但仍存在诸多不足。虽然国际劳工标准体系主要是各成员国政府、雇主组织和工人组织使用的工具，但广大公众也可以发挥作用。个人、非政府组织、企业家和活动家应提高对这一体系的认识，鼓励本国政府批准公约，并与适用劳工标准的雇主组织和工人组织合作，以确定和解决标准实施过程中存在的问题。[2]

---

[1] ILO, *Rules of the Game*: *A Brief Introduction to International Labour Standards*, Third Revised Edition, International Labour Office, 2014, p. 14.

[2] ILO, *Rules of the Game*: *An Introduction to the Standards-related Work of the International Labour Organization*, Centenary Edition, International Labour Office, 2019, p. 125.

第五章
国际劳工标准的表现形式

国际劳工标准是国际劳工大会制定的法律文书中设立的工作中的基本原则和权利。① 关于国际劳工标准的设立，《章程》规定了两种形式：劳工公约和建议书。②

第一节 国际劳工公约

一 国际劳工公约概述

国际劳工公约是一经成员国批准就产生法律约束力的国际条约，它规定的是批约国应实施的基本原则，采用国际条约的形式，旨在为批准国政府确立具有约束力的法律义务并使其履行承诺的义务和接受监督。国际劳工大会通常会就同一主题同时通过一项公约和一项建议书：公约简短，使用命令性或强制性术语，如"应该"做某些事情或不做某些事情；而建议书则较为详尽，使用非强制性术语，例如，"主管当局可"做某些事情或不做某些事情。③ 截至2021年初，国际劳工组织已通过190项国际劳工公约，按规定登记的公约批准数目为8266个。④

---

① ILO, *Rules of the Game: A Brief Introduction to International Labour Standards*, Third Revised Edition, International Labour Office, 2014, p. 15.
② 《国际劳工组织章程》第19.1条。
③ Ebere Osieke, *Constitutional Law and Practice in the International Labour Organization*, Martinus Nijhoff Publishers, 1985, p. 146.
④ ILO, "Information System on International Labour Standards," https：//www.ilo.org/dyn/normlex/en/f? p = NORMLEXPUB：1：0：：NO：：：，最后访问日期：2021年1月6日。

国际劳工组织

二 国际劳工公约的分类

依据国际劳工组织相关规定，国际劳工公约可依据类型、涵盖的主题和状态进行分类。为了更好地达成研究目的，本书仅介绍依据类型进行的分类。基于类型国际劳工公约可分为三类：基本劳工公约、治理公约或优先劳工公约和技术劳工公约。[1]

1. 基本劳工公约

国际劳工组织将8项劳工公约确定为基本劳工公约，它们是：(1) 1930年《强迫劳动公约》（第29号公约）；(2) 1948年《结社自由与保护组织权公约》（第87号公约）；(3) 1949年《组织权与集体谈判权公约》（第98号公约）；(4) 1957年《废除强迫劳动公约》（第105号公约）；(5) 1951年《对男女工人同等价值的工作付予同等报酬公约》（第100号公约）；(6) 1958年《(就业和职业)歧视公约》（第111号公约）；(7) 1973年《准予就业最低年龄公约》（第138号公约）；(8) 1999年《禁止和立即行动消除最恶劣形式的童工劳动公约》（第182号公约）。[2]

基本劳工公约内容涵盖工作中的基本原则和权利，包括结社自由和有效承认集体谈判权、消除一切形式的强迫或强制劳动、有效废除童工、消除就业和职业方面的歧视。这些原则也体现在国际劳工组织1998年《宣言》中。截至目前，在187个成员国中，批准所有8项基本劳工公约的成员国数目为146个，批准其中7项基本劳工公约的成员国数目为14个，批准其中6项基本劳工公约的成员国数目为11个，批准其中5项基本劳工公约的成员国数目为5个，批准其中4项基本劳工公约的成员国数目为4个，批准其中3项基本劳工公约的成员国数目为1个，批准其中2项基本劳工公约的成员国数目为2个，批准其中1项

---

[1] ILO, "Conventions," https://www.ilo.org/dyn/normlex/en/f? p = 1000：12000：6614694578010::::P12000_INSTRUMENT_SORT:1，最后访问日期：2020年3月22日。

[2] ILO, "Conventions," https://www.ilo.org/dyn/normlex/en/f? p = 1000：12000：6614694578010::::P12000_INSTRUMENT_SORT:1，最后访问日期：2020年3月22日。

基本劳工公约的成员国数目为4个。① 从1998年《宣言》旨在促进成员国普遍实施核心劳工标准的目标看，目前情况距实现成员国普遍批准所有基本劳工公约的目标还有一定的差距。

2. 治理或优先劳工公约

国际劳工组织确定的治理劳工公约共4项，它们是：（1）1947年《劳动监察公约》（第81号公约）；（2）1964年《就业政策公约》（第122号公约）；（3）1969年《劳动监察（农业）公约》（第129号公约）；（4）1976年《三方协商（国际劳工标准）公约》（第144号公约）。② 国际劳工组织鼓励成员国尽早批准这4项劳工公约，因为它们所规定的劳工标准对整个国际劳工标准体系的运作至关重要。对此，2008年《社会正义宣言》在其"后续措施"中也强调了要从治理的角度看待这些公约的重要性。③

截至目前，在187个成员国中，批准所有4项治理劳工公约的成员国数目为42个，批准其中3项治理劳工公约的成员国数目为66个，批准其中2项治理劳工公约的成员国数目为38个，批准其中1项治理劳工公约的成员国数目为25个，没有批准任何1项治理劳工公约的成员国数目为16个。④

3. 技术劳工公约

技术劳工公约是指除上述基本劳工公约和治理劳工公约以外的其他公

---

① ILO, "Ratifications of Fundamental Conventions by number of ratifications," https://www.ilo.org/dyn/normlex/en/f? p = 1000：10011：：：NO：10011：P10011_DISPLAY_ BY, P10011_ CONVENTION_ TYPE_ CODE：2, F, 最后访问日期：2021年1月4日。
② ILO, "Ratification by Convention," https：//www.ilo.org/dyn/normlex/en/f? p = 1000：12001：：：NO：：：, 最后访问日期：2020年2月24日。
③ 2008年《〈国际劳工组织关于争取公平全球化的社会正义宣言〉后续措施》第Ⅱ（A）（ⅵ）条。
④ ILO, "Ratifications of Governance (Priority) Conventions by Number of Ratifications," https：//www.ilo.org/dyn/normlex/en/f? p = NORMLEXPUB：10013：：：NO：10013：P10013_ DISPLAY_ BY, P10013_ CONVENTION_ TYPE_ CODE：2, G, 最后访问日期：2021年1月5日。

约，目前有178项技术公约，[①] 具体参见附录五"国际劳工公约一览表（1919~2020年）"。批准这些公约的成员国数目在此不作赘述。

三 国际劳工公约的解释

实施国际劳工公约的效果在很大程度上取决于对它们的解释和适用方式。因此，对国际劳工公约的正确解释和适用，也是国际劳工组织为实现其基本宗旨而采取的行动的重要组成部分。

根据《章程》规定，劳工公约的解释由国际法院和为此目的设立的裁判庭作出。[②] 这也表明，《章程》将与劳工公约解释有关的问题交由国际劳工组织以外的独立司法机构负责。不过，国际劳工组织的实践也表明，国际劳工局在某些情况下也可对劳工公约进行解释。[③]

1. 国际法院对劳工公约的解释

依据《章程》第37.1条规定，国际法院被赋予了解释劳工公约的权力，"对本章程或对各成员国随后依照本章程的规定所制定的公约在解释上发生的任何问题或争议，须提交国际法院判决"。截至1985年，只有一个涉及对劳工公约解释的案件提交给了国际法院。[④]

在对劳工公约的解释方面，出现了与对《章程》解释类似的问题。如《章程》对"问题"和"争议"两个术语的含义没有进行界定，也没有明确将"问题"或"争议"提交国际法院的方式，以及国际法院决定、判决的约束力。对于这些问题的理解，可参照前述关于《章程》解释部

---

① ILO, "Ratification by Convention," https：//www.ilo.org/dyn/normlex/en/f? p = 1000：12001：：：NO：：：，最后访问日期：2020年2月24日。
② 《国际劳工组织章程》第37条。
③ Ebere Osieke, *Constitutional Law and Practice in the International Labour Organization*, Martinus Nijhoff Publishers, 1985, p. 204.
④ "Interpretation of the Convention of 1919 Concerning the Employment of Women During the Night," PCIJ Series A/B, No. 50, 1932; Ebere Osieke, *Constitutional Law and Practice in the International Labour Organization*, Martinus Nijhoff Publishers, 1985, p. 204.

分的相关讨论。①

2. 裁判庭对国际劳工公约的解释

关于劳工公约的解释问题，除按《章程》第37.1条规定提交国际法院判决外，还可按《章程》第37.2条规定由理事会提议并提交大会批准，"成立裁判庭以快速裁决由理事会或按公约规定向该裁判庭提出的关于解释公约方面所存在的任何争议或问题。国际法院的任何可适用的判决或咨询意见，对于按本款成立的裁判庭须有约束力。此类裁判庭所作的裁决书应分送本组织各成员国，各成员国对该判决书如有意见可提交大会"②。对此需要指出的是，裁判庭作出的判决不应与适用于解决此问题和纠纷的国际法院的判决或咨询意见相抵触。③

3. 国际劳工局对国际劳工公约的解释

在《章程》中，没有明确的条款授权国际劳工局解释劳工公约，但也没有明确的条款规定禁止其解释劳工公约。不过在实践中，提请国际劳工局就某些劳工公约的具体规定的含义发表咨询意见，已成为国际劳工组织成员国的一贯做法。④

对此，需要关注以下三个问题。其一，国际劳工局解释国际劳工公约的能力基础。其二，由于《章程》将解释公约的权力授予国际法院以及为此目的建立的裁判庭，国际劳工局对劳工公约的解释与国际法院或裁判庭对劳工公约的解释是否会发生重叠或不一致的问题。其三，国际劳工局所作解释的约束力问题。⑤

因此，在实践中对与劳工公约解释有关的"问题"或"争议"的解决，无论是通过国际法院判决抑或发表咨询意见，都将构成对该问题最重

---

① Ebere Osieke, *Constitutional Law and Practice in the International Labour Organization*, Martinus Nijhoff Publishers, 1985, p. 204 and footnote 30.
② 《国际劳工组织章程》第37.2条。
③ 王家宠：《国际劳动公约概要》，中国劳动出版社，1991，第27页。
④ Ebere Osieke, *Constitutional Law and Practice in the International Labour Organization*, Martinus Nijhoff Publishers, 1985, p. 206.
⑤ Ebere Osieke, *Constitutional Law and Practice in the International Labour Organization*, Martinus Nijhoff Publishers, 1985, pp. 207 – 210.

要、最公正的司法声明，不应被轻视。① 而国际劳工局对劳工公约的解释似乎被适当地表征为该组织行使的司法职能。②

四　国际劳工公约的批准、生效和退出

1. 国际劳工公约的批准

在国际法上，批准条约指"一国据以在国际上确定其同意受条约拘束之国际行为"③。与批准其他国际条约一样，批准劳工公约是成员国正式承诺使劳工公约的规定在本国法律和实践中生效的行为，各国在确定是否批准时有绝对的自由裁量权。批准劳工公约将为批约国设置国际法律义务，从而也启动了国际劳工组织的监督程序。因此，批约通常是实施劳工公约的决定性步骤，也是劳工公约有效力的重要因素。成员国批准劳工公约后，应将公约的正式批准书送交劳工局局长，并采取必要行动，使该公约各条款发生效力。④ 关于是否批准劳工公约，成员国还应注意对劳工公约适用的强制性声明（Compulsory declarations）和任择性声明（Optional declarations），两者可能对公约适用产生限制，以下将作详细论述。因此，在批准前成员国必须考虑声明的性质，以及批准书所载或与批准书一起提交的声明的内容。⑤

第一，一些劳工公约要求在批准书本身或批准书所附文件中包含强制性声明的内容。如果国际劳工局没有收到这类声明，批准书就不能被登记。在某些情况下，要求成员国作出此类声明是为了界定其接受义务的范围或明确可提供的标准水平。⑥ 需要批约国作出强制性声明的可供批准的

---

① Ebere Osieke, *Constitutional Law and Practice in the International Labour Organization*, Martinus Nijhoff Publishers, 1985, pp. 203 – 204.
② Ebere Osieke, *Constitutional Law and Practice in the International Labour Organization*, Martinus Nijhoff Publishers, 1985, p. 197.
③ 《维也纳条约法公约》第二条（乙）款。
④ 《国际劳工组织章程》第19.5（d）条。
⑤ Ebere Osieke, *Constitutional Law and Practice in the International Labour Organization*, Martinus Nijhoff Publishers, 1985, p. 156.
⑥ Nicolas Valticos and G. von Potobsky, *International Labour Law*, Kluwer Law and Taxation Publishers, 1995, p. 272.

第五章 国际劳工标准的表现形式

劳工公约有如下几个。[①]

（1）1952年《社会保障（最低标准）公约》（第102号公约）第2.(b)条规定："凡本公约对其生效的成员国，应在其批准书中详细说明，第二部分至第十部分中有哪些部分是它接受为本公约义务的。"

（2）1960年《辐射防护公约》（第115号公约）第3.3(c)条规定："有关成员国在批准本公约时应向国际劳工局长提交一份声明书，指出以何种方式和对哪几类工人实施本公约的规定，并应在其关于实施本公约情况的报告中说明在这一问题上取得的任何进展。"

（3）1962年《（社会保障）同等待遇公约》（第118号公约）第2.3条规定："成员国应在其批准书中列明其接受本公约义务的各类社会保障。"

（4）1965年《（井下作业）最低年龄公约》（第123号公约）第2.2条规定："成员国应在其批准书的声明中具体说明最低年龄。"

（5）1967年《残疾、老年和遗属津贴公约》（第128号公约）第2.2条规定："成员国应在其批准书中说明，在第二至第四部分的哪些部分里它同意承担本公约规定的义务。"

（6）1970年《带薪年休假公约（修订）》（第132号公约）第3.2条和第3.3条规定："凡批准本公约的成员国在与批准书一并提交的声明中，应说明休假的期限。休假的期限在任何情况下不得低于每个工作年的三周工作时间。"

另外，该公约第15.2条还要求成员国在批准公约时应明确指出，它是否承担公约规定的除农业外各经济部门中的雇用人员的义务，或者农业中的雇用人员的义务，或者对两者的义务。

（7）1973年《准予就业最低年龄公约》（第138号公约）第2条规定："（1）凡批准本公约的成员国应在附于其批准书的声明书中，详细说明准予在其领土内及在其领土注册的运输工具上就业或工作的最低年龄；

[①] ILO, *Handbook of Procedures Relating to International Labour Conventions and Recommendations*, Centenary Edition, International Labour Office, 2019, pp. 16-17.

除了符合本公约第四至第八条规定外,未满该年龄者不得允许其受雇于或从事任何职业。(2)凡批准本公约的成员国得随后再以声明书通知国际劳工局长,告知其规定了高于以前规定的最低年龄。(3)根据本条第1款规定的最低年龄应不低于完成义务教育的年龄。并在任何情况下不得低于十五岁。(4)尽管有本条第3款的规定,如成员国的经济和教育设施不够发达,得在与有关的雇主组织和工人组织(如存在此种组织)协商后,初步规定最低年龄为十四岁。(5)根据上款规定已定最低年龄为十四岁的各成员国,应在其按照国际劳工组织章程第22条规定提交的实施本公约的报告中说明:(a)如此做的理由(b)自某日起放弃其援用有关规定的权利。"

(8)1985年《劳工统计公约》(第160号)第16.2条规定:"凡成员国在批准公约时应指明所接受的本公约义务属第二部分的哪一项或哪几项条款。"

(9)1992年《(雇主破产)保护工人债权公约》(第173号公约)第3.1条规定:"凡批准本公约的成员国,应承诺第二部分中关于以优先权手段保护工人债权的义务,或者承诺第三部分中关于以担保机构保护工人债权的义务,抑或同时承诺两个部分规定的义务。对于所作选择,应在伴随其批准书的一份声明书中予以说明。"

(10)2000年《生育保护公约(修订)》(第183号公约)第4.2条规定:"各成员国须在其对本公约的批准书中附上一份声明,具体说明以上提到的假期期限。"

(11)2006年《海事劳工公约》(第186号公约)标准A4.5第10段规定:"各成员国批准公约时应明确指出其根据本标准第二款所提供的保护项目险种。提供本标准第一款中所述的一种或几种其他分项的社会保障保护时应随即通知国际劳工组织总干事。总干事应保持一份关于此信息的记录,并应备所有相关各方索取。"

对于在劳工公约批准时作出强制性声明的成员国,也就是说,利用强制性声明限制某项劳工公约适用范围的成员国,可随后修改、取消或撤销这种限制,其可通过作出另一项声明来实现。在根据《章程》第

第五章 国际劳工标准的表现形式

22 条规定提交的报告中，成员国是否作出声明或通知，视每项劳工公约情况而定。①

第二，下列公约的相应条款规定成员国可在批准书本身或批准书所附文件中包含任择性声明：②

（1）1946 年《（工业）未成年人体格检查公约》（第 77 号公约）第 9.1 条；

（2）1946 年《（非工业部门就业）未成年人体格检查公约》（第 78 号公约）第 9.1 条；

（3）1946 年《（非工业部门就业）未成年人夜间工作公约》（第 79 号公约）第 7.1 条；

（4）1947 年《劳动监察公约》（第 81 号公约）第 25.1 条以及《关于 1947 年劳动监察公约的 1995 年议定书》（第 81 号议定书）第 2.1 条；

（5）1948 年《（工业）未成年人夜间工作公约（修订）》（第 90 号公约）第 7.1 条；

（6）1949 年《移民就业公约（修订）》（第 97 号公约）第 14.1 条；

（7）1952 年《社会保障（最低标准）公约》（第 102 号公约）第 3.1 条；

（8）1957 年《（商业和办公场所）每周休息公约》（第 106 号公约）第 3.1 条；

（9）1958 年《种植园公约》（第 110 号公约）第 3.1（b）条；以及《关于 1958 年种植园公约的 1982 年议定书》（第 110 号议定书）第 1 条；

（10）1963 年《机器防护公约》（第 119 号公约）第 17.1 条；

（11）1964 年《工伤事故和职业病津贴公约》（第 121 号公约）第 2.1 条和第 3.1 条；

（12）1967 年《残废、老年和遗属津贴公约》（第 128 号公约）第

---

① ILO, *Handbook of Procedures Relating to International Labour Conventions and Recommendations*, Centenary Edition, International Labour Office, 2019, p. 19.

② ILO, *Handbook of Procedures Relating to International Labour Conventions and Recommendations*, Centenary Edition, International Labour Office, 2019, pp. 17 – 18.

4.1条、第38条和第39条;

(13) 1969年《医疗和疾病津贴公约》(第130号公约)第2.1条、第3.1条和第4.1条;

(14) 1973年《准予就业最低年龄公约》(第138号公约)第5.2条;

(15) 1975年《移民工人公约(补充规定)》(第143号公约)第16.1条;

(16) 1977年《工作环境(空气污染、噪音和振动)公约》(第148号公约)第2条;

(17) 1979年《(公路运输)工时与间休公约》(第153号公约)第9.2条;

(18) 1988年《就业促进和失业保护公约》(第168号公约)第4.1条、第5.1条和第5.2条;

(19) 1992年《(雇主破产)保护工人债权公约》(第173号公约)第3.3条;

(20) 2003年《海员身份证件公约(修订)》(第185号公约)第9条。

第三,关于劳工公约适用范围的任择性声明。以下劳工公约的相应条款规定成员国在批准时或批准后的任何时候可为公约适用范围的扩大作出声明:[1]

(1) 1969年《(农业)劳动监察公约》(第129号公约)第5.1条;

(2) 1976年《海员带薪年休假公约》(第146号公约)第2.4条、第2.5条和第2.6条;

(3) 1991年《(旅馆和餐馆)工作条件公约》(第172号公约)第1.2条和第1.3条;

(4)《关于1976年商船(最低标准)公约的1996年议定书》(第147号议定书)第3条;

(5) 1995年《矿山安全与卫生公约》(第176号公约)第2条;

---

[1] ILO, *Handbook of Procedures Relating to International Labour Conventions and Recommendations*, Centenary Edition, International Labour Office, 2019, p.19.

第五章 国际劳工标准的表现形式 **International Labour Organization**

(6) 1997年《私营就业机构公约》(第181号公约)第2.5条;

(7) 2000年《保护生育公约(修订)》(第183号公约)第2.3条;

(8) 2001年《农业安全与卫生公约》(第184号公约)第3条;

(9) 2007年《关于渔业部门工作的公约》(第188号公约)第3条。

第四,关于劳工公约的批准,还需要指出,除通过公约本身允许的强制性声明对劳工公约的适用范围进行某些方面的限制外,《章程》不允许成员国在批准公约时对劳工公约进行保留。这是劳工公约一个非常重要的特征,也使它明显区别于其他一般性多边条约。对劳工公约作出保留,实质上是排除劳工公约某些条款对批准国发生效力。但基于以下原因,国际劳工组织一贯主张对劳工公约条款的保留是不可接受的:(1) 由于《章程》赋予雇主和工人在制定和通过公约方面某些权利,如果仅仅政府作出保留就足以修改政府、雇主组织和工人组织三方通过的公约的实质内容,并由此导致其效力减弱,则雇主和工人的权利将被否决;(2) 依据《章程》第19.3条规定,大会有义务对每个国家的特殊情况进行审议并考虑针对其当地特殊条件的变通办法;(3) 成员国可以通过作出强制性声明、任择性声明或批准议定书的方式,明确界定接受义务的范围或可提供的标准水平。①

第五,关于已批准劳工公约义务的继承,在非殖民化时期自动继承原则取得了显著成功。根据该理论,新独立的国家根据各自前殖民统治者批准的公约承担义务(doctrine of automatic succession that subjected newly independent states to obligations under Conventions which had been ratified by their respective colonial rulers)。然而,随着冷战的结束、两大阵营的瓦解,东西方阵营各自联盟的必要性消失,使得欧洲或其他地方新成员国拒绝自动继承先前适用于其领土的公约。这一重大变化可以理解为是这一总体趋势的体现,且值得注意的是,专家委员会并未采取任何干预措施以拯救这

---

① Ebere Osieke, *Constitutional Law and Practice in the International Labour Organization*, Martinus Nijhoff Publishers, 1985, p.155; ILO, *Handbook of Procedures Relating to International Labour Conventions and Recommendations*, Centenary Edition, International Labour Office, 2019, p.20.

国际劳工组织

一理论。[①]

2. 国际劳工公约批准的登记

成员国批准劳工公约后,应按照国际劳工组织相关规定进行登记。对此,所有劳工公约的最后条款都载有以下规定:(1)公约的正式批准书应送请国际劳工局局长登记;(2)国际劳工局局长应将成员国送达的批准书的登记情况,通知全体成员国;(3)国际劳工局局长应将其按照前述规定所登记的批准书详细情况,依据《联合国宪章》第102条[②]规定,送请联合国秘书处进行登记。[③] 此外,对于接受或修改须承担的相关公约下义务的范围的强制性声明或任择性声明均需以同样方式进行登记。[④]

3. 国际劳工公约的生效

一项劳工公约必须正式生效,才具有国际法效力。《章程》没有关于公约生效的规定,但大会通常在每个公约的案文中规定其生效程序。一般规则是:其一,公约应仅对其批准书已经国际劳工局局长登记的成员国有拘束力;其二,公约应自两个成员国的批准书已经国际劳工局局长登记之日起12个月后生效;其三,此后,对于任何其他成员国,公约应自其批准书已经登记之日起12个月后生效。[⑤]

然而,一些公约,特别是某些海事公约,在生效之前需要更多成员国的批准。如1976年《商船(最低标准)公约》(第147号公约)第6.2条规定:"本公约应自至少有十个其拥有的船舶吨位总数占世界

[①] Francis Maupain, *The Future of the International Labour Organization in the Global Economy*, Hart Publishing, 2013, pp. 26, 39-40, 43-44.

[②] 《联合国宪章》第102.1条规定:"本宪章发生效力后,联合国任何会员国所缔结之一切条约及国际协定应尽速在秘书处登记,并由秘书处公布之。"

[③] 参见国际劳工组织北京局《标准最后条款(附件1)》,载《国际劳工公约和建议书(1919—1993)》(第二卷),国际劳工组织北京局,1994,第510页;但该第5条规定不适用于第1~67号公约。

[④] ILO, *Handbook of Procedures Relating to International Labour Conventions and Recommendations*, Centenary Edition, International Labour Office, 2019, p. 20.

[⑤] 参见国际劳工组织北京局《标准最后条款(附件1)》,载《国际劳工公约和建议书(1919—1993)》(第二卷),国际劳工组织北京局,1994,第510页;如1951年《对男女工人同等价值的工作付予同等报酬公约》(第100号)第6.2条和第6.3条。

第五章　国际劳工标准的表现形式

船舶吨位总数百分之二十五的成员国的批准书已经登记之日起十二个月后生效。"

4. 国际劳工公约批准的国内效果

依据《章程》规定，"成员国如获得主管机关同意，应将公约的正式批准书送交局长，并采取必要行动，使该公约各条款发生效力"[①]。这意味着批约国要确保公约在实践中得到执行，并使其在法律或其他符合国家惯例的手段（如法院裁决、仲裁裁决或集体协议）中有效。就此而言，由于各成员国的政治、法律制度相互有别，其将公约规定纳入国家法律和实践的途径也存在差异。在遵循所谓一元论[②]的国家中，批准一项公约可以在国家一级立即产生效果。在这些国家中，批准一项公约（这也适用于国际劳工公约），以及公布或颁布一项已批准条约，将产生使该批准公约成为国家法律的一部分的效果，并可以在国家一级直接执行。对此，一些国家（例如法国、荷兰、瑞士、美国、墨西哥）是通过宪法规定来实现，而另一些国家（例如比利时、卢森堡）则是由判例法决定来实现。而在其他国家（例如德意志联邦共和国、意大利），则是在授权批准条约的法案中纳入一项条款，规定该条约应在国内法中强制执行。这样纳入国家立法的条约，在一些国家中能被国内一般法律吸收，而在另一些国家中则由宪法或法院的决定赋予其优先效力。条约的这种纳入方式以及它可能引起的国际标准与普通立法之间的冲突，是条约与国内法之间关系这一更广泛问题的一个方面，也是经常出现的与劳动法有关的问题。在上述实行一元论的国家中，条约的批准势必将其纳入国内法，因此国际标准可被视为法律的直接渊源。[③]

---

① 《国际劳工组织章程》第 19.5（d）条。
② 在国际法与国内法的关系问题上，长期存在两派学说：一是一元论，认为国际法与国内法同属一个统一的法律体系；二是二元论，认为国际法与国内法分属两个独立的法律体系。参见叶静漪、阎天：《论反就业歧视公约的国内实施——以国际劳工组织第 111 号公约为例》，载李林、李西霞、丽狄娅·巴斯塔主编《少数人的权利》（下），社会科学文献出版社，2010，第 88～92 页。
③ Nicolas Valticos and G. von Potobsky, *International Labour Law*, Kluwer Law and Taxation Publishers, 1995, pp. 278-279.

国际劳工组织

尽管在一元论的国家中，批准一项公约可以在国家一级立即产生效果，但仍需要采取以下措施：（1）消除公约规定与国内法和惯例之间的冲突（后法优于前法）；（2）实施公约中任何非自动执行的条款（例如，要求特定事项由国家法律或法规规定或由主管当局确定的条款，或要求作出特别行政安排的条款）；（3）酌情规定处罚；（4）确保所有有关人员和当局（例如雇主、工人、劳动监察员、法院、法庭、其他行政机构）了解将公约纳入国内法的情况，并在必要时给予指导。①

5. 国际劳工公约的退出

《章程》没有关于退出公约的规定，但每一项公约②都载有规定成员国退出已批准公约的条件。其一般规则为：（1）凡批准某一劳工公约的成员国，自该公约初次生效之日起满十年后得向国际劳工局局长通知解约，并请其登记。此项解约通知书自登记之日满一年后始得生效；（2）凡批准该公约的成员国，在前款所述十年期满后的一年内未行使本条规定的解约权利者，即须再遵守十年，此后每当十年期满，得依该规定通知解约。③ 具体而言，对于1919年至1927年通过的公约（第1号公约~第25号公约），可在公约初次生效五年或十年期限届满之后，允许成员国退出公约；但对于1928年及以后通过的公约（第26号公约及其以后公约），允许成员国在公约初次生效五年或十年期限届满后的一年内退出。④ 这意味着，如果一成员国在规定的五年或十年期限届满后的一年内未能退出公约，则该成员国在退出公约之前将再受公约五年或十年的约束。⑤

---

① ILO, *Handbook of Procedures Relating to International Labour Conventions and Recommendations*, Centenary Edition, International Labour Office, 2019, pp. 20 – 21.
② 除《最后条款修订公约》（第80号公约和第116号公约）之外。
③ 参见国际劳工组织北京局《标准最后条款（附件1）》，载《国际劳工公约和建议书（1919—1993）》（第二卷），国际劳工组织北京局，1994，第510页。
④ ILO, *Handbook of Procedures Relating to International Labour Conventions and Recommendations*, Centenary Edition, International Labour Office, 2019, p. 46.
⑤ Ebere Osieke, *Constitutional Law and Practice in the International Labour Organization*, Martinus Nijhoff Publishers, 1985, pp. 156 – 157.

第五章　国际劳工标准的表现形式

概言之，劳工公约的退出依据"标准最后条款"相关规定生效（通常在劳工局局长登记一年后）。[1]

6. 议定书

议定书是对劳工公约进行部分修订的文书，供已加入有关公约的成员国批准或供同时加入有关公约及其议定书的成员国批准。大会迄今为止通过了六项议定书，其中两项议定书为相应公约的实施带来了更大的灵活性：(1)《关于1948年夜间工作（妇女）公约（修订）的1990年议定书》（第89号议定书）；(2)《关于1958年种植园公约的1982年议定书》（第110号议定书）。而其他四项议定书则扩大了相应公约规定的义务范围：(1)《关于1947年劳动监察公约的1995年议定书》（第81号议定书）；(2)《关于1976年商船（最低标准）公约的1996年议定书》（第147号议定书）；(3)《关于1981年职业安全与健康公约的2002年议定书》（第155号议定书）；(4)《关于1930年强迫劳动公约的2014年议定书》（第29号议定书）。[2] 比如，《关于1947年劳动监察公约的1995年议定书》将劳动监察范围扩大到非商业服务部门的活动（activities in the non-commercial services sector）。[3]

第二节　建议书

如前所述，建议书是国际劳工标准的表现形式之一，由国际劳工大会制定，旨在指导成员国政府的政策制定、立法活动和相关实践。在一些情形下，一项建议书先于同一主题的劳工公约通过；而在其他情形下，一项

---

[1] ILO, *Handbook of Procedures Relating to International Labour Conventions and Recommendations*, Centenary Edition, International Labour Office, 2019, p. 47.

[2] ILO, *Handbook of Procedures Relating to International Labour Conventions and Recommendations*, Centenary Edition, International Labour Office, 2019, pp. 19 – 20.

[3] Protocol of 1995 to the Labour Inspection Convention, 1947, Part I, Article 1. 参见 https：//www. ilo. org/dyn/normlex/en/f？p = NORMLEXPUB：12100：0：：NO：12100：P12100_INSTRUMENT_ID：312334：NO，最后访问日期：2022年3月11日。

建议书则与同一主题的劳工公约同时通过。不过，建议书也可以是单独的，即不与任何劳工公约相联系。①

从性质上看，建议书属于软法，不具有约束力，其目的是为成员国制定政策、立法和实践提供指导，以及提供关于如何适用公约的更详细的指引。建议书代表着国际社会对相关主题达成的共识，在通常情况下被用于为那些"不适合制定确定义务的主题"提供指南。例如，在因国情差异而无法建立可普遍接受的国际规则的情况下，建议书可为成员国政府制定相关政策提供指南。②就此而言，建议书具有创新性。因为在1919年国际劳工组织成立时，多边公约已广为人知，但建议书则是一种具有创新性的工具，它显示了软法这种新形式的发展潜力。对此，哈德逊（Manley O. Hudson）在关于1934年美国政府决定加入国际劳工组织的文章中，称国际劳工组织的工作是"国际法现代发展中最重要的工作之一"③。

建议书的主要作用包括以下两个方面。其一，当就一个主题制定劳工公约的时机尚未成熟时，通常便认为制定同一主题的建议书更为适当。在这种情况下，先行通过建议书将为后续制定同一主题的劳工公约铺平道路。其二，建议书可用于补充劳工公约，这一作用已变得越来越重要。目前，就同一主题同时通过一项规定基本规则的劳工公约和一项载有适用这些规则的更详细规定的建议书，已成为一种普遍做法。④

第三节　对设立国际劳工标准形式的思考

关于国际劳工标准的设立，《章程》规定了两种形式——公约和建

---

① ILO, *Rules of the Game: A Brief Introduction to International Labour Standards*, Third Revised Edition, International Labour Office, 2014, p. 15.
② Ebere Osieke, *Constitutional Law and Practice in the International Labour Organization*, Martinus Nijhoff Publishers, 1985, p. 146.
③ Manley O. Hudson, "The Membership of the United States in the International Labor Organization," *The American Journal of International Law*, Vol. 28, No. 4, 1934, p. 669.
④ Nicolas Valticos and G. von Potobsky, *International Labour Law*, Kluwer Law and Taxation Publishers, 1995, pp. 61–63.

第五章 国际劳工标准的表现形式

议书①，但对于选择何种形式，《章程》几乎没有提供任何指导。在其早期实践中，国际劳工组织通常采用单独制定建议书的形式。但在第二次世界大战后的实践中，国际劳工组织则更倾向于将制定公约与建议书结合起来。②

劳工公约是国际法，因此应仅对需要法律强制执行并予以保障的相关问题制定劳工公约。当采用公约形式设立劳工标准时，《章程》授权大会可为发展中国家制定灵活性标准，"大会在制定普遍适用的公约或建议书时，应适当考虑到某些国家因气候条件、产业组织发展不完善或其他特殊情况而使产业条件有很大差异，并应提出它认为需要的变通办法，以适应此类国家情况"③。这一认识从一开始就得到了证明。1919年颁布的一项关于童工的劳工公约为日本和印度提供了比其他国家更为灵活的规则。④ 事实上，可以说，关于发展中国家负有不同责任的理念源于国际劳工组织的实践。⑤

"严格统一"的劳动条件不仅难以实现，也不是一个理想的长期目标。国际劳工公约在一般情况下并不追求这种一致性，它们反而设定了基准标准。⑥ 如果设定的基准标准对某些国家而言过高，那么遵循这些标准可能会使这些国家的经济恶化，而不是改善经济。⑦

---

① 《国际劳工组织章程》第19.1条。
② Steve Charnovitz, "International Labour Organization in its Second Century," in J. A. Frowein and R. Wolfrum, eds., *Max Planck Yearbook of United Nations Law*, Kluwer Law International, 2000, p.173.
③ 《国际劳工组织章程》第19.3条。
④ "Convention Fixing the Minimum Age for Admission of Children to Industrial Employment," https://www.ilo.org/dyn/normlex/en/f?p=NORMLEXPUB:12100:0::NO::P12100_ILO_CODE:C005, arts. 5-6.
⑤ Steve Charnovitz, "International Labour Organization in its Second Century," in J. A. Frowein and R. Wolfrum, eds., *Max Planck Yearbook of United Nations Law*, Kluwer Law International, 2000, p.173.
⑥ 《国际劳工组织章程》第19.8条规定，"大会对公约或建议书的通过或成员国对公约的批准，在任何情况下都不得被视为影响到那些保证使有关工人获得较公约或建议书之规定更为优越的条件的法律、裁决书、惯例或协议"。
⑦ Steve Charnovitz, "International Labour Organization in its Second Century," in J. A. Frowein and R. Wolfrum, eds., *Max Planck Yearbook of United Nations Law*, Kluwer Law International, 2000, p.173.

国际劳工组织

最后，有必要简单介绍一下"国际劳工法典"（International Labor Code）。"国际劳工法典"由国际劳工组织自1919年建立以来制定的劳工公约组成，它体现了国际劳工组织既有的规范体系。[①] 但是，"国际劳工法典"这一术语不应从字面上理解，因为组成"法典"的不同公约可能会产生独立的国际义务，并且其内容也在不断发展。然而，从某种角度看，它们又构成了一个完整的体系，而且，尽管多年来起草公约的技术发生了很大变化，但公约在很大程度上还是以同一模式被制定。此外还需要指出的是，"国际劳工法典"一词也被用于系统地介绍由国际劳工局编纂的国际劳工标准。[②]

[①] Philip Alston and James Heenan, "Shrinking the International Labor Code: An Unintended Consequence of the 1998 ILO Declaration on Fundamental Principles and Rights at Work?" *New York University Journal of International Law and Politics*, Vol. 36, 2004, p. 223.

[②] *The International Labour Code 1951* (2 Vols., International Labour Office, 1952) which contains a systematic presentation of the standards adopted up to that date. The French version of the Code covers the same period, whereas the Spanish version contains the instruments adopted until 1955. 参见 Nicolas Valticos and G. von Potobsky, *International Labour Law*, Kluwer Law and Taxation Publishers, 1995, p. 52。

第六章
国际劳工公约的制定程序

　　国际劳工标准的表现形式包括劳工公约或建议书。劳工公约或建议书均由国际劳工大会制定，对此《章程》规定：（1）当大会已决定采纳关于议程中某一项目的建议时，大会需决定这些建议应采用的形式：国际公约或建议书；（2）大会在就通过公约或建议书进行最后表决时，都必须经出席代表的三分之二多数票通过。① 鉴于篇幅有限，本章仅讨论劳工公约的制定程序。

　　在国际劳工组织建立初期，与劳工公约制定有关的问题通常被列入大会议程，并由大会根据其一般的决策程序进行讨论和通过。1921年，劳工大会委托理事会就公约制定程序的修改是否会导致更多批约这一问题进行研究，其结论之一就是有必要为公约制定建立特殊程序。② 经过成员国代表多次磋商和讨论，1926年第八届国际劳工大会通过了两次性讨论程序（double-discussion procedure）。③ 该程序经过修改，现载于《国际劳工组织章程和国际劳工大会议事规则（2012）》第 E 节中。④

　　除理事会已另有决定外，就已列入大会议程的议题制定国际劳工标准（公约或建议书），应视为已提交大会进行两次性讨论。但在特别紧急或

---

① 《国际劳工组织章程》第 19.1 条和第 19.2 条。
② Ebere Osieke, *Constitutional Law and Practice in the International Labour Organization*, Martinus Nijhoff Publishers, 1985, p. 148.
③ ILC, Record of Proceedings (conference paper at 8th Session of ILC, Geneva, 1926), pp. 200, 357–363.
④ 国际劳工局：《国际劳工组织章程和国际劳工大会议事规则（2012）》，国际劳工局，2012，第 52~62 页。

其他特殊情况下，理事会可以 3/5 多数票决定将某一问题提交大会进行一次性讨论程序（single-discussion procedure）。①

第一节　国际劳工公约的制定

一　将劳工公约制定的建议列入大会议程

国际劳工公约的制定程序有两次性讨论程序和一次性讨论程序之分。但无论采用哪一种程序，首先，需要由理事会决定将与制定公约有关的事项列入大会会议议程。② 其次，制定劳工公约相关的主题的选择，是由理事会基于国际劳工局先前的讨论、研究以及决策对其提出的建议进行审议后决定的。理事会定期对可能需要修订的现有标准和新主题进行全面审查，以期有计划地开展标准制定工作。③

二　两次性讨论程序

《章程》第19条和《国际劳工组织章程和国际劳工大会议事规则（2012）》E 节（第34~44条）对公约的制定和通过程序（procedure for the preparation and adoption）作出了明确规定。在通常情况下，公约的制定和通过采用两次性讨论程序，即在公约通过前，成员国代表必须在国际劳工大会连续两届年度大会上对其进行讨论，并经出席大会代表的 2/3 多数票通过。④

---

① 国际劳工局：《国际劳工组织章程和国际劳工大会议事规则（2012）》，国际劳工局，2012，第52页。
② 《国际劳工组织章程》第14.1条。
③ Klaus Samson, "The Standard-setting and Supervisory System of the International Labour Organization," in Krzysztof Drzewicki, Catarina Krause and Allan Rosas, eds., *Social Rights as Human Rights: A European Challenge*, Institute for Human Rights Abo Akademi University, 1994, p. 119.
④ ILO, "International Labour Conference: The Standing Orders at a Glance," https://www.ilo.org/wcmsp5/groups/public/---ed_norm/---relconf/documents/meetingdocument/wcms_709518.pdf, p. 7; Nicolas Valticos and G. von Potobsky, *International Labour Law*, Kluwer Law and Taxation Publishers, 1995, pp. 52-53.

第六章 国际劳工公约的制定程序　International Labour Organization

《国际劳工组织章程和国际劳工大会议事规则（2012）》第 39~41 条对两次性讨论程序作出了规定，具体如下：

首先，第一次讨论步骤包括：（1）当某一问题是按两次性讨论程序处理时，国际劳工局应尽早编写一份初步报告（preliminary report），说明各国与该问题相关的现行法律与惯例以及任何其他有用的材料，并附上一份问题调查表。劳工局应向各国政府寄送报告和问题调查表，使其至迟在讨论这一问题的大会会议开幕前十八个月送达各国政府；问题调查表要求政府在确定其最后答复之前同最具代表性的雇主组织和工人组织磋商，并说明其答复理由。（2）成员国答复应尽早并至迟在讨论这一问题的大会会议开幕前 11 个月送达劳工局。（3）在收到答复意见后，劳工局分析收到的答复意见并再准备一份报告，指出需要由大会审议的主要问题。劳工局应将此报告尽早寄送各国政府，并尽力保证至迟在讨论这一议题的大会会议开幕前 4 个月送达各国政府，以使各成员国有充分的时间为讨论报告作准备。（4）报告应交由大会全体会议或委员会讨论，此为大会第一次讨论。[①] 如大会决定该问题适于制定公约，则应作出相应的结论，并可：（a）依照《章程》第 16.3 条[②]规定，决定将该问题列入下届大会议程，或（b）要求理事会将该问题列入以后某一届大会的议程。[③]

其次，第二次讨论步骤如下：（1）大会结束后，劳工局可以根据大会第一次讨论情况，拟订一项或多项劳工公约建议稿，并将其至迟在大会会议闭幕后 2 个月内送达各国政府，请它们同最有代表性的雇主组织和工人组织磋商后，在 3 个月内把对建议稿的修改意见或评论寄回劳工局。（2）根据所收到的答复，劳工局应起草一份含有劳工标准的公约文本的第

[①] ILO, *Rules of the Game: An Introduction to the Standards-related Work of the International Labour Organization*, Centenary Edition, International Labour Office, 2019, p.20.
[②] 《国际劳工组织章程》第 16.3 条规定："如经出席大会代表的三分之二多数票赞成，决定某一问题（属前款规定情况以外者）须由大会审议，该问题须列入下次会议议程。"
[③] 国际劳工局：《国际劳工组织章程和国际劳工大会议事规则（2012）》，国际劳工局，2012，第 55 页。

二稿，并至迟在讨论此问题的大会会议开幕前3个月将此文本送达各国政府，以方便各成员国在本届大会上对此问题进行讨论，此为第二次讨论。①

最后，《国际劳工组织章程和国际劳工大会议事规则（2012）》第40条对审议文本程序作出了规定：（1）大会应决定国际劳工局所拟订的劳工公约是否作为讨论的基础，并决定是否将此类公约交全体大会审议或交由某一委员会审议并提出报告。在作出上述决定之前，可先由全体大会对拟议中的公约的一般原则进行讨论。（2）当大会仅向委员会提交了建议书文本时，若该委员会决定建议大会通过一项公约（替代该建议书或在该建议书之外），须以所投票数的2/3多数通过。（3）如公约系由全体大会审议，应逐条提交大会通过。（4）经大会通过的公约条款应提交起草委员会以制订最后文本，大会接到起草委员会所制定的文本后，应依据《章程》第19条的规定，将该项公约付最后表决通过，但必须经出席大会代表的2/3多数票通过。②（5）如公约在最后表决时未能得到必要的2/3多数，而是取得了简单多数，大会应即决定是否将该项公约交付起草委员会改为建议书。如大会同意将公约交付起草委员会，则该项公约中的建议须以建议书的形式，在本届大会闭幕前提交大会批准。③

三 一次性讨论程序

如前所述，在特别紧急或其他特殊情况下，理事会可以3/5多数票决定将某一问题提交大会进行一次性讨论。④《国际劳工组织章程和国际劳工大会议事规则（2012）》第38条对一次性讨论程序作出了相关规定，具体如下：（1）当某一问题是按一次性讨论程序处理时，劳工局至迟须在讨论此问题的大会开幕前18个月，将有关该问题的摘要报告送达各国

---

① 国际劳工局：《国际劳工组织章程和国际劳工大会议事规则（2012）》，国际劳工局，2012，第55~56页。
② 《国际劳工组织章程》第19.2条。
③ 国际劳工局：《国际劳工组织章程和国际劳工大会议事规则（2012）》，国际劳工局，2012，第56~57页。
④ 国际劳工局：《国际劳工组织章程和国际劳工大会议事规则（2012）》，国际劳工局，2012，第52页。

第六章 国际劳工公约的制定程序

政府，说明不同国家的法律与惯例，并附上为起草公约而拟定的问题调查表。问题调查表应要求政府在确定其最后答复之前，同最有代表性的雇主组织和工人组织磋商，并说明其答复理由。此种答复应尽早并至迟在讨论这一问题的大会会议开幕前11个月送达劳工局。（2）在所收到答复的基础上，劳工局应起草公约建议稿。劳工局须尽早将此报告送交各国政府，并须尽力保证至迟在讨论此问题的大会会议开幕前4个月送达。（3）如议程上某一问题已由技术性预备会议加以讨论，劳工局依照理事会对此问题的决定，可：（a）向各国政府分送上述第（1）段规定的摘要报告与问题调查表；或（b）根据技术性预备会议的工作，按上述第（2）段规定直接起草公约建议稿。[①]（4）关于文本的审议程序，遵循前述《国际劳工组织章程和国际劳工大会议事规则（2012）》第40条规定，在此不作赘述。

综上所述，一次性讨论程序的主要特征是大会对相关议题只讨论一次，与两次性讨论程序相比较为简单。然而，需要指出的是，无论采取两次性讨论程序，还是采取一次性讨论程序，如果起草委员会制定的案文获得了出席大会代表的2/3多数投票的赞成，则该案文将正式作为国际劳工组织的公约获得通过。[②] 一旦劳工公约获得大会通过，应有两份由大会主席和国际劳工局局长签字确认，其中一份由国际劳工局存档，另一份送联合国秘书处备案。国际劳工局局长应将签署过的公约副本送交每一成员国一份。[③]

第二节 国际劳工公约的修订

一 劳工公约修订的性质

截至目前，国际劳工组织通过的劳工公约已达190项，最早的可以追溯到1919年，其中的一些公约已明显不能满足当今的现实需求。为解决这

[①] 国际劳工局：《国际劳工组织章程和国际劳工大会议事规则（2012）》，国际劳工局，2012，第54页。
[②] 《国际劳工组织公约》第19.2条。
[③] 《国际劳工组织章程》第19.4。

一问题，国际劳工组织采取修订公约或制定议定书的方式，更新劳工标准。

一项劳工公约的正式修订（包括"部分"修订）在大多数情况下将会导致一项全新劳工公约的产生。① 首先，大会可通过一项议定书或新劳工公约中的条款对先前劳工公约进行部分修订，对新劳工公约的接受将终止先前公约中相应条款规定的义务的适用。② 其次，某些劳工公约规定了其附件修订的具体程序。③ 最后，在没有对劳工公约构成正式修订的情形下，某些劳工公约设定通过参考有关该主题最新公布的技术参数更新相关技术或科学数据。④

二 劳工公约的修订程序

（一）劳工公约的修订程序

几乎所有的劳工公约都有关于其修订的规定，⑤ 即在理事会认为必要

---

① ILO, *Handbook of Procedures Relating to International Labour Conventions and Recommendations*, Centenary Edition, International Labour Office, 2019, p. 44.

② 例如，在批准第121号公约（第29条）、第128号公约（第45条）和第130号公约（第36条）之后，并在适当情况下接受这些公约的某些部分之后，第102号公约的相应规定停止适用；但在此情形下并未明确使用"修订"一词。《最后条款修订公约》（第80号公约和第116号公约）是对劳工公约进行部分修订的具体示例。参见ILO, *Handbook of Procedures Relating to International Labour Conventions and Recommendations*, Centenary Edition, International Labour Office, 2019, p. 44 and footnote 78。

③ 参见第83号公约（第5条）、第97号公约（第22条）、第121号公约（第31条）和第185号公约（第8条），但第185号公约规定的程序与其他公约不同。参见ILO, *Handbook of Procedures Relating to International Labour Conventions and Recommendations*, Centenary Edition, International Labour Office, 2019, p. 44 and footnote 79。

④ 例如第102号公约（第65.7条）、第121号公约（第19.7条）、第128号公约（第26.7条）和第130号公约（第22.7条），提到了联合国经济及社会理事会通过的"全部经济活动国际标准产业分类"，"在任何时候可进一步修订"。第139号公约提到"国际劳工局可能制定的实践守则或指南中包含的最新信息"。参见ILO, *Handbook of Procedures Relating to International Labour Conventions and Recommendations*, Centenary Edition, International Labour Office, 2019, p. 44 and footnote 80。

⑤ J. F. McMahon, "The Legislative Techniques of the International Labour Organization," *British Year Book of International Law*, Vol. 41, No. 1, 1965 – 1966, pp. 68 – 72; Ebere Osieke, *Constitutional Law and Practice in the International Labour Organization*, Martinus Nijhoff Publishers, 1985, p. 157.

的时候,将向大会提交一份关于公约实施情况的报告,并审查是否应将全部或部分修订该公约的问题列入大会议程。[①]《国际劳工组织章程和国际劳工大会议事规则(2012)》规定了劳工公约的修订程序,主要包括:(1)如理事会考虑决定将对公约的全部或部分修订问题列入大会议程时,劳工局应将理事会此项决定通知各成员国政府并征求其意见;(2)在向各国政府分送此通知的4个月之后,根据各国政府的答复,理事会应确切说明将哪个或哪些问题列入大会议程;(3)国际劳工局应根据理事会建议全部或部分修订以往所通过公约的报告的结论,就列入议程的拟议进行修订的有关问题拟订相应的修正案草案,提交大会。[②](4)大会对修正案的制定与审议程序与劳工公约制定的两次性讨论程序和一次性讨论程序基本相同,[③] 在此不作赘述。

(二)关于劳工公约修订程序的说明

对于劳工公约的修订程序,有必要做以下说明。

第一,国际劳工组织制定劳工公约的两次性讨论程序被明确列入其议事规则(Standing Orders)。与此不同的是,修订劳工公约的程序直到国际劳工组织成立十年后才在其议事规则中正式确立。因此,可以说国际劳工组织是在试错过程中确立了劳工公约的修订程序。为了鼓励成员国广泛批准其文书,国际劳工组织的任务之一是保证法律的确定性,防止对公约进行轻率的修订。[④]

第二,在国际劳工组织历史上,还曾试图通过另外2种不同的方法修订劳工公约。其一,修订技术性劳工公约的新程序,即在技术性公约中增

---

① 在第1~98号公约中,均规定公约生效后每十年理事会提出一次报告,如1919年《(妇女)夜间工作公约》(第4号公约)第14条,1935年《40小时工作周公约》(第47号)第6条。但该规定自1961年起已由1961年《最后条款修订公约》(第116号)第1条替代。
② 国际劳工局:《国际劳工组织章程和国际劳工大会议事规则(2012)》,国际劳工局,2012,第58~60页。
③ ILO, *Handbook of Procedures Relating to International Labour Conventions and Recommendations*, Centenary Edition, International Labour Office, 2019, p.6.
④ Desiree LeClercq, "Sea Change: New Rulemaking Procedures at the International Labour Organization," *ILSA Journal of International & Comparative Law*, Vol.22, 2015, p.111.

加单独条款（称附件或附表），以便单独进行修订。如1964年《工伤事故和职业病津贴公约》（第121号公约），其附表中包括可容易更新的疾病清单。① 然而就技术性公约而言，如第121号公约所示，修改附件或附表的前提仍然要求国际劳工大会将其列为优先考虑事项，另外，还需要在大会上大会代表对此达成一致。如果未能达成一致，拟议的修正案必须等到下一届年度大会进行再次审议。因此，一些技术公约修正案花了30年才生效，一点也不奇怪。② 其二，简化的公约修订程序。1965年，国际劳工组织通过了总干事关于公约修订简化程序的建议，以期平衡采用灵活程序与"谨慎地保障法律文书免受不断被修订的影响"之间的关系。③ 根据新程序，国际劳工组织将成立一个修订技术委员会，该委员会将选择需要修订的文书，而过时的文书将被淘汰。④ 新的简化的修约程序在1966年的大会上通过并生效，但国际劳工组织却从未将这一简化的修约程序付诸实践。⑤ 事实上，自20世纪60年代以来，劳工组织又回到了其保守的两次性讨论程序。⑥

第三，建立标准修订政策工作组。对于众多亟待修订的过时文书由于缺乏有效的修约程序而无法得到及时修订这一困境，1995年理事会启动一个新的修约程序，即建立标准修订政策工作组（Working Party on Policy regarding the Revision of Standards），并授权该工作组对所有劳工公约和建

---

① Desiree LeClercq, "Sea Change: New Rulemaking Procedures at the International Labour Organization," *ILSA Journal of International & Comparative Law*, Vol. 22, 2015, p. 114.
② Desiree LeClercq, "Sea Change: New Rulemaking Procedures at the International Labour Organization," *ILSA Journal of International & Comparative Law*, Vol. 22, 2015, p. 116.
③ 参见 ILC, *Report of the Director-General*, https://www.ilo.org/public/libdoc/ilo/P/09383/09383（1965-49-part-1）.pdf，最后访问日期：2020年3月5日。
④ Desiree LeClercq, "Sea Change: New Rulemaking Procedures at the International Labour Organization," *ILSA Journal of International & Comparative Law*, Vol. 22, 2015, p. 117.
⑤ "Working Party on Policy Regarding the Revision of Standards," https://www.ilo.org/public/english/standards/relm/gb/docs/gb276/prs-2.htm，最后访问日期：2020年11月15日。
⑥ Desiree LeClercq, "Sea Change: New Rulemaking Procedures at the International Labour Organization," *ILSA Journal of International & Comparative Law*, Vol. 22, 2015, p. 117.

第六章 国际劳工公约的制定程序 | International Labour Organization

议书进行逐一审查。①

工作组共举行了14次会议，于2002年3月结束工作。② 工作组建议将当时的183项劳工公约和191项建议书分为三类，具体为：（1）最新的并应推广的公约或建议书；（2）应当修改的公约或建议书；（3）其他公约或建议书，即不属于前述两类别的公约和建议书。③

依据工作组的建议，理事会提议修订24项公约，更新35项公约，"搁置"24项公约。之所以要"搁置"公约，是因为它们"不再符合当前的需要，已经过时"。为了说明这一点，理事会对其建议"搁置"的24项公约的法律地位进行了如下解释：不再鼓励成员国批准"搁置"的公约，并将调整其在国际劳工局文件、研究报告和研究论文中的出版篇幅。"搁置"还意味着不再要求成员国提交关于这些公约适用情况的详细的定期报告。然而，根据《章程》第24条和第26条援引有关申诉和控诉的规定的权利仍然不变。此外，雇主组织和工人组织仍可以按照常规监督程序提交意见，供专家委员会（Committee of Experts）审查，必要时专家委员会可要求成员国提交详细报告。"搁置"这些公约对其在批约国的法律体系中的地位不产生影响。④ 国际劳工组织尽管承认有24项公约需要修

---

① "Working Party on Policy Regarding the Revision of Standards," https://www.ilo.org/public/english/standards/relm/gb/docs/gb276/prs-2.htm, 最后访问日期：2020年11月15日；Desiree LeClercq, "Sea Change: New Rulemaking Procedures at the International Labour Organization," *ILSA Journal of International & Comparative Law*, Vol. 22, 2015, p. 117。

② 参见"Working Party on Policy Regarding the Revision of Standards," www.ilo.org/wcmsp5/groups/public/@ed-norm/@normes/documents/genericdocument/wcms125644.pdf; Desiree LeClercq, "Sea Change: New Rulemaking Procedures at the International Labour Organization," *ILSA Journal of International & Comparative Law*, Vol. 22, 2015, p. 118。

③ 参见"Working Party on Policy Regarding the Revision of Standards," www.ilo.org/wcmsp5/groups/public/@ed-norm/@normes/documents/genericdocument/wcms125644.pdf; Desiree LeClercq, "Sea Change: New Rulemaking Procedures at the International Labour Organization," *ILSA Journal of International & Comparative Law*, Vol. 22, 2015, p. 118。

④ 参见"Working Party on Policy Regarding the Revision of Standards," www.ilo.org/wcmsp5/groups/public/@ed-norm/@normes/documents/genericdocument/wcms125644.pdf; Desiree LeClercq, "Sea Change: New Rulemaking Procedures at the International Labour Organization," *ILSA Journal of International & Comparative Law*, Vol. 22, 2015, pp. 118-119。

订，但并未调整其修约程序以进行快速修订。

对国际劳工组织修约程序历史的简要介绍，表明国际劳工组织的大量工作一向倾向于保证法律确定性，从而吸引更多的成员国批准公约，但代价是修正案无法得到快速通过和实施。这种平衡导致该组织多年后又采取了两次性讨论程序，以确保三方代表的意见能够得到充分考虑。事实上，国际劳工组织在近一个世纪的审查修约程序中已经走了一个完整的循环，即经历了从"两次性讨论程序"转向"简化修约程序"，最后又回到"两次性讨论程序"。[1]

不过，需要指出的是，近年来国际劳工组织有加快公约修订变革的迹象。在海事方面，它通过了一项新的公约，即2006年《海事劳工公约》，该公约引入了加速修订程序。2014年，它实施了这一程序并通过了两项新的修正案，并安排了另一届海事会议审议2016年的修正案。同时，国际劳工组织还通过建立标准审议机制（Standards Review Mechanism，SRM）来考虑其如何有效地确保一个最新规范体系。不论2006年《海事劳工公约》中的修订程序是否会在未来的文书修订中被采用，国际劳工组织都清楚地认识到，其修订公约的方法需要改进。[2]

（三）劳工公约修正案的审议和表决

《国际劳工组织章程和国际劳工大会议事规则（2012）》对劳工公约修正案的审议和表决作出了规定，主要包括：（1）对于公约修正案，未经附议，大会不予讨论。（2）修正案的表决，应先于被修正的提案。（3）如某一动议或提案有几项修正案，主席应根据下列规定确定讨论与表决的先后次序：（a）每项修正案都应付诸表决；（b）主席可决定各项修正案是单独表决还是与其他修正案共同提交表决，如属与其他修正案共同提交表决，则获得最多数赞成票的修正案必须经单独表决并获得通过才能成立。（4）任何修正案均可由其提出者撤回，除非对该修正案的修正

---

[1] Desiree LeClercq, "Sea Change: New Rulemaking Procedures at the International Labour Organization," *ILSA Journal of International & Comparative Law*, Vol. 22, 2015, p.119.

[2] Desiree LeClercq, "Sea Change: New Rulemaking Procedures at the International Labour Organization," *ILSA Journal of International & Comparative Law*, Vol. 22, 2015, p.132.

案正在进行讨论或已被通过;凡经撤回的任何修正案均可由到会的其他任何代表重新提出而不需事先通知。① 在审议公约某一条款或某一段的所有修正案后,经修正的该条款或该段必须提交大会通过(如有必要,以表决方式通过);同样,在审议公约所有条款或段落的所有修正案后,必须将经修正的整个文书或决议付诸表决,② 即经出席大会代表的 2/3 多数票通过。③

三 劳工公约修订的效果

除非在新修订的劳工公约的标题、序言或执行条款(operative provisions)中明确或含蓄地说明其修订意图,否则新修订劳工公约不被视为对前一公约的修订。④

第一,第 1 号公约至第 26 号公约,它们都没有规定关于通过或批准一项经修订的劳工公约的效果。因此,大会通过任何一项对其修订的劳工公约时,并不发生停止成员国批准此公约的效力,也不产生成员国自动退出本公约的效果。⑤

第二,第 27 号公约及其以后的公约,均包含一个最后条款,明确规定,除非新修订的公约另有规定,否则对新修订公约的批准将发生以

---

① 国际劳工局:《国际劳工组织章程和国际劳工大会议事规则(2012)》,国际劳工局,2012,第 36~37 页。
② ILO, "International Labour Conference: The Standing Orders at a Glance," https://www.ilo.org/wcmsp5/groups/public/---ed_norm/---relconf/documents/meetingdocument/wcms_709518.pdf, p. 4.
③ 《国际劳工组织章程》第 19.2 条。
④ ILO, *Handbook of Procedures Relating to International Labour Conventions and Recommendations*, Centenary Edition, International Labour Office, 2019, p. 44.
⑤ 不过,经修订的劳工公约可规定,在特定条件下对新劳工公约的批准构成对先前公约的解约:如第 138 号公约第 10.5 条规定,本公约生效之时,承担本公约的义务应涉及根据第 5 号公约(第 12 条)、第 7 号公约(第 10 条)、第 10 号公约(第 9 条)和第 15 号公约(第 12 条)对该劳工公约解约;再如第 179 号公约第 9.4 条规定,成员国批准本公约,自公约对其生效之日起,即对 1920 年第 9 号公约的即刻解约。参见 ILO, *Handbook of Procedures Relating to International Labour Conventions and Recommendations*, Centenary Edition, International Labour Office, 2019, p. 44 and footnote 81。

下效果。① 首先，如大会通过新公约对本公约作全部或部分修订时，除新公约另有规定外，应：（1）如新修订公约生效和当其生效之时，成员国对于新修订公约的批准，依法应为对本公约的立即解约；（2）自新修订公约生效之日起，本公约应即停止接受成员国的批准。其次，对于已批准本公约而未批准修订公约的成员国，本公约以其现有的形式和内容，在任何情况下仍应有效。②

四 国际劳工标准审议机制

标准审议机制是国际劳工组织标准政策的一个内置机制，旨在确保国际劳工组织拥有一套明确、有力和最新的国际劳工标准体系，以应对劳动世界不断变化的趋势，保护工人并兼顾企业可持续发展的需要。③

标准审议机制于2011年11月由理事会设立，但直到2015年才依据以下两项决定开始运行：（1）2015年3月，理事会通过关于在标准审议机制下建立一个由32名成员组成的三方工作组（SRM Tripartite Working Group）（16名政府代表，8名雇主组织代表，8名工人组织代表）的决定；（2）2015年11月，理事会通过关于在标准审议机制下三方工作组职责范围的决定。根据这两项决定，三方工作组的任务是审查国际劳工标准并就下列问题向理事会提出建议：（1）审查劳工标准的现状，核证其是否属于现时的文书（up-to-date standards）、需修订的文书（standards in need of revision）、过时的文书（outdated standards）；（2）审查劳工标准的

---

① ILO, *Handbook of Procedures Relating to International Labour Conventions and Recommendations*, Centenary Edition, International Labour Office, 2019, pp. 44–45.
② 关于"公约修订生效"这一条款未出现在第1~26号公约中。在第27~33号公约中，不含"除新公约另有规定外"的字样。参见国际劳工组织北京局《标准最后条款（附件1）第7条》，载《国际劳工公约和建议书（1919—1993）》（第二卷），国际劳工组织北京局，1994，第510页。
③ "ILO Standards Policy: The Establishment and the Implementation of a Standards Review Mechanism," https://www.ilo.org/wcmsp5/groups/public/---ed_norm/---relconf/documents/meetingdocument/wcms_166502.pdf, para. 9; ILO, *Rules of the Game: An Introduction to the Standards-related Work of the International Labour Organization*, Centenary Edition, International Labour Office, 2019, p. 123.

第六章 国际劳工公约的制定程序 | International Labour Organization

覆盖范围，核证是否需要制定新标准；（3）酌情采取切实和有时限的后续行动。标准审议机制三方工作组每年举行一次会议，根据选定的主题（based on a thematic approach）审查不同的文书。[1]

在启动标准审议机制的同时，1997年6月19日大会通过的《国际劳工组织章程修正文书》体现了国际劳工组织的努力，以期确保它有一个明确和最新的国际劳工标准体系，以使其作为世界各国的参照点。据此，大会经出席会议代表的2/3多数票通过，[2] 可以废止某项已生效的公约，如果该公约看来已失去其意义或是对达成国际劳工组织的目标不再起有益的作用。2017年6月，大会在通过《国际劳工组织章程修正文书》后举行了第一次讨论，审议并决定废除2项劳工公约；之后在2018年6月，大会又决定废除其他6项公约并撤回3项建议书。[3]

第三节 与国际劳工公约制定相关的问题

在公约制定过程中，会遇到各种实质上的或形式上的问题。它们往往涉及公约应如何适应各成员国国情，这反过来又提出了新问题，即普遍标准是否适当，标准的水平应该如何，以及公约中应包括哪些灵活性条款（flexibility clauses）。另外，它们还涉及可能成为国际劳工标准主体的权利的性质、是否采用公约形式，以及是否根据形势变化对公约内容进行修订。[4]

首先，劳工公约旨在为成员国创设国际层面上的法律义务，但不同成员国的经济、社会、政治、宪法和法律制度存在明显不同，因此劳工

---

[1] ILO, *Rules of the Game: An Introduction to the Standards-related Work of the International Labour Organization*, Centenary Edition, International Labour Office, 2019, pp. 23-24.

[2] 《国际劳工组织章程》第19.9条。

[3] ILO, *Rules of the Game: An Introduction to the Standards-related Work of the International Labour Organization*, Centenary Edition, International Labour Office, 2019, p. 24.

[4] Nicolas Valticos and G. von Potobsky, *International Labour Law*, Kluwer Law and Taxation Publishers, 1995, p. 55.

国际劳工组织

公约应如何适应各成员国国情成为一个重要问题。对此,《章程》第19.3条规定:"大会在制定普遍适用的公约或建议书时,应适当考虑到某些国家因气候条件、产业组织发展不完善或其他特殊情况而使产业条件有很大差异,并应提出它认为需要的变通办法,以适应此类国家情况。"换言之,大会在拟定国际劳工标准时应考虑成员国不同的经济和社会发展水平。一方面国际劳工标准不应该是一个明显不可行的标准,也不应该是只有极少数国家才能达到的标准,因为这样它就不会成为大多数国家采取国家行动的直接目标,虽然有可能成为其长远目标。另一方面,一项没有实质性进步的标准,其效用也非常有限,因为劳工标准的目的不是简单地协调立法,而主要是促进普遍的进步。[1] 对此,在制定国际劳工标准时,国际劳工大会给予了系统的关注,并纳入了各种灵活性条款。

其次,为了使劳工公约被绝大多数国家接受,劳工公约纳入灵活性条款,或允许成员国接受其部分标准,或允许成员国逐步提高保护水平,暂时将特定部门或工人群体排除在外,或者允许某些实施措施由国家主管部门自行决定。灵活性条款大致可以分为以下几类。[2]

第一,允许成员国在批准公约时对承担的义务进行选择,具体包括以下几项。(1)承担公约义务具有灵活性,允许成员国在批准公约时通过作出正式声明对其承担的义务进行选择。如1952年《社会保障(最低标准)公约》(第102号公约)第2.(b)条明确规定,批准国应在其批准书中详细说明,该公约第二部分至第十部分中有哪些部分是它接受为本公约义务的;1962年《(社会保障)同等待遇公约》(第118号公约)第2.3条规定,成员国应在其批准书中列明其接受本公约义务的各类社会保障。(2)公约适用范围具有灵活性,某些公约允许成员国在批准时将公约的某些部分或条款或它们的附件排除在外。如1947

---

[1] Nicolas Valticos and G. von Potobsky, *International Labour Law*, Kluwer Law and Taxation Publishers, 1995, p. 56.
[2] Nicolas Valticos and G. von Potobsky, *International Labour Law*, Kluwer Law and Taxation Publishers, 1995, pp. 57 – 59.

第六章 国际劳工公约的制定程序

年《劳动监察公约》（第 81 号公约）第 25 条规定，任何批准该公约的成员国得通过在其批准书后附加一项声明书的方式，不接受本公约第二部分相关规定；1949 年《移民就业公约（修订）》（第 97 号公约）第 14 条规定，凡批准该公约的成员国，均可通过附属于其批准书的一项声明，将本公约的全部附录或其中之一排除在公约之外。（3）一些关于最低年龄和带薪休假的公约允许成员国在批准时具体说明它们承诺遵守的标准的确切水平，而且作为一项规则，批准国这样规定的标准不得低于公约规定的最低标准。如 1973 年《准予就业最低年龄公约》（第 138 号公约）第 2.1 条和第 2.3 条规定，凡批准本公约的成员国应在附于其批准书的声明中，详细说明准予在其领土内及在其领土内注册的运输工具上就业或工作的最低年龄，但该年龄不得低于完成义务教育的年龄，并在任何情况下不得低于 15 岁；1970 年《带薪年休假公约（修订）》（第 132 号公约）第 3.2 条规定，凡批准该公约的成员国在与批准书一并提交的声明中，应说明休假的期限。

第二，在某些情形下，灵活性取决于定义公约适用范围的方式，特别是关于公约适用的人群或公约适用的地区。如 1952 年《保护生育公约（修订）》（第 103 号公约）第 7.1 条规定，凡批准本公约的成员国得随其批准书作出声明，规定从事特定职业者不适用该公约；再如，公约所涵盖人员的定义可根据有关国家工薪阶层或人口的特定百分比确定，如 1952 年《社会保障（最低标准）公约》（第 102 号公约）第 9（a）条规定，受保护人员应含规定类别的雇员，其在全体雇员中的构成不低于 50%，以及他们的妻子和孩子，等等。

第三，灵活性的一种重要形式是制定"促进性"公约，要求批准国追求明确的政策目标，而不是要求其强制遵守严格的规则。如有关就业和职业歧视、就业政策和职业培训的劳工公约，通常将促进性方法和说明性方法结合在一起。因此，1958 年《（就业和职业）歧视公约》（第 111 号公约）虽然要求成员国应追求旨在使机会和待遇平等的政策，但明确界定了歧视并列举了为执行非歧视政策成员国应采取的一系列措施，包括废止或修改不一致的法律和行政惯例，以及政府机构实施非歧

国际劳工组织

视性就业政策。① 在这种情形下，应由国际劳工大会根据所审议的主题确定是否应允许以及在何种程度上允许灵活性。然而，灵活性从来都不是无限制的：如果一个国家批准了一项公约，则只有在明确规定的范围内，才可以对一般标准进行修改。②

第四，就国际劳工标准主体而言，其权利的性质存在很大差异。一些权利可以直接适用于个人（如最低就业年龄、带薪休假），在那些宪法制度规定批准的条约自动成为该国法律组成部分的国家中，这些权利可以被视为是自动执行的。相反，其他权利更多是促进性的，它们由对目标的总体说明和行动纲领组成，要求政府采取措施，有时是长期措施，并且不会为受保护的个人创设直接要求的权利。这类权利关涉就业政策、社会保障、反对歧视行动和同工同酬（例如第 100 号公约）。③ 在国际劳工大会制定劳工公约时，不同权利的性质也是其考量的主要方面之一。

总之，国际劳工组织通过制定劳工标准并监督其实施以促进体面工作使命的达成，而其受到了全球化、技术进步和越来越多的流动劳动力带来的劳动世界快速变化的挑战。这些快速变化要求国际劳工组织维持一个灵活的规范和规则制定体系，以便使劳工标准快速适应变化并在相应时间内修改其相关文书。

---

① Klaus Samson, "The Standard-setting and Supervisory System of the International Labour Organization," in Krzyszt of Drzewicki, Catarina Krause and Allan Rosas, eds., *Social Rights as Human Rights: A European Challenge*, Institute for Human Rights Abo Akademi University, 1994, pp. 121 - 122.

② Klaus Samson, "The Standard-setting and Supervisory System of the International Labour Organization," in Krzyszt of Drzewicki, Catarina Krause and Allan Rosas, eds., *Social Rights as Human Rights: A European Challenge*, Institute for Human Rights Abo Akademi University, 1994, p. 122.

③ Nicolas Valticos and G. von Potobsky, *International Labour Law*, Kluwer Law and Taxation Publishers, 1995, p. 61.

# 第七章
成员国提交报告制度

国际劳工大会通过劳工公约和建议书后,更为重要的是使其在成员国得到有效的实施。为监督劳工公约和建议书在成员国法律和实践中的适用,国际劳工组织建立了成员国报告制度和监督机制。本章仅讨论报告制度,监督机制则在本书第八章探讨。报告制度具体包括关于已批准公约的报告制度、未批准公约和建议书的报告制度和1998年《〈宣言〉后续措施》的报告制度。①

第一节 已批准公约的报告制度

依据国际法,劳工公约的通过,并不意味着成员国同意接受其约束,不论成员国是否投赞成票。劳工公约对成员国发生效力,须经成员国对劳工公约的批准。虽然成员国享有决定是否批准某项劳工公约的自由裁量权,但一旦批准,它们就必须定期向国际劳工组织提交报告,以说明它们在法律和实践中所采取的措施。依据《章程》第22条规定,成员国应就其为实施已加入的劳工公约的各项规定所采取的措施向国际劳工局提交年度报告,此种报告应按理事会要求的格式和具体项目编写。②

在国际劳工组织建立初期,由于制定的公约和生效的公约数量有限,成员国数量也不多,《章程》规定成员国政府就其批准的公约提交年度报告,对

---

① ILO, *Handbook of Procedures Relating to International Labour Conventions and Recommendations*, Centenary Edition, International Labour Office, 2019, pp. 22 – 34.

② 《国际劳工组织章程》第22条。

于成员国政府和劳工局都没有造成很大的困难。1927 年当专家委员会第一次对成员国报告进行审议时，只收到了 150 份政府报告。而到了 1950 年，劳工局收到了近 2000 份报告，这给成员国政府和劳工局都造成了沉重的工作负担。对此，理事会于 1959 年作出决定，要求成员国政府每两年提供一份详细报告。尽管这个决定暂时缓解了报告过多的压力，但在接下来的十几年里，报告过多、负担过重的问题再度出现。1976 年，劳工公约总数超过 140 项，成员国数量超过 130 个，国际劳工局收到的公约批准书超过 4000 份，当年收到的报告有 3400 多份。过多的报告不仅使成员国政府疲于应付，也使监督机构不堪重负，监督机构的工作质量和效率受到威胁。因此，进一步减轻报告负担问题再一次提上议事日程。从 1977 年起，理事会开始对报告制度进行一系列改革。到 2018 年，理事会作出决定，[①] 要求成员国依据新的制度安排提交关于已批准公约的定期报告，具体内容如下。

一　报告类型

1. 详细报告

在下列情形下，应提交详细报告：（1）首次报告。根据《章程》第 22 条规定，成员国一旦批准一项劳工公约，它就有义务就为实施该公约的各项规定所采取措施的情况向国际劳工局提交年度报告。首次报告应在一项劳工公约对特定成员国生效后的一年中提交；（2）成员国在已批准公约的适用方面发生重大变化（例如，通过新的实体性立法或影响公约适用的其他变化）时，应主动提交报告；（3）监督机构特别是专家委员会或标准实施委员会明确要求成员国提交报告。[②]

关于每项公约的详细报告，成员国应按理事会要求的格式和具体项目

---

① 参见 "The Standards Initiative: Implementing the WorkPlan for Strengthening the Supervisory System," https://www.ilo.org/wcmsp5/groups/public/---ed_norm/---relconf/documents/meetingdocument/wcms_583884.pdf; ILO, *Handbook of Procedures Relating to International Labour Conventions and Recommendations*, Centenary Edition, International Labour Office, 2019.

② ILO, *Handbook of Procedures Relating to International Labour Conventions and Recommendations*, Centenary Edition, International Labour Office, 2019, para. 36 (a).

编写。该要求列出了公约的实质性条款以及成员国必须提供的相关信息，其中包括关于一些实质性条款的具体问题，旨在帮助准备材料，使监督机构能够理解公约的适用方式。一份典型的详细报告还应包含以下几方面的内容。（1）应列出所有相关的法律或法规等，并提供副本（除非先前已经列明并提供副本）。（2）允许的排除、例外或其他限制。一些公约允许批准国规定特定类别的人、经济活动或地理区域不适用该公约，但要求批准国在其首次报告中说明其排除适用的具体范围。因此，首次报告必须包括对公约适用范围的说明，这一点非常重要，否则就不能对公约的适用范围进行限制。（3）公约的实施情况。对于公约的每一条款，成员国都应提供有关立法规定或适用该条款的其他措施的详细信息；有些公约还要求在报告中列入特定信息（如关于公约或其某些条款的实际适用）。（4）劳工公约批准的效力。要求成员国提供信息，说明给予批准公约以国内法效力的宪法规定，以及为使公约生效而采取的任何其他措施。（5）关于对监督机构意见（comments）的答复的报告，必须载有对专家委员会或标准实施委员会就公约适用问题提出的任何意见的答复；如果其他监督程序（具体指《章程》第24条和第26条分别规定的申诉程序和控诉程序，以及结社自由委员会程序）的后续跟进已转交专家委员会，还应提供其所要求的信息。（6）各成员国政府应指出负责管理和实施有关法律、法规等的当局，并提供有关其活动的信息。（7）各成员国政府应提供有关司法或行政决定的副本或摘要。（8）各成员国政府应对公约的适用情况作出总体评估，可援引任何官方报告中的摘录、立法或集体协议涵盖的工人的统计数据、违反立法的详细情况、起诉等。（9）雇主组织和工人组织提出的或从这些组织收到的任何意见，成员国政府都应给予相应答复。（10）成员国政府应向雇主组织和工人组织发送报告副本，并注明向其发送报告副本的组织的名称。[①]

2. 简化报告

2018年11月，理事会通过了简化报告的新报告格式。除按上述要求

[①] ILO, *Handbook of Procedures Relating to International Labour Conventions and Recommendations*, Centenary Edition, International Labour Office, 2019, para. 37.

提交详细报告外，其他已批准公约的报告事项，成员国可按照理事会要求的格式提交简化报告。①

简化报告的内容仅包括：(1) 关于对监督机构意见的答复的报告，必须载有对专家委员会或标准实施委员会就公约适用问题提出的任何意见的答复；如果其他监督程序（具体指《章程》第 24 条和第 26 条分别规定的申诉程序和控诉程序，以及结社自由委员会程序）的后续跟进已转交专家委员会，还应提供其所要求的信息；(2) 关于影响公约适用的立法和实践是否发生任何变化以及这些变化的性质和影响（如果是重大变化，应提供详细报告）；(3) 关于公约的实施情况，成员国应提供有关公约规定的统计或其他信息（包括有关任何允许排除的相关信息）；(4) 向雇主组织和工人组织发送简化报告副本，并应注明该雇主组织和工人组织的名称；(5) 雇主组织和工人组织提出的或从这些组织收到的任何意见，成员国政府都应给予相应答复。②

二 定期报告

定期报告制度（Regular Reporting System），是指成员国依据《章程》规定定期提交国家报告的制度。③ 成员国一旦批准一项劳工公约，它就负有定期向国际劳工组织报告其为实施该公约所采取措施的义务。依据现行制度安排，定期报告周期依据国际劳工公约的重要性程度分为以下两种情形。④

---

① 参见 "The Standards Initiative: Implementing the WorkPlan for Strengthening the Supervisory System," https://www.ilo.org/wcmsp5/groups/public/---ed_norm/---relconf/documents/meetingdocument/wcms_583884.pdf; ILO, *Handbook of Procedures Relating to International Labour Conventions and Recommendations*, Centenary Edition, International Labour Office, 2019, para. 36 (a)。

② ILO, *Handbook of Procedures Relating to International Labour Conventions and Recommendations*, Centenary Edition, International Labour Office, 2019, para. 38.

③ Yossi Dahan, Hanna Lerner and Faina Milman-Sivan, "Shared Responsibility and the International Labour Organization," *Michigan Journal of International Law*, Vol. 34, No. 4, 2012, p. 696.

④ 参见 "Decision Concerning the Standards Initiative: Implementing the WorkPlan for Strengthening the Supervisory System-Progress Report," https://www.ilo.org/global/standards/international-labour-standards-policy/WCMS_648887/lang--en/index.htm。

第七章　成员国提交报告制度

1. 每三年提交一次报告

对于 8 项基本劳工公约[①]和 4 项治理劳工公约[②]，如果成员国政府已经批准其中某 1 项或某几项公约，应每三年提交一次报告，详细说明它们为实施这些已批准公约所采取的法律和实践措施。[③] 这 8 项基本劳工公约为：

（1）1930 年《强迫劳动公约》（第 29 号公约）；

（2）1948 年《结社自由与保护组织权公约》（第 87 号公约）；

（3）1949 年《组织权与集体谈判权公约》（第 98 号公约）；

（4）1951 年《对男女工人同等价值的工作付予同等报酬公约》（第 100 号公约）；

（5）1957 年《废除强迫劳动公约》（第 105 号公约）；

（6）1958 年《（就业和职业）歧视公约》（第 111 号公约）；

（7）1973 年《准予就业最低年龄公约》（第 138 号）；

（8）1999 年《禁止和立即行动消除最恶劣形式的童工劳动公约》（第 182 号公约）。

4 项治理劳工公约为：

（1）1947 年《劳动监察公约》（第 81 号公约）；

（2）1964 年《就业政策公约》（第 122 号公约）；

[①] 截至目前，在国际劳工组织 187 个成员国中，8 项基本劳工公约的批准数目为 1384 项，占应批准全部基本劳工公约总数的 92.51%。参见 ILO, "Conventions and Recommendations," https：//www.ilo.org/global/standards/introduction - to - international - labour - standards/conventions - and - recommendations/lang - - en/index.htm，最后访问日期：2021 年 1 月 7 日。

[②] 截至目前，在国际劳工组织 187 个成员国中，4 项治理劳工公约的批准数目为 467 项，占应批准全部治理劳工公约总数的 62.43%。参见 ILO, "Conventions and Recommendations," https：//www.ilo.org/global/standards/introduction - to - international - labour - standards/conventions - and - recommendations/lang - - en/index.htm，最后访问日期：2021 年 1 月 7 日。

[③] 2009 年，理事会将关于基本劳工公约和治理劳工公约的报告周期从 2 年延长至 3 年。参见 "Improvements in the Standards-related Activities of the ILO," https：//www.ilo.org/wcmsp5/groups/public/- - - ed_ norm/- - - relconf/documents/meetingdocument/wcms_ 103365.pdf；ILO, *Handbook of Procedures Relating to International Labour Conventions and Recommendations*, Centenary Edition, International Labour Office, 2019, para. 36 (b) (i)。

（3）1969年《（农业）劳动监察公约》（第129号公约）；

（4）1976年《三方协商（国际劳工标准）公约》（第144号公约）。

2. 每六年提交一次报告

根据以下公约规定的主题事项，成员国应每六年提交一次关于已批准劳工公约的履约报告。[①]

第一，关于结社自由（农业、非本部领土）：

（1）1921年《（农业）结社权利公约》（第11号公约）；

（2）1947年《（非本部领土）结社权利公约》（第84号公约）；

（3）1975年《农业工人组织公约》（第141号公约）。

第二，关于劳资关系：

（1）1971年《工人代表公约》（第135号公约）；

（2）1978年《（公务员）劳动关系公约》（第151号公约）；

（3）1981年《促进集体谈判公约》（第154号公约）。

第三，关于保护儿童和未成年人：

（1）1919年《（工业）最低年龄公约》（第5号公约）；

（2）1919年《（工业）未成年人夜间工作公约》（第6号公约）；

（3）1921年《（农业）最低年龄公约》（第10号公约）；

（4）1932年《（非工业部门就业）最低年龄公约》（第33号公约）；

（5）1937年《（工业）最低年龄公约（修订）》（第59号公约）；

（6）1946年《（工业）未成年人体格检查公约》（第77号公约）；

（7）1946年《（非工业部门就业）未成年人体格检查公约》（第78号公约）；

（8）1946年《（非工业部门就业）未成年人夜间工作公约》（第79号公约）；

（9）1948年《（工业）未成年人夜间工作公约（修订）》（第90号公约）；

[①] ILO, *Handbook of Procedures Relating to International Labour Conventions and Recommendations*, Centenary Edition, International Labour Office, 2019, para. 36（b）（ii）.

(10) 1965 年《（井下作业）最低年龄公约》（第 123 号公约）；

(11) 1965 年《未成年人（井下作业）体格检查公约》（第 124 号公约）。

第四，关于促进就业：

(1) 1919 年《失业公约》（第 2 号公约）；

(2) 1948 年《职业介绍设施公约》（第 88 号公约）；

(3) 1949 年《收费职业介绍所公约（修订）》（第 96 号公约）；

(4) 1983 年《（残疾人）职业康复和就业公约》（第 159 号公约）；

(5) 1997 年《私营就业机构公约》（第 181 号公约）。

第五，职业指导和培训（技能）：

(1) 1974 年《带薪脱产学习公约》（第 140 号公约）；

(2) 1975 年《人力资源开发公约》（第 142 号公约）。

第六，关于就业保障：1982 年《终止雇用公约》（第 158 号公约）。

第七，关于社会政策：

(1) 1947 年《（非本部领土）社会政策公约》（第 82 号公约）；

(2) 1949 年《（公共合同）劳动条款公约》（第 94 号公约）；

(3) 1962 年《社会政策（基本宗旨和准则）公约》（第 117 号公约）。

第八，关于工资：

(1) 1928 年《确定最低工资办法公约》（第 26 号公约）；

(2) 1949 年《保护工资公约》（第 95 号公约）；

(3) 1951 年《（农业）确定最低工资办法公约》（第 99 号公约）；

(4) 1970 年《确定最低工资公约》（第 131 号公约）；

(5) 1992 年《（雇主破产）保护工人债权公约》（第 173 号公约）。

第九，关于工作时间：

(1) 1919 年《（工业）工时公约》（第 1 号公约）；

(2) 1921 年《（工业）每周休息公约》（第 14 号公约）；

(3) 1930 年《（商业和办公场所）工时公约》（第 30 号公约）；

(4) 1935 年《40 小时工作周公约》（第 47 号公约）；

(5) 1936 年《带薪休假公约》（第 52 号公约）；

（6）1948年《（妇女）夜间工作公约（修订）》（第89号公约）；

（7）1952年《（农业）带薪休假公约》（第101号公约）；

（8）1957年《（商业和办公场所）每周休息公约》（第106号公约）；

（9）1970年《带薪年休假公约（修订）》（第132号公约）；

（10）1979年《（公路运输）工时与间休公约》（第153号公约）；

（11）1990年《夜间工作公约》（第171号公约）；

（12）1994年《非全日制工作公约》（第175号公约）。

第十，关于有家庭责任的工人：

1981年《有家庭责任的工人公约》（第156号公约）。

第十一，关于移民工人：

（1）1949年《移民就业公约（修订）》（第97号公约）；

（2）1975年《移民工人公约（补充规定）》（第143号公约）。

第十二，关于职业安全与卫生：

（1）1921年《（油漆）白铅公约》（第13号公约）；

（2）1935年《（妇女）井下作业公约》（第45号公约）；

（3）1937年《（建筑业）安全规定公约》（第62号公约）；

（4）1960年《辐射防护公约》（第115号公约）；

（5）1963年《机器防护公约》（第119号公约）；

（6）1964年《（商业和办公场所）卫生公约》（第120号公约）；

（7）1967年《最大负重量公约》（第127号公约）；

（8）1971年《苯公约》（第136号公约）；

（9）1974年《职业癌公约》（第139号公约）；

（10）1977年《工作环境（空气污染、噪音和振动）公约》（第148号公约）；

（11）1981年《职业安全与卫生公约》（第155号公约）；

（12）1985年《职业卫生设施公约》（第161号公约）；

（13）1986年《石棉公约》（第162号公约）；

（14）1988年《建筑安全与卫生公约》（第167号公约）；

（15）1990年《化学品公约》（第170号公约）；

(16) 1993 年《预防重大工业事故公约》（第 174 号公约）；

(17) 1995 年《矿山安全与卫生公约》（第 176 号公约）；

(18) 2001 年《农业安全与卫生公约》（第 184 号公约）；

(19) 2006 年《关于促进职业安全与卫生框架公约》（第 187 号公约）。

第十三，关于社会保障：

(1) 1921 年《（农业）工人赔偿公约》（第 12 号公约）；

(2) 1925 年《工人（事故）赔偿公约》（第 17 号公约）；

(3) 1925 年《工人（职业病）赔偿公约》（第 18 号公约）；

(4) 1925 年《（事故赔偿）同等待遇公约》（第 19 号公约）；

(5) 1927 年《（工业）疾病保险公约》（第 24 号公约）；

(6) 1927 年《（农业）疾病保险公约》（第 25 号公约）；

(7) 1934 年《工人（职业病）赔偿公约（修订）》（第 42 号公约）；

(8) 1952 年《社会保障（最低标准）公约》（第 102 号公约）；

(9) 1962 年《（社会保障）同等待遇公约》（第 118 号公约）；

(10) 1964 年《工伤事故和职业病津贴公约》［附表 I 于 1980 年修订］（第 121 号公约）；

(11) 1967 年《残疾、老年和遗属津贴公约》（第 128 号公约）；

(12) 1969 年《医疗和疾病津贴公约》（第 130 号公约）；

(13) 1982 年《维护社会保障权利公约》（第 157 号公约）；

(14) 1988 年《就业促进和失业保护公约》（第 168 号公约）。

第十四，关于生育保护：

(1) 1919 年《生育保护公约》（第 3 号公约）；

(2) 1952 年《保护生育公约（修订）》（第 103 号公约）；

(3) 2000 年《生育保护公约（修订）》（第 183 号公约）。

第十五，关于劳动行政管理：

(1) 1938 年《工资和工时统计公约》（第 63 号公约）；

(2) 1947 年《（非本部领土）劳动监察员公约》（第 85 号公约）；

(3) 1978 年《劳动行政管理公约》（第 150 号公约）；

(4) 1985 年《劳工统计公约》（第 160 号公约）。

第十六，关于海员：

（1）1920年《（海上）最低年龄公约》（第7号公约）；

（2）1920年《（海难）失业赔偿公约》（第8号公约）；

（3）1920年《水手安置公约》（第9号公约）；

（4）1921年《（海上）未成年人体格检查公约》（第16号公约）；

（5）1926年《海员协议条款公约》（第22号公约）；

（6）1926年《海员遣返公约》（第23号公约）；

（7）1936年《高级船员资格证书公约》（第53号公约）；

（8）1936年《船东（对病、伤海员）责任公约》（第55号公约）；

（9）1936年《（海上）疾病保险公约》（第56号公约）；

（10）1936年《（海上）最低年龄公约（修订）》（第58号公约）；

（11）1946年《（船员）膳食公约》（第68号公约）；

（12）1946年《船上厨师证书公约》（第69号公约）；

（13）1946年《海员退休金公约》（第71号公约）；

（14）1946年《（海员）体格检查公约》（第73号公约）；

（15）1946年《海员合格证书公约》（第74号公约）；

（16）1949年《船员住宿公约（修订）》（第92号公约）；

（17）1958年《海员身份证件公约》（第108号公约）；

（18）1970年《船员住舱公约（补充规定）》（第133号公约）；

（19）1970年《（海员）防止事故公约》第134号公约）；

（20）1976年《（海员）连续就业公约》（第145号公约）；

（21）1976年《海员带薪年休假公约》（第146号公约）；

（22）1976年《商船（最低标准）公约》（第147号公约）；

（23）1987年《海员福利公约》（第163号公约）；

（24）1987年《（海员）健康保护和医疗公约》（第164号公约）；

（25）1987年《（海员）社会保障公约（修订）》（第165号公约）；

（26）1987年《海员遣返公约（修订）》（第166号公约）；

（27）1996年《（海员）劳动监察公约》（第178号公约）；

（28）1996年《海员招募和安置公约》（第179号公约）；

（29）1996年《海员工时和船上人员配置公约》（第180号公约）；

（30）2003年《修订〈1958年海员身份证件公约〉的公约》（第185号公约）；

（31）2006年《海事劳工公约》（第186号公约）。

第十七，关于渔民：

（1）1959年《（渔民）最低年龄公约》（第112号公约）；

（2）1959年《（渔民）体格检查公约》（第113号公约）；

（3）1959年《渔民协议条款公约》（第114号公约）；

（4）1966年《渔民合格证书公约》（第125号公约）；

（5）1966年《（渔民）船员住宿公约》（第126号公约）；

（6）2007年《关于渔业部门工作的公约》（第188号公约）。

第十八，关于码头工人：

（1）1929年《（船运包裹）标明重量公约》（第27号公约）；

（2）1932年《（码头工人）防止事故公约（修订）》（第32号公约）；

（3）1973年《码头作业公约》（第137号公约）；

（4）1979年《（码头作业）职业安全与卫生公约》（第152号公约）。

第十九，关于土著和部落群体：

（1）1957年《土著及部落人口公约》（第107号公约）；

（2）1989年《土著和部落居民公约》（第169号公约）。

第二十，关于其他特定类别的工人：

（1）1958年《种植园公约》（第110号公约）；

（2）1977年《护理人员公约》（第149号公约）；

（3）1991年《（旅馆和餐馆）工作条件公约》（第172号公约）；

（4）1996年《家庭工作公约》（第177号公约）；

（5）2011年《家庭工人公约》（第189号公约）。

三　不定期报告

如国际劳工局对成员国是否遵守其已加入的公约存疑，在下列情形下，可在定期报告之外要求成员国对其已批准公约的适用情况提交不定期报告：（1）当专家委员会或标准实施委员会提出要求时；（2）当理事会提出要求时，成员国应遵循《章程》第24条和第26条规定的申诉程序和控诉程序，以及结社自由委员会程序进行报告；（3）成员国未按要求提交报告或者未对监督机构的意见作出答复（应注意，成员国是否遵守报告义务受专家委员会和标准实施委员会监督，而且成员国不提交报告或不提供答复信息并不妨碍监督机构对其已批准公约适用的审查）。①

四 报告义务的豁免

下列类别公约不受《章程》第22条规定的关于成员国应对已批准公约提交报告的义务的约束。②

第一，已被废止的公约（Abrogated Convention）：

（1）1919年《（妇女）夜间工作公约》（第4号公约）；

（2）1921年《（扒炭工和司炉工）最低年龄公约》（第15号公约）；

（3）1926年《移民监察公约》（第21号公约）；

（4）1934年《（妇女）夜间工作公约（修订）》（第41号公约）；

（5）1936年《土著工人招募公约》（第50号公约）；

（6）1939年《（土著工人）就业合同公约》（第64号公约）；

（7）1939年《（土著工人）刑事制裁公约》（第65号公约）；

（8）1939年《（公路运输）工时与间休公约》（第67号公约）；

（9）1947年《（土著工人）就业合同公约》（第86号公约）；

（10）1955年《废除（土著工人）刑事制裁公约》（第104号公约）。

第二，已被撤销的公约（Withdrawn Instrument）：

（1）1931年《（煤矿）工时公约》（第31号公约）；

---

① ILO, *Handbook of Procedures Relating to International Labour Conventions and Recommendations*, Centenary Edition, International Labour Office, 2019, paras. 36（b）(iii), 84–95.

② ILO, *Handbook of Procedures Relating to International Labour Conventions and Recommendations*, Centenary Edition, International Labour Office, 2019, para. 36（c）.

第七章　成员国提交报告制度

（2）1935 年《（煤矿）工时公约（修订）》（第 46 号公约）；

（3）1936 年《（公共工程）缩短工时公约》（第 51 号公约）；

（4）1937 年《（纺织业）缩短工时公约》（第 61 号公约）；

（5）1939 年《移民就业公约》（第 66 号公约）。

第三，尚未生效的公约：

（1）1936 年《（海上）带薪假期公约》（第 54 号公约）；

（2）1936 年《（海上）工时和人员配置公约》（第 57 号公约）；

（3）1946 年《（海员）社会保障公约》（第 70 号公约）；

（4）1946 年《（海员）带薪休假公约》（第 72 号公约）；

（5）1946 年《船员舱室公约》（第 75 号公约）；

（6）1946 年《（海上）工资、工时和人员配置公约》（第 76 号公约）；

（7）1949 年《（海上）工资、工时和人员配置公约（修订）》（第 93 号公约）；

（8）1958 年《（海上）工资、工时和人员配置公约（修订）》（第 109 号公约）。

第四，关于最后条款的公约：

（1）1946 年《最后条款修订公约》（第 80 号公约）；

（2）1961 年《最后条款修订公约》（第 116 号公约）。

第五，依据理事会在 1985 年 2～3 月举行的第 229 届会议上所规定的条件和保障措施，[1] 理事会（于 1996 年对上述条件和保障措施进行了确认）不再要求成员国对那些过时的公约（尤其是已"搁置"的公约，

---

[1] 《关于议事规则及公约和建议书实施委员会报告》第 4 段："（1）如果情况发生变化以致有关公约中的一项规定重新变得重要时，理事会可重新要求对其实施情况提供详细报告；（2）雇主组织和工人组织对有关公约所覆盖的领域中产生的问题，仍有提出评论的自由，按照既定程序，这些评论可由专家委员会审议，该委员会可要求提供它认为适当的信息（包括详细报告）；（3）根据在一般报告中提供的信息或其它途径掌握的其他信息（例如立法文本），专家委员会对有关公约的实施情况，有随时提出意见和要求提供进一步信息的自由，包括要求提供详细报告的可能性；（4）援引《章程》对有关公约的申诉和控诉（第 24 条和第 26 条）的权利不变。"转引自刘旭《国际劳工标准概述》，中国劳动社会保障出版社，2003，第 29 页。

"Shelved" Conventions）提交报告，这些公约包括:[1]

（1）1925年《（面包房）夜间工作公约》（第20号公约）；

（2）1929年《（码头工人）防止事故公约》（第28号公约）；

（3）1933年《收费职业介绍所公约》（第34号公约）；

（4）1933年《（工业等）老年保险公约》（第35号公约）；

（5）1933年《（农业）老年保险公约》（第36号公约）；

（6）1933年《（工业等）残疾保险公约》（第37号公约）；

（7）1933年《（农业）残疾保险公约》（第38号公约）；

（8）1933年《（工业等）遗属保险公约》（第39号公约）；

（9）1933年《（农业）遗属保险公约》（第40号公约）；

（10）1934年《平板玻璃工厂公约》（第43号公约）；

（11）1934年《失业补贴公约》（第44号公约）；

（12）1935年《维护移民工人养老金权利公约》（第48号公约）；

（13）1935年《（玻璃瓶工厂）缩短工时公约》（第49号公约）；

（14）1937年《（非工业部门就业）最低年龄公约（修订）》（第60号公约）；

（15）1949年《（海员）带薪休假公约（修订）》（第91号公约）。

五 向代表性组织送交报告副本

依据《章程》第23.2条规定，成员国应将所有有关已批准公约适用情况的报告的副本送交《章程》第3条承认的雇主代表性组织和工人代表性组织。报告副本可以在报告定稿之前以征求意见的方式送交，也可以在将报告提交国际劳工组织的同时送交。但无论如何，成员国政府在将报告提交国际劳工组织时，应指出这些代表性组织的名称。这些代表性组织可以就已批准公约适用情况的报告发表意见。如果政府收到这些意见，则应在政府报告中纳入相关的详细信息（通常纳入意见的副本）以及政府

---

[1] ILO, *Handbook of Procedures Relating to International Labour Conventions and Recommendations*, Centenary Edition, International Labour Office, 2019, p. 25, footnote 47.

的答复（如果有的话）。雇主代表性组织和工人代表性组织也可以将意见直接发送劳工局，以提交专家委员会。在这种情况下，劳工局应确认收到这些意见并同时将副本转发给有关成员国政府，以便其作出回应。劳工局直接收到的有关雇主代表性组织和工人代表性组织的意见的处理详情，可以在专家委员会的总报告中找到。[①]

第二节　未批准公约和建议书的报告制度

一　关于未批准公约和建议书的报告制度

依据《章程》第19.5（e）条规定，成员国如未能获得主管机关同意批准公约，则应按理事会的要求，每隔适当时期，向国际劳工局局长报告该国与公约所订事项有关的法律及实际情况，说明通过立法、行政措施、集体协议或其他方法，使公约的任何条款得到实施或打算付诸实施的程度，并说明有何困难阻碍或推迟该公约的批准。[②] 依据《章程》第19.6（d）条规定，"除将建议书送交主管机关外，成员国不再负有其他义务，但应按理事会的要求，每隔适当时期，向国际劳工局局长报告该国与建议书所订事项有关的法律及实际情况，说明建议书各条款已经实施或打算付诸实施的程度，以及在采纳或实施这些条款方面已发现或可能发现有必要做出的修改。"[③]

此外，《章程》还规定了联邦国家关于未批准公约的报告义务，"关于未经联邦批准的每一公约，应按理事会的要求，每隔适当时期，将联邦及其所属各邦、省或州有关该公约的法律和实际情况报告国际劳工局局长，说明通过立法、行政措施、集体协议或其他方法，使公约的任何条款得到

---

① ILO, *Handbook of Procedures Relating to International Labour Conventions and Recommendations*, Centenary Edition, International Labour Office, 2019, para. 43.
② 《国际劳工组织章程》第19.5（e）条。
③ 《国际劳工组织章程》第19.6（d）条。

实施或打算付诸实施的程度"①。关于联邦国家对未批准建议书的报告义务，《章程》规定，"对于此类每种建议书，应按理事会所要求，每隔适当时期，将联邦及其所属各邦、省或州有关该建议书的法律和实际情况报告国际劳工局局长，说明该建议书中各项规定已经实施或打算付诸实施的程度，以及在采纳或实施这些条款方面已发现或可能发现有必要做出的修改。"②

《章程》之所以规定成员国对未批准公约和建议书的报告义务，国际劳工组织主要是出于以下考虑：当某项劳工标准（公约或建议书）通过时，某一成员国可能尚不存在批准该公约或采纳该建议书的条件，因此未被主管机关批准，该公约或建议书因而也可能不再成为该成员国的关注重点；建立这种每隔适当时间提交报告的制度，是为了敦促该成员国根据本国此后可能发生的实际变化，重新审查批准公约或采纳建议书的可能性，促进劳工标准在成员国的实施。③ 对此，有研究指出，《章程》关于成员国报告其遵守尚未批准的公约和建议书所规定义务的程度这一要求，背离了国际法原则，即各国在确定约束它们的标准时有绝对的自由裁量权。在国际法律体系中，要求行为体强制执行这种法律义务的权力相当特殊。对于国际劳工组织来说，它源自《国际劳工组织章程》第19条，该条赋予国际劳工组织监督未经批准的公约和建议书实施的权力。这一权威可以理解为是为了促进国家间合作与协调而损害了国家主权，从而符合分担责任的模式。④

二 关于未批准公约和建议书报告的选择使用

成员国依据《章程》第19.5（e）条和第19.6（d）条规定提交的关于未批准公约或建议书的报告，是专家委员会编写年度"一般性调查"

---

① 《国际劳工组织章程》第19.7（b）（iv）条。
② 《国际劳工组织章程》第19.7（b）（v）条。
③ 王家宠：《国际劳动公约概要》，中国劳动出版社，1991，第313页。
④ Yossi Dahan, Hanna Lerner and Faina Milman-Sivan, "Shared Responsibility and the International Labour Organization," *Michigan Journal of International Law*, Vol. 34, No. 4, 2012, p. 728.

(General Survey) 报告的基础。该"一般性调查"报告随后将由标准实施委员会进行讨论和审查，其结果将对许多方面产生影响，如制定该组织的工作计划，制定新的劳工标准或修订现行劳工标准，评估拟审查公约或建议书的影响和持续有用性，并为政府和社会伙伴提供机会，审查其重要利益领域的政策和实施的其他措施。对于《章程》第 19 条要求成员国提交关于未批准公约或建议书的报告，每年理事会将选择特定公约或建议书。在国际劳工组织于 2008 年通过《关于争取公平全球化的社会正义宣言》，并在国际劳工大会议程上设置了战略目标经常性讨论项目之后，理事会的目标是使"一般性调查"的主题与经常性讨论项目的主题保持一致，以确保"一般性调查"和专家委员会关于标准适用问题的讨论有助于推进酌情进行的经常性讨论项目。[1]

三 向代表性组织送交报告副本

依据《章程》第 23.2 条规定，成员国应将所有有关未批准公约和建议书的适用情况的报告的副本送交《章程》第 3 条承认的雇主代表性组织和工人代表性组织。[2] 这些代表性组织[3]可以就所涉主题情况的报告发表意见，并将意见直接发送劳工局，以提交专家委员会。在这种情况下，劳工局应确认收到这些意见并同时将副本转发给有关成员国政府。[4]

第三节 对未能履行报告义务问题的解决

在国际劳工组织框架下，由专家委员会和标准实施委员会对成员国履

---

[1] ILO, *Handbook of Procedures Relating to International Labour Conventions and Recommendations*, Centenary Edition, International Labour Office, 2019, para. 50.

[2] 《国际劳工组织章程》第 23.2 条。

[3] 依据《章程》第 23.2 条和第 3 条规定，代表性组织特指各成员国内存在的最具代表性的雇主或工人产业团体。关于产业团体的认定，本书第八章关于申诉程序的论述对此有所讨论，在此不做赘述。

[4] ILO, *Handbook of Procedures Relating to International Labour Conventions and Recommendations*, Centenary Edition, International Labour Office, 2019, para. 55.

国际劳工组织

行报告义务的情况进行监督,特别是关注以下方面:(1)在过去两年或更长时间内未就已批准公约的适用情况提交报告;(2)未能就已批准公约的适用情况提交首次报告;(3)未能就专家委员会的评论提供反馈信息;(4)未能向主管机构提交国际劳工大会至少在七届会议期间通过的文书;(5)在过去五年内未能就主管机关批准公约和建议书的情况提交报告。①

在第88届(2017年)和第89届(2018年)会议上,专家委员会讨论了成员国严重拖延不提交报告这一问题的解决方法,以期加强对已批准公约的监督。专家委员会决定对多年不提交报告的成员国采用"紧急呼吁"的新做法,即在连续三年未收到成员国依据《章程》第22条提交的关于已批准公约的报告的情形下,专家委员会将向有关政府发出"紧急呼吁"。由此,先前意见的重复将被限制在最长三年内。此后,即使政府未提交报告,专家委员会也将根据公开资料对其相关公约的适用情况进行实质审查,从而确保在定期报告周期内至少审查一次该成员国已批准公约的适用情况。标准实施委员会在6月审查成员国报告义务的履行情况时,将关注严重拖延不履行报告义务的成员国以及对其发出的"紧急呼吁"。②

除上述监督程序外,国际劳工组织通过了一项新的后续措施,以支持实施1998年《宣言》,即1998年《〈宣言〉后续措施》报告制度。③后续措施是以成员国根据《章程》第19条第5款(e)项提交的报告为基础,从尚未批准一项或多项基本劳工公约(包括《强迫劳动公约》的2014年议定书)的政府那里获得其法律和惯例变更的信息。雇主组织和工人组织可以对报告发表意见。理事会将对收到的信息进

---

① ILO, *Handbook of Procedures Relating to International Labour Conventions and Recommendations*, Centenary Edition, International Labour Office, 2019, paras. 39 – 40.
② ILO, *Handbook of Procedures Relating to International Labour Conventions and Recommendations*, Centenary Edition, International Labour Office, 2019, para. 41.
③ Yossi Dahan, Hanna Lerner and Faina Milman-Sivan, "Shared Responsibility and the International Labour Organization," *Michigan Journal of International Law*, Vol. 34, No. 4, 2012, pp. 696 – 697.

行审查，并将审查结果放在报告的"年度审查导论"（Introduction to the Annual Review of reports）中，审查的重点放在新的发展和趋势上。[①] 关于对1998年《〈宣言〉后续措施》报告制度的详细讨论，参见第九章相关内容。

[①] 1998年《〈国际劳工组织关于工作中基本原则和权利宣言〉的后续措施》；ILO, *Handbook of Procedures Relating to International Labour Conventions and Recommendations*, Centenary Edition, International Labour Office, 2019, para. 34。

第八章
国际劳工标准实施的监督机制

就劳工标准的实施而言,国际劳工组织规定了两种监督机制:一是基于政府定期报告的常规监督机制,即根据成员国提交的定期报告,系统地审查相关成员国的法律和实践,以监督已批准公约的实施水平;二是特别监督机制,它涉及对一成员国未能切实遵守其已批准公约的行为提起的申诉和控诉程序。[1] 这两种监督机制都以《章程》规定为基础。除此之外,依据理事会通过的《审查指控违反结社自由的控诉的特别程序》[2] 建立的结社自由委员会程序,则是针对结社自由的投诉问题而建立的,无论相关成员国是否批准相关劳工公约,均适用该程序。

国际劳工标准实施的监督机制有一个显著特征,就是将专家监督和成员国民主监督结合起来,即把独立的专家技术评估与成员国政府、雇主组织和工人组织三方代表的联合审议结合起来。[3]

第一节 常规监督机制

常规监督机制,是以国际劳工组织的两个机构审查成员国提交的关于在法律和实践中实施已批准公约情况的报告以及履行《章程》相关

---

[1] ILO, "Applying and Promoting International Labour Standards," https://www.ilo.org/global/standards/applying-and-promoting-international-labour-standards/lang--en/index.htm, 最后访问日期: 2019 年 8 月 12 日。

[2] ILO, *Rules of the Game: A Brief Introduction to International Labour Standards*, Third Revised Edition, International Labour Office, 2014, p.110.

[3] 王家宠:《国际劳动公约概要》,中国劳动出版社,1991,第 320 页。

国际劳工组织

规定的报告为基础的。这两个机构为公约与建议书实施专家委员会（Committee of Experts on the Application of Conventions and Recommendations，以下简称"专家委员会"）和国际劳工大会标准实施三方委员会（International Labour Conference's Tripartite Committee on the Application of Standards，以下简称"标准实施委员会"）。[1] 建立常规监督机制的目的在于确保成员国履行其已批准的劳工公约所产生的义务以及遵守《章程》相关义务。

国际劳工组织最初的计划是把成员国政府提交的关于已批准公约实施情况的报告的摘要提交国际劳工大会，如果大会对成员国实施已批准公约的情况不满，则可启动《章程》规定的控诉程序。换言之，在国际劳工组织成立的最初几年里，是由国际劳工大会审查报告，并没有建立专门的审查报告的机构。但是国际劳工组织很快发现，在这种情形下大会审查能力难以适当发挥，明显无法对报告进行有意义的审查。[2] 鉴于此，1926 年，理事会设立专家委员会，由其对报告进行客观的技术审查；国际劳工大会也通过了一项决定，设立标准实施委员会，其可根据专家委员会的审查结果，讨论公约实施面临的问题。据此，赋予了专家委员会和标准实施委员会定期监督成员国履行劳工标准义务的责任。[3] 需要指出的是，专家委员会和标准实施委员会的建立及其职权依据的是国际劳工大会和理事会的决定，而不是《章程》或劳工公约的相关规定。[4]

---

[1] ILO, "Applying and Promoting International Labour Standards," https://www.ilo.org/global/standards/applying‐and‐promoting‐international‐labour‐standards/lang‐‐en/index.htm, 最后访问日期：2019 年 8 月 12 日。

[2] Klaus Samson, "The Standard-setting and Supervisory System of the International Labour Organization," in Krzysztof Drzewicki, Catarina Krause and Allan Rosas, eds., *Social Rights as Human Rights: A European Challenge*, Institute for Human Rights Abo Akademi University, 1994, p. 126.

[3] ILO, *Handbook of Procedures Relating to International Labour Conventions and Recommendations*, Centenary Edition, International Labour Office, 2019, para. 35.

[4] 参见 ILC, Report of the Committee of Experts on the Application of Conventions and Recommendations (conference paper at 73rd Session of ILC, Geneva, 1987), pp. 7 - 20。

第八章　国际劳工标准实施的监督机制 | International Labour Organization

一　专家委员会

专家委员会成立于1926年，目前由20位独立成员组成，他们由理事会任命，任期为三年，可以连任。与国际劳工组织的大多数组织机构的"三方结构"特征不同，在专家委员会成员的选任中，具有技术能力和独立地位的个人身份是任命考量的主要方面，同时其地理分布及其拥有不同的法律制度和文化背景也是考量因素。专家委员会的作用是对成员国适用国际劳工标准的情况进行公正的技术评估。[1] 专家委员会在审查和评估成员国报告的过程中，遵循独立、公正和客观的原则。

各成员国政府提交的报告是专家委员会工作的基础，这些报告包括：（1）成员国根据《章程》第22条提交的关于为执行其所加入的公约的规定而采取的措施的年度报告；（2）成员国根据《章程》第19条提交的有关未批准公约和建议书方面的报告；（3）成员国根据《章程》第35条提交的有关采取的措施方面的报告。[2] 但在审查成员国报告时，专家委员会所依据的信息来源并不仅限于收到的履约报告，还包括所有其他的官方的或可靠的数据资源，如立法文本、法院判决、劳动监察和其他官方报告、国际劳工组织技术合作项目的报告，在国际劳工组织"直接接触"（direct contacts）工作过程中收集的信息、联合国机构和其他国际机构的报告，以及雇主组织和工人组织提供的信息。在此值得指出的是，雇主组织和工人组织提供的信息可能是一个重要的信息来源，特别是在实践中，一成员国有关公约实施方面的资料可由任何国内或国际的雇主组织或工人组织提交。[3]

---

[1] ILO, *Rules of the Game: An Introduction to the Standards-related Work of the International Labour Organization*, Centenary Edition, International Labour Office, 2019, p. 106.

[2] ILO, *Handbook of Procedures Relating to International Labour Conventions and Recommendations*, Centenary Edition, International Labour Office, 2019, para. 35.

[3] Klaus Samson, "The Standard-setting and Supervisory System of the International Labour Organization," in Krzysztof Drzewicki, Catarina Krause and Allan Rosas, eds., *Social Rights as Human Rights: A European Challenge*, Institute for Human Rights Abo Akademi University, 1994, pp. 127 – 128.

141

国际劳工组织

在审查成员国报告的基础上,专家委员会就成员国某项公约的适用情况,如实施已批准公约的相关情况,以及履行《章程》所规定的涉及公约的相关义务,向有关成员国政府提出意见,提请其应关注的问题,并对解决问题应采取的措施提出建议。专家委员会在审查成员国报告时,不与政府代表进行任何形式的直接讨论,而是以文件审查的形式审查成员国对已批准公约的遵守程度,并以两种形式提出结论:一种是"意见"(observations),它是针对某一成员国在适用某一特定公约过程中存在的基本问题提出的意见,这些"意见"发表在专家委员会的年度报告中;另一种是"直接询问"(direct requests),它主要涉及技术问题或专家委员会就已掌握的情况要求成员国作出进一步澄清,"直接询问"不发表在专家委员会的报告中,而是直接提交有关成员国政府。[1] 但"直接询问"并不是保密信息,可提供给任何与此事有利益关系的人,并定期发送给所涉成员国的主要雇主组织和工人组织。[2]

专家委员会会议以非公开方式举行,其文件和审议均应保密。专家委员会采取文件审查的形式审查相关成员国对已批准公约的遵守程度,与所涉成员国政府不进行直接对话,因此在一定程度上专家委员会难以真正了解和解决成员国在适用已批准公约方面遇到的困难或争议。为解决这一问题,1968 年建立了"直接接触"(direct contact)程序。[3] "直接接触"是指应所涉成员国政府要求或经所涉成员国政府同意,国际劳工组织派代表(根据问题的性质,可以是独立专家,也可以是国际劳工局官员)访问所涉成员国。在访问过程中,除与主管当局讨论外,国际劳工组织代表还将征求雇主组织和工人组织的意见。如果遇到需要澄清事实的问题,代表也

---

[1] ILO, *Handbook of Procedures Relating to International Labour Conventions and Recommendations*, Centenary Edition, International Labour Office, 2019, para. 36.

[2] Klaus Samson, "The Standard-setting and Supervisory System of the International Labour Organization," in Krzysztof Drzewicki, Catarina Krause and Allan Rosas, eds., *Social Rights as Human Rights: A European Challenge*, Institute for Human Rights Abo Akademi University, 1994, p. 127.

[3] Nicolas Valticos and G. von Potobsky, *International Labour Law*, Kluwer Law and Taxation Publishers, 1995, p. 287.

第八章　国际劳工标准实施的监督机制　**International Labour Organization**

可以与能够提供相关信息的各类人员和机构开会讨论。因此，"直接接触"可能具有调解、事实调查或技术援助的性质，其目的在于解决问题，有时也可能成为消除成员国内部政治障碍的"催化剂"。通过"直接接触"收集到的资料将报告给专家委员会，以便专家委员会就有关劳工标准在所涉成员国的法律和实践中的适用得出结论。①

专家委员会的年度报告（Annual Report）每年在国际劳工组织的网站上发布。该报告的主要内容为：（1）总报告（General Report），概述委员会的工作，提请理事会、大会和成员国注意需要共同关注或特别关注的问题，也包括对成员国遵守《章程》义务情况的评论；（2）对有关国际劳工标准在成员国的适用情况的"意见"，包括已批准公约在成员国的适用情况、成员国提交报告义务的情况、成员国向其国家主管机构提交公约和建议书的情况，并列明"直接询问"的国家名称，但并不显示全文具体内容；（3）对成员国依据《章程》第19条提交的关于未批准公约和建议书报告中有关成员国国家法律和实践的"一般性调查"，而不论相关成员国是否已批准所选定主题的公约。② 年度报告还将指出公约实施对相关成员国政府的影响，分析阻碍其适用的困难，并确定克服这些困难的方法。③

专家委员会的结论不具有约束力，但其观点具有相当大的权威性，在大多数情况下能够得到成员国政府的接受。

二　标准实施委员会

依据《国际劳工组织章程和国际劳工大会议事规则（2012）》，国际劳工大会在大会期间应任命一个标准实施委员会，由政府组、雇主组和工

---

① Klaus Samson, "The Standard-setting and Supervisory System of the International Labour Organization," in Krzysztof Drzewicki, Catarina Krause and Allan Rosas, eds., *Social Rights as Human Rights: A European Challenge*, Institute for Human Rights Abo Akademi University, 1994, p. 128.
② ILO, *Rules of the Game: An Introduction to the Standards-related Work of the International Labour Organization*, Centenary Edition, International Labour Office, 2019, pp. 106, 117.
③ ILO, *Handbook of Procedures Relating to International Labour Conventions and Recommendations*, Centenary Edition, International Labour Office, 2019, paras. 36 and 37.

143

人组各推举的代表组成，并从中选出一位主席和两位副主席。[①] 从其性质上看，标准实施委员会是国际劳工大会下设的一个三方机构。

标准实施委员会对专家委员会提交的报告进行全面审议，并从专家委员会发表的"意见"中选择一些议题（通常为24个）进行讨论，这实际上为各成员国政府代表、雇主组织代表和工人组织代表提供了一个机会，以审查各成员国履行公约和建议书义务的情况。标准实施委员会的审查内容具体包括：（1）各成员国为实施其已加入公约的条款所采取的措施，以及各成员国提供的有关劳动监察的情况；（2）各成员国根据《章程》第19条提交的有关未批准公约和建议书的情况与报告，理事会根据该条第5（e）款决定采用不同程序进行审查的情况除外；（3）各成员国根据《章程》第35条规定在非本部领土为实施公约而采取的措施。[②]

讨论中涉及的成员国政府将被邀，对标准实施委员会提出的问题作出回应，并提供相关信息。就此，成员国政府可以扩展先前提供的信息，说明拟采取的进一步措施，并提请标准实施委员会注意其在履行义务时遇到的困难，寻求有关克服此类困难的指导。[③] 在多数情况下，标准实施委员会提出结论性意见，建议相关成员国政府采取具体步骤来解决问题，或接受国际劳工组织特派团（ILO Mission）或提供技术援助。标准实施委员会对所选议题的审查情况的结论意见发表在其报告中，特别关注的情况将在其总报告（General Report）的特别段落中得到强调。[④]

与专家委员会采用文件审查的方式不同，标准实施委员会将集中国际劳工组织三方代表（政府代表、雇主组织代表和工人组织代表），通过面对面方式讨论专家委员会提出的一些议题。该委员会每年在国际劳工大会

---

① 国际劳工局：《国际劳工组织章程和国际劳工大会议事规则（2012）》，国际劳工局，2012，第32、67页。
② 国际劳工局：《国际劳工组织章程和国际劳工大会议事规则（2012）》，国际劳工局，2012，第32页。
③ ILO, *Handbook of Procedures Relating to International Labour Conventions and Recommendations*, Centenary Edition, International Labour Office, 2019, p. 38.
④ ILO, *Rules of the Game: An Introduction to the Standards-related Work of the International Labour Organization*, Centenary Edition, International Labour Office, 2019, p. 107.

第八章 国际劳工标准实施的监督机制 | International Labour Organization

期间举行为期两周的会议。它从专家委员会的年度报告中选择数量有限的议题进行讨论。但需要指出的是,标准实施委员会并不是要寻求改变专家委员会的结论;相反,它是一个与有关成员国政府探讨如何解决专家委员会提出的问题的论坛。关于这些问题的讨论将记录于该委员会提交给大会的报告中,该报告通常包括两大部分内容:一部分为总报告,另一部分为对特定成员国提出的结论性意见。在其总报告的特别段落中,它还将指名列出一些成员国未遵守劳工公约规定的义务的特别严重的问题。把某一特定成员国列入总报告的特别段落中,被认为是一种道德制裁,有利于调动舆论,促进成员国努力履行承诺,更好地实施相关劳工公约。[1] 与专家委员会客观、中立的合规性审查相比,标准实施委员会的"三方结构"特征决定了其审查更具政治性。[2] 但标准实施委员会的结论对各成员国没有约束力,只具有说服性的道德价值。[3]

标准实施委员会的报告将被提交大会并在全体会议上进行讨论,这使得与会代表有进一步的机会提请人们注意委员会某些方面的工作。该报告在大会《会议记录》(Record of Proceedings)中作为单独出版物出版。[4]

虽然常规监督机制在实际运行中面临诸多困难和挑战,但国际劳工组织认为它在实践中的作用是积极的,不仅体现在大多数成员国政府能认真履行提交报告的义务,还体现在相关成员国能依据审议建议纠正所指出的

---

[1] Klaus Samson, "The Standard-setting and Supervisory System of the International Labour Organization," in Krzysztof Drzewicki, Catarina Krause and Allan Rosas, eds., *Social Rights as Human Rights: A European Challenge*, Institute for Human Rights Abo Akademi University, 1994, p. 129.

[2] Yossi Dahan, Hanna Lerner and Faina Milman-Sivan, "Shared Responsibility and the International Labour Organization," *Michigan Journal of International Law*, Vol. 34, No. 4, 2012, p. 700.

[3] Klaus Samson, "The Standard-setting and Supervisory System of the International Labour Organization," in Krzysztof Drzewicki, Catarina Krause and Allan Rosas, eds., *Social Rights as Human Rights: A European Challenge*, Institute for Human Rights Abo Akademi University, 1994, p. 130.

[4] ILO, *Handbook of Procedures Relating to International Labour Conventions and Recommendations*, Centenary Edition, International Labour Office, 2019, p. 39.

问题。① 例如标准实施委员会在实践中就发挥了相当的作用。2015年1月1日,美国指称由于斯威士兰未能保障当地民众的结社自由和组织权,基于《非洲增长与机会法》(African Growth and Opportunity Act, AGOA) 取消其普惠制待遇。美国贸易代表对该国工人和雇主联合会缺乏法律上的承认,以及该国政府使用安全部队任意镇压和平示威表示特别关切。在2015年的讨论中,标准实施委员会、美国政府代表和美国工人代表提到,斯威士兰未能遵守1948年《结社自由与保护组织权公约》(第87号)是暂停其基于《非洲增长与机会法》所获得的普惠制待遇的基础。② 对于斯威士兰的情形,标准实施委员会对指称的问题在1996年至2015年间进行了14次分析,以确定其是否违反了国际劳工组织第87号公约。国际劳工组织于2010年10月和2014年1月向该国派出了两个三方高级别代表团(tripartite high-level missions),以核实该国相关情况,并得出结论认为,"过去十年间,在保障结社自由权方面没有任何进展"。③

三 常规监督机制的例外程序

常规监督机制主要针对成员国已批准劳工公约的实施情况,体现了国家主权原则。然而,在常规监督机制中,"一般性调查"④ 是专家委员会针对理事会选定主题所作的对各成员国国家法律及其实践的全球性概述,⑤ 而

---

① 王家宠:《国际劳动公约概要》,中国劳动出版社,1991,第323~324页。
② ILO, Assessment of Labour Provisions in Trade and Investment Arrangements, International Labour Office, 2016, p. 32.
③ ILO, Assessment of Labour Provisions in Trade and Investment Arrangements, International Labour Office, 2016, p. 32 and footnote 27.
④ The General Survey is an "examination of law and practice in a particular subject area," of all member States, regardless of their ratifying of the conventions that address subject at hand, published in Report III (Part 1B) of the Committee of Experts on the Application of Conventions and Recommendations. All the general surveys conducted from 1985 are available at General Surveys since 1985. 参见ILO, "General Surveys," https://www.ilo.org/global/standards/applying – and – promoting – international – labour – standards/general – surveys/lang – – en/index.htm, 最后访问日期: 2019年12月18日。
⑤ Yossi Dahan, Hanna Lerner and Faina Milman-Sivan, "Shared Responsibility and the International Labour Organization," Michigan Journal of International Law, Vol. 34, No. 4, 2012, p. 729.

第八章 国际劳工标准实施的监督机制 | International Labour Organization

不论它们是否已批准该主题所涉及的公约，它呈现对国家主权原则的背离。

对此，国际劳工组织认为，国际劳工标准是国际社会制定的普遍性标准，反映了有关工作问题的共同价值观和原则。虽然成员国可以选择批准劳工公约也可以选择不批准劳工公约，但无论其是否批准劳工公约，跟进这些劳工公约在所有国家的发展都非常重要。因此，成员国应根据《章程》第19条规定和理事会要求，定期报告为实施特定的未批准公约而采取的措施，并说明阻碍或推迟批准该公约的困难。[1] 据此，每年理事会都会选择一个主题，要求成员国对该选定主题进行报告，而不论它们是否已批准该主题所涉及的公约。在其报告中，成员国应详细说明其管辖范围内有关选定主题的现行做法以及批准这些公约的障碍。

"一般性调查"表明，它要求成员国报告其遵守尚未批准的公约所规定义务的程度，背离了国际法原则，即各国在确定约束它们的标准时有绝对的自由裁量权。在国际法律体系中，施加这种法律义务的授权相当特殊。对于国际劳工组织来说，它源自《章程》第19条规定，该条赋予国际劳工组织对成员国未批准公约的实施情况进行监督的权力。有学者认为，这一授权可被理解为是为了促进成员国之间的合作与协调而损害了国家主权，从而符合责任分担的模式。[2]

四 常规监督机制的影响

国际劳工组织认为，常规监督机制的影响主要体现在以下三个方面。第一，自1964年以来，专家委员会一直跟进成员国对其相关建议落实的情况，它注意到成员国对其法律和惯例的变革已促进了已批准公约的实施。具体而言，截至目前，专家委员会对3000多项意见的落实表示"满意"。自从在其报告中首次确定满意标准，专家委员会一直遵循这一标

---

[1] 《国际劳工组织章程》第19.5（e）条。
[2] Yossi Dahan, Hanna Lerner and Faina Milman-Sivan, "Shared Responsibility and the International Labour Organization," *Michigan Journal of International Law*, Vol. 34, No. 4, 2012, p. 728.

国际劳工组织

准,即在委员会就某一具体问题提出意见后,成员国政府已采取措施,如通过新的立法、对现行立法进行修订或对国家政策或实践作出重大调整,从而更充分地遵守相关公约规定的义务。在表示满意时,委员会也会向成员国政府和社会伙伴表示它认为具体问题已得到解决。确定满意标准有两个考量因素:一是将成员国政府就专家委员会评论意见所采取的积极行动记录在案,二是为必须解决类似问题的其他成员国政府和社会伙伴提供范例。[1]

第二,每年专家委员会还要审查成员国是否履行了将国际劳工组织通过的公约或建议书提交其主管机构审议的义务。成员国即使决定不批准某项劳工公约,也可以选择使其立法与之保持一致。成员国可定期审阅专家委员会对其他国家实施公约的评论,并参照相关评论修订本国的法律和惯例,以避免在标准实施过程中出现类似问题。对于已批准公约,专家委员会常常"直接询问"相关成员国政府,指出其在劳工标准适用方面存在的明显问题,并在委员会报告发表任何评论之前,给这些国家留出时间来回应和解决这些问题。专家委员会要求成员国政府审查标准的适用情况并与可能提供信息的社会伙伴分享这一信息,这种干预措施有利于社会对话的开展,从而更有助于问题的解决和预防。[2]

第三,专家委员会和标准实施委员会的报告在因特网上提供给数百万用户使用。对此,政府和社会伙伴将会有更大的动力来解决劳工标准实施过程中出现的问题,以避免这两个委员会对其提出批评意见。应成员国请求,国际劳工局在成员国起草和修订国家立法方面提供大量技术援助,以确保其符合国际劳工标准。这样一来,监督机构对于在标准实施过程中预防相关问题的出现发挥了重要作用。[3]

---

[1] ILO, *Rules of the Game: An Introduction to the Standards-related Work of the International Labour Organization*, Centenary Edition, International Labour Office, 2019, p.108.

[2] ILO, *Rules of the Game: An Introduction to the Standards-related Work of the International Labour Organization*, Centenary Edition, International Labour Office, 2019, pp.108–109.

[3] ILO, *Rules of the Game: An Introduction to the Standards-related Work of the International Labour Organization*, Centenary Edition, International Labour Office, 2019, p.109.

第二节 国际劳工标准实施的特别监督程序

与常规监督机制不同，以下三个程序是基于提起申诉或控诉而启动的：（1）对已批准公约的适用问题提起的申诉程序；（2）对已批准公约的适用问题提起的控诉程序；（3）对违反结社自由提起的结社自由委员会程序。[1] 前两个程序是基于《章程》规定，而第三个程序则是基于特别规定，即《审查指控违反结社自由的控诉的特别程序》。

一 申诉程序

1.《章程》对申诉程序的规定

《章程》第24~25条规定了对不遵守已批准劳工公约的申诉程序，"若雇主或工人产业团体就一成员国在其管辖范围内在任一方面未能切实遵守其所参加的公约向国际劳工局提出申诉，理事会可将此项申诉告知被申诉的政府，并可请该国政府对此事作出它认为适当的声明"[2]；"如理事会在适当时期内未收到被申诉政府的声明，或收到声明后认为不满意，则理事会有权公布该申诉和答复该申诉的声明"[3]。如果申诉事项涉及"第87号公约"和"第98号公约"，通常将提交结社自由委员会审议。[4]

虽然将处理申诉案件的权力赋予理事会，但《章程》并未规定完整的申诉处理程序，也没有明确界定《章程》第24条中"产业团体"的构成要件。其后数年间，在处理多起申诉案件的基础上，国际劳工组织通过制定议事规则，逐步建立了明确的申诉案件处理程序。这些申诉规

---

[1] ILO, "Applying and Promoting International Labour Standards," https：//www.ilo.org/global/standards/applying－and－promoting－international－labour－standards/lang－－en/index.htm, 最后访问日期：2019年8月12日。
[2] 《国际劳工组织章程》第24条。
[3] 《国际劳工组织章程》第25条。
[4] ILO, *Rules of the Game*: *An Introduction to the Standards-related Work of the International Labour Organization*, Centenary Edition, International Labour Office, 2019, p.110.

国际劳工组织

则主要包括 1932 年 4 月 8 日理事会通过的特别议事规则（Special Standing Orders，该规则于 1938 年 2 月 5 日修订）等。[1] 2004 年 11 月理事会通过了新的议事规则修正案，对程序的各个阶段、申诉案件的受理条件、申诉案件转交结社自由委员会和理事会对申诉案件的审查均作出了规定。[2]

2. 申诉案件的受理条件

依据议事规则，在根据《章程》第 24 条规定向国际劳工局提出申诉时，劳工局局长应确认收到申诉，并通知被申诉成员国政府；同时还应立即将申诉案件转交理事会官员，并要求其向理事会报告，由理事会决定该申诉案件是否可受理。一项申诉在具备下述条件时，才被受理：（1）以书面形式提交国际劳工局；（2）由国际的或国内的雇主团体或工人团体提交，个人不是适格主体，不能直接向国际劳工组织提起申诉，但可将相关信息传递给雇主团体或工人团体；（3）具体援引《章程》第 24 条规定；（4）针对国际劳工组织的一个成员国；（5）申诉事项涉及该成员国已批准的劳工公约；（6）应说明被申诉成员国在其管辖范围内，在哪些方面未能切实实施该已批准公约。但是，在根据理事会官员的报告就是否受理申诉案件作出决定时，理事会不讨论申诉的实质内容。[3]

在此需要强调以下三个方面的问题。第一，对申诉人资格的要求，是理事会认定的"产业团体"。为防止所涉成员国人为操纵对"产业团体"的定义，国际劳工组织特别规定，在确定一个团体的资格时，理事会不受该团体所在国当局对"产业团体"定义的约束，而是根据理事会自身规

---

[1] Ebere Osieke, *Constitutional Law and Practice in the International Labour Organization*, Martinus Nijhoff Publishers, 1985, p. 211.
[2] 参见《附录一：关于审查根据〈国际劳工组织章程〉第 24 条和第 25 条提出的申诉之程序的议事规则》，载国际劳工局《国际劳工组织理事会适用规则汇编》，国际劳工局，2019，第 27~35 页。
[3] 刘旭：《国际劳工标准概述》，中国劳动社会保障出版社，2003，第 36 页；Ebere Osieke, *Constitutional Law and Practice in the International Labour Organization*, Martinus Nijhoff Publishers, 1985, p. 212。

则进行客观评价。① 另外，允许与所涉申诉案件有直接利益关系的国际组织作为申诉人，这使得包容性参与原则得到了进一步加强。② 这种包容性原则为区域性组织如拉丁美洲工人中心（Latin American Central of Workers, CLAT）和拉丁美洲贸易工人联合会（Latin American Federation of Trade Workers, FETRALCOS），以及国际性组织如国际自由工会联合会（International Confederation of Free Trade Unions）提起申诉提供了可能性，实际上，后者已经提交了几项申诉。③ 第二，产业团体不仅可以就其本国发生的不遵守已批准公约的行为提起申诉，还可以就发生在其他任何成员国的不遵守已批准公约的行为提其申诉，这已有相关实践。例如，申诉程序允许一个土耳其工人工会对荷兰政府侵犯在荷兰工作的土耳其工人权利的行为提起申诉。申诉程序的这些特征往往不被重视，但它们却使国际劳工组织能够在跨境经济活动框架内解决侵犯劳工权利的问题。近年来提起的申诉案件数量的增加，似乎与此有某种关联。第三，申诉程序允许雇主组织甚至更多的工人组织的参与。这与定期报告制度不同，依据该制度只有成员国最具代表性的工人组织和雇主组织的大会代表才被允许对各国遵守公约的情况发表评论；但在申诉程序中，任何"雇主或工人产业团体"都有权对一个成员国提起申诉。④

3. 申诉案件的审查

首先，如声称某一成员国在其管辖范围内未能遵守该国已加入的劳工

---

① 参见 ILO, "Special Procedures for the Examination in the International Labour Organization of Complaints Alleging Violations of Freedom of Association," https://www.ilo.org/public/libdoc/ilo/2006/106B09_497_engl.pdf, para. 32, 最后访问日期: 2019 年 9 月 2 日。

② 参见 ILO, "Special Procedures for the Examination in the International Labour Organization of Complaints Alleging Violations of Freedom of Association," https://www.ilo.org/public/libdoc/ilo/2006/106B09_497_engl.pdf, para. 31, 最后访问日期: 2019 年 9 月 2 日。

③ Yossi Dahan, Hanna Lerner and Faina Milman-Sivan, "Shared Responsibility and the International Labour Organization," Michigan Journal of International Law, Vol. 34, No. 4, 2012, p. 735.

④ Yossi Dahan, Hanna Lerner and Faina Milman-Sivan, "Shared Responsibility and the International Labour Organization," Michigan Journal of International Law, Vol. 34, No. 4, 2012, pp. 736–737.

国际劳工组织

公约的申诉是可受理的,理事会可设立一个由三名成员组成的三方委员会,并授权由其承办,三名成员从理事会代表中的政府代表、雇主组织代表和工人组织代表中等额选出。该委员会重点审查申诉案件的实质内容,并撰写报告。委员会向理事会提交的报告应阐述关于案件的法律和实际方面的内容,并包括被申诉成员国政府对申诉的回复声明、委员会可能向该成员国提出的任何建议、对申诉提出问题的结论,以及对理事会将要作出决定的建议。委员会会议以非公开方式举行,委员会审查的所有步骤均应保密。在审查申诉案件时,委员会可邀请有关成员国政府派代表参加对此事的审议,也可要求提出申诉的产业团体以书面形式或其代表以口头形式提供进一步信息;委员会在收到被申诉成员国政府就申诉作出的声明后,也可要求该成员国政府提供进一步信息。此外,该成员国政府可要求劳工局局长派遣一名代表访问其国家,该代表通过与主管当局和相关组织进行直接接触获得有关申诉案件的信息,以提交委员会。工作结束后,委员会向理事会提交报告。[1]

其次,有关违反"第87号公约"和"第98号公约"的申诉案件,通常将转交结社自由委员会。[2]

最后,如果提起的申诉案件不符合受理条件,理事会应决定不予受理。

4. 理事会对申诉案件的处理措施

当理事会审查申诉案件的可受理性,或审查委员会提交的关于某一申诉案件的实质内容的报告时,如果所涉成员国政府尚未在理事会中有代表,该成员国政府将被邀请派一名代表参加有关事项的程序,但没有投票权。理事会审查与申诉案件有关问题的会议以非公开形式举行。依据其审查结果和审查的不同阶段,理事会可采取不同的措施。第一,在2000年

---

[1] Ebere Osieke, *Constitutional Law and Practice in the International Labour Organization*, Martinus Nijhoff Publishers, 1985, pp. 212 – 213.

[2] ILO, "Representations," https://www.ilo.org/global/standards/applying – and – promoting – international – labour – standards/representations/lang – – en/index.htm, 最后访问日期:2019年10月12日。

第八章 国际劳工标准实施的监督机制 | International Labour Organization

以前,如果理事会对所涉成员国政府的答复声明不满意,它有权决定公布该项申诉和所涉成员国政府对该申诉所作的答复声明(如果有的话),并决定公布的形式和日期,同时国际劳工局应将理事会的决定通知有关成员国政府和提出申诉的产业团体。但值得注意的是,近年来,委员会的报告已在国际劳工组织网站上系统地向公众公布。[1] 第二,如果所涉成员国政府不采取必要措施,理事会可指派专家委员会负责跟进该申诉案件。[2] 第三,在特别严重的情况下,理事会可根据《章程》第26.4条规定,启动对有关成员国的控诉程序。在这种情况下,理事会可成立一个调查委员会负责跟进案件。[3]

5. 申诉程序的特征

与1932年议事规则相比,2004年新程序具有以下几个基本特征。其一,根据1932年议事规则,理事会必须在听取委员会的意见后,再审查申诉案件的可受理性及其实质内容。但依据新的议事规则,申诉的可受理性问题由理事会负责人审查并就可受理性向理事会提出建议,理事会不得在该阶段对申诉的实质问题进行讨论,将不经讨论或辩论就此事作出决定;而申诉案件的实质性内容则由理事会设立的委员会审查。其二,根据旧程序,国际劳工局局长必须向理事会的所有成员国转交申诉文本。但依据新程序,申诉文本只向理事会官员转交。这意味着,在理事会官员向理事会提交这一事项的报告之前,理事会成员国不会知道有关申诉案件的所有情况。由于理事会不再就理事会官员提交的报告进行任何辩论或讨论,理事会成员国没有机会就理事会官员认为不能受理的申诉案件发表任何意见,它们只能对理事会官员的结论性建议进行投票。其三,申诉程序的一

---

[1] ILO, "Representations," https://www.ilo.org/global/standards/applying-and-promoting-international-labour-standards/representations/lang--en/index.htm, 最后访问日期:2019年10月12日。
[2] Yossi Dahan, Hanna Lerner and Faina Milman-Sivan, "Shared Responsibility and the International Labour Organization," *Michigan Journal of International Law*, Vol. 34, No. 4, 2012, p. 703.
[3] Ebere Osieke, *Constitutional Law and Practice in the International Labour Organization*, Martinus Nijhoff Publishers, 1985, p. 213.

大特点是其保密性。委员会和理事会关于申诉案件处理的程序和会议是非公开的。这意味着，只有委员会成员、理事会，以及挑选出来的非常有限的工作人员参加会议，会议记录也不被公布。对此，有学者认为，这是一种严重的限制，有违国内和国际争端解决程序中已被国际社会普遍接受的公开听证原则。即使在这些案件中，保密是为了在对有关国家的指控没有根据的情况下保护该国，那么也应该在申诉处理程序的后期，特别是在理事会，举行公开听证会。[1]

可以说，如一个成员国因未遵守其已批准的劳工公约而被提起申诉，"公布"申诉案情可以说是对该成员国采取的主要措施。虽然这并不是一个十分有效的方法，但也并非没有效果，它提请被申诉成员国注意这一违约行为，并可能导致其他成员国、大会代表和相关产业团体对被申诉成员国的谴责，或导致根据《章程》第26条规定启动对该成员国的控诉程序，或者导致出现这两种后果。作为成员国，其可能不希望因其未遵守已批准的劳工公约而受到公开谴责或排斥，因此依据第25条规定"公布"申诉案情是一种威慑，而不是制裁。[2]

二 控诉程序

1. 控诉程序启动的主体

《章程》第26～29条和第31～34条对不遵守已批准公约的成员国提起控诉程序作出了规定。关于控诉程序启动的主体有两类，第一类为成员国，第二类为理事会或大会代表。首先，《章程》赋予任一成员国提起控诉的权利，"任一成员国若对另一成员国在切实遵守双方均已按以上条款批准公约方面的状况感到不满意时，有权向国际劳工局提起控诉"[3]。该

---

[1] Ebere Osieke, *Constitutional Law and Practice in the International Labour Organization*, Martinus Nijhoff Publishers, 1985, pp. 213-214.

[2] Yossi Dahan, Hanna Lerner and Faina Milman-Sivan, "Shared Responsibility and the International Labour Organization," *Michigan Journal of International Law*, Vol. 34, No. 4, 2012, p. 703.

[3] 《国际劳工组织章程》第26.1条。

第八章 国际劳工标准实施的监督机制 | International Labour Organization

款使用"感到不满"一语表明,关于对某一成员国是否违反劳工公约问题的判断具有主观性。此外,依据国际法基本原则,成员国没有义务执行其尚未批准的公约,因此根据第 26.1 条,如果一成员国不是特定劳工公约的缔约方,另一成员国不能对该成员国提出控诉。其次,《章程》授权"理事会亦可经自行动议或在收到大会某一代表的控诉时,动用同样程序"①,该条款规定的一个效果是,将劳工公约(国际协定)下提起控诉的权利授予协定非缔约方。②

概言之,某一特定劳工公约的共同缔约方、理事会或国际劳工大会的一个代表均可提起控诉程序,即对不遵守已批准劳工公约法律义务的成员国向国际劳工局提出控诉。截至目前,由成员国启动控诉程序,由大会代表启动控诉程序和由理事会自行启动控诉程序,均已有实践案例。③

2. 控诉案件的处理方式

在上述主体启动控诉程序后,理事会有两种处理方式:其一,如理事会认为适当,可在将该项控诉提交调查委员会(Commission of Inquiry)之前,依据《章程》第 24 条所述办法将该项控诉通知被控诉成员国政府;④其二,如理事会认为不需要将该项控诉通知被控诉成员国政府,或经通知而在适当时期内未收到理事会认为满意的答复时,理事会可设立调查委员会来审议该项控诉并提出报告。⑤从这些规定中可以清楚地看出,理事会是有权处理控诉案件的适格机构,且理事会在这方面是有自由裁量权的,它可以将该项控诉通知被控诉成员国政府,也可以不经通知直接设立调查

---

① 《国际劳工组织章程》第 26.4 条。
② Ebere Osieke, *Constitutional Law and Practice in the International Labour Organization*, Martinus Nijhoff Publishers, 1985, p. 221.
③ Ebere Osieke, *Constitutional Law and Practice in the International Labour Organization*, Martinus Nijhoff Publishers, 1985, pp. 221 - 225.
④ 《国际劳工组织章程》第 26.2 条。
⑤ 《国际劳工组织章程》第 26.3 条。

委员会审查该项控诉。①

在理事会对起因于第 26 条（对不遵守公约的控诉）的任何事项进行审议时，被控诉成员国政府如在理事会中无代表，则有权派遣一名代表在审查该事项时参加理事会会议。该事项的审议日期应在事前及早通知被控诉成员国政府。②

3. 调查委员会程序

关于调查委员会程序，《章程》和国际劳工组织其他议事规则都未对其作出规定，它是在国际劳工组织的实践中逐渐确立起来的。自 1961 年以来，由国际劳工局提名、经理事会决定的 3 人组成调查委员会的做法一直延续到现在，可以被视为已确立的惯例。关于调查委员会的工作程序，理事会声明"在没有任何正式规则的情况下，建议采纳在引发调查委员会设立的第一项控诉时由该调查委员会制定并由理事会接受的规则"③。这些规则主要包括为有关政府、邻国政府和一些政府国际组织提供一切机会以使其充分获取有关控诉的信息，对证据进行质证，并访问所涉成员国。这些规则被随后设立的调查委员会坚持沿用，至今已成为惯例。④

调查委员会是一个准司法性质的机构，其特征为：由 3 名以个人身份行事的法律专家组成，独立开展工作。调查委员会的主要职责是负责审查控诉案件并提出报告，确定与各方争执有关的一切事实问题，并就处理该案应采取的步骤及采取这些步骤的期限提出建议。⑤ 调查委员会是国际劳工组织最高级别的调查程序，通常是在成员国被指控犯有持续的和严重的违约行为并拒

---

① Ebere Osieke, *Constitutional Law and Practice in the International Labour Organization*, Martinus Nijhoff Publishers, 1985, p. 226.

② 《国际劳工组织章程》第 26.5 条。

③ "Improvements in the Standards-related Activities of the ILO," http: //www.ilo.org/public/english/standards/relm/gb/ docs/gb288/pdf/lils – 1. pdf; Yossi Dahan, Hanna Lerner and Faina Milman-Sivan, "Shared Responsibility and the International Labour Organization," *Michigan Journal of International Law*, Vol. 34, No. 4, 2012, p. 705.

④ Ebere Osieke, *Constitutional Law and Practice in the International Labour Organization*, Martinus Nijhoff Publishers, 1985, pp. 228 – 229.

⑤ 《国际劳工组织章程》第 28 条。

第八章 国际劳工标准实施的监督机制 | International Labour Organization

不改正的情形下才设立。迄今为止，已设立了13个调查委员会。[1] 调查委员会的报告无须大会批准，直接提交有关国家；劳工局局长公布调查委员会的所有报告。[2]

调查委员会的调查对象通常是国家，其报告的作用在于确定所涉成员国在控诉案件中的责任，并提出国家有义务实施的详细建议。该报告是基于实质性调查撰写的，调查方式通常包括实地考察和证人听证。然而，实地调查需要征得所涉成员国的同意。此外，《章程》规定，成员国应与调查委员会合作，无论其与该案有无直接关系，各成员国应将其所有与该案事项有关的一切资料提供给委员会使用；调查委员会的报告应包括调查结果和建议；调查委员会的报告应送交同控诉案有关的成员国政府并使之公布；成员国政府应在3个月内通知劳工局局长，它是否接受该委员会报告中的建议或是否将该案提交国际法院；国际法院的决定为最终判决；国际法院可以确认、更改或撤销调查委员会的任何裁决或建议；如任何成员国在指定时间内不执行调查委员会报告或国际法院判决中的建议，理事会可提请大会采取其认为明智和适宜的行动；在核实成员国对调查委员会报告或国际法院判决中的建议的遵守情况后，理事会可提请大会停止行动。[3]

在此，有必要注意调查委员会的建议的效力。依据《章程》规定，在调查委员会提出报告后，国际劳工局局长应将该报告送交理事会和所涉成员国政府，并应使报告得以公布。[4] 成员国政府在接到调查委员会的报告后，其行动将使调查委员会的建议发生不同的效力：其一，在3个月内调查委员会的建议对所涉成员国政府不产生效力，但成员国政府应在此期间通知国际劳工局局长，是否接受该调查委员会报告中的建议；其二，如

---

[1] ILO, *Rules of the Game: An Introduction to the Standards-related Work of the International Labour Organization*, Centenary Edition, International Labour Office, 2019, p. 112.
[2] Ebere Osieke, *Constitutional Law and Practice in the International Labour Organization*, Martinus Nijhoff Publishers, 1985, p. 227.
[3] 《国际劳工组织章程》第27~29、31~34条。
[4] 《国际劳工组织章程》第29.1条。

果接受，该建议产生效力，则该成员国必须在委员会规定的时间内实施建议；如不接受，成员国政府应决定是否拟将该控诉案提交国际法院。[1] 其三，如果一成员国提议将该控诉案提交国际法院，那么在国际法院作出裁决之前，这些建议不会产生任何具有约束力的义务。国际法院对根据《章程》第29条向它提交的控诉所作的决定为最终判决。[2] 其四，如果一成员国未说明是否将控诉案件提交国际法院，则可推定其已接受这些建议，并有义务在调查委员会规定的时间内实施这些建议。最后，还可能会出现一种情况，即某一成员国明确拒绝调查委员会的调查结果和建议，同时也不将控诉案件提交国际法院。由于《章程》第29.2条允许一成员国"如果不接受调查委员会的建议"可将控诉案件提交国际法院，如果该成员国未行使《章程》赋予的这项权利，就有理由假定它已同意实施调查委员会的建议，即使它不明确表示接受，也有义务实施。[3]

4. 理事会的处理结果

依据《章程》第33条规定，若所涉成员国在指定时间内不执行调查委员会报告或国际法院判决中的建议，理事会可提请国际劳工大会采取其认为明智和适宜的行动，以保证上述建议得到履行。[4] 2000年，理事会首次援引《章程》第33条，要求国际劳工大会采取措施，促使缅甸停止使用强迫劳动。[5] 在这种情况下，国家是赋予工人权利的主要责任实体，而涉及的并可能实际上违反相关规定的跨国公司却并未被正式列为调查的当

---

[1] 《国际劳工组织章程》第29.2条。
[2] 《国际劳工组织章程》第31条。
[3] Ebere Osieke, *Constitutional Law and Practice in the International Labour Organization*, Martinus Nijhoff Publishers, 1985, pp. 233-234.
[4] 《国际劳工组织章程》第33条。
[5] 1996年，依据《章程》第26条规定，针对缅甸提起了一项其违反1930年《强迫劳动公约》（第29号公约）的控诉，为解决该问题而设立的调查委员会发现该国存在"广泛和系统的使用"强迫劳动的现象。参见 ILO, *Rules of the Game: An Introduction to the Standards-related Work of the International Labour Organization*, Centenary Edition, International Labour Office, 2019, p. 112。

事方。①

依据《章程》第 34 条规定，违约政府如已采取必要的步骤履行调查委员会报告或国际法院判决中的建议，可随时通知理事会，并可请求理事会组织一个调查委员会加以证实；遇此情况，须适用《章程》第 27 条、第 28 条、第 29 条、第 31 条和第 32 条的规定。如果情况属实，理事会应立即提请停止按第 33 条采取的任何行动。② 在实践中，一般由常规监督制度下的专家委员会对违约政府落实调查委员会建议的情况进行证实。专家委员会通常会要求该成员国在一定时期内每年提交报告，甚至数年后还要进行直接联系以检查建议落实情况。③

三 结社自由委员会程序

1. 结社自由委员会设立的缘起

结社自由委员会程序是为解决特定领域的问题而设立的，主要在成员国政府、雇主组织或工人组织就结社问题提出指控时发挥作用，相关成员国即使尚未批准相关劳工公约，也应适用这一程序。④

结社自由是国际劳工组织的基本原则之一。1919 年《章程》序言明确承认结社自由原则；1944 年《费城宣言》进一步重申结社自由这一基本原则，并宣称它"是不断进步的必要条件"⑤；同时，国际劳工组织以公约的形式将其法定化，即 1948 年通过的《结社自由与保护组

---

① Yossi Dahan, Hanna Lerner and Faina Milman-Sivan, "Shared Responsibility and the International Labour Organization," *Michigan Journal of International Law*, Vol. 34, No. 4, 2012, p. 706.
② 《国际劳工组织章程》第 34 条。
③ Klaus Samson, "The Standard-setting and Supervisory System of the International Labour Organization," in Krzysztof Drzewicki, Catarina Krause and Allan Rosas, eds., *Social Rights as Human Rights: A European Challenge*, Institute for Human Rights Abo Akademi University, 1994, pp. 138 – 139.
④ Klaus Samson, "The Standard-setting and Supervisory System of the International Labour Organization," in Krzysztof Drzewicki, Catarina Krause and Allan Rosas, eds., *Social Rights as Human Rights: A European Challenge*, Institute for Human Rights Abo Akademi University, 1994, p. 139.
⑤ 1944 年《费城宣言》第 I 部分。

织权公约》和1949年通过的《组织权与集体谈判权公约》。在通过上述两项劳工公约后不久，国际劳工组织就发现，结社自由原则的实施需要建立进一步的监督程序进行监督，以确保尚未批准相关公约的成员国遵守该原则。为此，国际劳工组织于1950年1月与联合国经济及社会理事会达成协议，成立了一个由独立人士组成的结社自由调查和调解委员会。①

联合国从政府或工会组织或雇主组织收到的关于国际劳工组织成员国侵犯工会权利的所有指控将由经济及社会理事会转交国际劳工组织理事会，国际劳工组织理事会将审议有关向调查和调解委员会转介指控的问题。对于联合国收到的关于任何尚未加入国际劳工组织的联合国会员国的类似指控，在联合国秘书长代表经济及社会理事会已经获得有关政府的同意后且若经济及社会理事会认为这些指控适合转交时，将通过国际劳工组织理事会转交给调查和调解委员会。如果未获政府同意，经济及社会理事会将考虑政府拒绝立场所产生的后果，以便采取任何适当的替代行动，以期保障与案例所涉结社自由有关的权利。如果理事会收到针对尚未加入国际劳工组织的联合国会员国的有关侵犯工会权利的指控，则首先将这些指控转交给经济及社会理事会。②

根据理事会最初作出的一项决定，针对国际劳工组织成员国的控诉首先交给理事会负责人进行初步审查。后经理事会第116届和第117届会议讨论，决定成立一个结社自由委员会来开展这项初步审查工作。③依据该决定，国际劳工组织理事会于1951年建立了结社自由委员会，后者依据《审查指控违反结社自由之控诉的特别程序》审查有关违反

---

① 参见联合国经济及社会理事会1950年2月17日第277（X）号决议。转引自王家宠《国际劳动公约概要》，中国劳动出版社，1991，第328页。另参见《附件二：国际劳工组织关于审查指控违反结社自由之控诉的特别程序》，载国际劳工局《国际劳工组织理事会适用规则汇编》，国际劳工局，2019，第36页。
② 参见《附件二：国际劳工组织关于审查指控违反结社自由之控诉的特别程序》，载国际劳工局《国际劳工组织理事会适用规则汇编》，国际劳工局，2019，第36～37页。
③ 参见《附件二：国际劳工组织关于审查指控违反结社自由之控诉的特别程序》，载国际劳工局《国际劳工组织理事会适用规则汇编》，国际劳工局，2019，第37页。

结社自由的控诉。① 原设想中，结社自由委员会将开展初步审查工作，以确定将相关案件转交结社自由调查和调解委员会是否有充分的依据。但实际发展的情况却与此大相径庭，因为向调查和调解委员会转交相关案件需征得有关政府的同意，由此引起的问题往往使案件的处理进展十分缓慢，以至于结社自由委员会迅速成为审查结社自由案件的主要机构。②

目前，有权审查向国际劳工组织提交的关于指控成员国侵犯工会权利的控诉的机构共有三个，即理事会设立的结社自由委员会、理事会本身以及结社自由调查和调解委员会。③

2. 结社自由委员会的处理程序

首先，结社自由委员会是理事会的一个三方委员会，由1名独立主席、9名正理事（分别为3名政府代表、3名雇主组织代表和3名工人组织代表）组成，每名理事都以个人身份参加。会议以非公开方式举行，工作文件保密，其决定通过协商一致作出。④ 需要指出的是，在适用该程序时，不要求事先用尽所有的国内程序，但结社自由委员会可能会考虑案件正在接受国家司法机构审查这一事实。结社自由委员会每年在理事会会议前一周召开会议，每年召开三次会议。⑤

其次，向结社自由委员会提起控诉，应满足以下受理条件：（1）应清楚表明向结社自由委员会提起控诉；（2）控诉必须以书面形式提出，并由有权提起控诉的组织的代表签字，就实质内容而言，控诉中所载的指

---

① ILO, *Rules of the Game*: *A Brief Introduction to International Labour Standards*, Third Revised Edition, International Labour Office, 2014, pp. 110, 114.
② 王家宠：《国际劳动公约概要》，中国劳动出版社，1991，第330页。
③ 参见《附件二：国际劳工组织关于审查指控违反结社自由之控诉的特别程序》，载国际劳工局《国际劳工组织理事会适用规则汇编》，国际劳工局，2019，第37页。
④ ILO, *Handbook of Procedures Relating to International Labour Conventions and Recommendations*, Centenary Edition, International Labour Office, 2019, para. 91；另参见《附件二：国际劳工组织关于审查指控违反结社自由之控诉的特别程序》，载国际劳工局《国际劳工组织理事会适用规则汇编》，国际劳工局，2019，第37页。
⑤ ILO, *Rules of the Game*: *An Introduction to the Standards-related Work of the International Labour Organization*, Centenary Edition, International Labour Office, 2019, p.115.

控不得纯粹是政治性质的,必须尽可能用侵犯工会权利的具体证据予以支持;(3)控诉可由雇主组织或工人组织提起,也可由成员国政府提起。对于雇主组织或工人组织而言,应注意以下三个方面的问题:其一,如果是国内雇主组织或工人组织,应为与此事有直接利益关系的国家组织;其二,如是国际性雇主组织或工人组织,则必须在国际劳工组织中具有咨商地位;其三,如是其他国际雇主组织或工人组织,指控应涉及影响其附属组织的事项。[1]

最后,结社自由委员会对有关申请人的申诉是否可受理,有充分的裁量余地。事实上,根据《审查指控侵犯结社自由之控诉的特别程序》,委员会有充分的自由决定一个组织是否可被视为《章程》意义上的雇主组织或工人组织,就此而言委员会不受任何国家对该术语定义的约束。此外,工会组织没有按照国家法律的要求交存章程的事实,不足以使其控诉不可受理,因为结社自由原则明确规定工人应无须事先授权就能建立自己选择的组织。[2] 最后,雇主组织或工人组织没有获得官方承认的事实,并不能证明拒绝其控诉是合理的,因为既然提出了控诉,那么显然该组织至少是客观存在的。[3]

如果结社自由委员会决定受理案件,它将与有关政府进行对话以确定事实;同时结社自由委员会还应依照理事会指示,处理按照《章程》第24条规定转交过来的申诉案件。如果委员会发现某成员国存在违反结社自由标准或原则的情况,它将通过理事会发布报告,就如何补救这种情况

---

[1] ILO, *Handbook of Procedures Relating to International Labour Conventions and Recommendations*, Centenary Edition, International Labour Office, 2019, para. 92;另参见《附件二:国际劳工组织关于审查指控违反结社自由之控诉的特别程序》,载国际劳工局《国际劳工组织理事会适用规则汇编》,国际劳工局,2019,第40页。

[2] 1948年《结社自由与保护组织权公约》第2条。另参见《附件二:国际劳工组织关于审查指控违反结社自由之控诉的特别程序》,载国际劳工局《国际劳工组织理事会适用规则汇编》,国际劳工局,2019,第40页。

[3] ILO, *Handbook of Procedures Relating to International Labour Conventions and Recommendations*, Centenary Edition, International Labour Office, 2019, para. 93;另参见《附件二:国际劳工组织关于审查指控违反结社自由之控诉的特别程序》,载国际劳工局《国际劳工组织理事会适用规则汇编》,国际劳工局,2019,第40页。

第八章 国际劳工标准实施的监督机制 | International Labour Organization

提出建议。相关成员国政府应按要求报告其实施前述建议的情况。如果该国已批准了相关公约，可提请专家委员会注意有关该项控诉的立法方面的问题。结社自由委员会也可以选择向有关成员国派出特派团与其"直接接触"，即与所涉成员国政府官员和社会伙伴通过对话方式直接解决问题。结社自由委员会在其近70年的工作中，共审查了3300多项控诉。五大洲60多个国家已实施其相关建议，并向其通报了自身在结社自由方面的积极进展。①

结社自由委员会程序不取代常规监督机制，也不取代申诉和控诉程序，它是对上述程序的补充。其特点是，无论所涉成员国是否批准第87号公约和第98号公约，对其违反结社自由的所有指控均适用该程序。在此意义上，它同申诉和控诉程序有所不同，它是监督公约实施的一项特殊安排，要求成员国遵守其未批准劳工公约所产生的义务。对此，国际劳工组织的解释主要是该组织在其《章程》里确认结社自由是该组织依据的基本原则之一，把承认结社自由原则作为该组织的当务之急，载于《章程》和《费城宣言》之中。成员国在加入该组织时声明对该组织《章程》的承认，意味着承认结社自由原则。此外，国际劳工组织是一个具有"三方结构"特征的组织，对于为保障结社自由和工会权利而作出这样的特殊安排是符合该组织特性的。②

《审查指控违反结社自由之控诉的特别程序》第14段规定，结社自由委员会的任务是"确定任何给定的立法或实践是否符合相关公约中规定的结社自由和集体谈判原则"③。对此有必要澄清，结社自由委员会的任务仅限于审查提交给该委员会的指控；其作用不是在一般性陈述的基础上就特定国家的工会情况作出一般性结论，而只是评估与遵守结社自由原则有关

---

① ILO, *Rules of the Game: An Introduction to the Standards-related Work of the International Labour Organization*, Centenary Edition, International Labour Office, 2019, p.114.
② 王家宠：《国际劳动公约概要》，中国劳动出版社，1991，第328~329页。
③ 参见 ILO, "Special Procedures for the Examination of Complaints Alleging Violations of Freedom of Association," in *Compendium of Rules Applicable to the Governing Body of the International Labour Office*, International Labour Office, 2019, para.14.

的具体指控。① 结社自由委员会程序不是为了批评政府，而是为了开展建设性的三方对话，以促进成员国政府在法律和实践中尊重工会权利。②

3. 结社自由调查和调解委员会程序

结社自由委员会可建议理事会努力确保有关政府同意将案件转交结社自由调查和调解委员会。结社自由调查和调解委员会由理事会任命的9名独立人员组成，通常以3人小组形式工作。该委员会审查理事会转交的涉及侵犯结社自由的控诉案件，③ 其程序与调查委员会的程序类似，其报告也将得以公布。④

结社自由委员会向每届理事会会议提交一份关于理事会确定需要进一步加以审查的全部案例的进度报告。对于凡被控诉的政府拒绝同意转介至调查和调解委员会或四个月内没有答复是否同意转介之请求的案例，委员会可在提交理事会的报告中列入关于其认为理事会可能采取的"适当的替代行动"的建议。在某些案例中，理事会本身已经讨论了在政府未同意将案例转介至调查和调解委员会时可采取的措施。⑤

第三节　国际法院

《联合国宪章》第92条规定："国际法院为联合国之主要司法机关，应依

---

① 参见 ILO, "Special Procedures for the Examination of Complaints alleging Violations of Freedom of Association," in *Compendium of Rules Applicable to the Governing Body of the International Labour Office*, International Labour Office, 2019, para. 16。

② ILO, *Rules of the Game: An Introduction to the Standards-related Work of the International Labour Organization*, Centenary Edition, International Labour Office, 2019, p. 115。

③ 这些可能涉及：(1) 已批准有关结社自由公约的成员国；(2) 尚未批准有关结社自由公约但同意将案件转交该委员会的成员国；(3) 属于联合国会员国但不是国际劳工组织成员国，联合国经济及社会理事会已将该问题转交给国际劳工组织，并且该国已同意转交。参见 ILO, *Handbook of Procedures Relating to International Labour Conventions and Recommendations*, Centenary Edition, International Labour Office, 2019, footnote 99, p. 53。

④ ILO, *Handbook of Procedures Relating to International Labour Conventions and Recommendations*, Centenary Edition, International Labour Office, 2019, p. 53。

⑤ 参见《附件二：国际劳工组织关于审查指控违反结社自由之控诉的特别程序》，载国际劳工局《国际劳工组织理事会适用规则汇编》，国际劳工局，2019，第46页。

第八章　国际劳工标准实施的监督机制 | International Labour Organization

所附规约执行其职务。该项规约系以国际常设法院之规约为根据并为本宪章之构成部分。"在国际劳工组织框架下，可诉诸国际法院解决以下问题。

第一，在控诉程序中，如相关政府不接受调查委员会报告中的建议，有权根据《章程》第29条在接到报告后的三个月内通知国际劳工局局长，将该案提交国际法院。国际法院对于根据《章程》第29条向它提交的控诉或事项所作的决定应为最终判决。国际法院可以确认、更改或撤销调查委员会的任何调查结果或建议。[①]

第二，《章程》第37.1条规定，对《章程》或任何劳工公约在解释上发生的任何问题或争议，应提交国际法院判决，但并没有明确国际法院作出的判决是否具有约束力。毫无疑问，如果其中两个或两个以上成员国之间的"问题"或"争议"由一个成员国提交国际法院，则在国际法院进行的诉讼将具有争议性，依据《国际法院规约》第59条规定[②]其判决也因此将对有关当事方具有约束力。但是，如果此事以请求发表咨询意见的形式提交国际法院，则咨询意见对请求发表咨询意见的机构不具有约束力，此时应由国际劳工组织视情况决定其效力。因此，国际法院就与《章程》或劳工公约解释有关的"问题"或"争议"作出的判决或发表的咨询意见，将构成对该问题最重要、最公正的司法声明，不应被轻视。[③]

第四节　国际劳工组织监督机制的特征

国际劳工组织监督机制的运行基于成员国政府对劳工公约的适用，它具有以下特征。

第一，国际劳工组织的所有问责机制，均主要依赖公共宣传、道德劝说和提供技术援助，这些方法都是基于以下假设，即提高认识、知识和专业能力是改变政府政策和行为的关键途径。换句话说，在考虑国际劳工组

[①] 《国际劳工组织章程》第29、31~32条。
[②] 《国际法院规约》第59条规定："法院之裁判除对于当事国及本案外，无拘束力。"
[③] Ebere Osieke, *Constitutional Law and Practice in the International Labour Organization*, Martinus Nijhoff Publishers, 1985, pp. 184-185, 203-204.

国际劳工组织

织监督程序能够使成员国在多大程度上对其监督事项作出积极回应时,需谨记它们尽管具有某些准司法特征,但并不会产生具有法律约束力的裁定。到目前为止,在没有国际法院的帮助下,国际劳工组织必须依靠道德压力来获得政府的自愿合作。因此,国际劳工组织各个监督机构的结论在本质上与欧洲人权法院等机构的裁决有所不同。[1]

第二,在监督过程的不同阶段,国际劳工组织监督机构可以采用一种非正式的"直接接触"程序,即应所涉成员国政府要求或经所涉成员国政府同意,国际劳工组织派代表访问所涉成员国,举行必要的会议和讨论,以解决特定成员国在适用国际劳工组织标准方面遇到的困难。因此,"直接接触"可能具有调解、事实调查或技术援助的性质,其目的在于解决问题。"直接接触"程序没有严格的规则,自20世纪70年代末以来得到了广泛采用。[2]

第三,与《欧洲和美洲人权公约》和《公民权利和政治权利国际公约任择议定书》等其他国际文书规定的申诉程序不同,劳工组织的申诉和控诉程序不向声称自己是侵权行为受害者的个人开放。它们的目的是审查并解决有关国家的法律和实践与已批准劳工公约的要求不符的一般性情况,是作为一个公共利益问题。两者的启动方式和审查程序均不相同。对于劳工组织的申诉和控诉程序来说,启动这些程序的主体没有必要证明它们与所涉事项有利害关系,也不要求相关成员国事先用尽国内救济措施。[3]

---

[1] Klaus Samson, "The Standard-setting and Supervisory System of the International Labour Organization," in Krzysztof Drzewicki, Catarina Krause and Allan Rosas, eds., *Social Rights as Human Rights: A European Challenge*, Institute for Human Rights Abo Akademi University, 1994, p. 147.

[2] Yossi Dahan, Hanna Lerner and Faina Milman-Sivan, "Shared Responsibility and the International Labour Organization," *Michigan Journal of International Law*, Vol. 34, No. 4, 2012, p. 701.

[3] Klaus Samson, "The Standard-setting and Supervisory System of the International Labour Organization," in Krzysztof Drzewicki, Catarina Krause and Allan Rosas, eds., *Social Rights as Human Rights: A European Challenge*, Institute for Human Rights Abo Akademi University, 1994, p. 133.

第八章　国际劳工标准实施的监督机制　International Labour Organization

第四，关于申诉程序或控诉程序与结社自由委员会程序的关系，应从以下方面理解：第一，申诉案件中涉及结社自由的问题，转交结社自由委员会处理；第二，控诉案件涉及结社自由的问题，转交结社自由委员会处理；第三，根据结社自由委员会程序，对有关结社自由问题提起的投诉并不要求有关国家已批准"第87号公约"或"第98号公约"，结社自由委员会收到的许多投诉都涉及当事国已批准这两项公约的情况。因此在审查时，结社自由委员会自然会考虑相关成员国对这些已批准公约承担的义务。就结社自由委员会审理的案件而言，相关成员国遵守已批准公约的一般性问题，将会引起专家委员会的注意和充分考虑。①

第五，对巩固权威监督体系已达成三方共识。需要指出的是近年来巩固关于权威监督体系的三方共识倡议的实施，始于2015年3月。当时，理事会要求专家委员会主席和结社自由委员会主席共同撰写一份报告，阐述《章程》第22条、第23条、第24条和第26条规定的各种监督机制，以及其与结社自由委员会机制之间的相互关系、运行和改进的可能性。在2017年3月的会议上，通过了一项加强监督制度的工作计划和时间表，具体包括4个重点领域下的10项建议，涉及的问题主要有：劳工组织监督机构之间的关系、精简报告、与各组织分享信息和法律确定性。工作计划目前正在实施过程中。标准举措（standards initiative）是2013年国际劳工组织提出的七项举措之一，旨在促进对权威监督体系达成三方共识，同时加强国际劳工标准在推动该组织通过促进体面工作促进社会正义这一关键目标方面的作用。为实现这一目标，标准政策还为以下工作提供信息：提高国际劳工标准的知名度，通过技术援助、技术合作和能力建设与成员国接触。②

---

① Klaus Samson, "The Standard-setting and Supervisory System of the International Labour Organization," in Krzysztof Drzewicki, Catarina Krause and Allan Rosas, eds., *Social Rights as Human Rights: A European Challenge*, Institute for Human Rights Abo Akademi University, 1994, p. 141.
② ILO, *Rules of the Game: An Introduction to the Standards-related Work of the International Labour Organization*, Centenary Edition, International Labour Office, 2019, p. 123.

第九章
《〈国际劳工组织关于工作中基本原则和权利宣言〉及其后续措施》

1998年6月18日,国际劳工大会在第86届会议上通过了《〈国际劳工组织关于工作中基本原则和权利宣言〉及其后续措施》(以下简称1998年《宣言》),确立了基本劳工标准,并由此使国际劳工组织的工作重点从国际劳工公约转向聚焦基本劳工标准,[①] 它标志着国际劳工组织更深入地参与国际层面社会政策的制定,具有里程碑意义。以下对1998年《宣言》制定的历史背景、主要内容、性质及其意义、报告制度进行讨论,并介绍对其的评论。

第一节 1998年《宣言》产生的历史背景

一 1998年《宣言》概述

20世纪90年代中期,国际劳工组织标准制定机制面临严峻挑战且已日趋明显。为了在冷战后时代继续生存,国际劳工组织必须重新定义其角色和优先事项。对此,国际劳工组织开始进行改革,在理事会于1995~2002年对1985年前的所有劳工标准进行审查之后,国际劳工组织撤回了若干过时的劳工标准。当时,国际劳工组织还确定了73项公约为"现时的"劳工公约。更为重要的是,面对全球化给劳动世界带来的严峻挑战,国际劳工组织改变力推成员国普遍批准劳工公约

[①] 安科·哈塞尔、聂子涵:《全球劳动治理体制的演化》,《国外理论动态》2016年第10期,第122页。

的策略，决定将其促进活动的重点集中于工作中的基本权利和原则，以提升其国际形象。这一决定最终促成了1998年《宣言》的通过，正如下面将要解释的，该《宣言》被确定为促进这些基本权利和原则的可行措施。[1]

此外，在此前的几十年里，全球范围内也形成了一种共识，即需要在法律上保障工人的基本劳工权利。尽管不同的现代工业民主国家建立了各种各样的劳动和社会保障制度，但在最低工作条件方面的劳动法规却有很大的相似之处。事实上，大多数国家均保障类似的基本劳工权利，例如每周休息日数、带薪病假、带薪年假和加班工资等。[2] 在国际层面，若干重要文件都承认应确保某些基本劳工权利，而国际劳工组织通过的1998年《宣言》是对这一全球性共识最明确的表达之一，[3] 它界定了四项基本劳动权利：结社自由和有效承认集体谈判权利、消除一切形式的强迫或强制劳动、有效废除童工、消除就业和职业歧视。[4]

可以说，1998年《宣言》的通过源于20世纪90年代国际劳工组织外部与内部对全球化进程和贸易自由化可能产生的社会后果的关切。一方面，各国要求在劳工标准执行方面寻求更大的灵活性；另一方面，国际社会担心降低国际劳工标准会导致对工人权利的侵害。在此情形下，人们逐渐形成共识，为了有效地促进国际劳工标准的实施，需要采取更加灵活的方法，尤其应特别关注那些得到普遍接受的劳工标准，因为普遍性是强化执行这些劳工标准的道德和政治基础。此外，促进

---

[1] Erika de Wet, "Governance through Promotion and Persuasion: The 1998 ILO Declaration on Fundamental Principles and Rights at Work," *German Law Journal*, Vol. 9, No. 11, 2008, p. 1434 and footnote 16.

[2] Yossi Dahan, Hanna Lerner and Faina Milman-Sivan, "Shared Responsibility and the International Labour Organization," *Michigan Journal of International Law*, Vol. 34, No. 4, 2012, p. 684.

[3] Yossi Dahan, Hanna Lerner and Faina Milman-Sivan, "Shared Responsibility and the International Labour Organization," *Michigan Journal of International Law*, Vol. 34, No. 4, 2012, p. 684.

[4] 1998年《国际劳工组织关于工作中基本原则和权利宣言》第2条。

活动不仅要关注具体劳工标准本身,更要注重劳工标准所体现的原则。[1]

二 国际劳工组织外部为推动制定1998年《宣言》所作的努力

自20世纪90年代以来,随着贸易和金融自由化及全球劳动力市场的兴起,全球化迅速扩展,关于促进体面工作条件,特别是尊重工作中的基本权利的呼声日益增多。[2] 一些国际论坛中关于全球化对经济和社会影响的讨论也逐渐就确定工人基本权利达成了共识。

(1) 联合国社会发展问题世界首脑会议。1995年3月12日,在哥本哈根举行的联合国社会发展问题世界首脑会议通过了《哥本哈根社会发展问题宣言》(Copenhagen Declaration on Social Development),倡导在就业关系中尊重国际劳工组织制定的有关公约,包括关于禁止强迫劳动和童工的公约,以及关于结社自由、组织和集体谈判权以及不歧视原则的公约。[3] 这是国际层面首次正式确定四类工作中的基本权利。出席哥本哈根会议的117位国家元首和政府首脑鼓励各国政府通过充分执行已批准的有关基本权利的国际劳工公约来提高工作质量和就业水平,并考虑尚未批准的相关国际劳工公约。[4]

(2) 世界贸易组织。1996年,在新加坡举行的世界贸易组织部长级会议形成的《新加坡部长宣言》,表达了对国际公认的核心劳工标准的重

---

[1] Erika de Wet, "Governance through Promotion and Persuasion: The 1998 ILO Declaration on Fundamental Principles and Rights at Work," *German Law Journal*, Vol. 9, No. 11, 2008, p. 1435 and footnote 16.

[2] "Follow-up to the Resolution on the ILO Centenary Declaration for the Future of Work—Proposals Aimed at Promoting Greater Coherence within the Multilateral System," https://www.ilo.org/wcmsp5/groups/public/---ed_norm/---relconf/documents/meetingdocument/wcms_736796.pdf, para. 3, 最后访问日期:2020年12月29日。

[3] 1995年《哥本哈根社会发展问题宣言》"承诺3"第i段。

[4] ILO, Consideration of A Possible Declaration of Principles of the International Labour Organization Concerning Fundamental Rights and Its Appropriate Follow-up Mechanism (conference paper at 86th Session of ILC, Geneva, 1998), p. 5.

新承诺。"我们再次承诺，遵守国际承认的核心劳工标准。国际劳工组织是制定和处理这些标准的适格机构，我们确认支持其提高劳工标准方面的工作。我们相信，通过贸易增长和进一步的贸易自由化而促使的经济增长和发展有助于这些标准的改善。我们反对将劳工标准用于贸易保护主义目的，并且同意具有比较优势的国家，尤其是低工资发展中国家的比较优势绝不会由此受到异议。"① 这一声明体现了许多国家对核心劳工标准的承诺。

（3）经济合作与发展组织。经济合作与发展组织在其发表的关于核心劳工权利与国际贸易的研究报告中也表达了对核心劳工标准的认可。②

三 国际劳工组织内部为推动制定1998年《宣言》所作的努力

在1995年联合国社会发展问题世界首脑会议举行的前一年，国际劳工组织理事会设立了国际贸易自由化社会层面工作组（Working Party on the Social Dimensions of the Liberalization of International Trade）③。理事会建立该工作组是为了应对时任国际劳工组织总干事米歇尔·汉森（Michel Hansenne）在其年度报告中提出的问题，即"不受规制的贸易自由化可能会阻碍国际劳工组织社会目标的实现"④。而且，汉森呼吁国际劳工组织参与关税及贸易总协定关于贸易与劳工标准之间关系的辩论。1994年4月在马拉喀什举行的关贸总协定部长级会议上，许多贸易部长均就贸易与劳工标准之间的关系作了发言，并表示提高劳工标准是国际劳工组织的责

---

① World Trade Organization, "Singapore Ministerial Declaration," https://www.wto.org/english/thewto_e/minist_e/min96_e/wtodec_e.htm, para. 4, 最后访问日期：2008年6月3日。
② 参见 OECD, *Trade, Employment and Labour Standards: A Study Of Core Workers' Rights and International Trade*, OECD Publishing, 1996; Drusilla K. Brown, *International Trade and Core Labour Standards: A Survey of the Recent Literature*, OECD Publishing, 2000。
③ 2000年，该工作组名称改为"全球化社会层面工作组"。
④ ILO, Defending Values, Promoting Changes: Social Justice in A Global Economy (conference paper at ILC of 1994), para. 58.

第九章 《〈国际劳工组织关于工作中基本原则和权利宣言〉及其后续措施》 International Labour Organization

任,不应将其纳入世贸组织。①

该工作组内部,在1995年联合国社会发展问题世界首脑会议之后就新的经济背景下审议国际劳工组织的机构能力达成了早期共识。② 工作组和国际劳工组织其他委员会持续的讨论与辩论催生了起草一份新的国际劳工组织宣言的想法,该宣言将把国际劳工组织某些原则归类为基本原则,并设法改善国际劳工组织对成员国执行情况的监督。③

在这种国际背景下,继新加坡世贸组织部长级会议之后,国际劳工组织总干事在其提交给国际劳工大会关于劳工组织、标准制定和全球化的报告中提出了相关建议,供大会考虑通过一项庄严的基本权利宣言。④ 国际劳工组织理事会决定将"关于工作中基本原则和权利宣言"议题列入第86届国际劳工大会会议议程。⑤ 该倡议首先由雇主组织代表发起,随后得到了一些政府代表和工人组织代表的支持。⑥ 就1998年《宣言》的范围而言,国际劳工组织三方代表最终同意将其限制在《哥本哈根社会发展问题宣言》提到的四类权利和原则之内。⑦

---

① Steve Charnovitz, "International Labour Organization in its Second Century," in J. A. Frowein and R. Wolfrum, eds., *Max Planck Yearbook of United Nations Law*, Kluwer Law International, 2000, p. 152.
② ILO, "Working Party on the Social Dimensions of the Liberalization on International Trade, Future of the Working Party," https: //www.ilo.org/public/english/standards/relm/gb/docs/gb276/gb-14-1.htm, para. 5, 最后访问日期: 2021年1月16日。
③ Steve Charnovitz, "International Labour Organization in its Second Century," in J. A. Frowein and R. Wolfrum, eds., *Max Planck Yearbook of United Nations Law*, Kluwer Law International, 2000, p. 153.
④ Hilary Kellerson, "The ILO Declaration of 1998 on Fundamental Principles and Rights: A Challenge for the Future," *International Labour Review*, Vol. 137, No. 2, 1998, p. 224 and footnote 5.
⑤ Hilary Kellerson, "The ILO Declaration of 1998 on Fundamental Principles and Rights: A Challenge for the Future," *International Labour Review*, Vol. 137, No. 2, 1998, p. 223.
⑥ Erika de Wet, "Governance through Promotion and Persuasion: The 1998 ILO Declaration on Fundamental Principles and Rights at Work," *German Law Journal*, Vol. 9, No. 11, 2008, p. 1436.
⑦ Erika de Wet, "Governance through Promotion and Persuasion: The 1998 ILO Declaration on Fundamental Principles and Rights at Work," *German Law Journal*, Vol. 9, No. 11, 2008, p. 1436.

国际劳工组织

经过艰难的讨论和谈判，并在与国际劳工组织三方代表（政府代表、雇主组织代表和工人组织代表）密切合作下，国际劳工大会于1998年6月18日通过了《〈关于工作中基本原则和权利宣言〉及其后续措施》。联合国其他专门机构和拥有国际劳工组织观察员地位的非政府组织也对此作出了贡献。①

第二节 1998年《宣言》的主要内容及其"后续措施"

一 1998年《宣言》的主要内容

1998年《宣言》创制了一项特别的促进措施，要求成员国政府加强基本原则和权利的适用，而这些基本原则和权利被视为社会正义的根本。② 具体而言，主要内容包括以下几方面。

第一，1998年《宣言》明确界定了基本原则和权利，国际劳工组织成员国有义务尊重、促进和实现这些基本原则和权利。就此而言，1998年《宣言》并未对成员国强加任何新的义务，它是基于这样的事实，即在自愿加入国际劳工组织时，所有成员国都已接受其《章程》和《费城宣言》陈述的原则和权利……这些原则和权利在被国际劳工组织内部和外部承认是基本公约的公约中以具体权利与义务之形式得以体现和发展。③ 换言之，即使尚未批准8项基本公约，仅从作为国际劳工组织成员国这一事实出发，所有成员国也有义务真诚地并根据《章程》要求，尊重、促进和实现关于作为这些公约之主题的基本权利的各项原则。

---

① Erika de Wet, "Governance through Promotion and Persuasion: The 1998 ILO Declaration on Fundamental Principles and Rights at Work," *German Law Journal*, Vol. 9, No. 11, 2008, p. 1434 and footnote 16.
② ILO, *Rules of the Game: An Introduction to the Standards-related Work of the International Labour Organization*, Centenary Edition, International Labour Office, 2019, p. 120.
③ 1998年《国际劳工组织关于工作中基本原则和权利宣言》第1段。

第九章 《〈国际劳工组织关于工作中基本原则和权利宣言〉及其后续措施》 International Labour Organization

这些基本原则包括：（1）结社自由和有效承认集体谈判权利；（2）消除一切形式的强迫或强制劳动；（3）有效废除童工；（4）消除就业和职业歧视。①

第二，基本原则和权利具有特殊重要意义。对此，1998年《宣言》序言对此进行了阐明，"为寻求保持社会进步和经济增长之间的联系，保证工作中基本原则和权利具有特殊重要意义，因为它能使有关人员在机会平等基础之上自由要求公平分享其为之作出贡献的财富，以及全面实现人的潜力"②。因此，它们是世界经济日益相互依存的一个基石，在这个世界中，"鉴于经济发展对确保公平、社会进步和消除贫穷是必要的但并非充分的条件，确认国际劳工组织有必要促进强有力的社会政策、正义和民主体制"③。

第三，1998年《宣言》还涉及社会进步与贸易自由化之间的关系问题。1998年《宣言》强调"不得将劳工标准用于贸易保护主义之目的，并且本《宣言》及其后续措施中的任何内容不得被援引或以其他方式用于此种目的；此外，无论如何不得因本《宣言》及其后续措施而对任何国家的比较利益提出异议"④。就此来看，1998年《宣言》呼应了世界贸易组织《新加坡部长宣言》的相关主张。

就1998年《宣言》的实质内容而言，有研究批评1998年《宣言》具有高度选择性，并且没有一贯适用任何令人信服的经济、哲学或法律标准。这种批评并非针对1998年《宣言》中的四项核心劳工标准，而是针对1998年《宣言》只包括这四项核心劳工标准的方式，从而使其他劳工标准被"降级"到较低地位这一事实。此外，自1998年《宣言》通过以来，1998年《宣言》原则得益于为技术援助开展的额外促进活动和提供的资源。尽管有关资源是各国为此目的专门提供的，并不意味着将现有资源从促进其他劳工标准中转移出去，但这种差别待遇加

---

① 1998年《国际劳工组织关于工作中基本原则和权利宣言》第2段。
② 1998年《国际劳工组织关于工作中基本原则和权利宣言》序言第5段。
③ 1998年《国际劳工组织关于工作中基本原则和权利宣言》序言第2段。
④ 1998年《国际劳工组织关于工作中基本原则和权利宣言》第5段。

175

深了这样一种看法,即1998年《宣言》中未列入的那些类别的劳动标准被降级为二级标准。[1] 与之相关,值得指出的是,2019年《国际劳工组织关于劳动世界的未来百年宣言》将强化劳动制度的范围从对基本权利的尊重,扩张到适当的法定最低工资或通过谈判达成的最低工资、工时的最长限度、工作中的安全与卫生,[2] 显示国际劳工组织对最低工资、工作时间和工作中的安全与卫生的关注。

二 1998年《宣言》的"后续措施"

在国际劳工组织框架内,该机构建立了成员国报告制度和对国际劳工公约实施的监督机制。以现行监督程序为基础发展起来的1998年《宣言》的"后续措施"具体包括两个报告程序:[3]

一是年度后续措施,它涉及1998年《宣言》中规定的四项基本权利和原则,针对尚未批准一项或多项基本公约的成员国,要求其每年就其尚未批准的基本公约提交报告。就此而言,应以成员国根据《章程》第19条第5款(e)项提交的报告为基础,报告与该国尚未批准的基本公约所订事项有关的国内法律及惯例已有任何变化的资料。其目的是为每年审查尚未批准基本公约的国家在1998年《宣言》规定的基本权利和原则的四个领域所作的努力提供机会。这些年度报告由国际劳工局汇编,由理事会审查。1998年《宣言》要求对理事会现有程序的调整进行研究,以允许理事会中没有代表的成员国以最适当的方式作出澄清,提供在理事会讨论期间可能证明有必要或有用的信息,以补充其报告所载的资料。

---

[1] Erika de Wet, "Governance through Promotion and Persuasion: The 1998 ILO Declaration on Fundamental Principles and Rights at Work," *German Law Journal*, Vol. 9, No. 11, 2008, p. 1449 and footnote 80.

[2] ILC, "ILO Centenary Declaration for the Future of Work," https://www.ilo.org/wcmsp5/groups/public/@ ed_ norm/@ relconf/documents/meetingdocument/wcms_ 711674. pdf, para. Ⅲ.B,最后访问日期:2020年9月15日

[3] 1998年《国际劳工组织关于工作中基本原则和权利宣言及其后续措施》附录第二部分和第三部分。

应当指出，1998年《宣言》年度后续措施所指的报告义务并不引入新的义务，而是澄清了成员国履行源于《章程》第19条第5款（e）项义务的方式。① 年度后续报告重点应集中在确定克服为实施1998年《宣言》中的基本权利和原则面临的困难所需的技术合作类型方面。而依据《章程》第19条第5款（e）项规定，成员国应有义务按照理事会的要求，每隔适当时期，向国际劳工局局长报告该国与未批准公约所订事项有关的法律及实际情况。

二是综合报告，其目的是就前一个4年期期间注意到的有关每一类基本原则和权利的情况提供一幅总的能动画面，作为评估国际劳工组织所提供援助效力的基础，并以特别旨在动员实施技术合作所需的内部和外部资源的技术合作行动计划的形式，确定下一个四年期的优先重点；报告将每年轮流涉及四类基本原则和权利中的一个类别。综合报告是在劳工局局长的负责下、在正式资料或根据既定程序收集和评估的资料的基础上加以汇编的。在起草综合报告时，国际劳工局以成员国的报告为基础：对尚未批准基本公约的成员国，报告应以成员国年度后续措施的结果为依据；对已批准相关公约的成员国，报告应以根据《章程》第22条（关于已批准公约的年度报告）提交的报告为基础。

总而言之，综合报告的目的有两个：第一，综合报告具有主题性质，可对某一特定基本原则的情况提供定期的全球性概述（因为批准基本公约并不一定意味着充分执行，而未批准的成员国也不必然意味着不尊重基本原则），并确定主要发展趋势；第二，它将作为评估国际劳工组织在报告期间所提供援助效力的基础，并确定下一个四年期的优先重点。

综合报告将作为劳工局局长报告提交国际劳工大会，供三方讨论。国际劳工大会可以将本报告和根据《国际劳工组织章程和国际劳工大会议

---

① Erika de Wet, "Governance through Promotion and Persuasion: The 1998 ILO Declaration on Fundamental Principles and Rights at Work," *German Law Journal*, Vol. 9, No. 11, 2008, pp. 1444-1445.

事规则（2012）》第12条①提交的报告分别加以处理，也可以在专为针对本报告的一次会议上，或以任何其他适宜的方式，对报告进行讨论。在大会会议讨论的基础上，理事会将审查下一个四年期间要实施的技术合作的优先重点和行动计划，并在最早的一届会议上得出结论。② 简言之，综合报告的目的是确定进展、发现问题并界定需要提供援助的方面，为国际劳工组织的资源和活动用于充分实现1998年《宣言》中的基本原则和权利提供依据。③

综上，无论是年度后续措施还是综合报告，在严格意义上均属于促进性质，不涉及任何惩罚性措施，不与现有程序重叠，不增设新义务。④ 其目的是鼓励成员国促进1998年《宣言》重申的基本原则和权利的实施，以此为目的的国际劳工组织可提供技术合作以支持成员国在这些领域的努力。⑤

三 1998年《宣言》"后续措施"与其他监督机制的关系

国际劳工组织成立后，注重监督成员国政府履行劳工公约义务的情况，以及接受《章程》所载原则的程度。目前，这种监督机制已演变为一种有效的工具，用以促进各成员国对劳工标准的遵守。⑥ 以此为基础发展起来的1998年《宣言》"后续措施"与其他监督机制的关系应从以下

---

① 《国际劳工大会议事规则》第12条规定了"理事会主席的报告和局长的报告"，参见国际劳工局《国际劳工组织章程和国际劳工大会议事规则（2012）》，国际劳工局，2012，第34页。
② 1998年《国际劳工组织关于工作中基本原则和权利宣言及其后续措施》附录第三部分第B.2段。
③ Hilary Kellerson, "The ILO Declaration of 1998 on Fundamental Principles and Rights: A Challenge for the Future," *International Labour Review*, Vol. 137, No. 2, 1998, p. 226.
④ Hilary Kellerson, "The ILO Declaration of 1998 on Fundamental Principles and Rights: A Challenge for the Future," *International Labour Review*, Vol. 137, No. 2, 1998, p. 226.
⑤ 1998年《国际劳工组织关于工作中基本原则和权利宣言及其后续措施》附录第一部分第1段。
⑥ Philip Alston and James Heenan, "Shrinking the International Labor Code: An Unintended Consequence of the 1998 ILO Declaration on Fundamental Principles and Rights at Work?" *New York University Journal of International Law and Politics*, Vol. 36, 2004, p. 256.

几方面理解。

第一，在国际劳工组织体系内，在既定监督机制基础上制定的1998年《宣言》"后续措施"，是以严格促进方式补充国际劳工组织的监督程序，[1] 在性质上"属于促进性质"。[2] 它既不是既定监督机制的替代，也不会妨碍其运转；因此，将不会在该后续措施的框架范围内对那些机制范围内的特定情况进行审查或复审；其目的是在确定的相关领域，由国际劳工组织通过技术合作活动帮助成员国实施相关基本原则和权利。[3] 换言之，1998年《宣言》后续措施不受既定监督机制的影响。对于1998年《宣言》后续措施之外的其他监督机制，原则上只有在各成员国批准了相关基本公约的情况下才可适用。在这种情况下，成员国受《章程》第22条（关于已批准公约的年度报告）、24条（关于对不遵守公约的申诉）和26条（关于对不遵守公约的控诉）分别规定的报告程序、申诉程序和控诉程序的约束。

第二，国际劳工组织内部存在一种单独的监督程序，无论成员国是否批准了相关基本公约均应适用。早在1951年，理事会设立了结社自由委员会，以审查与成员国政府违反结社自由有关的控诉。结社自由委员会是一个三方机构，成员国政府、工人组织或雇主组织（无论是国内还是国际），都可以向其提起控诉。控诉的对象是成员国政府，而不论该成员国是否批准了1948年《结社自由与保护组织权公约》（第87号）和1949年《组织权与集体谈判权公约》（第98号）。[4]

结社自由委员会自1951年成立以来，审查了多项控诉案件。五大洲

---

[1] Yossi Dahan, Hanna Lerner and Faina Milman-Sivan, "Shared Responsibility and the International Labour Organization," *Michigan Journal of International Law*, Vol. 34, No. 4, 2012, p. 732.

[2] 郑丽珍：《跨国劳动监管制度的重构》，社会科学文献出版社，2014，第86~99页。

[3] 1998年《国际劳工组织关于工作中基本原则和权利宣言及其后续措施》附录第一部分第2段。

[4] Erika de Wet, "Governance through Promotion and Persuasion: The 1998 ILO Declaration on Fundamental Principles and Rights at Work," *German Law Journal*, Vol. 9, No. 11, 2008, p. 1447 and footnote 80.

国际劳工组织

60多个国家已实施其相关建议,并向其通报了在结社自由方面所取得的积极进展。① 尽管结社自由委员会的建议不具约束力,但其结论仍然具有相当大的影响,而且它关于工会问题的解决方法常常受到赞扬。一方面,该程序通过"点名羞辱"来进行道德说服,因为它旨在披露特定国家政府对工会具体权利的侵犯。另一方面,它也是促进性的,因为它致力于寻找解决问题的具体办法。②

需要指出的是,结社自由委员会程序自1951年建立以来,其适用仅限于结社自由权。其运行独立于1998年《宣言》,而对于1998年《宣言》载明的其他基本权利,则不存在类似的监督程序。③ 在国际劳工组织内部,一直呼吁为国际上承认的基本权利中的其他权利建立一个类似于结社自由委员会程序的程序,而1998年《宣言》后续措施正是这一进程的最终结果。1998年《宣言》后续措施与结社自由委员会程序一样,均以《章程》原则为基础,但也与结社自由委员会程序有所区别,后者是一种基于申诉的程序,因此两个机制是平行运行的关系。④

第三,与其他国际监管机制的关系。就国际劳工标准适用中的"碎片化"风险而言,应当谨记,与核心劳工标准类似的标准也已被纳入国际劳工组织成员国可能加入的其他国际(人权)文书中。这些包括《公民及政治权利国际公约》《经济、社会及文化权利国际公约》《联合国儿童权利公约》《欧洲人权公约》《欧洲社会宪章》《欧洲联盟基本权利宪章》。世界银行、国际货币基金组织、区域开发银行和《联合国全

---

① ILO, *Rules of the Game: An Introduction to the Standards-related Work of the International Labour Organization*, Centenary Edition, International Labour Office, 2019, p. 114.

② Erika de Wet, "Governance through Promotion and Persuasion: The 1998 ILO Declaration on Fundamental Principles and Rights at Work," *German Law Journal*, Vol. 9, No. 11, 2008, p. 1448 and footnote 80.

③ Erika de Wet, "Governance through Promotion and Persuasion: The 1998 ILO Declaration on Fundamental Principles and Rights at Work," *German Law Journal*, Vol. 9, No. 11, 2008, p. 1448 and footnote 80.

④ Hilary Kellerson, "The ILO Declaration of 1998 on Fundamental Principles and Rights: A Challenge for the Future," *International Labour Review*, Vol. 137, No. 2, 1998, p. 223.

球契约》关于促进人权、劳工、环境和反腐领域 10 项普遍原则的方案，也越来越多地提及劳工标准。① 这种重叠意味着劳工标准适用中的"碎片化"风险可能源于其他文书在实际中解释和应用的方式。这些监督机构根本不受《章程》、劳工公约或 1998 年《宣言》的约束。因此，在这些权利和原则与其本身的规定重叠时，不能保证它们将以符合劳工组织在这方面设想的方式解释 1998 年《宣言》或任何其他劳工组织文书中载明的基本权利和原则。当然，将这种潜在的"碎片化"风险仅仅归因于 1998 年《宣言》是不准确的。在没有 1998 年《宣言》的情况下，也存在对最初在劳工组织公约和建议书中采用，随后在国际或区域人权文书中也得到保障的标准进行不一致解释的风险。然而，在现有的国际劳工标准体系中增加新的国际文书（例如 1998 年《宣言》）将使国际监督机构面临解释过程复杂化，并且增加"碎片化"的风险，这种认知是合理的。②

总之，制定 1998 年《宣言》的目的是促进各国遵守该宣言所载的基本原则和权利。首先，它强调这种治理技术是整个国际劳工组织的标志，而不仅仅是 1998 年《宣言》的标志。国际劳工组织实现其目标的基本手段是合作与对话，而不是制裁。国际劳工组织没有手段或授权从事诸如列入黑名单或实施经济制裁等治理技术，例如联合国安全理事会就是这种情况。相反，其治理技术与联合国系统内的许多人权监督机构的治理技术更具可比性。所有这些制度都依赖报告、对话和技术援助作为执行某些国际义务的机制，而且它们都不具有强制性。③

---

① "The Ten Principles of the UN Global Compact," 参见 http：//www.unglobalcompact.org/AboutTheGC/TheTenPrinciples/index.html，最后访问日期：2020 年 6 月 23 日。
② Erika de Wet, "Governance through Promotion and Persuasion：The 1998 ILO Declaration on Fundamental Principles and Rights at Work," *German Law Journal*, Vol.9, No.11, 2008, p.1441.
③ Erika de Wet, "Governance through Promotion and Persuasion：The 1998 ILO Declaration on Fundamental Principles and Rights at Work," *German Law Journal*, Vol.9, No.11, 2008, pp.1429–1430.

国际劳工组织

第三节　1998年《宣言》的性质及其意义

一　1998年《宣言》的性质

关于1998年《宣言》的性质，国际劳工组织法律顾问专门提供了一份意见书，对1998年《宣言》的性质及其与国际劳工公约的关系作了解释。首先，1998年《宣言》本身是一份"没有约束力的政治声明"，不会直接为成员国创设国际法上新的、额外的法律义务。[1] 其次，基本劳工公约所确立的国际劳工标准，只有在成员国依据其国内法律程序批准相关劳工公约后，才对该成员国产生效力；[2] 对于尚未批准的基本劳工公约，成员国则根据《国际劳工组织章程》第19条第5款（e）项承担提交报告的义务。[3] 成员国在1998年《宣言》下的义务源于成员国资格，与是否批准基本劳工公约无关。[4] 也就是说，成员国无论是否批准八项基本劳工公约，均应履行1998年《宣言》下的义务。关于1998年《宣言》与劳工公约的关系，必须指出的是，它设定的关于尊重、促进和实现基本权利的各项原则的义务来源于成员国加入国际劳工组织这一事实，[5] 它没有为成员国创设新的法律义务。然而，由于这些基本权利被国际劳工组织内部和外部承认是以基本公约中的具体权利与义务的形式体现和发展的，[6]

---

[1] "Report of the Committee on the Declaration of Principles," in ILO, *Record of Proceedings of the International Labour Conference*, Eighty-sixth Session of ILC, 1998, Vol.1, pp.20, 92-93. 转引自陈一峰《劳工、贸易与霸权——国际劳工组织基本劳工权利的缘起与争议》，《北大法律评论》2018年第2期，第242~243页。

[2] 参见王家宠《国际劳动公约概要》，中国劳动出版社，1991，第16~17页；常凯《WTO、劳工标准与劳工权益保障》，《中国社会科学》2002年第1期，第130页。

[3] 1998年《〈国际劳工组织关于工作中基本原则和权利宣言〉及其后续措施》第二部分第B段。

[4] 1998年《国际劳工组织关于工作中基本原则和权利宣言》第2段规定："即使尚未批准有关公约，仅从作为国际劳工组织成员国这一事实出发，所有成员国都有义务真诚地并根据《章程》要求，尊重、促进和实现关于作为这些公约之主题的基本权利的各项原则……"

[5] 1998年《国际劳工组织关于工作中基本原则和权利宣言》第2段。

[6] 1998年《国际劳工组织关于工作中基本原则和权利宣言》第1.b段。

第九章 《〈国际劳工组织关于工作中基本原则和权利宣言〉及其后续措施》 International Labour Organization

它将1998年《宣言》这种无约束力的方式与具有约束力的法律义务联系起来，增强了1998年《宣言》的说服力。其传递的基本信息是，尽管1998年《宣言》义务不具有约束力，但各国不能将它们与其中包含的实质内容分开。[1]

1998年《宣言》在性质上属于促进性质，尤其体现在承认国际劳工组织有义务通过以下方式协助其成员国实现1998年《宣言》所设立的目标：提供技术合作与咨询服务，以促进批准并实施基本公约；支持成员国为尊重、促进和实现关于尚未批准基本公约之主题的基本权利的各项原则所作的努力；帮助成员国为创造有利于经济与社会发展之环境所作的努力。[2] 此外，国际劳工组织还有义务充分利用其章程手段、行动手段和预算手段，并鼓励其他国际组织支持这些努力。[3] 在序言中"国际劳工组织有必要促进强有力的社会政策、正义和民主体制"表达了这种促进努力的广泛背景。由此可见，1998年《宣言》将国际劳工组织资源（包括章程手段、行动手段、预算手段以及外部资源）放在新的重点上，即尊重、促进和实现1998年《宣言》载明的基本原则和权利方面。[4]

二 1998年《宣言》的意义

国际劳工组织的作用首先是使人们认识到社会正义是保持社会稳定和促进经济发展并使国家具有竞争力的良性投资。[5] 1998年《宣言》的目的之一是努力通过报告和技术援助来帮助人们提高这种认识，即促进《章程》和《费城宣言》所包含的并在1998年《宣言》中得到重申的社

---

[1] Erika de Wet, "Governance through Promotion and Persuasion: The 1998 ILO Declaration on Fundamental Principles and Rights at Work," *German Law Journal*, Vol. 9, No. 11, 2008, p. 1438.

[2] 1998年《国际劳工组织关于工作中基本原则和权利宣言》第3（a）（b）（c）段。

[3] 1998年《国际劳工组织关于工作中基本原则和权利宣言》第3段。

[4] Hilary Kellerson, "The ILO Declaration of 1998 on Fundamental Principles and Rights: A Challenge for the Future," *International Labour Review*, Vol. 137, No. 2, 1998, p. 225.

[5] ILC, The ILO, Standard Setting and Globalization (conference paper at 85th Session of ILC, Geneva, 1997), p. 11.

国际劳工组织

会正义原则。① 在这个意义上，这一庄重宣言具有内在价值，因为它代表着各成员国政府及其社会伙伴（雇主组织和工人组织）在基本原则和权利表现出很大不确定性并广受质疑的时期，对这些基本原则和权利普遍性的再次确认，这是一个了不起的成就。②

其次，1998年《宣言》将普遍义务集中在界定的基本权利上，这些基本权利既具有基本人权的根本性质，又具有实现其他权利的功能作用。1998年《宣言》在这方面要处理的任务是，基于其内在重要性和它们在实现其他权利方面所起的"作用"，确定在全球化经济中那些应该被视为"游戏规则"的工人权利。这些基本权利位于国际劳工组织两大职能的交汇处，其"基本"属性非常重要：作为政策问题，传播以利益平衡为基础的社会进步模式，需要有一个通过承认基本权利来确保这些利益的自由表达的环境；作为政治正义问题，为工人创造"公平竞争环境"，前提是他们至少有权要求（如果可能的话）公平分享其为之作出贡献的财富。③

再次，1998年《宣言》还具有很大的潜在价值，这取决于其后续措施的动态实施。该宣言所要求的促进劳工标准的努力意味着国际劳工组织的《章程》、行政和预算资源的重新定位，以支持综合报告中确定的优先事项，而综合报告则是基于年度报告和国际劳工组织可获得的其他官方信息编制而成的。这一做法的一个显著方面是，为了实现人们追求公平、社会进步和消除贫困的愿望——它代表了积极追求社会正义的集体决定，而不是在国际贸易中为达到保护主义目的而滥用制裁。国际劳工组织确认了将社会进步与经济增长联系起来的重要性，在通过1998年《宣言》时，将促进基本原则和权利完全置于国际劳工组织的《章程》

---

① Erika de Wet, "Governance through Promotion and Persuasion: The 1998 ILO Declaration on Fundamental Principles and Rights at Work," *German Law Journal*, Vol. 9, No. 11, 2008, p. 1443.
② Hilary Kellerson, "The ILO Declaration of 1998 on Fundamental Principles and Rights: A Challenge for the Future," *International Labour Review*, Vol. 137, No. 2, 1998, p. 227.
③ Francis Maupain, *The Future of the International Labour Organization in the Global Economy*, Hart Publishing, 2013, p. 53.

原则和程序的框架内。1998年《宣言》的全部价值将取决于国际劳工组织内外各方面积极实施后续措施，并随着时间的推移其价值将逐渐显现。国际劳工组织面临的挑战将是确保1998年《宣言》达到其所设定的意义和目的。①

最后，1998年《宣言》的通过，回应了对国际劳工组织提出的两项批评。一是国际劳工组织未能在已制定公约规定的不同权利和标准中确定优先次序。对此，1998年《宣言》通过聚焦四项基本权利来解决这一问题。以1998年《宣言》为标志，国际劳工组织将重心放在促进成员国批准与有效实施8项基本劳动公约方面，对于新的国际劳工标准的制定也采取更为严格的选择标准。1998年之后，制定国际劳工公约的步伐明显放缓。一方面，国际劳工组织将主要精力放在促进基本劳工公约的普遍批准和有效实施上；另一方面，通过推行"体面劳动议程"，以工作代替劳动，打破了标准雇佣的传统模式，将各种创造性工作（包括自我雇佣、未就业者和失业者等）都纳入该计划的保护范围中。"体面劳动议程"包括核心劳动标准（基本劳动权利）、就业促进、社会保护和社会对话四个支柱。从此，国际劳工组织努力开创推进《费城宣言》所包含的更为全面的社会政策目标的新局面。② 二是国际劳工组织使各国很容易享有成员国资格，而这些国家在工人基本权利待遇方面却很少承担实质性义务。虽然国际劳工组织早在1951年就设立了一个特别程序，以审查关于尚未批准相关劳工公约的政府侵犯结社自由的投诉，但该程序并不适用于其他基本权利。当然，在国际法中，要求公约非缔约国遵守公约并不典型，因此对国际劳工组织的这一抱怨并没有不合时宜。然而，值得称道的是，国际劳工组织经受住了挑战，并精心设计了文本措辞，即各成员国政府加入国际劳工组织意味着承担与1998年《宣言》强调的基本劳工原则和权利有关的义务。

---

① Hilary Kellerson, "The ILO Declaration of 1998 on Fundamental Principles and Rights: A Challenge for the Future," *International Labour Review*, Vol. 137, No. 2, 1998, p. 227.
② 林燕玲：《国际劳工组织的历史贡献及其对中国劳动社会保障法制建设的影响——纪念国际劳工组织成立100周年》，《中国劳动关系学院学报》2019年第6期，第8页。

国际劳工组织

总之，1998年《宣言》的意义重大，不仅得到了国际劳工组织的承认，而且得到了许多区域和国际组织以及公共和私人管理机构的承认。从国际劳工组织的审议信息看，该宣言已被广泛用于众多的政策文件和讨论、工人组织和雇主组织的各项活动、企业和工会之间的框架协议、企业社会责任的文件、双边贸易协定，以及区域和全球金融机构和开发银行的相关文件。由宣言指定的技术合作方案，也已得到捐助国的继续支持。这种支持大多是面向消除童工劳动和强迫劳动的，而促进结社自由和不歧视方面得到的资助则较少。[1]

第四节 关于1998年《宣言》的思考

总的来说，1998年《宣言》通过界定核心劳工标准、创制后续措施以及提供技术援助，促进成员国遵守这些标准，重振国际劳工组织在全球化经济中的作用。这种促进方式在形式上是成功的，因为它明显提高了成员国对八项基本公约的批准率，而这些公约则是对1998年《宣言》中所载基本原则的具体化。换句话说，将促进活动集中在核心劳工标准上，强化了成员国对国际劳工组织的基本劳工标准的实施。然而，正式批约本身并不构成成员国对所涉义务的有效和实质性履行，在没有强制性机制的情况下仅仅依赖促进活动和说服是否足以确保成员国履行义务，仍存在争议。这一因素，以及对1998年《宣言》的选择性内容的批评，构成了对1998年《宣言》合法性的质疑。[2]

首先，国际劳工组织维持着全球唯一的劳工标准体系。虽然各区域也建立了劳工标准体系，但没有一个能与国际劳工组织的劳工标准体系的覆盖范围相比较，特别是在成员国数量和三方主体参与劳工标准的制定、促

---

[1] 国际劳工局：《审议1998年国际劳工组织〈关于工作中基本原则和权利宣言后续措施〉》，国际劳工局，2010，第2页。

[2] Erika de Wet, "Governance through Promotion and Persuasion: The 1998 ILO Declaration on Fundamental Principles and Rights at Work," *German Law Journal*, Vol. 9, No. 11, 2008, p. 1448 and footnote 80.

第九章 《〈国际劳工组织关于工作中基本原则和权利宣言〉及其后续措施》 International Labour Organization

进和监督活动方面。国际劳工大会制定的劳工标准,无论是多边机构还是各国政府,几乎所有的公共行为体都予以承认。这一承认的主要后果是,国际劳工大会通过的劳工标准反映了国际社会对劳工标准内容和适用性的广泛共识。除劳工公约对工人权利的定义有比较详细的规定外,通常国际劳工组织还通过制定建议书的方式对劳工标准进行阐述,而且从长远看,监督机构也会就所涉标准在适用过程中发展出的法理学概念进行阐述。国际劳工组织的声誉很大程度上就是基于这种方法所产生的确定性和一致性。[1] 国际劳工组织的劳工标准体系提供的确定性主要体现在其全球适用性、确定的定义和明确的义务。但随着国际其他行为体定义不同的核心标准,这种确定性在日益消失,因为定义其他的核心标准的这些行为体没有援引国际劳工组织的相关规定,没有进行任何集中辩论,没有超越单一行动者利益的观点,而且往往在劳动标准问题上没有任何深刻的理解或专门知识。[2]

其次,涉及以贸易为基础的核心标准定义方法。它是一种临时方法或个案界定方法。虽然定义这些核心标准的各类主体可以将国际劳工组织的标准作为其选择和定义核心权利的基础,但它们并没有这样做。[3] 在企业社会责任这一模糊概念的背景下,随着各种跨国公司、行业团体、非政府组织、政府和国际组织采用(有时是定义)它们各自的核心标准体系,自利性逐渐凸显出来。某些权利如非歧视,比其他权利更多地出现在倡议中。但总的来说,在界定基本权利方面各方出现了很大的差异。各行为体即使是基于国际上公认的劳动权利的倡议来界定基本权利,也

---

[1] Philip Alston and James Heenan, "Shrinking the International Labor Code: An Unintended Consequence of the 1998 ILO Declaration on Fundamental Principles and Rights at Work?" *New York University Journal of International Law and Politics*, Vol. 36, 2004, pp. 242–243.

[2] Philip Alston and James Heenan, "Shrinking the International Labor Code: An Unintended Consequence of the 1998 ILO Declaration on Fundamental Principles and Rights at Work?" *New York University Journal of International Law and Politics*, Vol. 36, 2004, pp. 243–244.

[3] Philip Alston and James Heenan, "Shrinking the International Labor Code: An Unintended Consequence of the 1998 ILO Declaration on Fundamental Principles and Rights at Work?" *New York University Journal of International Law and Politics*, Vol. 36, 2004, p. 244.

国际劳工组织

认为有必要有选择地界定其中所包含的内容。由此一来,制定和定义核心标准的主要因素也就变成了发起人的利益。在私营部门,某些行业(如纺织和制鞋行业)围绕某些劳动标准达成的共识,证明了利己主义的主导地位。在更广泛的层面上,跨国公司对促进结社自由几乎没有兴趣,但它们越来越有兴趣鼓动人们相信它们正在解决劳工问题。因此,它们制定行为准则,承诺提供安全的工作场所,但在组建工会的权利上保持沉默。对于其他跨国公司来说,结社自由是不可谈判的,健康和安全也可以被忽视。因此,根据一个人所处的体制,核心权利可以是指各种各样的东西。[1]

最后,涉及公认的核心标准的内容。根据定义,几乎所有新的核心标准体系都选择了一套核心标准,但很少有行为体对每一项标准的内容作进一步界定。例如,国际劳工组织在2001年对多个利益相关者发起的倡议进行了调查,尽管有33%的倡议都提到了结社自由,但许多公司的社会责任准则和政策都倾向于用相当平淡和不精确的语言来描述它们的承诺,即"承认雇员自由结社的权利"。显然,选择界定或不界定标准的内容,给国际劳工标准的一致性带来了问题。一方面,界定标准的内容而不参照更广泛的定义(如国际劳工组织公约)将使该项权利有可能受到限制。另一方面,仅泛泛地对原则声明作出承诺,可能会使该标准失去潜在的意义,并可能使其定义被更强势的一方滥用。[2]

这些新方法不是从国际劳工组织体系中发展出来的,这将导致该组织处于边缘地位,同时将制定和实施劳工标准的权力交由其他行为者掌握。随着越来越多的行动者采用这些新方法达成共识,其结果是在内容和执行方面逐渐淡化甚至削弱了国际劳工标准的概念,以至于每个人都乐意接受

---

[1] Philip Alston and James Heenan, "Shrinking the International Labor Code: An Unintended Consequence of the 1998 ILO Declaration on Fundamental Principles and Rights at Work?" *New York University Journal of International Law and Politics*, Vol. 36, 2004, pp. 244 – 245.

[2] Philip Alston and James Heenan, "Shrinking the International Labor Code: An Unintended Consequence of the 1998 ILO Declaration on Fundamental Principles and Rights at Work?" *New York University Journal of International Law and Politics*, Vol. 36, 2004, pp. 245 – 246.

第九章 《〈国际劳工组织关于工作中基本原则和权利宣言〉及其后续措施》 International Labour Organization

劳工标准,但没有人采用定义明确、基础广泛、可执行的国际劳工标准。[1]

国际劳工组织对核心标准语言的使用一直伴随着这种方法上的不连贯性。鲍勃·赫普勒认为,最能体现国际劳工组织"回归'核心'标准"的是1998年《宣言》。尽管1998年《宣言》文本是少数几个将核心标准与国际劳工组织公约联系起来的依据之一,但这种联系是模糊的,且使用了几乎是循环推理的方式。回顾1998年《宣言》,国际劳工组织的基本原则"在被国际劳工组织内部和外部承认是基本公约之公约中以具体权利和义务之形式得以体现和发展"[2],所有成员国应尊重"作为这些公约之主题的基本权利的各项原则"[3]。未批准基本公约的成员国是否受这些公约条款的约束?大多数人会明确表示不受约束。因此,国际劳工组织只剩下一套核心标准,但受其自身公约的影响,并没有为公约所明确界定。[4]

库尼认为,这种方法可能与国际劳工组织定义劳工权利的方法不兼容,尽管国际劳工组织努力使社会伙伴(这一概念曾经是指工人组织和雇主组织,但现在更普遍意义上包括了社会团体)参与其中,但国际劳工组织的定义基本上采用的是自上而下的方法。不过,他坚持认为,实用主义的方法可能会使人们更好地理解真正的权利,并依赖哈贝马斯对权利的理解,将其作为从人与人之间对话演变而来的共同道德信念的法律表达。[5]

有研究提出,从本质上讲,国际劳工标准的概念和其实践是在20世纪20年代建立的框架内实施的,随后由国际劳工组织制定和监督,并在

---

[1] Philip Alston and James Heenan, "Shrinking the International Labor Code: An Unintended Consequence of the 1998 ILO Declaration on Fundamental Principles and Rights at Work?" *New York University Journal of International Law and Politics*, Vol. 36, 2004, p. 263.
[2] 《国际劳工组织关于工作中基本原则和权利宣言》第1段(b)。
[3] 《国际劳工组织关于工作中基本原则和权利宣言》第2段。
[4] Philip Alston and James Heenan, "Shrinking the International Labor Code: An Unintended Consequence of the 1998 ILO Declaration on Fundamental Principles and Rights at Work?" *New York University Journal of International Law and Politics*, Vol. 36, 2004, p. 253.
[5] Philip Alston and James Heenan, "Shrinking the International Labor Code: An Unintended Consequence of the 1998 ILO Declaration on Fundamental Principles and Rights at Work?" *New York University Journal of International Law and Politics*, Vol. 36, 2004, p. 263.

国际劳工组织

数十年的时间里,系统地被一个模糊的、开放的、基本上是自我定义和自我评估的所谓核心劳工标准体系取代。与国际劳工组织日益不合时代的做法相比,人们对这个新的体系寄予厚望,据说这一新体系对全球化世界经济的重要性作出了回应,并具有使其能够适应变化的各种特征。新方法最令人鼓舞的方面是,它被多方行动者认可、调整和采用,公共部门和私营部门采取的各种举措得到了承认;相关成员国政府将核心劳工权利条款纳入国际协议;国际劳工组织成功地通过了1998年《宣言》,声称要求所有成员国政府尊重核心权利,无论它们是否批准了相关的劳工公约;主要跨国公司和行业团体承诺遵守最低标准;主要的非政府组织和劳工联盟,在消费者和学生团体的支持下,正在促进实施核心标准并监测其实施状态。[1]

---

[1] Philip Alston and James Heenan, "Shrinking the International Labor Code: An Unintended Consequence of the 1998 ILO Declaration on Fundamental Principles and Rights at Work?" *New York University Journal of International Law and Politics*, Vol. 36, 2004, p. 263.

第十章

国际劳工组织与其他国际组织的关系

第一节 《章程》关于国际劳工组织与其他国际组织关系的规定

国际组织，特别是政府间国际组织，是国际社会组织化、全球化的载体，是国际社会法律秩序和国际体制的组织形态。当前世界上各类国际组织或机构的数目已接近7万个（包括政府组织和各种非政府组织），国际组织活跃的领域覆盖了国际社会的方方面面。[①] 鉴于本书研究的目的，本章主要讨论《章程》第12条的规定以及国际劳工组织与其他国际组织的关系。

首先，在早期阶段国际劳工组织一直积极致力于发展与其他国际组织的关系，并试图对国际规则的制定产生影响。但在发展的不同阶段，其影响力明显不同。在国际劳工组织建立后的最初十年里，在国际劳工组织首任总干事阿尔伯特·托马斯（Albert Thomas，1920~1932）卓越的领导下，国际劳工组织与其他国际机构进行了合作以实现其使命。它派代表团参加了热那亚经济会议和日内瓦世界经济会议等。此外，国际劳工组织还参加了国际联盟的各机构的活动。[②]

在全球体制格局中，国际组织和国际制度不断发展，由此逐渐形成了

[①] 饶戈平：《本体、对象与范围——国际组织法学科基本问题之探讨》，《国际法研究》2016年第1期，第62页。

[②] Steve Charnovitz, "International Labour Organization in its Second Century," in J. A. Frowein and R. Wolfrum, eds., *Max Planck Yearbook of United Nations Law*, Kluwer Law International, 2000, p. 178.

国际劳工组织

一种"全球行政法"的欲望,这种"全球行政法"能够将整个全球实践从"严格的共存法"转变为"合作法",这一趋势在许多场合都有所体现。最为引人注目的就是在国际贸易法学中对多边机构并非孤立地存在的顿悟。因此,当世贸组织上诉机构明确地承认"关税及贸易总协定不应脱离国际公法孤立地解读"① 时,引发了大量赞同的评论。此外,桑德琳·杜布瓦·马尔让(Sandrine Dubois Maljean)针对国际法委员会(International Law Commission)的报告指出,"世贸组织争端解决机构的管辖权"必须"受规范环境的控制"。与本研究相关的是,国际法取向的这种变化对国际劳工组织也有影响。②

阿尔伯特·托马斯很早就意识到,在其任务和目标中,对工人保护的狭隘关注对国际劳工组织的整体效力形成了制约。因此,他希望通过支持国际劳工组织在生产关系框架内干预的合法性来打破这种孤立。早在1927年,他就提出反对最初的设计(即只根据生产的财富分配来保护劳动),而赞成从"生产"的角度考虑这种保护本身:"很明显,我们面临着一个新问题,即生产过程中的工作地点。如果我们把经济作为一个整体来看待,我们的孤立就不能再被接受了。"③ 但直到第二次世界大战结束后和冷战开始时,其主张才再次受到关注。④

二战结束时,时任总干事爱德华·费兰(Edward Phelan)在1944年费城会议的报告中明确表达了新的立场,指出除在时间和方法上的持续分歧之外,人们对"经济政策基本上应被视为实现某些社会目标的手段"这一普遍主张达成了广泛的一致意见。在这次会议结束时通过的著名的《费城宣言》阐述了这一观点的制度结果,即声明国际劳工组织对经济、金融和

---

① "United States-Standards for Reformulated and Conventional Gasoline," WT/DS2/AB/R, 1996, p. 171.
② Francis Maupain, *The Future of the International Labour Organization in the Global Economy*, Hart Publishing, 2013, p. 63.
③ Francis Maupain, *The Future of the International Labour Organization in the Global Economy*, Hart Publishing, 2013, pp. 67–68.
④ Francis Maupain, *The Future of the International Labour Organization in the Global Economy*, Hart Publishing, 2013, p. 69.

第十章 国际劳工组织与其他国际组织的关系 | nternational Labour Organization

商业事务拥有真正的"监督权",并规定国际劳工组织有责任"根据这一基本目标审查和审议一切国际经济和金融政策及措施"①,基本目标是指"只有以社会正义为基础,才能建立世界持久和平"②。这显示,国际劳工组织在经历战争期间的挫折之后,于1945年试图通过赋予自己一种"监督权",监督国家和其他组织的经济、金融和贸易政策对实现自身目标的影响,从而影响经济政策的进程。但这一尝试并未取得预期效果。

其次,1946年12月14日,根据《联合国宪章》第57条规定③,国际劳工组织成为联合国的一个专门机构,④并依据《联合国宪章》第63条规定⑤与联合国发生联系。基于此,《章程》第12条对国际劳工组织与其他国际组织的关系作出了规定,具体包括:(1)国际劳工组织须在该章程规定的范围内,与任何对具有专门职责的国际公共组织的活动负有协调责任的综合性国际组织及在有关领域中具有专门职责的国际公共组织合作;(2)国际劳工组织可作出适当安排,使各国际公共组织的代表得以参加其讨论,但无表决权;(3)国际劳工组织可作出适当安排,在它认为需要时同公认的非政府国际组织,包括雇主、工人、农民和合作社社员的国际组织进行协商。⑥

对此,《国际劳工组织章程和国际劳工大会议事规则(2012)》作出进一步规定。第一,应大会或理事会邀请参加大会的正式国际组织的代

---

① 1944年《费城宣言》第Ⅱ(d)段。
② 《国际劳工组织章程》第1段。
③ 《联合国宪章》第57条规定:"一、由各国政府间协定所成立之各种专门机构,依其组织约章之规定,于经济、社会、文化、教育、卫生及其他有关部门负有广大国际责任者,应依第六十三条之规定使与联合国发生关系;二、上述与联合国发生关系之各专门机构,以下简称专门机构。"
④ Erika de Wet, "Governance through Promotion and Persuasion: The 1998 ILO Declaration on Fundamental Principles and Rights at Work," *German Law Journal*, Vol. 9, No. 11, 2008, pp. 1431–1432.
⑤ 《联合国宪章》第63条规定:"一、经济及社会理事会得与第五十七条所指之任何专门机构订立协定,订明关系专门机构与联合国发生关系之条件。该项协定须经大会之核准。二、本理事会,为调整各种专门机构之工作,得与此种机构会商并得向其提出建议,并得向大会及联合国会员国建议。"
⑥ 《国际劳工组织章程》第12条。

表，享有出席大会会议的权利。① 第二，本组织已决定与之建立咨询关系并对此派代表出席已作出固定安排的非政府国际组织的代表，及应理事会邀请出席大会的其他非政府国际组织的代表，享有出席大会会议的权利。② 第三，凡属与联合国或其他专门机构直接有关的问题，在提出新的活动建议时，进行事先磋商：（1）如提交大会的建议涉及国际劳工组织要开展的新活动，而此类活动又与联合国或国际劳工组织以外的一个或几个专门机构有直接关系者，国际劳工局局长应就如何协调利用各相关组织的资源的方法与有关组织磋商，并向大会作出报告。如在会议进程中提出的建议涉及国际劳工组织要开展的新活动，而此类活动又与联合国或国际劳工组织以外的一个或几个专门机构有直接关系者，国际劳工局局长应尽可能与出席会议的其他有关组织的代表进行磋商，然后提请会议注意此项建议的影响；（2）大会在对上款提到的建议作出决定之前，应与有关组织进行充分磋商。③ 第四，凡列入大会议程的项目旨在通过某项公约或建议书时，国际劳工局在征求各国政府对拟议公约或建议书的意见的同时，应就该公约或建议书中与联合国以及其他专门机构的活动有关的条款与这些组织磋商，并将这些组织的意见连同各国政府的意见提交大会。④

第二节 在联合国系统内从社会视角审查国际经济政策的努力

值得一提的是，除前述《章程》中规定的国际劳工组织与其他国际组织的关系外，国际劳工组织还致力于加强在不同的国际会议和论坛上从社会视角审查国际经济政策的努力。

在联合国系统内，各国政府充分认识到，需要更好地协调国际层面上的经济和社会政策，为此，建立了联合国经济及社会理事会。就此而言，《国际劳工组织章程》序言是关于社会和经济相互依存关系的最早的声明之一，表

---

① 《国际劳工组织章程和国际劳工大会议事规则（2012）》第2.3（b）条。
② 《国际劳工组织章程和国际劳工大会议事规则（2012）》第2.3（j）条。
③ 《国际劳工组织章程和国际劳工大会议事规则（2012）》第17条（乙）。
④ 《国际劳工组织章程和国际劳工大会议事规则（2012）》第39条（乙）。

第十章 国际劳工组织与其他国际组织的关系 | ınternational Labour Organization

明国际层面的政策一致性问题一直与国际劳工组织及其三方成员息息相关。[1]《费城宣言》(1944年) 加强和补充了《章程》赋予国际劳工组织的权责,将经济和社会问题联系起来,它确认:"(a) 全人类不分种族、信仰或性别都有权在自由、尊严、经济保障和机会均等的条件下谋求其物质福祉和精神发展;……(c) 一切国内、国际的政策和措施,特别是具有经济和财政性质者,均应以此观点来加以衡量,只有能促进而不妨碍达成这一基本目标者才能予以接受;……(d) 国际劳工组织有责任按照此基本目标来审查和审议一切国际经济和财政政策及措施。"[2] 此外,《费城宣言》进一步指出:"确信可以通过国际和国内的有效行动,来更充分更广泛地利用为达到本宣言提出的目标所必需的世界生产资源,这种有效行动包括扩大生产和消费的措施、避免严重经济波动的措施、促进世界上较不发达地区的经济和社会进步的措施、保证主要产品的世界价格更为稳定的措施,以及促进较高且稳定的国际贸易量的措施,为此大会保证国际劳工组织与那些对于分担此项伟大任务和促进各国人民的健康、教育和福祉负有责任的国际机构充分合作。"[3]

然而,国际劳工组织在依据其基本目标审查国际经济和金融政策方面的表现并不尽如人意。如在1976年的世界就业会议 (ILO World Employment Conference) 上,国际劳工组织提出了一些符合这些基本目标的建议,其中包括建议为发展中国家的商品出口提供更好的融资,增加发展中国家制造业产品的市场准入,并减少发展中国家的债务。但这些建议遭到了雇主组织和一些工业国家政府的反对,理由是这些建议"超出了国际劳工组织的适当职权范围"[4]。对此,国际劳工组织内部意见分裂,导致相关建议无法推进。

再如,随着1994年国际贸易自由化社会层面工作组 (2000年将其更名为"全球化社会层面工作组") 的成立,贸易问题再次成为国际劳工组织关

---

[1] 《国际劳工组织章程》序言第3段规定,"……任何一国不实行合乎人道的劳动条件,会对愿改善其本国条件的其他国家构成障碍……"。
[2] 1944年《费城宣言》第Ⅱ节。
[3] 1944年《费城宣言》第Ⅳ节。
[4] "Declaration of Principles and Programme of Action," in ILO, *Employment, Growth, and Basic Needs, A One-world Problem*, ILO, 1977, pp. 179, 187 – 188.

注的重点。该工作组收集信息,并为讨论"贸易与劳工关系问题"提供论坛。但工作组并未(也无意)使国际劳工组织根据其《章程》基本目标审查和审议所有国际经济和金融政策。工作组在其最近的报告中表示,似乎现在比以往任何时候都更有必要建立某种制度联系,使国际劳工组织能够对其他国际组织(例如世界银行提出的新的国际发展架构)作出贡献。①

值得指出的是,第二次世界大战后成立的主要国际经济、金融和贸易机构——国际货币基金组织、世界银行、经济合作与发展组织,以及较近期成立的世界贸易组织的章程规约都提到了就业和/或工作条件,涉及经济政策和就业的相互关系。② 然而,近几十年来,国际劳工组织并未对其他国际机构产生重大影响。反倒是世界银行和国际货币基金组织在就业和劳工政策方面的影响力有所提升,而在此方面,国际劳工局在分析能力和技术援助实施方面表现均欠佳。③

因此,国际劳工组织应继续努力,争取政府、工人组织和雇主组织三方达成共识,以加强国际劳工组织在根据其基本劳工标准审查全球经济和金融政策方面的作用。有学者曾建议:"贸易政策的制定过程,从一开始就应区分那些保护和促进体面就业的政策,以及那些可能损害现有成就和损害逐步实现工作权利的政策。"④ 世贸组织没有这类研究计划,但这项工作可以由国际劳工组织负责,以便为计划今后的贸易谈判提供信息。

---

① "Working Party on the Social Dimensions of the Liberalization of International Trade," https://www.ilo.org/public/english/standards/relm/gb/docs/gb276/sdl‐1.htm, para. 15, 最后访问日期:2020 年 9 月 6 日。
② "Follow-up to the Resolution on the ILO Centenary Declaration for the Future of Work: Proposals Aimed at Promoting Greater Coherence within the Multilateral System," https://www.ilo.org/wcmsp5/groups/public/‐‐‐ed_norm/‐‐‐relconf/documents/meetingdocument/wcms_736796.pdf, para. 2, 最后访问日期:2020 年 9 月 6 日。
③ Steve Charnovitz, "International Labour Organization in Its Second Century," in J. A. Frowein and R. Wolfrum, eds., *Max Planck Yearbook of United Nations Law*, Volume 4, Kluwer Law International, 2000, p. 178.
④ Peter Prove, "Human Rights and the World Trade Organization," in Malin Mehra, ed., *Human Rights and Economic Globalisation: Directions for the WTO*, Global Publication Foundation, 1999, p. 23 et seq.

第三节 国际劳工组织与关贸总协定和世界贸易组织的关系

在讨论国际劳工组织与世界贸易组织的关系前,先简要介绍国际劳工组织和关税与贸易总协定(世界贸易组织的前身)的关系。

一 国际劳工组织与关贸总协定的关系

第二次世界大战结束后,国际劳工组织出席了关于《国际贸易组织宪章》(*Havana Charter for an International Trade Organization*)的会议。在这次会议上,与会各方对公平劳动标准问题进行了辩论,并建议在《国际贸易组织宪章》中加入一项条款,要求各国政府承诺采取适当及可行的行动,消除其领土内的"不公平劳动条件",并进一步要求国际贸易组织就任何有关劳工标准的事项与国际劳工组织合作。[①] 基于该条规定和其他有关劳工问题的规定,国际劳工组织和国际贸易组织临时委员会(ITO Interim Commission)于1948年拟定了一份正式合作协议,该协议规定将邀请对方组织的代表出席本组织的会议。然而,由于《国际贸易组织宪章》并未生效,关贸总协定对恢复该合作协议也没有作出任何努力。[②]

二 国际劳工组织与世界贸易组织的关系

世界贸易组织是一个独立于联合国的永久性国际组织,负责管理世界经济和贸易秩序,被认为是多边贸易体制的代表。目前,世贸组织秘书处与国际劳工组织保持技术交流,以帮助成员方制定全球经济政策。双方合作范围包括汇编统计数据、开展研究、提供技术援助和培训。多年来,人们对世界贸易组织的作用及世界贸易组织协定与国际劳工标准之间的关系

[①] 《国际贸易组织宪章》第7.1条、第7.2条和第7.3条。
[②] Steve Charnovitz, "International Labour Organization in its Second Century," in J. A. Frowein and R. Wolfrum, eds., *Max Planck Yearbook of United Nations Law*, Kluwer Law International, 2000, p.178.

进行了激烈的辩论。有许多法律意见认为，不能孤立地看待这两个国际组织，因为各国必须遵守这两个国际组织设定的所有国际义务。[1]

1996年12月，世界贸易组织首届部长级会议在新加坡召开，《新加坡部长宣言》明确承认国际劳工组织是制定核心劳工标准的适格机构，并确认支持其在提高劳工标准方面的工作。世贸组织尽管没有为国际劳工组织确立像其他许多国际组织那样的合作地位（观察员地位），但在1999年曾邀请国际劳工组织派代表参加西雅图会议。时任国际劳工组织总干事胡安·索马维亚（Juan Somavia）接受了这一邀请并参加了会议，他在会议上呼吁国际社会采取新的多边措施，以解决全球化的社会影响问题。[2] 然而，国际劳工组织对世贸组织的影响甚小，世贸组织似乎不愿与国际劳工组织达成任何合作协议，尽管原本打算成立的国际贸易组织早在1948年就希望这样做。[3]

值得指出的是，在联合国系统内，国际劳工组织还与其他机构发生联系，如世界银行和国际货币基金组织，[4] 在此不作赘述。

第四节 加强国际机构之间的协调

一 加强国际机构之间协调的重要性

虽然国际机构专业化带来了巨大的好处，但国际机构之间的协调仍是必要的。正如经济学家简·丁伯根（Jan Tinbergen）指出，国际机构"不应该独立行事，否则在某个特定时刻，可能会相互冲突；它们的决定不应

---

[1] WTO, "The WTO and International Labour Organization," https://www.wto.org/english/thewto_e/coher_e/wto_ilo_e.htm, 最后访问日期：2020年10月23日。

[2] 参见ILO, "ILO Calls for New Multilateral Initiative to Address Social Implications of Globalization," https://www.ilo.org/global/about-the-ilo/newsroom/news/WCMS_007962/lang--en/index.htm, 最后访问日期：2020年10月23日。

[3] Steve Charnovitz, "International Labour Organization in its Second Century," in J. A. Frowein and R. Wolfrum, eds., Max Planck Yearbook of United Nations Law, Kluwer Law International, 2000, p.178.

[4] Steve Charnovitz, "International Labour Organization in its Second Century," in J. A. Frowein and R. Wolfrum, eds., Max Planck Yearbook of United Nations Law, Kluwer Law International, 2000, pp.163-165.

第十章 国际劳工组织与其他国际组织的关系 | **International Labour Organization**

相互抵制"①。大多数（如果不是全部）国际机构有权与其他国际机构合作。事实上，维尔弗雷德·詹克斯（Wilfred Jenks）（一位法律学者和前国际劳工组织总干事）曾声称，有关国际组织在促进充分就业方面进行合作是"《章程》规定的国际劳工组织应承担的责任"②。

国际劳工组织、世贸组织、国际货币基金组织和世界银行的活动应相互支持。如果所有国家都遵守国际劳工组织制定的结社自由公约和童工公约的相关规定，那么长久以来阻碍公众接受贸易自由的障碍将被消除。如果工业化国家向发展中国家的产品开放市场，那么发展中国家的经济增长和工作条件的改善将更加迅速。政策工具在国家层面具有互补性，在国际层面亦是如此。国际货币基金组织和世界银行不应推荐不利于基本劳工权利保护的国际政策，同样，国际劳工组织也不应推荐阻碍经济长期增长的政策。③ 因此，国际劳工大会在第108届会议上通过的《关于劳动世界的未来百年宣言》宣告，国际劳工组织必须立足于其章程权责，在多边体系中发挥重要作用，通过加强与其他组织的合作并发展与它们之间的制度化安排，在追求用以人为本的方法来实现劳动世界未来的过程中促进政策协调一致，承认社会、贸易、金融、经济和环境政策之间存在的各种强劲、复杂和重要联系。④

---

① J. Tinbergen, *International Economic Co-operation*, Elsevier Publishing Co., Inc., 1945, p. 169. CF; Steve Charnovitz, "International Labour Organization in Its Second Century," in J. A. Frowein and R. Wolfrum (eds.), *Max Planck Yearbook of United Nations Law*, Kluwer Law International, printed in the Netherlands, 2000, p. 181.

② C. Wilfred Jenks, *The Common Law of Mankind*, Praeger, 1958, p. 229. CF; Steve Charnovitz, "International Labour Organization in its Second Century," in J. A. Frowein and R. Wolfrum (eds.), *Max Planck Yearbook of United Nations Law*, Kluwer Law International, printed in the Netherlands, 2000, p. 181.

③ Steve Charnovitz, "International Labour Organization in its Second Century," in J. A. Frowein and R. Wolfrum, eds., *Max Planck Yearbook of United Nations Law*, Kluwer Law International, 2000, p. 181; Erika de Wet, "Governance through Promotion and Persuasion: The 1998 ILO Declaration on Fundamental Principles and Rights at Work," *German Law Journal*, Vol. 9, No. 11, 2008, p. 28.

④ ILC, ILO Centenary Declaration for the Future of Work (conference paper at 108th Session of ILC, Geneva, 2019), p. 7.

国际劳工组织

联合国系统各组织、布雷顿森林机构和世界贸易组织的章程和使命反映了互补兼容的目标。这些使命相互关联，相辅相成，其内在的协同作用需要更好地加以利用。因此，《为了更加美好的未来而工作》特别建议，在世界贸易组织、布雷顿森林机构和国际劳工组织之间建立更加系统、更富有实质性的工作关系。贸易、金融、经济和社会政策之间存在牢固、复杂而重要的联系。以人为本的增长和发展议程能否取得成功，在很大程度上取决于上述政策领域之间能否取得一致。贸易和金融政策是人们通过体面劳动实现物质福利以及个人精神发展的重要手段。①

二 国际劳工组织参与联合国改革进程

联合国改革是通过改进和振兴联合国及其专门机构、基金和项目的工作方式，履行《联合国宪章》规定的职责以及落实联合国所有会议、协定、条约、公约和目标的后续行动的过程。② 联合国改革的目标旨在通过提高其政策的一致性、效力和效率，消除联合国各机构方案之间的重复，来增强联合国在国际舞台上的作用和相关性。联合国改革进程开始于20世纪90年代，当时使用的术语是"加强联合国"（Strengthening of the United Nations）。2005年联合国世界首脑会议重申"千年发展目标"（Millennium Development Goals）和精简联合国及其专门机构工作的必要性，联合国改革在这次会议之后呈现进一步发展的势头。③ 联合国改革是全球治理体系改革的重要组成部分，对国际体系的发展具有风向标意义，④ 对于劳动世界的治理也具有指引意义。

首先，国际劳工组织参与联合国改革进程，使得国际劳工组织能有更

---

① ILO, *Work for a Brighter Future: Global Commission on the Future of Work*, International Labour Office, 2019, p. 57.
② ILO, *United Nations Reform and the International Labour Organization: Questions and Answers*, International Labour Office, 2009, p. 1.
③ ILO, *United Nations Reform and the International Labour Organization: Questions and Answers*, International Labour Office, 2009, p. 1.
④ 毛瑞鹏：《古特雷斯联合国改革议程与中国的建设性角色》，《国际展望》2020年第2期，第40页。

第十章　国际劳工组织与其他国际组织的关系

多的机会与联合国其他机构进行合作，并可使该组织和三方成员最大限度地利用联合国系统改革带来的机会，特别是在国家一级，争取它们参与并支持劳工组织的使命。国际劳工组织独特的"三方结构"，致力于社会伙伴参与，构成了对整个联合国系统的相对优势。国际劳工组织及其合作伙伴在联合国改革进程中参与程度越深，联合制定的项目越多，其对联合国国家一级和国际层面上的工作产生的影响就越大。[①]

"体面劳动议程"（Decent Work Agenda，DWA）已得到联合国成员国和联合国大家庭的认可，成为一项全球性议程。在2005年联合国世界首脑会议上，各国领导人强调了体面工作在发展战略和减贫中的核心作用，同意将充分的生产性就业和体面工作作为国家层面和国际层面的中心目标。联合国经济及社会理事会2006年和2007年的部长级决议进一步支持劳工组织促进体面工作的努力，并呼吁使体面工作在整个联合国系统主流化。体面工作也得到了联合国系统行政首长协调理事会（UN System Chief Executives Board for Coordination，CEB）的认可，该协调理事会开发了使就业和体面工作在联合国系统主流化的工具包（2007年）。[②]

联合国"千年发展目标"（2000～2015年）在全球层面、区域层面和国家层面均适用，联合国对每个目标还设置了具体的衡量指标。"千年发展目标"包括八项目标。目标1：消灭极端贫穷和饥饿。目标2：普及初等教育。目标3：促进两性平等并赋予妇女权力。目标4：降低儿童死亡率。目标5：改善孕产妇健康。目标6：与艾滋病、疟疾和其他疾病作斗争。目标7：确保环境的可持续能力。目标8：建立促进发展的全球伙伴关系。[③] 其中，目标1（减贫）是与国际劳工组织使命最相关的。就此而言，具体目标（1B）承认生产性就业在减贫方面的重要性，并呼吁所

[①] ILO, *United Nations Reform and the International Labour Organization: Questions and Answers*, International Labour Office, 2009, p. 11.

[②] ILO, *United Nations Reform and the International Labour Organization: Questions and Answers*, International Labour Office, 2009, p. 11.

[③] ILO, *United Nations Reform and the International Labour Organization: Questions and Answers*, International Labour Office, 2009, p. 13.

国际劳工组织

有人包括妇女和青年人都享有充分的生产就业和体面工作。纳入这一具体目标是一项伟大的成就,它需要国际劳工组织官员、联合国伙伴和社会伙伴达成共识,提高认识。通过纳入这一具体目标,体面工作成为所有联合国机构和所有承诺到2015年实现千年发展目标的国家的目标。此外,"体面劳动议程"也与目标2(童工)、目标3(两性平等)、目标4和目标5(降低儿童死亡率和生育保护)、目标6和目标7(职业卫生和安全、绿色就业)以及目标8(创造就业机会)高度相关。鉴于"千年发展目标"与国际趋势和伙伴关系的联系,它对国际劳工组织非常重要。国际劳工组织是2009年9月成立的联合国发展集团千年发展目标高级别工作组(UNDG MDG High Level Task Force)的成员,成立该工作组旨在审查"千年发展目标"提出10周年以来的落实情况。[1]

此外,体面工作成为《2030年可持续发展议程》(Sustainable Development Agenda 2030)的核心内容,该发展议程要求促进持久、包容和可持续的经济增长,促进充分的生产性就业和人人获得体面工作。

作为联合国的一个专门机构,国际劳工组织根据联合国大会通过的"三年期全面政策审查"决议(Triennial Comprehensive Policy Review TCPR：59/250；62/208),致力于实现联合国系统的一致性和一体化行动。国际劳工组织在审议"联合国全系统协调一致性问题高级别小组"(High-level Panel on UN System-wide Coherence)的报告时,采纳了联合国改革的理由和与此相关的进程,并在承认联合国大家庭内部的特殊性和多样性的好处的同时,致力于发展"一个联合国"的概念。[2]

其次,国际劳工组织总干事还通过担任"方案问题高级别委员会"(High Level Committee on Programmes,HLCP)主席这一职务,参与联合国改革进程。自2009年2月起,国际劳工组织总干事担任"方案问题高级别委员会"主席。此外,国际劳工组织还把"体面劳动议程"纳入

---

[1] ILO, *United Nations Reform and the International Labour Organization：Questions and Answers*, International Labour Office, 2009, p. 12.

[2] ILO, *United Nations Reform and the International Labour Organization：Questions and Answers*, International Labour Office, 2009, p. 15.

第十章 国际劳工组织与其他国际组织的关系

"联合国发展援助框架"（United Nations Development Assistance Framework, UNDAF）。"联合国发展援助框架准则（2009）"建议，联合国国别小组（UN Country Teams, UNCT）利用"行政首长协调理事会"开发的关于使就业和体面工作主流化的工具包，对国家情况进行分析，以改进"共同国家评估"（Common Country Assessment, CCA）和"联合国发展援助框架"中的体面工作政策及其实施效果。对国际劳工组织来说，联合国系统的一致性和一体化行动进程的目标之一是确保"体面工作"列为国家发展战略的优先事项，并通过"联合国发展援助框架"将其纳入联合国在某一国家的工作方案中和联合国国别小组的活动中。此外，国际劳工组织还注重提高其三方社会伙伴参与国家发展辩论和联合国国别小组谈判的发言权和能力。[①]

最后，国际劳工组织具有"三方结构"（劳工部或同等权力机构、工人组织和雇主组织）特征，该特征可以提高联合国的各项政策、措施在国家层面上的协同性。社会伙伴是劳资关系和劳动力市场的主要行动者，是公民社会的关键因素。它们可以提高公共部门和私营部门、民间社会各阶层，以及工人和雇主组织的广泛代表性，为联合国提供了一个广纳良言的机会。国际劳工组织在制定工作中的基本原则和权利方面的经验为更广泛地发展体系提供了一种基于权利的办法。国际劳工标准也构成了国际劳工组织强有力的比较优势，它可以向联合国系统提供规范性工具和手段，以保障工人权利、社会对话、促进就业政策和社会保护。国际劳工组织的"体面劳动议程"规定了明确的发展任务，是"千年发展目标"减贫目标的一部分。基于结果的方法提高了捐助者和联合国系统的透明度。"行政首长协调理事会工具包"（CEB Toolkit）是一个有价值且实用的使体面工作主流化的工具。性别审计（Gender Audit）是自我评估性别平等进展的工具。国际劳工组织参与南南合作，也是关于不断变化的多边环境的一个关键项目。[②]

[①] ILO, *United Nations Reform and the International Labour Organization: Questions and Answers*, International Labour Office, 2009, p. 15.

[②] ILO, *United Nations Reform and the International Labour Organization: Questions and Answers*, International Labour Office, 2009, p. 19.

第十一章

主要国际组织关于劳工标准与国际贸易关系的主张及其实践

第一节 劳工标准与国际贸易关系概述

关于劳工标准与国际贸易的关系，一直是一个存在很大争论的话题，且涉及劳动、贸易、经济、政治等多个方面，因此主要国际组织对这一问题的不同主张，曾在不同程度上影响了对这一问题的解决。然而，从实践层面看，在整个20世纪，两者一直都有不同程度的联系，即使在最早的劳动和贸易多边条约中，这种联系也在某些方面有所体现。[1] 如1906年由15个国家参加的国际劳工立法协会通过的第一项多边劳动条约《关于禁止火柴制造中使用白（黄）磷公约》，禁止生产、销售和进口含有剧毒化学物质白磷的火柴；[2] 第一项多边贸易条约——1927年《取消进出口禁令和限制国际公约》规定其进口禁令的纪律不适用于监狱生产

---

[1] Steve Charnovitz, "The International Labour Organization in its Second Century," in J. A. Frowein and R. Wolfrum, eds., *Max Planck Yearbook of United Nations Law*, Kluwer Law International, 2000, p. 157.

[2] Convention Respecting the Prohibition of the Use of White (Yellow) Phosphorus in the Manufature of Matches of 26 September 1906, Article 1. 参见 Steve Charnovitz, "The International Labour Organization in its Second Century," in J. A. Frowein and R. Wolfrum, eds., *Max Planck Yearbook of United Nations Law*, Kluwer Law International, 2000, p. 157。

的产品。① 近年来，越来越多的人认识到，自20世纪80年代以来加速发展的市场和商品全球一体化，增强了工人的经济不安全感。同时，经济全球化加剧了国家之间在资本和就业方面的全球竞争，并因此在某些国家的各个部门（主要但不完全是）产生了"逐底竞争"或"监管冷淡"的现象。贸易自由化和发展程度更高的全球一体化已转化为国家之间的竞争压力，并促使新的行为主体进入全球劳动力市场。这些新的行动主体主要是指跨国公司，它们利用廉价劳动力，特别是发展中国家的廉价劳动力，为大多数发达国家提供产品和服务。在对外投资方面的国家间的竞争和生产链的国际化降低了各国政府执行劳动法规的意愿。在发达国家，过度全球化给工人带来了更大的不安全感，并导致工人之间以及工人与管理层或投资者之间的收入差距不断扩大。② 尤其是近20多年，美国、加拿大和欧盟等主要经济体在其自由贸易协定中纳入了劳工标准，从而在劳工标准与国际贸易之间建立起了不同程度的法律联系。③ 因此，劳工标准与国际贸易再一次成为人们关注的焦点。

国际劳工组织2019年相关信息显示，自1994年《北美自由贸易协定》首次纳入劳工条款起至2019年，已有85个区域自贸协定（双边或诸边）纳入了劳工条款，其中加拿大在其14个生效的区域自贸协定中，有12个纳入了劳工条款；美国在其14个生效的区域自贸协定中，有13个纳入了劳工条款；欧盟有18个区域自贸协定纳入了劳工条款；日本在

---

① International Convention for the Abolition of Import and Export Prohibitions and Restrictions of 8 November 1927, Protocol, Section Ⅵ. The treaty did not enter into force. 参见 Steve Charnovitz, "The International Labour Organization in its Second Century," in J. A. Frowein and R. Wolfrum, eds., *Max Planck Yearbook of United Nations Law*, Kluwer Law International, 2000, p. 157.
② Yossi Dahan, Hanna Lerner and Faina Milman-Sivan, "Shared Responsibility and the International Labour Organization," *Michigan Journal of International Law*, Vol. 34, No. 4, 2012, p. 680; Tarja Halonen and Ulla Liukkunen, eds., *International Labour Organization and Global Social Governance*, Springer, 2021.
③ 李西霞：《自由贸易协定中的劳工标准》，社会科学文献出版社，2017。

其生效的 18 个区域自贸协定中,有 6 个纳入了劳工条款。① 对此,需要注意的是,首先,在 85 个纳入了劳工条款的区域贸易协定中,半数以上或确切地说有 45 个区域自贸协定的缔约一方是七国集团成员国,可以说纳入劳工条款已成为七国集团成员国区域自贸协定的一个共同特点。这 45 项协定覆盖了 12 亿工人,约占世界工人总数的 30%。故这些区域自贸协定的规制框架(regulatory frameworks)与劳动世界(the world of work)的治理机制有着深层的联系。② 其次,自贸协定中的劳工条款既被视为治理工具,又被视为合作框架,要求缔约国遵循劳工标准,实施利益相关方参与、促进对话、监督和交流有关劳工问题信息的机制。③ 再次,七国集团成员国纳入劳工条款的区域自贸协定通常是与发展中国家达成的,但最近趋势显示,纳入劳工条款的区域自贸协定更多的是在发达国家之间达成的,如《美墨加协定》(2020 年 7 月 1 日生效)、《欧盟与加拿大全面经济和贸易协定》(2017 年 9 月 21 日临时生效)、加拿大和日本等 11 个国家之间的《全面与进步跨太平洋伙伴关系协定》(2018 年 12 月 30 日生效),以及《欧盟与日本经济伙伴关系协定》(2019 年 2 月 8 日生效)。④ 最后,发展中国家和新兴国家之间纳入劳工条款的区域自贸协定也越来越多,约占纳入劳工条款的区域自贸协定总数的 1/4。截至 2019 年中,有 55 个国家的区域自贸协定没有纳入劳工条款,而这些国家绝大多数位于南亚和中东。⑤

中国在此领域也有最新突破,主要体现在两个方面。其一,2020 年 11 月 20 日,习近平主席在亚太经合组织第二十七次领导人非正式会议上表示,

---

① Marva Corley and Elizabeth Echeverria Manrique, *Labour Provisions in G7 Trade Agreements: A Comparative Perspective*, International Labour Office, 2019, pp. 15 – 16.
② Marva Corley and Elizabeth Echeverria Manrique, *Labour Provisions in G7 Trade Agreements: A Comparative Perspective*, International Labour Office, 2019, p. 1.
③ Marva Corley and Elizabeth Echeverria Manrique, *Labour Provisions in G7 Trade Agreements: A Comparative Perspective*, International Labour Office, 2019, p. 9.
④ Marva Corley and Elizabeth Echeverria Manrique, *Labour Provisions in G7 Trade Agreements: A Comparative Perspective*, International Labour Office, 2019, p. 15 and footnote 1.
⑤ Marva Corley and Elizabeth Echeverria Manrique, *Labour Provisions in G7 Trade Agreements: A Comparative Perspective*, International Labour Office, 2019, p. 18 and footnote 1.

国际劳工组织

中国将积极考虑加入《全面与进步跨太平洋伙伴关系协定》（CPTPP）。[①] 2021年9月16日，中国正式提出申请加入CPTPP。[②] CPTPP是一个纳入了高劳工标准的自由贸易协定。其二，2020年12月30日，中欧领导人共同宣布如期完成中欧全面投资协定谈判。[③] 依据2021年1月22日欧盟理事会发布的《中欧全面投资协定》文本，劳工条款规定在该协定第4部分第3节中。虽然《中欧全面投资协定》不属于自由贸易协定，但它是一项国际协定，其中也涉及国际劳工标准问题。无论是我国政府明确表示加入纳入有执行力的劳工标准的自贸协定（CPTPP），还是完成中欧全面投资协定谈判，都显示我国在劳工标准与国际贸易关系上的态度发生了巨大的转变。

最后，值得指出的是，国际贸易与劳工标准挂钩的最新发展是《美墨加协定》的原产地规则章节中关于劳工标准的规定，即除劳动章节外，原产地规则章节也与劳工标准挂钩。依据《美墨加协定》第4章（原产地规则附件第7.3条）关于"劳动价值内容"（labor value content）的规定，40%（载客车辆）和45%（轻重型货车）的汽车零部件必须由工资不低于16美元每小时的工人生产。[④] 原产地规则中劳动价值含量的提高，可能产生区域价值链的重构效应、贸易转移效应和投资转移效应。但基于成本考量，汽车制造商可能在将产业链向高工资地区转移和支付关税之间做出选择。

以下小节将介绍主要国际组织关于劳工标准与国际贸易关系的主张及其实践。

---

① 《习近平：中方将积极考虑加入全面与进步跨太平洋伙伴关系协定》，中国政府网，http://www.gov.cn/xinwen/2020-11/20/content_5563086.htm，最后访问日期：2021年4月16日。

② 《中方正式提出申请加入〈全面与进步跨太平洋伙伴关系协定〉（CPTPP）》，中华人民共和国商务部网站，http://bn.mofcom.gov.cn/article/jmxw/202109/20210903200092.shtml，最后访问日期：2021年9月23日。

③ 《中欧领导人共同宣布如期完成中欧投资协定谈判》，中国政府网，http://www.gov.cn/xinwen/2020-12/30/content_5575538.htm，最后访问日期：2021年4月16日。

④ 参见《美墨加协定》第4章（原产地规则）附件第7.3条，https://ustr.gov/sites/default/files/files/agreements/FTA/USMCA/Text/04_Rules_of_Origin.pdf，最后访问日期：2019年8月8日。

第二节　国际劳工组织关于劳工标准与国际贸易关系的主张

国际劳工组织自建立以来，通常主张一种将国际经济政策与社会政策联系起来的观点，强调全球对工人的共同责任，并突出防止通过不公平贸易与降低劳工标准以吸引资本的"逐底竞争"，以及促进社会正义和建立世界持久和平。例如，在第一次世界大战前，由于普遍存在不受管制的激烈经济竞争，恶劣的劳动条件使大量的人遭受不公正、苦难和贫困，并被认为是导致第一次世界大战爆发的一个重要因素。对此，国际劳工组织倡议通过国家间的合作建立国际劳工标准，以改善工人的劳动条件，其目的不仅在于防止劳工标准的"逐底竞争"，而且明确致力于通过"逐顶竞争"来增强社会正义，并随着时间的推移逐渐提高劳工标准。[1]

在此背景下，国际劳工组织将劳工标准和国际贸易关系的问题纳入其考量视角，主要体现在以下几个方面。

第一，1919年国际劳工组织成立之初，就开始关注劳工标准与国际贸易的关系问题，[2]并将相关内容纳入1919年《章程》。《章程》宣称，"鉴于现有的劳动条件使很多人遭受不公正、苦难和贫困，以致产生如此巨大的动荡，使世界和平与和谐遭受危害；改善此种条件是当务之急"；此外，《章程》还明确指出，"任何一国不实行合乎人道的劳动条件，会对愿改善本国条件的其他国家构成障碍"[3]。这表明，在国际劳工组织建立之初，其《章程》中关于劳动条件改善的规定已经超出贸易关系的狭

---

[1] Yossi Dahan, Hanna Lerner and Faina Milman-Sivan, "Shared Responsibility and the International Labour Organization," *Michigan Journal of International Law*, Vol. 34, No. 4, 2012, pp. 690–691.

[2] Cleopatra Doumbia-Henry and Eric Gravel, "Free Trade Agreements and Labour Rights: Recent Developments," *International Labour Review*, Vol. 145, No. 3, 2006, p. 185.

[3] 《国际劳工组织章程》序言第2段和第3段。

隘与局限，上升到维护社会正义、建立世界持久和平的高度。① 国际上关于国际劳工标准的提出，其出发点既有保护贸易的，也有在工人权利日益被忽视和侵害的情况下推动劳动权益保障的。②

第二，1946年，国际劳工组织成为联合国的一个专门机构，承担对相关实质性问题进行决定或制定公约的职责。20世纪90年代，东欧剧变、苏联解体之后，国际劳工组织内部由冷战时期的东西对峙逐渐转变为南北矛盾，加上世界经济全球化的发展，世界资本不断涌入劳动力相对低廉的发展中国家，导致发达国家就业率受到影响，从而使西方工会和政府寄希望于通过加强国际劳工标准的执行来扭转局面。为此，西方发达国家于1993年在国际劳工大会上发起了"社会条款"的讨论，试图将国际劳工标准引入国际贸易协定，对不能遵守劳工标准的国家进行贸易制裁。③ 1994年，国际劳工局局长米歇尔·汉森（Michel Hansenne）在国际劳工大会会议报告中也提出制定社会条款的建议，主张将基本劳工标准与国际贸易规则联系起来，对违反劳工标准者或达不到要求者给予贸易制裁。④ 对此，在国际劳工组织内部，以西方国家工会为代表的一派支持将"社会条款"与国际贸易规则联系起来，他们认为资本的全球自由流动造成了发展中国家因劳动力成本低廉而具有"不公平"竞争优势，因此应通过实行"社会条款"保证"公平竞争"。而另一方发展中国家的工会坚决反对"社会条款"等新的贸易保护主义措施。他们主张，全球化格局并没有减少世界经济的不平等，国际市场日趋激烈的竞争以及新技术革命和产业结构调整的加速，实际上正在导致更为深刻的南北之间的社会不公和贫富差距扩大，在这种情况下推行"社会条款"，

---

① 刘旭：《国际劳工标准概述》，中国劳动社会保障出版社，2003，第98、6~16页；佘云霞：《国际劳工标准：演变与争议》，社会科学文献出版社，2006，第40~43页。
② 参见常凯《WTO、劳工标准与劳工权益保障》，《中国社会科学》2002年第1期，第126页。
③ 刘旭：《国际劳工标准概述》，中国劳动社会保障出版社，2003，第100~102页。
④ 参见常凯《WTO、劳工标准与劳工权益保障》，《中国社会科学》2002年第1期，第127~135页；缪剑文《世贸组织劳工标准之争及其法律评析》，《国际贸易问题》1998年第12期，第45页。

只能对发达国家有利，发达国家试图通过社会条款来保护本国的就业市场，这样可能会给广大发展中国家的经济发展造成危害。在辩论双方无法分出胜负的情势下，国际劳工组织将该问题予以搁置处理，问题并没有得到解决。但国际劳工组织仍在继续关注劳工标准与国际贸易之间的关系问题。

第三，1995年1月1日世界贸易组织建立。在1996年世界贸易组织新加坡首届部长级会议期间，虽然劳工议题未被列入世界贸易组织正式议程，但参会各方同意在世贸组织《新加坡部长宣言》中加入一个措辞非常谨慎的关于核心劳工标准的段落。同时，在这次会议期间，国际劳工组织提出应该为国际劳工组织成员国确立一套"核心劳工标准"。① 经过长时间的酝酿和辩论，国际劳工大会在其第86届会议上通过了《〈国际劳工组织关于工作中基本原则和权利宣言〉及其后续措施》，将核心劳工标准明确界定为四个方面的权利：结社自由及有效承认集体谈判权、消除一切形式的强迫或强制劳动、有效废除童工、消除就业与职业歧视。② 这四项劳动者的基本权利体现在八项基本劳工公约中。③ 值得注意的是，1998年《宣言》界定的核心劳工标准并没有包括与最低工资、工时、职业安全与健康相关的可接受的工作条件。

1998年《宣言》要求："即使尚未批准有关公约，仅从作为国际劳工组织成员国这一事实出发，所有成员国都有义务真诚地并根据《章程》要求，尊重、促进和实现关于作为这些公约之主题的基本权利的各项原

---

① 参见刘超《欧盟对外贸易优惠中的劳工标准问题》，《学术界》2008年第6期，第263页。

② 参见1998年《〈国际劳工组织关于工作中基本原则和权利宣言〉及其后续措施》第2段。

③ 1948年《结社自由与保护组织权公约》（第87号公约）；1949年《组织权与集体谈判权公约》（第98号公约）；1930年《强迫劳动公约》（第29号公约）；1957年《废除强迫劳动公约》（第105号公约）；1951年《对男女工人同等价值的工作付予同等报酬公约》（第100号公约）；1958年《（就业和职业）歧视公约》（第111号公约）；1973年《准予就业最低年龄公约》（第138号公约）；1999年《禁止和立即行动消除最恶劣形式的童工形式公约》（第182号公约）。

则。"① 同时，该《宣言》还明确提出："不得将劳工标准用于贸易保护主义之目的，并且本《宣言》及其后续措施中的任何内容不得被援引或被以其他方式用于此种目的；此外，无论如何不得因本《宣言》及其后续措施而对任何国家的比较利益提出异议。"② 这表明，1998年《宣言》继《新加坡部长宣言》后，再次强调了不能把劳工标准用于贸易保护主义的目的。可以说，从这时候开始，关于不得将劳工标准用于贸易保护主义的目的的规定就已经具有国际法准则的意义了。关于劳工权利与经济发展的关系，国际劳工组织一直主张，促进民主和市场化经济是实施自由贸易协定的目的，在这样的环境中，劳动权利与经济发展之间不是此消彼长的关系，事实上，它们之间是相辅相成的。③ 在这样的背景下，鼓励所有国家致力于促进社会和经济发展，必须和其本国的实际情况、能力和偏好相协调。④

第四，2002年2月，国际劳工组织建立了社会层面的全球化世界委员会（the World Commission on the Social Dimensions of Globalization），该委员会是一个独立机构，其任务是着重研究全球经济与劳动世界之间的互动，以及如何应对全球化带来的前所未有的变化。⑤ 社会层面的全球化世界委员会的建立与1999年在西雅图举行的世贸组织会议的失败直接相关。由于担心贸易自由化与社会层面之间的联系似乎具有间接的合法性，大多数世贸组织成员方坚决拒绝美国和欧盟提出的关于在世贸组织主持下就贸易自由化的社会或就业层面的问题展开辩论的提议。国际劳工组织时任总干事胡安·索马维亚（Juan Somavia）随后主动提议，在国际劳工组织设立社会层

---

① 参见1998年《〈国际劳工组织关于工作中基本原则和权利宣言〉及其后续措施》第2段。
② 参见1998年《〈国际劳工组织关于工作中基本原则和权利宣言〉及其后续措施》第5段。
③ ILO, "A Fair Globalization: Creating Opportunities for All," https://www.ilo.org/public/english/wcsdg/docs/report.pdf, 最后访问日期：2019年8月6日。
④ Cleopatra Doumbia-Henry and Eric Gravel, "Free Trade Agreements and Labour Rights: Recent Developments," *International Labour Review*, Vol. 145, No. 3, 2006, p. 189.
⑤ ILO, "World Commission on the Social Dimension of Globalization: Globalization can and must change," https://www.ilo.org/global/publications/world-of-work-magazine/articles/WCMS_081347/lang--en/index.htm, 最后访问日期：2020年4月5日。

第十一章 主要国际组织关于劳工标准与国际贸易关系的主张及其实践 | International Labour Organization

面的全球化世界委员会，从而使辩论得以继续。①

社会层面的全球化世界委员会面临的一个主要挑战是确定最佳方案，使全球贸易议程能够与国际劳工组织长期以来强调的保护工人权利的政策相协调。② 2004 年 2 月，该委员会发布了各方期待已久的报告《公平的全球化：为所有人创造机会》(A Fair Globalization: Creating Opportunities for All)，③ 向关注全球化社会层面问题的所有组织提出了建议，这些建议产生了广泛的影响，如联大就国际劳工组织社会层面的全球化世界委员会提交的《公平的全球化：为所有人创造机会》的报告通过了一项决议，宣布把这份报告视为推动公平全球化的"推进器"。④

第五，2008 年，国际劳工组织通过了《关于争取公平全球化的社会正义宣言》，表达对在全球化时代其权责的当代认识。该宣言声称，国际劳工组织在承担制定全球社会政策的职责的同时，还应对照社会正义基本目标的实现情况检查和审议所有国际经济和财务政策，从而在促进全球经济发展的同时保障社会正义。虽然国际劳工组织对全球经济政策的审查并未实现其预期目标，但如何处理全球社会政策与全球经济政策的关系，已明显成为该组织的优先考虑事项。

第六，多边主义面临的挑战促使人们呼吁加强国际组织之间的对话，使其政策更加协调一致。事实上，劳动世界的未来全球委员会在其《为了更加美好的未来而工作》的报告中强调了这些挑战，同时强调需要付出更大努力使社会、经济和贸易政策更加协调一致，以实现以人为本的增

---

① Francis Maupain, The Future of the International Labour Organization in the Global Economy, Hart Publishing, 2013, p. 56.
② Philip Alston and James Heenan, "Shrinking the International Labor Code: An Unintended Consequence of the 1998 ILO Declaration on Fundamental Principles and Rights at Work?" New York University Journal of International Law and Politics, Vol. 36, 2004, p. 222.
③ ILO, "World Commission on the Social Dimension of Globalization: Globalization can and must change," https://www.ilo.org/global/publications/world-of-work-magazine/articles/WCMS_081347/lang--en/index.htm, 最后访问日期：2020 年 5 月 25 日。
④ 《联大响应劳工组织建议，致力于推动公平的全球化》，联合国新闻网，https://news.un.org/zh/story/2004/12/26382，最后访问日期：2020 年 5 月 15 日。

213

国际劳工组织

长和发展议程。① 更为重要的是，国际劳工大会在第 108 届会议上通过的《关于劳动世界的未来百年宣言》宣告，国际劳工组织必须立足于其章程权责，在多边体系中发挥重要作用，通过加强与其他组织的合作并发展与它们之间的制度化安排，在追求用以人为本的方法来实现劳动世界未来的过程中促进政策协调一致，承认社会、贸易、金融、经济和环境政策之间存在的各种强劲、复杂和重要联系。② 2020 年理事会通过了《关于〈国际劳工组织关于劳动世界的未来百年宣言〉的决议的后续措施——关于提高多边体系一致性的建议》(Follow-up to the Resolution on the ILO Centenary Declaration for the Future of Work: Proposals Aimed at Promoting Greater Coherence within the Multilateral System)，它在以往有关政策一致性方面的工作的基础上审议了与多边伙伴开展协作的前景，着重关注 1998 年《宣言》中确定的优先事项。③

第三节　国际劳工组织在实施区域自贸协定劳工条款方面的作用

依据《章程》授权，国际劳工组织具有协助功能，即促进成员国对

---

① 我们尤其建议在世界贸易组织（WTO）、布雷顿森林机构和国际劳工组织之间建立更加系统、更富有实质性的工作关系。贸易、金融、经济和社会政策之间存在牢固、复杂而重要的联系。我们提出的以人为本的增长和发展议程能否取得成功，在很大程度上取决于上述政策领域之间能否取得一致。贸易和金融政策是人们通过体面劳动实现物质福利以及个人精神发展的重要手段。参见劳动世界的未来全球委员会《为了更加美好的未来而工作》，国际劳工局，2019，第 56~57 页。

② ILO, "ILO Centenary Declaration for the Future of Work," https://www.ilo.org/ilc/ILCSessions/108/reports/texts-adopted/WCMS_711674/lang--en/index.htm?ssSourceSiteId=global, 最后访问日期: 2019 年 12 月 23 日。

③ "Follow-up to the Resolution on the ILO Centenary Declaration for the Future of Work: Proposals Aimed at Promoting Greater Coherence within the Multilateral System," https://www.ilo.org/wcmsp5/groups/public/---ed_norm/---relconf/documents/meetingdocument/wcms_736796.pdf, 最后访问日期: 2021 年 3 月 21 日。

劳工公约的批准和遵守国际劳工标准，以及提供技术援助与发展合作。[①]此外，国际劳工组织2008年《社会正义宣言》第 II. A. (iv) 段规定，"如有要求，向希望在双边或多边协定框架内共同促进战略目标的成员国提供援助，该援助将视其与国际劳工组织义务的相容性而定"。

据此，有研究指出，在实施区域自贸协定劳工条款时，国际劳工组织可协助各缔约国努力遵守贸易协定中的劳工条款，遵从国际劳工组织制定国际劳工标准的精神，促进国际劳工组织成员国对公约的批准和实施，并对其适用情况进行监督。具体而言，国际劳工组织发挥以下补充作用。其一，在接到请求时，就劳工问题提供咨询意见和专门技术知识。这意味着当作为协定缔约方的成员国提出要求时，国际劳工组织从区域自贸协定劳工条款的设计阶段到执行阶段提供直接援助。在现实中，贸易协定的缔约方已有就自贸协定劳工条款的设计积极征求国际劳工组织意见的相关实践。在加拿大、欧盟和美国的区域自贸协定中，国际劳工组织在劳工条款实施的监督、对话和/或争端解决方面的作用得到了明确承认。其二，国际劳工组织的监督机制也是间接援助的一个来源，监督机构对国际劳工标准执行情况的监测和后续行动的意见，尤其有助于贸易协定缔约国了解这些标准在实践中是如何执行的。在某些情况下，监督机制的意见被各国和其他利益攸关方用于解决争端，同时它们也有助于建立和执行发展合作项目。其三，国际劳工组织还可应请求协助各缔约国加强遵守劳工条款规定的义务方面的能力建设。这种援助以发展合作项目的形式提供，由国际劳工组织的技术部门或其区域办事处执行，如《欧盟与哥伦比亚/秘鲁自由贸易协定》和《美国与哥伦比亚自由贸易协定》。此外，国际劳工组织还可协助缔约国加强行使劳工权利方面的能力建设，例如越南组织工会和集体谈判的能力，这与《跨太平洋伙伴关系协定》有关。其四，国际劳工组织还对区域贸易协定中劳工条款的趋势、执行情况和效力进行研究，并向社会伙伴提供培训。国际劳工组织可以通过加强与社会伙伴的接触以及

[①] Marva Corley and Elizabeth Echeverria Manrique, *Labour Provisions in G7 Trade Agreements: A Comparative Perspective*, International Labour Office, 2019, p. 37.

国际劳工组织

在贸易协定框架内的三方对话,使劳工条款的有效性产生更大的影响。[1]

此外,值得指出的是,国际劳工标准和国际劳工组织监督机构的意见也正在发挥巨大作用。根据欧盟的安排,享有"普惠制+"(即可持续发展和善政)的资格条件和暂停优惠待遇程序在不同层面上都与遵守国际劳工公约及其基本原则和监测程序相联系。首先关于资格条件,最初的特别奖励安排要求受惠国在其国内法中纳入和有效实施组织权和集体谈判权、最低就业年龄;而享有"普惠制+"的资格条件的最新特别激励安排要求受惠国承诺:(a)确保有效实施27项国际公约,其中包括劳工组织的8项基本公约;(b)接受有关公约规定的提交报告的要求;(c)有关的监督机构(根据上述公约建立)没有发现严重未能有效执行这些公约的情形。其次,关于中止贸易优惠待遇,1995年暂时撤销优惠待遇的理由是出口监狱劳工生产的货物和强迫劳动。然而,在最近的普惠制安排("普惠制+")中,如发生严重和系统地违反劳工组织八项基本公约规定的原则的情形,也可以撤销优惠待遇。在临时撤销优惠待遇期间,欧盟委员会将与有关监督机构合作监督各项国际公约的执行情况,审查其结论和建议,每两年向欧洲议会和理事会提交一份报告。事实上,这样做是为了考虑国际劳工组织监督机构的结论和建议,以及民间社会、非政府组织、社会伙伴、欧洲议会和理事会的意见。截至2016年,欧盟委员会尚未对2014年开始实施的最近的普惠制安排("普惠制+")展开任何调查。然而,依据早期的"普惠制+"安排,已有三个国家被临时撤销优惠待遇。如2006年12月,在欧盟委员会根据国际劳工组织调查委员会2004年关于违反劳工组织第87号公约和第98号公约的报告进行调查后,白俄罗斯的优惠待遇被撤销。不过,由于白俄罗斯被世界银行认定为中等偏上收入国家,其优惠待遇没有恢复,白俄罗斯不再有资格成为普惠制受惠国。[2]

---

[1] Marva Corley and Elizabeth Echeverria Manrique, *Labour Provisions in G7 Trade Agreements: A Comparative Perspective*, International Labour Office, 2019, pp. 6, 37-38.

[2] ILO, *Assessment of Labour Provisions in Trade and Investment Arrangements: Studies on Growth with Equity*, International Labour Office, 2016, pp. 33-34.

第四节 联合国系统会议或机构关于劳工标准与国际贸易关系的主张及其实践

一 联合国社会发展问题世界首脑会议

1995年,联合国社会发展问题世界首脑会议在哥本哈根举行,会议通过了致力于改善国家层面和国际层面社会政策的《哥本哈根社会发展问题宣言》。在这份宣言中,各国政府同意建立一个行动框架,"以人民为发展中心,使我们的经济更有效地为人的需要服务"[1];更为重要的是,该宣言承诺"保障工人的基本权利和利益,并以此为目的自由地倡导尊重国际劳工组织的有关公约,包括关于禁止强迫劳动和童工的公约,以及关于结社自由、组织和集体谈判权利以及不歧视原则的公约"[2]。通过指向这一套国际劳工公约,各国政府强调了这些公约的中心地位,这种地位是相对于多年来通过谈判达成的其他多项国际劳工公约而言的。因为之前关于某些劳工标准可能是核心或基本劳工标准的想法一直在讨论过程中,但国际劳工组织却难以界定此类标准。[3] 此外,1995年联合国社会发展问题世界首脑会议通过的《行动纲领》进一步推动了对核心劳工标准的新的理解。具体地说,该《行动纲领》建议,即使不是基本劳工公约的缔约国,它们也应该"……考虑这些公约所体现

---

[1] United Nations, "Copenhagen Declaration on Social development," https://www.un.org/en/development/desa/population/migration/generalassembly/docs/globalcompact/A_CONF.166_9_Declaration.pdf, para.26 (a),最后访问日期:2020年11月9日。

[2] United Nations, "Copenhagen Declaration on Social development," https://www.un.org/en/development/desa/population/migration/generalassembly/docs/globalcompact/A_CONF.166_9_Declaration.pdf, Commitment 3 (i), para.29,最后访问日期:2020年11月9日。

[3] Steve Charnovitz, "International Labour Organization in its Second Century," in J. A. Frowein and R. Wolfrum, eds., *Max Planck Yearbook of United Nations Law*, Kluwer Law International, 2000, p.152.

的原则"。① 对所涉公约非缔约方的这种关注对于致力于将基本劳工权利重新纳入所有政府的普遍责任的努力来说是一项重大成就，而不仅仅是那些批准基本劳工公约的政府。②

二 联合国系统的其他机构

自 1995 年联合国社会发展问题世界首脑会议以来，联合国系统更加重视劳工权利。

1999 年 1 月，联合国秘书长科菲·安南（Kofi Annan）向"全球商业界"提出了一项关于人权、劳工标准和环境的"全球契约"。③

劳工问题在世界银行和国际货币基金组织的政策议程中所占据的分量也日趋重要。在 20 世纪 90 年代以前，世界银行和国际货币基金组织似乎对劳工权利或社会保护几乎没有关注。多年来，人们一直批评国际货币基金组织贷款条件对人类的不利影响，由此促使人们对民主和社会资本在促进经济增长方面的作用有了更好的理解，这导致情况发生了变化。在考虑劳工问题时，世界银行和国际货币基金组织现在邀请国际劳工组织提供意见。1994 年，国际劳工组织应邀作为观察员出席世界银行和国际货币基金组织年会。1999 年，国际劳工组织在国际货币基金组织临时委员会（the International Monetary and Financial Committee，现为国际货币金融委

---

① United Nations, "Programme of Action of the World Summit for Social Development," https://www.un.org/esa/socdev/wssd/text-version/agreements/poach3.htm, para. 54（b），最后访问日期：2020 年 11 月 9 日。

② Steve Charnovitz, "International Labour Organization in its Second Century," in J. A. Frowein and R. Wolfrum, eds., *Max Planck Yearbook of United Nations Law*, Kluwer Law International, 2000, p. 152.

③ 《联合国全球契约关于人权、劳工、环境和反腐败的十项原则》具体包括以下内容。第一，人权领域：（1）企业应该支持和尊重对国际公认人权的保护；（2）确保它们不会实施侵犯人权的行为。第二，劳工领域：（3）企业应当维护结社自由及对集体谈判权利的有效认可；（4）消除一切形式的强迫劳动；（5）有效废除童工；（6）消除关于就业和职业的歧视。第三，环境：（7）企业应当支持开展环境挑战的预防措施；（8）采取主动行动以提高环境责任感；（9）鼓励开发及推广环保科技。第四，反腐败：（10）企业应努力打击一切形式的腐败，包括勒索和贿赂。参见 United Nations Global Compact, www.unglobalcompact.org，最后访问日期：2020 年 7 月 16 日。

员会）中获得了观察员的地位；同年，国际开发协会（International Development Association，IDA）要求世界银行的国家援助战略考虑核心劳工标准。[①]

第五节 世界贸易组织视角下的劳工标准与贸易的关系

世界贸易组织是一个独立于联合国的国际组织，负责管理世界经济和贸易秩序，被认为是多边贸易体制的代表。本节讨论内容涉及世界贸易组织及其前身关贸总协定视角下的劳工标准与国际贸易的关系。

一 关贸总协定视角下的劳工标准与贸易的关系

在国际贸易领域，关于把劳工权利纳入多边贸易体制的主张最早出现在第二次世界大战之后。1944年，由44个国家参加的布雷顿森林会议召开，决定在二战结束后建立国际货币基金组织、国际复兴开发银行和国际贸易组织。就建立国际贸易组织而言，1946年2月，联合国经济及社会理事会通过了关于召开世界贸易和就业会议的建议，着手筹备建立世界上最大的国际贸易组织。1947年，在起草旨在创建国际贸易组织的《哈瓦那宪章》时，多边贸易协议中的劳工保护条款被提了出来。[②]

《哈瓦那宪章》第1章第1条关于国际贸易组织的宗旨和目标中提道：成员方认识到联合国创设稳定和福利的条件之决议对于构建国家之间的和平友好关系非常重要，本宪章缔约方承诺在贸易和雇佣领域相互合作并与联合国合作；成员方认识到《联合国宪章》的宗旨，尤其是《联合国宪章》第55条规定的实现生活水平的提高，促进充分就业以及经济条件的改善，促进社会进步与发展。为此目标，每个成员方单独以及集体保

---

① "ILO Relations with the Bretton Woods Institutions," https：//www.ilo.org/public/english/standards/relm/gb/docs/gb276/esp-5.htm，最后访问日期：2020年7月16日。
② 1947年《哈瓦那宪章》第1章第1条、第2章第7.1条款、第7.2条款和第7.3条款。

国际劳工组织

证促进采取国内和国际行动实现以下的目标：(1)确保实际收入和有效需求的大幅度稳定增长……

《哈瓦那宪章》第2章第7条标题为"公平的劳动标准"。第7条第1款规定，认可与就业有关的措施的成员方必须充分考虑工人在政府间国际宣言、国际条约中的权利。所有国家在实现和维护与劳动生产率有关的公平劳工标准方面具有相同的利益，劳动生产率的提高有助于提高工资水平和改善工作条件。成员方认识到不公平的劳动条件，特别是生产出口产品的部门的不公平的劳动条件给国际贸易造成困难。因此，各成员方应采取一切合适及可行的办法来消除其境内的上述不公平条件。第7条第2款规定，同为国际劳工组织和国际贸易组织的成员方必须与国际劳工组织合作以便实现第1款的承诺。第7条第3款规定，与劳工标准有关的任何事项，应该与国际劳工组织磋商并与国际劳工组织合作。

此外，《哈瓦那宪章》第45条（有关第4章的一般例外）第1款第7项规定，在措施的实施不会对条件相同的缔约各国造成任意的或不合理的歧视，或者不会对国际贸易构成变相限制的前提下，本协定不得被解释为妨碍任何缔约方采取或实行这些措施：……(vi)与监狱劳动产品有关……

由此可见，在多边贸易体制建构之初，劳动标准问题就被提出来，只是由于《哈瓦那宪章》未能获得美国等国家立法机构的批准而无法生效，将劳工条款纳入多边贸易体制的意图随之破灭。

然而，多边贸易体制确是实实在在建立了起来。为了尽早实施关税谈判的成果，消除从20世纪30年代初以来采取的贸易保护措施，1947年10月30日美英等8个国家签署了《关税及贸易总协定临时适用议定书》(《关贸总协定》, General Agreement on Tariffs and Trade, GATT)，以代替《哈瓦那宪章》中有关关税与贸易的政策。

《关贸总协定》保留了《哈瓦那宪章》第1条与第45条第1款第7项内容，规定了一般例外条款，允许"采取或实行措施"保护公共道德或抵制有关监狱劳动产品，这可能是把贸易与劳工标准联系起来的唯一路径。《关贸总协定》第20条规定："如果下列措施的实施在条件相同各国间不会构成任意的或无端的歧视，或者不会对国际贸易构成变相限制，不得将本协定解释为妨碍任何缔约方采取或实行这些措施：（1）为维护公共道德所必需的措施……（5）有关监狱劳动产品……"另外，《关贸总协定》第 21 条①将例外措施延伸至"……《联合国宪章》项下维护国际和平与安全的义务"，但很显然该条规定太过含糊，对于违反劳工标准的规定很难适用。②

在关贸总协定建立之后，也曾面临劳工标准与国际贸易关系问题。如 1953 年，美国向关贸总协定缔约国建议，关贸总协定应采用更一般的手段来处理包括囚犯劳动在内的不公正的工作条件问题。这种不公正的工作条件被界定为"低于生产力水平允许的水准"③。但由于其他国家无法就"不公平"一词的定义达成共识，美国政府的这项建议未获采纳。1979 年 7 月，美国政府正式提出建议，主张在 1991 年乌拉圭回合多边贸易谈判时，应考虑两项最基本的国际劳工标准：一项是禁止一国之出口工业，采取比其他经济部门低的劳工标准；另一项是对危及生命之有毒性物质，建立一套全面而严格的披露制度。但该建议也未被采纳。④

上述分析显示，关贸总协定作为一个多边贸易协定，从 1948 年 1 月 1 日⑤临时实施一直到 1995 年 1 月 1 日被世界贸易组织取代，在其运行的 47 年时间里，一直没有纳入劳工标准，没有体现对劳工议题的关注。

二 世界贸易组织关于劳工标准与国际贸易关系的立场

1. 马拉喀什关贸总协定贸易部长级会议

1994 年，在筹备马拉喀什关贸总协定贸易部长级会议时，美国和

---

① 《关贸总协定》第 21 条（即"安全例外条款"）规定，本协定不得解释为要求任何缔约方提供其根据国家基本安全利益而认为不能公布的资料；或阻止任何缔约方为保护国家基本安全利益而采取其认为必须采取的任何行动；或阻止任何缔约方根据《联合国宪章》为维护国际和平和安全而采取行动。
② Jean-Marc SIROËN, "Labour Provisions in Preferential Trade Agreements: Current Practice and Outlook," *International Labour Review*, Vol. 152, No. 1, 2013, p. 86.
③ 朱彦、尤垒：《入世与劳工标准问题研究》，《行政与法》2003 年第 5 期，第 68 页。
④ 周长征：《WTO 的"社会条款"之争与中国的劳动标准》，《法商研究》（中南政法学院学报）2001 年第 3 期，第 96 页。
⑤ 赵维田：《世贸组织（WTO）的法律制度》，吉林人民出版社，2002，第 8 页。

国际劳工组织

法国提出了劳工标准与国际贸易关系这一问题，再次引起各方重视并进行了激烈辩论。虽然大多数国家政府反对将劳工标准纳入世界贸易组织议程，但也有个别国家政府表示支持。如奥地利代表提出："我们认为，世贸组织应毫不犹豫地调查诸如剥削儿童、强迫劳动，或否认工人的言论自由或自由结社及其与贸易的相互关系等问题。"然而，最终马拉喀什关贸总协定贸易部长级会议没有采取任何关于劳工权利的行动。①

2. 世贸组织新加坡部长级会议

1996年12月，世界贸易组织首届部长级会议在新加坡召开，劳工标准与国际贸易关系问题再次被提出，且争论更为激烈。在这次争论中，世贸组织成员两极分化明显。一方面，少数几个成员提议世贸组织应对劳工权利采取某些组织行动，但另一方面更多的成员坚持世贸组织应一概回避这一问题。最终，世贸组织成员方达成妥协，同意在世贸组织《新加坡部长宣言》中加入一个措辞非常谨慎的关于核心劳工标准的段落，其要义如下：

> 我们再次承诺，遵守国际公认的核心劳工标准。国际劳工组织是制定和处理这些标准的适格机构，我们确认支持其在提高劳工标准方面的工作。我们相信，通过增长的贸易和进一步的贸易自由化而促使的经济增长和发展有助于这些标准的改善。我们反对将劳动标准用于贸易保护主义目的，并且同意具有比较优势的国家，尤其是低工资发展中国家绝不会成为这方面的问题。在这方面，我们注意到世贸组织和国际劳工组织秘书处将会继续他们目前的合作。②

---

① Steve Charnovitz, "International Labour Organization in its Second Century," in J. A. Frowein and R. Wolfrum, eds., *Max Planck Yearbook of United Nations Law*, Kluwer Law International, 2000, p. 157.
② World Trade Organization, "Singapore Ministerial Declaration," https://www.wto.org/english/thewto_e/minist_e/min96_e/wtodec_e.htm, para. 4, 最后访问日期：2020年7月23日。

这一表述实际意味着发展中国家承认劳工标准是一个"问题",并承诺予以解决;但关于社会条款与国际贸易挂钩的争论,远没有结束。①

在此需要指出的是,上述1994年和1996年贸易部长级会议以及联合国社会发展问题世界首脑会议(1995年)对劳工问题的关注,为国际劳工组织内部通过1998年《宣言》提供了巨大的助力。当1996年世贸组织成员方在新加坡"重申"其对"核心劳工标准"的承诺时,国际劳工组织尚未确定核心劳工标准是什么。《新加坡部长宣言》刺激国际劳工组织制定"核心劳工标准",同时该宣言指出国际劳工组织是制定核心劳工标准的适格机构,对提高国际劳工组织的声望和士气产生了令人惊讶的效果。②

3. 世贸组织西雅图部长级会议

在讨论世贸组织西雅图部长级会议之前,有必要总结一下国际劳工组织在20世纪90年代的重要发展。一项主要举措是通过1998年《宣言》,该宣言将一组劳工权利界定为"基本权利",并声明所有成员方政府都有义务促进关于这些基本权利的原则。国际劳工组织内部对这一举措发挥了巨大的推动作用,但联合国社会发展问题世界首脑会议和世贸组织新加坡部长级会议为推动国际劳工组织通过1998年《宣言》所发挥的巨大作用同样不可低估。就此,在1998年10月的一次讲话中,世界贸易组织总干事雷纳托·鲁杰罗(Renato Ruggiero)曾指出,世界贸易组织在新加坡部长级会议上达成的共识"为国际劳工组织及其1998年《宣言》奠定了良好的基础,使其能够在社会条款问题上取得真正进展"。国际劳工组织的其他主要举措包括于1992年启动的"消除童工国际计划"(International

---

① 常凯:《WTO、劳工标准与劳工权益保障》,《中国社会科学》2002年第1期,第128页。
② Steve Charnovitz, "International Labour Organization in Its Second Century," in J. A. Frowein and R. Wolfrum, eds., *Max Planck Yearbook of United Nations Law*, Kluwer Law International, 2000, pp. 158 – 159.

国际劳工组织

Programme on the Elimination of Child Labour, IPEC)[1] 和 1999 年通过的《禁止和立即行动消除最恶劣形式的童工劳动公约》（第 182 号公约）。这些成果举措都得益于公众对滥用童工现象的日益关注，特别是对与出口产品有关的滥用童工现象的日益关注。[2]

在 1999 年西雅图部长级会议上，争论的焦点之一是世贸组织和新一轮贸易谈判应该如何促进工人的基本权利。争论的一方为工会，几十年来他们一直推动将"社会条款"纳入贸易规则。当然，这些工会不仅仅来自美国和欧盟，国际自由工会联合会（The International Confederation of Free Trade Unions, ICFTU）长期以来也一直支持这样的倡议。在为西雅图部长级会议编写的一份出版物中，国际自由工会联合会呼吁世贸组织开始审查如何将劳工标准纳入世贸组织的机制和程序，并使国际劳工组织在这些讨论中充分发挥作用。[3] 争论的另一方是发展中国家。1998 年中期，坦桑尼亚总统朱利叶斯·尼雷尔（Julius Nyerere）曾发表演讲，解释了为什么南方国家反对在世贸组织中纳入与贸易有关的社会条款，而是倾向于将这一问题留由国际劳工组织负责。尼雷尔称："与世贸组织相比，国际劳工组织在结构上是民主的，它不企图侵犯任何国家的国家主权。"[4] 因此，一年后，在 1999 年 15 国集团的一次会议之后，主席摘要指出："各代表团拒绝在贸易与核心劳工标准之间建立任何联系。他们回顾说，这一问题已在《新加坡部长宣言》中得到彻底解决。因

---

[1] ILO, "About the International Programme on the Elimination of Child Labour," https://www.ilo.org/ipec/programme/lang--en/index.htm, 最后访问日期：2021 年 1 月 17 日。

[2] Steve Charnovitz, "International Labour Organization in its Second Century," in J. A. Frowein and R. Wolfrum, eds., *Max Planck Yearbook of United Nations Law*, Kluwer Law International, 2000, p. 159.

[3] Steve Charnovitz, "International Labour Organization in its Second Century," in J. A. Frowein and R. Wolfrum, eds., *Max Planck Yearbook of United Nations Law*, Kluwer Law International, 2000, pp. 159 - 160.

[4] J. Nyerere, Excerpts from "Are Universal Social Standards Possible?" *Bridges*, October-November 1999, p. 11; 参见 Steve Charnovitz, "International Labour Organization in Its Second Century," in J. A. Frowein and R. Wolfrum, eds., *Max Planck Yearbook of United Nations Law*, Kluwer Law International, 2000, pp. 159 - 160。

此，他们决定坚决反对在世贸组织再次提出这一问题的任何企图。"①

而许多工业化国家政府则持中间立场。1999年6月，八国集团科隆峰会强调"世贸组织与国际劳工组织在全球化和贸易自由化社会层面开展有效合作的重要性"②。1999年10月，欧盟委员会呼吁国际劳工组织和世界贸易组织就贸易、全球化和劳工问题联合举办一个常设工作论坛；此外，该委员会还提议在2001年举行一次部长级会议，审查这项工作。1999年11月，美国政府建议成立世贸组织贸易和劳工工作组，其最初任务是为下一届世贸组织部长级会议编写一份报告。在起草该报告时，该工作组应征求国际劳工组织、联合国贸易和发展会议（United Nations Conference on Trade and Development, UNCTAD）和国际金融机构的意见。美国前贸易代表莎琳·巴尔舍夫斯基（Charlene Barshefsky）解释说，她的提议"完全符合新加坡部长级会议达成的共识"③。

遗憾的是，欧盟委员会和美国政府未能就上述任何一项联合提案达成共识。这种缺乏共识的情况可能表明，个别提案仅仅是为了内部政治目的而提出，并不代表为取得实际成果所作的真正努力。此外，欧盟委员会和美国政府都不愿意投入大量的政治资本来支持发展中国家。④

在西雅图，时任美国总统克林顿在接受采访时透露，他希望看到"核心劳动标准……能成为每一项贸易协定的组成部分"，并赞成"建立一个因违反贸易协定任何条款都能受到制裁的制度"，不过这些结果必须

---

① "G-15 Communique on WTO Ministerial," *Inside US Trade*, September 10, 1999, para. 21; 另见 Steve Charnovitz, "International Labour Organization in its Second Century," in J. A. Frowein and R. Wolfrum, eds., *Max Planck Yearbook of United Nations Law*, Kluwer Law International, 2000, pp. 159–160。

② G-8 Summit Communique, para. 26; 另见 Steve Charnovitz, "International Labour Organization in its Second Century," in J. A. Frowein and R. Wolfrum, eds., *Max Planck Yearbook of United Nations Law*, Kluwer Law International, 2000, p. 161。

③ European Communities, "Proposal for a Joint ILO/WTO Standing Working Forum," WT/GC/W383, 1999.

④ Steve Charnovitz, "International Labour Organization in its Second Century," in J. A. Frowein and R. Wolfrum, eds., *Max Planck Yearbook of United Nations Law*, Kluwer Law International, 2000, p. 161。

国际劳工组织

"循序渐进"地实现。这表明关于争取世贸组织采取行动的运动遭遇了挫败。由于担心世贸组织内部任何关于劳工问题的讨论都会带来负面影响，发展中国家认为美国总统克林顿的声明是对他们强硬反对立场的辩驳，因为发展中国家不希望在世贸组织议程中纳入劳动标准议题，无论是立即还是循序渐进。[①]

世贸组织虽然没有为国际劳工组织确立像其他许多国际组织那样的合作地位，但却邀请国际劳工局（即国际劳工组织秘书处）派观察员参加西雅图会议。时任国际劳工组织总干事胡安·索马维亚（Juan Somavia）接受了这一邀请，他向世贸组织部长级会议提交了一份资料，并在西雅图会议上非常活跃。索马维亚在其资料中称世贸组织在促进工人权利方面功不可没。他解释说，联合国社会发展问题世界首脑会议将七项基本劳工公约确定为"全球新兴经济的社会基础"，而"世贸组织是最早认识到这一点的机构之一，因为1996年举行的新加坡世贸组织部长级会议重申了成员方遵守国际公认的核心劳工标准的承诺，并确认支持国际劳工组织在提高劳工标准方面的工作"[②]。

一旦世贸组织在1996年明确表示它不准备在这一领域发挥作用时，国际劳工组织便突然成为新的辩论焦点。这符合那些希望某个国际组织发挥强有力作用的人的期望，也符合那些希望将压力和注意力从世贸组织转移出去的人的利益。1998年《宣言》是这一进程的主要成果。[③]

总之，直到20世纪90年代末，关于贸易和劳工的辩论大都发生在国际劳工组织之外。虽然国际劳工组织是促进和维持劳工标准的初始国际论

[①] Steve Charnovitz, "International Labour Organization in Its Second Century," in J. A. Frowein and R. Wolfrum, eds., *Max Planck Yearbook of United Nations Law*, Kluwer Law International, 2000, pp. 161–162.

[②] Steve Charnovitz, "International Labour Organization in Its Second Century," in J. A. Frowein and R. Wolfrum, eds., *Max Planck Yearbook of United Nations Law*, Kluwer Law International, 2000, pp. 162–163.

[③] Philip Alston and James Heenan, "Shrinking the International Labor Code: An Unintended Consequence of the 1998 ILO Declaration on Fundamental Principles and Rights at Work？" *New York University Journal of International Law and Politics*, Vol. 36, 2004, p. 234.

坛，但围绕一项将贸易准入与尊重劳动标准联系起来的社会条款进行集中辩论，该论坛似乎并不具吸引力。那些主张在贸易与劳工之间建立强有力联系的行为体更希望在世界贸易组织框架内取得突破，因为该组织被普遍认为是一个更强有力的组织，能对违反其准则的行为实施制裁。正如欧洲共同体委员会指出，现行的国际经济和社会的规则与结构在全球层面上是不平衡的，全球市场治理比全球社会治理发展得更快。国际劳工组织的执行机制仅限于已批准的劳工公约，其效力有限。相比之下，世贸组织以规则为基础的制度和具有约束力的争端解决机制意味着它是一个强有力而相对有效的组织。世贸组织的这种相对实力促使人们呼吁它在贸易领域以外的领域采取行动，从而利用其工具加强其他政策领域的治理，如劳动标准和环境。①

但主流观点认为，国际劳工组织应继续成为推动国际社会努力促进劳工标准的主要论坛，其基本力量在于其公约体系和对各国履行义务的监督。虽然政府和私营部门还有采取其他举措的空间，但国际劳工标准体系的实际作用，尤其是其潜在作用犹在，其核心应是努力保护劳工标准。1998年《宣言》似乎是为实现这一目标而设计的，其提案者也热衷于强调这一事实。②

有研究指出，以下四个令人鼓舞的现象，有力证明了国际劳工组织在当代国际环境下为促进工人权利所作的努力。其一是1998年通过《关于工作中基本原则和权利宣言》，其二是1999年开始实施"体面工作"战略，其三是1994年建立国际贸易自由化社会层面工作组，2000年3月该工作组名称改为"全球化社会层面工作组"，其四是2008年通过《关于

---

① Commission of the European Communities, "Promoting Core Labour Standards and Improving Social Governance in the Context of Globalization," http：//csdle. lex. unict. it/Archive/LW/Data% 20reports% 20and% 20studies/Reports% 20and% 20% 20communication% 20from% 20EU% 20Commission/20110830 - 104753_ com_ 2001_ 416enpdf. pdf, part 3, 最后访问日期：2020年6月17日。

② Philip Alston and James Heenan, "Shrinking the International Labor Code: An Unintended Consequence of the 1998 ILO Declaration on Fundamental Principles and Rights at Work？" *New York University Journal of International Law and Politics*, Vol. 36, 2004, p. 235.

国际劳工组织

争取公平全球化的社会正义宣言》。这些迹象表明,国际劳工组织并没有停滞不前,恰恰相反,它显示了非凡的创新能力。在1998年至2008年的十年里,它在米歇尔·汉森(Michel Hansenne)和胡安·索马维亚的领导下,致力于达成一系列倡议,每一项倡议都大致对应国际劳工组织试图(重新)影响全球化动态的不同阶段。[1]

---

[1] Francis Maupain, *The Future of the International Labour Organization in the Global Economy*, Hart Publishing, 2013, pp. 51-58.

第十二章
中国与国际劳工组织的关系

第一节 概述

中国是国际劳工组织的创始成员国。1949年中华人民共和国成立后，于1971年恢复在国际劳工组织的合法席位，1983年恢复在国际劳工组织的各项活动。截至目前，中国已签署并批准26项国际劳工公约，其中包括4项基本公约、2项治理公约、20项技术公约，[①] 这些公约对促进我国劳动权利和社会保障权利的实现起到了极大的推动作用。

鉴于本书研究的目的，本章讨论内容主要涉及新中国与国际劳工组织的关系。

一 新中国恢复在国际劳工组织合法地位的历史背景及过程

中国是1919年国际劳工组织成立时的创始成员国。然而，1949年中华人民共和国成立后到1971年前，因为当时特殊的国际国内背景，中国在国际劳工组织的席位由台湾当局占有，因此中国政府在此期间缺席国际劳工组织的活动。1950年6月5日，中央人民政府外交部部长周恩来致电联合国秘书长赖伊及国际劳工组织总干事大卫·莫斯（David Morse），

[①] "Ratifications for China," https：//www.ilo.org/dyn/normlex/en/f？p＝1000：11200：0：：NO：11200：P11200_COUNTRY_ID：103404，最后访问日期：2019年6月12日。

国际劳工组织

指出"中国国民党反动派残余集团的所谓'代表'现已完全没有参加国际劳工组织的资格,必须将其从国际劳工组织的各项机构和会议中驱逐出去"[①]。1950年12月14日,联合国大会(第三二五次全体会议)通过了关于"联合国承认会员国代表权问题"的决议〔第396(5)号〕,建议联合国大会(General Assembly)或大会临时委员会对会员国在联合国的代表权问题上采取的态度,联合国其他机构以及各专门机构均应顾及之。[②] 1971年10月25日,联合国大会(第一九七六次全体会议)通过了关于"恢复中华人民共和国在联合国的合法权利"的决议〔第2758(26)号〕,"承认中华人民共和国政府的代表是中国在联合国组织的唯一合法代表"[③],恢复中国在联合国的合法席位。该决议如下:

大会,

回顾联合国宪章的原则,

考虑到,恢复中华人民共和国的合法权利对于维护联合国宪章和联合国组织根据宪章所必须从事的事业都是必不可少的,

承认中华人民共和国政府的代表是中国在联合国组织的唯一合法代表,中华人民共和国是安全理事会五个常任理事国之一,

决定:恢复中华人民共和国的一切权利,承认她的政府的代表为中国在联合国组织的唯一合法代表并立即把蒋介石的代表从它在联合国组织及其所属一切机构中所非法占据的席位上驱逐出去。

1971年中国恢复在联合国的合法席位后,国际劳工组织理事会依据联合国大会第396(5)号决议和第2758(26)号决议,于1971年11月

---

① 参见张龙平《国际劳工组织与中国:百年历史回顾》,《中国社会科学报》2019年6月4日。
② 参见 UN, "Resolution on the Recognition by the United Nations of the Representation of a Member State," A/RES/396 (V), 1950。
③ 参见 UN, "General Assembly 2758 on the Restoration of the Lawful Rights of the People's Republic of China in the United Nations," 2758 (XXVI), 1971。

16 日举行第 184 次会议并通过决议，恢复中华人民共和国在国际劳工组织的合法席位。[①] 然而由于各种原因，直到 1983 年 6 月第 69 届国际劳工大会，中国派出了劳动人事部部长赵守一、副部长李云川为首的代表团出席，中华人民共和国才正式恢复在国际劳工组织的各项活动。之后，中国积极参与国际劳工组织各项议题的讨论和活动。需要指出的是，1983 年 6 月中国恢复在国际劳工组织的活动之后通知国际劳工局，对旧中国批准的 14 个劳工公约经逐一审查后决定全部予以继承；[②] 宣布台湾当局对 23 个劳工公约的"批准"为非法、无效，由国际劳工局予以撤销。[③]

二 中国与国际劳工组织关系的现状

中华人民共和国人力资源和社会保障部、中华全国总工会和中国企业联合会分别代表中国政府、中国工人组织和中国雇主组织参加国际劳工组织的各项活动。[④] 人力资源和社会保障部代表中国政府参与国际劳工组织有关公约的拟订以及劳动、社会政策、社会保障等方面国际法的制订工作。人力资源和社会保障部与国际劳工组织在包括劳动力市场管理、就业促进和就业保护、社会保障等诸多领域进行密切合作。1944 年中国被列为 10 个主要工业国之一，[⑤] 从而成为国际劳工组织理事会常任政府理事。中华全国总工会是中国各地方总工会和各产业工会全国组织的领导机关，

[①] 刘旭：《国际劳工标准概述》，中国劳动社会保障出版社，2003，第 133 页。
[②] 《中华人民共和国政府一九八四年五月决定承认的十四个国际劳工公约——确定准许儿童在海上工作的最低年龄公约》规定，这 14 个国际劳工公约，旧中国政府已于 1930～1947 年分别批准加入。中华人民共和国国务院于 1984 年 5 月 30 日决定予以承认。参见《中华人民共和国国务院公报》1984 年第 14 期，第 467 页。
[③] 刘旭：《国际劳工标准概述》，中国劳动社会保障出版社，2003，第 138 页。
[④] 参见《国际劳工组织在中国的合作伙伴》，国际劳工组织网站，https：//www.ilo.org/beijing/countries-covered/WCMS_624962/lang--zh/index.htm，最后访问日期：2020 年 6 月 19 日。
[⑤] 目前这 10 个主要工业国为德国、巴西、中国、美国、法国、印度、意大利、日本、英国、俄罗斯。参见 ILO，"Composition of the Governing Body of the International Labour Office，" https：//www.ilo.org/wcmsp5/groups/public/@ed_norm/@relconf/@reloff/documents/meetingdocument/wcms_083528.pdf，最后访问日期：2020 年 9 月 18 日。

国际劳工组织

代表中国工人参加国际劳工组织的会议和各项活动。中国企业联合会是中国正式确定的代表各类雇主的雇主组织,并参加国际劳工组织的各项活动。中国企业联合会2003年成为国际雇主组织的成员。国际劳工组织支持中国企业联合会在诸多领域包括劳动关系、管理发展、中小企业家能力建设、全球契约、性别主流化、预防艾滋病等的各种咨询、研讨会、调查和研究活动。[1] 值得指出的是,中华全国总工会负责人自1984年之后多次当选理事会劳工组理事,中国企业联合会负责人自2005年之后也多次当选理事会雇主组副理事。[2]

1985年1月,国际劳工组织在北京设立了中国和蒙古局,进一步加强与中国的联系。

中国与国际劳工组织一直保持积极互动关系。尤其是近年来,中国高层与国际劳工组织互动积极。2011年11月29日,习近平在北京会见来访的国际劳工组织总干事胡安·索马维亚一行。习近平指出:"国际劳工组织是历史最悠久的联合国专门机构,在国际上具有重要影响。中国赞赏国际劳工组织在促进社会公正和保护劳动者权益方面所做的开创性工作。……中国将积极参与国际劳工事务,进一步加强与国际劳工组织、各成员国以及工会和企业协会的合作,促进社会公平正义。"[3] 索马维亚总干事高度赞扬中国在经济发展和社会进步方面取得的成就,称"国际劳工组织高度重视同中国发展关系,希望中国在国际劳工组织乃至全球治理中发挥更大作用"[4]。2016年9月5日,国际劳工组织总干事盖·莱德(Guy Ryder)应邀出席二十国集团领导人杭州峰会,习近平主席在杭州与其见面,莱德高度肯定中国在全球治理中的作用,"相信中国

---

[1] 参见《国际劳工组织在中国的合作伙伴》,国际劳工组织网站,https://www.ilo.org/beijing/countries-covered/WCMS_ 624962/lang--zh/index.htm,最后访问日期:2020年6月19日。
[2] 张龙平:《国际劳工组织与中国:百年历史回顾》,《中国社会科学报》2019年6月4日。
[3] 《习近平会见国际劳工组织总干事胡安·索马维亚》,中国政府网站,http://www.gov.cn/ldhd/2011-11/29/content_ 2006390.htm,最后访问日期:2019年10月12日。
[4] 《习近平会见国际劳工组织总干事胡安·索马维亚》,中国政府网站,http://www.gov.cn/ldhd/2011-11/29/content_ 2006390.htm,最后访问日期:2019年10月12日。

贡献将会帮助夯实世界经济复苏和增长的根基，这对世界各国都是有好处的。中国对全球经济增长的贡献近30%，作为二十国集团（G20）主席国，中国对世界经济的提振作用巨大"①。高层互动表明了中国欲进一步加强与国际劳工组织合作的意愿，为全球治理贡献中国智慧，提供中国方案，同时也彰显国际劳工组织对中国发展的信心。②

第二节 中国加入或批准国际劳工公约的现状

截至2021年1月19日，中国加入或批准的国际劳工公约总计26项，③ 其中包括我国于1984年决定承认的中华民国加入的14项劳工公约④和新中国成立后加入或批准的12项劳工公约；宣布台湾当局对23项劳工公约的"批准"为非法、无效，由国际劳工局予以撤销。⑤

关于承认中华民国加入的14项劳工公约和撤销台湾当局非法"批准"的23项劳工公约，涉及国际法上新政府对条约的承认问题。周鲠生和张乃根从不同的视角论证提出新中国政府改变或废除旧政府缔结的条约，是完全允许的且有正当性的。⑥ 新中国成立后，当时起临时宪法作用的《中国人民政治协商会议共同纲领》第55条规定："对于国民党政府与外国政府所订立的各项条约和协定，中华人民共和国中央人民政府应加

---

① 张龙平：《国际劳工组织与中国：百年历史回顾》，《中国社会科学报》2019年6月4日；另参见《合作应对重大挑战（回眸G20杭州峰会）——访国际劳工组织总干事盖·莱德》，人民网，http://world.people.com.cn/n1/2016/0911/c1002-28706371.html，最后访问日期：2020年10月12日。

② 张龙平：《国际劳工组织与中国：百年历史回顾》，《中国社会科学报》2019年6月4日。

③ ILO, "Ratifications for China," https：//www.ilo.org/dyn/normlex/en/f? p = 1000：11200：0：：NO：11200：P11200_COUNTRY_ID：103404，最后访问日期：2021年1月19日。

④ 《中华人民共和国政府一九八四年五月决定承认的十四个国际劳工公约——确定准许儿童在海上工作的最低年龄公约》规定，这14个国际劳工公约，中华民国已于1930～1947年分别批准加入。中华人民共和国国务院于1984年5月30日决定予以承认。参见《中华人民共和国国务院公报》1984年第14期，第467页。

⑤ 刘旭：《国际劳工标准概述》，中国劳动社会保障出版社，2003，第138页。

⑥ 周鲠生：《国际法》，商务印书馆，1976，第156页；张乃根：《国际法原理》（第二版），复旦大学出版社，2012，第87～88页。

国际劳工组织

以审查，按其内容，分别予以承认，或废除，或修改，或重订。"但有研究指出，在实践中，审查的"并不限于国民党政府所订的条约和协定，而是包括中国自前清以来直到解放为止同外国所订的一切条约和协定"①。归纳来说，对于一切强加于旧中国的那种丧权辱国的不平等条约，原则上一律废除；对于不适应新中国成立后与其他国家双边关系的条约，予以重新考虑；对于非政治性或技术性条约，一般予以继承；对于边界条约，"中国方面一般也是予以尊重的，但是对于某些有争执的边界，要考虑到条约的历史背景，根据具体情况，分别对待"②。

此外，在国际层面，关于已批准劳工公约所产生的义务的继承的理论和实践也发生了重大变化。在非殖民化时期，自动继承原则取得了显著成功。根据该理论，新独立的国家根据各自前殖民统治者批准的公约承担义务。然而，随着冷战的结束、两大阵营的分化，东西方阵营各自联盟存在的必要性消失，欧洲或其他地方新成员国拒绝自动继承先前适用于其领土的劳工公约，这一重大变化可以理解为这一总体趋势的体现。而且值得注意的是，在国际劳工组织框架内，专家委员会并未采取任何干预措施以拯救这一理论。③

中国加入或批准的国际劳工公约具体情况有如下几个方面。④

第一，承认中华民国加入的14项劳工公约。1984年5月30日，中华人民共和国国务院作出决定，予以承认中华民国已于1930年至1947年分别批准加入的14项国际劳工公约。⑤ 这14项劳工公约为：

（1）第7号公约，1920年《（海上）最低年龄公约》（于1936年12

---

① 周鲠生：《国际法》，商务印书馆，1976，第156页。
② 周鲠生：《国际法》，商务印书馆，1976，第158页，转引自张乃根《国际法原理》（第二版），复旦大学出版社，2012，第88页。
③ Francis Maupain, *The Future of the International Labour Organization in the Global Economy*, Hart Publishing, 2013, pp. 26, 39 - 40, 43 - 44.
④ "Ratification for China", https：//www.ilo.org/dyn/normlex/en/f? p = 1000：11200：0：：NO：11200：P11200_ COUNTRY_ ID：103404，最后访问日期：2019年6月12日。
⑤ 参见《中华人民共和国政府一九八四年五月决定承认的十四个国际劳工公约——确定准许儿童在海上工作的最低年龄公约》，《中华人民共和国国务院公报》1984年第14期，第467页。

第十二章 中国与国际劳工组织的关系

月2日加入，于2000年4月27日被第138号公约修正取代，自动退约）；

（2）第11号公约，1921年《（农业）结社权利公约》（于1934年4月27日加入）；

（3）第14号公约，1921年《（工业）每周休息公约》（于1934年5月17日加入）；

（4）第15号公约，1921年《（扒炭工和司炉工）最低年龄公约》（于1936年12月2日加入，2017年6月14日废止）①；

（5）第16号公约，1921年《（海上）未成年人体格检查公约》（于1936年12月2日加入，于2016年11月11日被2006年《海事劳工公约》修正取代，自动退约）；

（6）第19号公约，1925年《（事故赔偿）同等待遇公约》（于1934年4月27日加入）；

（7）第22号公约，1926年《海员协议条款公约》（于1936年12月2日加入，于2016年11月11日被2006年《海事劳工公约》修正，自动退约）；

（8）第23号公约，1926年《海员遣返公约》（于1936年12月2日加入，于2016年11月11日被2006年《海事劳工公约》修正，自动退约）；

（9）第26号公约，1928年《确定最低工资办法公约》（于1930年5月5日加入）；

（10）第27号公约，1929年《（船运包裹）标明重量公约》（于1931年6月24日加入）；

（11）第32号公约，1932年《（码头工人）防止事故公约（修订）》（于1935年11月30日加入）；

（12）第45号公约，1935年《（妇女）井下作业公约》（于1936年12月2日加入）；

---

① 国际劳工大会《废除1921年〈（扒炭工和司炉工）最低年龄公约〉（第15号）》，决定2017年6月14日废止废除1921年《（扒炭工和司炉工）最低年龄公约》，https://www.ilo.org/wcmsp5/groups/public/-- -ed_norm/-- -relconf/documents/meetingdocument/wcms_568901.pdf，最后访问日期：2020年5月16日。

235

(13) 第 59 号公约，1937 年《（工业）最低年龄公约（修订）》（于 1940 年 2 月 21 日加入，于 2000 年 4 月 27 日被第 138 号公约修正，自动退约）；

(14) 第 80 号公约，1946 年《最后条款修订公约》（于 1947 年 8 月 4 日加入）。

第二，中华人民共和国成立后，加入或批准的劳工公约有以下几类。

4 项基本劳工公约：

(1) 第 100 号公约，1951 年《对男女工人同等价值的工作付予同等报酬公约》（于 1990 年 11 月 2 日加入）；

(2) 第 111 号公约，1958 年《（就业和职业）歧视公约》（于 2006 年 1 月 12 日加入）；

(3) 第 138 号公约，1973 年《准予就业最低年龄公约》（于 1999 年 4 月 28 日加入）；

(4) 第 182 号公约，1999 年《禁止和立即行动消除最恶劣形式的童工劳动公约》（于 2002 年 8 月 8 日加入）。

2 项治理公约：

(1) 第 122 号公约，1964 年《就业政策公约》（于 1997 年 12 月 17 日加入）；

(2) 第 144 号公约，1976 年《三方协商（国际劳工标准）公约》（于 1990 年 11 月 2 日加入）。

6 项技术公约：

(1) 第 150 号公约，1978 年《劳动行政管理公约》（于 2002 年 3 月 7 日加入）；

(2) 第 155 号公约，1981 年《职业安全与卫生公约》（于 2007 年 1 月 25 日加入）；

(3) 第 159 号公约，1983 年《（残疾人）职业康复和就业公约》（于 1988 年 2 月 2 日加入）；

(4) 第 167 号公约，1988 年《建筑安全与卫生公约》（于 2002 年 3 月 7 日加入）；

（5）第170号公约，1990年《化学品公约》（于1995年1月11日加入）；

（6）第186号公约，2006年《海事劳工公约》（于2015年11月12日加入）。

对于2006年《海事劳工公约》（第186号公约），需要指出的是，根据该公约标准A4.5（2）[①]和（10）项[②]规定，中国在加入该公约时明确界定了该公约所提供社会保障的分项险种，即医疗津贴、失业津贴、养老津贴、工伤津贴和生育津贴。

第三节 国际劳工公约与中国国内法的关系

一 国际法与国内法关系的一般原理

依据国际法一般原理，国际劳工公约在一国国内的实施首先要求批准公约使其具有国内法效力。对此，《章程》规定："成员国如获得主管机关同意，须将公约的正式批准书送交局长，并采取必要行动，使该公约各条款发生效力。"[③] 这意味着要确保劳工公约在实践中得到执行，并使其在法律或其他符合国家惯例的手段（如立法、行政、法院裁决、仲裁裁决或集体协议）中有效。就此而言，各成员国的政治法律制度相互有别，其将公约规定纳入国家法律和实践的途径也存在差异，即一元论和二元论。在一元论的国家中，批准一项公约可以在国家一级立即产生效果，即自动纳入国内法。在这些国家中，批准一项公约（这也适用于国际劳工公约）这一事实本身，以及公布或颁布一项已批准条约，将产

[①] 该项规定，在批准本公约时，各成员国根据规则4.5第1款所提供的保护应至少包括本标准第1款所列9个分项中的3个。

[②] 该项规定，各成员国在批准公约时应明确指出其根据本标准第2款所提供的保护分项险种。在其提供本标准第1款中所述的一种或几种其他分项的社会保障保护时应随即通知国际劳工组织总干事。总干事应保持一份关于此信息的记录，并应备所有相关各方索取。

[③] 《国际劳工组织章程》第19.5（d）条。

国际劳工组织

生使该批准公约成为国家法律的一部分的效果,并可以在国家一级直接执行。对此,一些国家(例如法国、荷兰、瑞士、美国、墨西哥)通过宪法规定,宣示其缔结的国际条约是其国内法的组成部分,不需转化而自动纳入其国内法体系;另一些国家(例如比利时、卢森堡)则通过判例法决定;而在其他国家(例如德意志联邦共和国、意大利),则在授权批准条约的法案中纳入一项条款,规定该条约批准后应被引入国内法并强制执行。一元论下自动纳入国家立法的条约,在一些国家中能被国内一般法律吸收,而在另一些国家中,则由宪法或法院的决定赋予其优先效力。条约的这种纳入方式以及它可能引起的国际标准与普通立法之间的冲突,是国际条约与国内法之间的关系这一更广泛问题的一个方面,也是与劳动法有关的条约经常出现的问题。但在上述实行一元论的国家中,条约的批准势必将其纳入国内法,因此国际标准可被视为法律的直接渊源。[1]

尽管在采取一元论的国家中,批准一项公约可以在国家一级立即产生效果,但仍需要采取以下措施:(1)消除公约规定与国内法和惯例之间的冲突(后法优于前法);(2)实施公约中任何非自动执行的条款(例如,要求特定事项由国家法律或法规规定或由主管当局确定的条款,或要求作出特别行政安排的条款);(3)酌情规定处罚;(4)确保所有有关人员(例如雇主、工人、劳动监察员、法院、法庭、其他行政机构)和当局了解将公约纳入国内法的情况,并在必要时给予指导。[2]

对于采取二元论的国家,国际公约与国内法是两个独立的法律体系。国际公约必须转化为国内法并进入国内法律体系,才能适用,因此二元论下采取间接转化法,而不可能采取自动纳入法。

---

[1] Nicolas Valticos and G. von Potobsky, *International Labour Law*, Kluwer Law and Taxation Publishers, 1995, pp. 278–279.

[2] ILO, *Handbook of Procedures relating to International Labour Conventions and Recommendations*, Centenary Edition, International Labour Office, 2019, paras. 20 and 21.

二 中国关于国际劳工公约在国内适用的法律规定和实践

中国宪法关于国际法与国内法的关系，仅对条约缔结权进行了规定，① 具体体现在1982年《中华人民共和国宪法》第67条第14款②、第81条③、第89条第9款④中，但没有涉及国际法在中国的适用问题，因此中国关于国际法在国内的适用出现了不同的立法实践。一些立法规定国际条约优先适用，如《民事诉讼法》《民用航空法》⑤；而另一些法律并未涉及国际条约在国内的适用问题，如我国《民法典》《劳动法》《社会保险法》。此外，值得指出的是，近期立法实践似乎还出现了回避规定国际条约在国内适用的倾向。如2014年修订的《行政诉讼法》和同年修订的《环境保护法》，均删除了原法中关于适用国际条约的相关规定。显然，在中国宪法关于国际法在中国的适用没有规定的情况下，在部门立法活动中，处理国际法与国内法关系的实践尚不统一。⑥

关于条约的法律效力问题，依据我国宪法和《缔结条约程序法》，我国的条约分为三类：一是必须由全国人大常委会决定批准的条约；二是无须报全国人大常委会决定，而由国务院核准的条约；三是既无须报全国人大常委会决定批准，也无须报国务院核准的条约。⑦ 与此相对应，条约批准的合法性基础不同：由全国人大常委会决定批准的条约，与法律制订程

---

① 张乃根：《国际法原理》（第二版），复旦大学出版社，2012，第54~55页。
② 1982年《中华人民共和国宪法》第67条第14款规定，全国人民代表大会常委会有权"决定同外国缔结的条约和重要协定的批准和废除"。
③ 1982年《中华人民共和国宪法》第81条规定，中华人民共和国主席根据全国人民代表大会常委会的决定，"批准和废除同外国缔结的条约和重要协定"。
④ 1982年《中华人民共和国宪法》第89条第9款规定，国务院有权"管理对外事务，同外国缔结条约和协定"。
⑤ 《中华人民共和国民事诉讼法》第260条和《中华人民共和国民用航空法》第184条均规定，中华人民共和国缔结或者参加的国际条约同本法有不同规定的，适用该国际条约的规定，但中华人民共和国声明保留的条款除外。
⑥ 戴瑞君：《认真对待国际法——基于对亚洲各国宪法文本的考察》，《国际法研究》2016年第4期，第44页。
⑦ 参见《缔结条约程序法》第7~9条。

序类同，合法性与法律相当；由国务院核准的条约，与行政法规的制定程序有些相似，合法性与行政法规相当；既无须报全国人大常委会决定批准，也无须报国务院核准的条约，合法性显然不及前两种。对此，在法律效力位阶问题上，主要考察宪法、法律、行政法规和条约相互间的位阶关系，在适用上遵循"上位法优于下位法"的原则；在横向层面，即在同位阶法律冲突时的优先适用问题上，应遵循"后法优于前法""特别法优于一般法"的原则。①

第四节 国际劳工组织和国际劳工标准对中国的影响

国际劳工组织拥有制定国际劳工标准和提供技术援助等主要权能，并通过国际劳工标准在国家层面的实施，促进成员国劳动条件的改善，构建基于三方原则的劳动关系，以维持社会正义和世界持久和平。中国已经建立了较为完善的劳动和社会保障制度。作为成员国，中国在劳动和社会保障立法进程中，适用或参考相关国际劳工标准，从而使其在立法理念、制度设计和立法技术等方面，均不同程度地体现国际劳工标准的影响。② 就此而言，国际劳工组织及其国际劳工标准对中国的影响主要体现在以下三个方面。

一 尊重国际劳工组织劳动治理理念和原则

我国在实施国际劳工标准的过程中，以国际劳工组织劳动治理理念和

---

① 叶静漪、阎天：《论反就业歧视公约的国内实施——以国际劳工组织第111号公约为例》，载李林、李西霞、〔瑞士〕丽狄娅·R. 芭斯塔·弗莱纳主编《少数人的权利》（下），社会科学文献出版社，2010，第101~106页。
② 田野、林菁：《国际劳工标准与中国劳动治理——一种政治经济学分析》，《世界经济与政治》2009年第5期；刘冬梅：《论国际机制对中国社会保障制度与法律改革的影响——以联合国、国际劳工组织和世界银行的影响为例》，《比较法研究》2011年第5期；饶戈平：《本体、对象与范围——国际组织法学科基本问题之探讨》，《国际法研究》2016年第1期；林燕玲：《国际劳工组织的历史贡献及其对中国劳动社会保障法制建设的影响——纪念国际劳工组织成立100周年》，《中国劳动关系学院学报》2019年第6期。

第十二章 中国与国际劳工组织的关系 | International Labour Organization

原则为指引开展立法和实践工作。国际劳工组织致力于制定国际劳工标准并促进其在成员国的实施，不仅是为了保护工人权利和规范劳动力市场，更是为了追求社会正义与世界持久和平。《章程》序言规定了人道的劳动条件，并指出"任何一国不实行合乎人道的劳动条件，会对愿改善本国条件的其他国家构成障碍"。2019 年《国际劳工组织关于劳动世界的未来百年宣言》进一步强调，"在全球化条件下，任何国家未能提供人道的劳动条件比以往任何时候都更会成为所有其他国家进步的障碍"。此外，1998 年《宣言》也指出促进工人在机会平等基础上，自由要求公平分享他们为之作出贡献的财富。对此，国际劳工组织总干事盖·莱德在 2016 年指出，国际劳工组织的工作应基于以下工作进行评判，即该组织为最弱势群体，贫困者，没有工作的人，没有机会、前景或没有希望的人，以及那些基本权利和自由被剥夺的人所做的工作。[①]

中国在劳动和社会保障领域，遵守《章程》义务，改善劳动条件，[②] 明确规定工时制度，实行最低工资制度，对工人因工患病和因工负伤予以保护，保护儿童、青年和妇女，提供养老金和残疾抚恤金，保护工人在外国受雇时的利益，承认同工同酬原则，承认参加工会的权利等。中国已逐步建立了全面的社会保障体系，基本实现了医疗保险和养老保险的全覆盖。中国的社会保障制度在一定程度上体现了国际劳工标准的基本原则和精神。中国改革开放四十多年来，数亿人摆脱了既有标准意义上的绝对贫困，很大一部分原因在于转移就业扶贫政策的实施和就业率的提高，同时大力发展社会保障制度。中国摆脱绝对贫困为世界范围内消除贫困，实现社会正义与和平发展作出了历史性贡献，并为国际减贫合作提供了有益经验。[③]

[①] ILO, "Introduction to International Labour Standards," https：//www. ilo. org/global/standards/introduction - to - international - labour - standards/lang - - en/index. htm，最后访问日期：2019 年 12 月 1 日。

[②] 参见 1919 年《国际劳工组织章程》序言；另参见 ILO, *Work for a Brighter Future: Global Commission on the Future of Work*, International Labour Office, 2019, p. 39。

[③] 《国际劳工组织柯凯琳：让贫困成为历史》，中国扶贫在线，http：//f. china. com. cn/2018 - 10/17/content_ 66628807. htm，最后访问日期：2020 年 4 月 15 日。

国际劳工组织

二 积极实施国际劳工标准

国际劳工标准，是国际劳工组织成员国政府代表、雇主组织代表和工人组织代表共同制定的法律文书中规定的关于工作中的原则和权利。这些法律文书或是经批准产生法律约束力的国际劳工公约（或议定书），抑或是无约束力的建议书。[①] 国际劳工标准对成员国的劳动立法有着明显的推动和指导作用，有利于成员国制定和完善劳动与社会保障法律制度，从而有益于促进成员国对工人权利与利益的保障，工人劳动条件与生活的改善，以及使劳动关系趋于规范化。[②] 我国积极实施国际劳工标准，如男女同工同酬制度、最低工资制度参照已批准的相关劳工公约中的国际劳工标准制定。再比如，我国注重构建基于三方原则的劳动关系。1990年11月2日，我国加入1976年《三方协商（国际劳工标准）公约》（第144号公约）。[③] 为有效实施该劳工公约，我国在相关立法中纳入了三方原则。如1994年通过的《劳动法》第81条明确规定了劳动争议仲裁委员会人员组成的三方结构，[④] 再如2001年修订的《工会法》第34条第2款规定："各级人民政府劳动行政部门应当会同同级工会和企业方面代表，建立劳动关系三方协商机制，共同研究解决劳动关系方面的重大问题。"从2001年8月开始，我国在国家层面建立起三方机制，即国家三方协商委员会，同时在各省、自治区和直辖市建立起协调

---

① ILO, "Conventions and Recommendations," https://www.ilo.org/global/standards/introduction-to-international-labour-standards/conventions-and-recommendations/lang--en/index.htm, 最后访问日期：2020年5月9日。
② 林燕玲：《国际劳工组织的历史贡献及其对中国劳动社会保障法制建设的影响——纪念国际劳工组织成立100周年》，《中国劳动关系学院学报》2019年第6期，第8页。
③ 1990年9月7日，第七届全国人民代表大会常务委员会第十五次会议决定，批准国际劳工组织1976年第六十一届大会通过的《三方协商促进实施国际劳工标准公约》。
④ 1994年《劳动法》第81条规定："劳动争议仲裁委员会由劳动行政部门代表、同级工会代表、用人单位方面的代表组成。劳动争议仲裁委员会主任由劳动行政部门代表担任。"

劳动关系的三方机制；① 2015 年中共中央、国务院发布《关于构建和谐劳动关系的意见》，要求完善协调劳动关系的三方机制组织体系。工会是劳动者的代表性组织，对于劳动者权利的保护发挥着重要作用。因此，保障劳动者加入工会的权利至关重要。近年来，我国在工会建设和发展新会员方面取得了巨大进展。尤其是 2018 年 3 月，中华全国总工会下发了《推进货车司机等群体入会工作方案》，据此各级工会开始持续推进八大群体（货车司机、快递员、护工护理员、家政服务员、商场信息员、网约送餐员、房产中介员、保安员等八大群体）入会和百人以上企业建会专项行动。截至 2021 年 2 月 5 日，全国新发展八大群体会员874.3 万人，全国 23 万家百人以上企业建立了工会组织，② 有效扩大了工会组织覆盖面。

同时，政府制定出台了《事业单位工会工作条例》《基层工会会员代表大会条例》《关于企业集团建立工会组织的办法》，以加强基层工会规范化建设。

此外，我国尚未批准 2000 年《生育保护公约（修订）》（第 183 号公约），但《女职工劳动保护特别规定》（于 2012 年 4 月 28 日发布实施）参照该公约的规定制定，即生育妇女享有时间不少于 14 周的产假③，将我国女职工生育产假从 90 天④延长至 14 周⑤，从而与国际劳工标准保持一致。我国尚未批准 4 项基本劳工公约，即 1930 年《强迫劳动公约》（第 29 号公约）、1948 年《结社自由与保护组织权公约》（第 87 号公约）、1949 年《组织权与集体谈判权公约》（第 98 号公约）、1957 年《废除强迫劳动公约》（第 105 号公约），但中国国内法均不同程度地体现了

---

① 林燕玲：《国际劳工标准与中国劳动法比较研究》，中国工人出版社，2015，第 267~268 页。
② 《全总：23 万家百人以上企业建立了工会组织》，光明网，https://m.gmw.cn/baijia/2021-02/06/1302095596.html，最后访问日期：2021 年 4 月 19 日。
③ 2000 年《生育保护公约（修订）》（第 183 号公约）第 4 条。
④ 1988 年 7 月 21 日国务院发布的《女职工劳动保护规定》第 8 条规定："女职工产假为 90 天。"
⑤ 2012 年《女职工劳动保护特别规定》第 7 条规定，"女职工生育享受 98 天产假"。

这些核心劳工标准,如中国在《刑法》《劳动法》和相关行政法规中,都设置条款规定废除强迫劳动;《未成年人保护法》《劳动法》《禁止使用童工规定》也严格规定禁止使用童工。

三 积极开展技术援助合作

在国家层面,国际劳工组织一直支持成员国的法律政策制定和能力建设,帮助其建立强有力的劳动行政制度,促进其有效开展劳动立法活动,协助成员国达到国际标准和最低工资标准等。[1] 在此过程中,国际劳工组织与中国进行了卓有成效的合作。中国建成了世界上规模最大的社会保障体系,[2] 国际劳工组织对该制度的建立和发展作出了贡献。如养老保险是中国政府和国际劳工组织之间的一个重要合作领域。20世纪90年代,国际上个人账户改革成为一种潮流,但中国并没有跟随这种潮流,而是建立了统账结合的养老金模式,即通过现收现付制度保障基本养老金,个人账户提供补充,这与国际劳工组织建议的原则基本一致。统账结合的模式一直沿用至今。2000年以后,应中国政府的要求,国际劳工组织为中国城镇职工养老金体系精算模型的设计提供了技术支持。[3] 再如医疗保险是双方另一个合作领域。2000年以后,中国进入社会保障发展的新阶段,向农村和城乡居民提供医疗保障福利,并很快实现了医疗保险全民覆盖。2010年中国颁布的《社会保险法》体现了相关国际劳工标准的基本原则,国际劳工组织在这部法律起草的过程中从专业角度做出了贡献。目前,国际劳工组织继续在医疗保险领域与人力资源和社会保障部开展合作,提供了医疗保险支付方式改革方面的技术支持。[4]

---

[1] 胡文娟、李思楚:《国际劳工组织柯凯琳专访:实现所有人体面劳动的下一个100年》,《可持续发展经济导刊》2019年第4期,第20页。
[2] 《我国建成世界上规模最大的社会保障体系》,中国政府网,http://www.gov.cn/xinwen/2020-12/07/content_5567819.htm,最后访问日期:2021年2月3日。
[3] 《国际劳工组织柯凯琳:让贫困成为历史》,中国扶贫在线,http://f.china.com.cn/2018-10/17/content_66628807.htm,最后访问日期:2020年4月15日。
[4] 《国际劳工组织柯凯琳:让贫困成为历史》,中国扶贫在线,http://f.china.com.cn/2018-10/17/content_66628807.htm,最后访问日期:2020年4月15日。

第五节　中国与国际劳工组织关系的发展前景

作为国际劳工组织理事会常任理事国，同时又是人口大国，中国一直支持国际劳工组织工作，中国的劳动力市场对全球劳动力市场非常重要。中国比其他许多国家更乐于接受新技术，拥有开发新工作形式的能力，因此产生了平台经济、零工经济。在如何促进就业方面，中国无疑是一个典范。中国通过技术为偏远地区创造就业机会，此举具有创新性，是其他国家可以学习的中国经验。[①] 此外，中国非常支持《联合国 2030 年可持续发展议程》。对国际劳工组织来说，其工作与该议程目标 8 "体面劳动，实现包容性增长"直接相连。这项目标对实现其他 16 项目标起到至关重要的作用。中国改革开放的经验和成果充分证明，高质量的就业是解决贫困和促进经济持续发展的重要途径。中国对联合国可持续发展议程的大力支持，既对联合国实现可持续发展目标非常重要，也对国际劳工组织具有积极意义。[②]

在 2019 年为纪念国际劳工组织成立 100 周年举行的以"劳动世界的未来"为主题的联合国高级别会议上，时任中国常驻联合国代表马朝旭出席会议并发言指出："近年来，中国的人力资源和社会保障事业取得了显著成就，这不仅在中国有效地保障和改善了民生，而且在促进全球生产性就业、扩大基本社会保护、提高劳动收入占比、减少不平等和实现体面劳动方面，也提供了中国方案，做出了中国贡献。"他表示，面对劳动世界正在发生的重大变化，中方愿提供中国方案，作出中国贡献，积极投身国际劳工组织新的百年征程。[③]

[①] 胡文娟、李思楚：《国际劳工组织柯凯琳专访：实现所有人体面劳动的下一个 100 年》，《可持续发展经济导刊》2019 年第 4 期，第 23 页。
[②] 胡文娟、李思楚：《国际劳工组织柯凯琳专访：实现所有人体面劳动的下一个 100 年》，《可持续发展经济导刊》2019 年第 4 期，第 23 页。
[③] 《联合国纪念国际劳工组织成立 100 周年　中方承诺继续贡献中国智慧》，国际在线，https://baijiahao.baidu.com/s?id=1630588700998743542&wfr=spider&for=pc，最后访问日期：2021 年 1 月 23 日。

国际劳工组织

中国发展与国际劳工组织的关系，一方面能够使中国在国际劳工组织乃至全球治理中发挥更大作用；另一方面有利于依据国际劳工标准推动和完善中国劳动法律制度，改善劳动条件，促进体面就业。然而，相较于已通过的190项国际劳工公约，中国已批准的26项劳工公约显然占比较小；此外，中国参与劳工规则制定的能力和引领话语权的影响力有待提升，中国在国际劳工组织的代表性也亟须加强。但这同时也意味着双方在劳动领域的诸多方面均有合作空间。因此，中国应注重积极参与国际劳工标准的制定和批准实施，为全球治理贡献中国方案，加强人才选拔，鼓励他们到国际劳工组织工作，这些都是新百年双方合作的重要方面。[①]

[①] 张龙平：《国际劳工组织与中国：百年历史回顾》，《中国社会科学报》2019年6月4日；郝斌：《人社工作走向世界》，《中国人力资源社会保障》2021年第1期。

第十三章

国际劳工组织进入第二个百年：挑战与应对倡议

第一节 国际劳工组织百年庆典系列活动

2019 年是国际劳工组织成立 100 周年。为庆祝成立百年，国际劳工组织启动了一系列庆典倡议活动。2013 年，国际劳工组织总干事在其报告《迎接国际劳工组织一百周年纪念：现实、复兴与三方承诺》中，提出了有关国际劳工组织百年庆典的七项举措;[1] 2015 年，开展国家对话；2017 年，成立独立的"劳动世界的未来全球委员会"并由其撰写报告，最后在 2019 年 6 月 21 日第 108 届国际劳工大会上通过了《国际劳工组织关于劳动世界的未来百年宣言》(ILO Centenary Declaration for the Future of Work，以下简称《百年宣言》)。[2] 举办百年庆典系列活动，不仅是为了回顾过去和庆祝成就，也是为了反思现状和展望"劳动世界的未来"，为下一个百年的社会正义和体面劳动而努力。[3]

1. 百年庆典的七项举措

2013 年，国际劳工组织总干事提出有关国际劳工组织百年庆典的七

---

[1] 参见 ILO, Towards the ILO Centenary: Realities, Renewal and Tripartite Commitment (conference paper at 102nd Session of ILC, Geneva, 2013), para. 155。
[2] ILO, "ILO Centenary Declaration for the Future of Work," https://www.ilo.org/ilc/ILCSessions/108/reports/texts-adopted/WCMS_711674/lang--en/index.htm?ssSourceSiteId=global，最后访问时间：2019 年 12 月 23 日。
[3] 胡文娟、李思楚：《国际劳工组织柯凯琳专访：实现所有人体面劳动的下一个 100 年》，《可持续发展经济导刊》2019 年第 4 期，第 20 页。

项举措：(1) 治理举措，涉及国际劳工组织治理结构的改革，依据2008年《社会正义宣言》最后条款的规定对该宣言的影响开展评估，并根据评估结果采取行动；(2) 标准举措，巩固就有关一个具有权威性的监督体系所达成的三方共识，并通过标准审议机制提高国际劳工标准的相关性；(3) 绿色举措，对转向一种低碳、可持续并促进三方为其作出贡献的体面劳动方面的内容予以实际实施；(4) 企业举措，旨在为国际劳工组织与企业对接建立平台，以推动实现企业的可持续发展和国际劳工组织的目标；(5) 消除贫困举措，旨在满足所有劳动者对一种适当的生活工资的迫切要求，包括通过2015年后发展议程的就业和社会保护，消除贫困；(6) 工作中的妇女举措，审查妇女在劳动世界中的地位和条件，并使工人、雇主和政府三方参与实现机会均等和待遇平等的具体行动；(7) 劳动世界的未来举措，旨在建立一个有关工作前景的咨询小组，其发表的报告将在2019年国际劳工大会百年庆典上进行讨论。[①]

2.《为了更加美好的未来而工作》

为落实前述举措，以及深入理解劳动世界面临的变革与挑战，国际劳工组织于2017年8月成立了一个独立的劳动世界的未来全球委员会，由南非共和国总统马塔梅拉·西里尔·拉马福萨先生（Matamela Cyril Ramaphosa）和瑞典首相斯特凡·勒文先生（Stefan Löfven）担任联合主席。委员会有26位独立成员，其中包括中国全国人大外事委员会副主任委员王晓初。[②] 该委员会从2017年10月开始工作到2018年11月，共召开了四次会议。委员会持续讨论了涉及劳动世界的所有方面，确定了迫在眉睫的变革事项，以期为政府、雇主组织和工人组织等所有利益相关方如何管理及利用这些变革提出建议。[③]

---

① 参见 ILO, Towards the ILO Centenary: Realities, Renewal and Tripartite Commitment (conference paper at 102nd Session of ILC, Geneva, 2013), para. 155。

② ILO, *Work for a Brighter Future: Global Commission on the Future of Work*, International Labour Office, 2019, pp. 69-73.

③ ILO, *Work for a Brighter Future: Global Commission on the Future of Work*, International Labour Office, 2019, pp. 5-6.

第十三章　国际劳工组织进入第二个百年：挑战与应对倡议

2019年1月22日，劳动世界的未来全球委员会发布报告《为了更加美好的未来而工作》，报告概述了劳动世界面临的前所未有的挑战，比如老龄化、气候变化、全球化、新技术等因素都将带来深远影响，呼吁成员国政府采取一系列措施，应对工作领域前所未有的变化所带来的挑战。同时，该报告勾勒了一个以人为本的劳动世界的未来议程，通过将人及其从事的工作置于经济社会政策和商业实践的中心来加强社会契约。该议程提出三大行动支柱：（1）增加对人的能力的投资，使其获得技能开发、技能更新和技能提升，并支持人们完成生命历程中将要面临的各种过渡；（2）增加对劳动机制的投资，确保劳动世界的未来拥有自由、尊严、经济保障和平等；（3）增加对体面和可持续劳动的投资，制定规则和激励措施，使经济社会政策及商业实践与这一议程保持一致。这三大支柱包括十项具体建议措施：（1）全民享有终身学习权利并能够获得技能开发、技能更新和技能提升；（2）加大对机制、政策和战略的投资力度，支持人们完成劳动世界的未来过渡；（3）实施变革性和可衡量的性别平等议程；（4）提供从出生到老年全面覆盖的社会保护，为满足人们整个生命周期的需求提供支持；（5）建立全民劳动保障；（6）扩大时间主权；（7）通过符合公共利益的社会对话确保工人和雇主的集体代表性，并通过公共政策积极推进；（8）利用和管理技术，实现体面劳动；（9）采取激励措施，促进对体面和可持续劳动关键领域的投资；（10）重塑商业激励结构，促进长期投资，探索衡量人类发展和福祉的补充指标。[①]

在这十项建议措施中，有三项最为重要。一是终身学习权利，该建议对终身学习进行了概念界定，它包括从幼儿早期的正式和非正式学习到基础教育直至成年学习；并指出了责任主体，政府、工人和雇主以及教育机构在构建有效且融资适当的终身学习生态系统方面具有共同的责任。二是建立全民劳动保障，即所有劳动者，无论其合同安排（如固定或非固

[①] ILO, *Work for a Brighter Future: Global Commission on the Future of Work*, International Labour Office, 2019, pp. 11–13.

国际劳工组织

期限）或就业状态（如全职或是灵活）如何，也不管他们是平台工人抑或是家政工人等，都应享有最基本的劳工权利，"足够维持生活的工资"、工作时长限制以及工作安全与卫生保障。这一保护底线可以通过集体协议或法律法规提出。该建议也使工作安全与卫生被视为工作中的基本原则和权利。三是利用和管理技术，促进体面劳动。在这项建议中，报告强调了"人类掌控"人工智能这一方针，确保影响工作的最终决策是由人类做出的，而不是由算法完成的。

该报告还对国际劳工组织的责任提出建议：(1) 强调国际劳工组织必须忠于并遵从其高度重视权利的规范性使命，充分尊重其三方架构；(2) 建议国际劳工组织设置机构安排，使自身成为国际系统中推动制定劳动世界的未来国家战略并进行政策比较分析的联络员；(3) 建议国际劳工组织高度重视工作中的变化带来的关键挑战，评估劳工标准以确保其即时性、相关性并接受充分监督，此外，国际劳工组织可以发挥战略作用，深化理解数字化和自动化进程给劳动世界带来的持续影响，对进程加以管理以使所有人受益，其中包括评估新技术对工作设计和工人福祉的影响；(4) 建议国际劳工组织尤其要确保自身使命具有普适性。这意味着扩大活动规模，覆盖由于历史原因而被排除在社会正义和体面劳动之外的群体，特别是非正规就业人口。这同样意味着要采取创新行动，应对日益多样化的工作形势，特别是平台经济中的数字媒介工作等新兴现象。报告认为全民劳动保障是应对挑战的恰当工具，建议国际劳工组织对其落实予以立即关注。[1]

以人为本的劳动世界的未来议程的提出标志着方向的转变。它使经济朝着以人为本的增长和发展道路前进。[2] 南非总统拉马福萨说："国际劳工组织全球未来工作委员会的报告对全球理解劳动世界中正在发生的变化作出了重要贡献。该报告将促进国家和区域司法机构内部和之间的参与和

---

[1] ILO, *Work for a Brighter Future: Global Commission on the Future of Work*, International Labour Office, 2019, pp. 55 – 56.

[2] ILO, *Work for a Brighter Future: Global Commission on the Future of Work*, International Labour Office, 2019, p. 24.

第十三章 国际劳工组织进入第二个百年：挑战与应对倡议

伙伴关系，以确保全球经济和全球社会变得更加公平、公正和包容。同时，它还将激励全球采取行动，遏制或消除人类在历史征途中所面临的挑战。"瑞典首相勒文表示："劳动世界正在经历巨大的变化。这些变化为寻求更多更好的工作创造了机会。但是政府、工会和雇主需要做出共同努力，使经济和劳动力市场更具包容性。这种社会对话有助于让全球化为每个人服务。"国际劳工组织总干事莱德表示："这份报告中强调的问题对世界各地的人和我们这个星球都很重要。它们或许提出很多挑战，但如果我们忽视这些存在的挑战便会将我们置于危险之中。国际劳工组织的任务是将世界各地的政府、雇主和工人团结在一起，提供指南，帮助为今后数代人的工作开辟新的前景。"[1]

3. "劳动世界的未来"高级别会议

为了纪念国际劳工组织成立100周年，纽约联合国总部于当地时间2019年4月10日至11日举行以"劳动世界的未来"为主题的高级别会议。联合国秘书长古特雷斯、国际劳工组织总干事盖·莱德等国际组织领导人出席会议并发言，时任中国常驻联合国代表马朝旭也出席会议并发言。[2]

联合国秘书长古特雷斯在发言中表示，国际劳工组织是联合国大家庭中历史最悠久的成员之一，且至今仍是国际体系中最独特的组织之一，其三方磋商和治理模式是改善全球劳工法和标准的基石。古特雷斯赞赏国际劳工组织百年来致力于在全球范围内推动建设公平和正义，同时也赞赏该组织积极应对新时代的挑战，着眼于全球发展的未来。

古特雷斯说："近年来，国际劳工组织时刻关注建设公平全球化的必要性，不断致力于扩大（就业）机会、减少不平等，满足人们对于获得体面工作机会的需求，而这些概念本身就牢固地根植于《联合国2030年

---

[1]《劳工组织报告：体面工作的未来需要制定一个以人为中心的议程》，联合国新闻网，https://news.un.org/zh/story/2019/01/1027052，最后访问日期：2020年11月25日。

[2]《联合国纪念国际劳工组织成立100周年 中方承诺继续贡献中国智慧》，国际在线，https://baijiahao.baidu.com/s?id=1630588700998743542&wfr=spider&for=pc，最后访问日期：2020年2月16日。

251

可持续发展议程》中。国际劳工组织长期致力于为年轻人扩大机会，为妇女打破事业的玻璃天花板，努力推动实现全球范围内的社会正义，值得信赖。我们生活在一个充满不确定性、不断推陈出新的技术转型时代，同时也是全球性的数字经济时代，因此，国际机构更应发挥重要作用，塑造劳动世界的美好未来。"

莱德说："国际劳工组织的百年发展道路并不平坦，而是经历了不同历史时期经济和社会发展的多重考验。今天的百年纪念并不仅仅是一项庆祝活动，也是我们反思工作目标及未来发展路线的时刻。劳动世界正在经历前所未有的变革，机遇与挑战并存。对此，《联合国2030年可持续发展议程》提出了有效的应对措施，这其中就包括'体面工作'的具体目标。国际劳工组织将在联合国秘书长的领导下，与联合国其他机构保持密切合作，确保没有一个人会被落下。"

马朝旭在发言中详细介绍了中国近年来在完善劳动治理体系，推动实现体面劳动等方面作出的有效努力。他指出："近年来，中国的人力资源和社会保障事业取得了显著成就，这不仅在中国有效地保障和改善了民生，而且在促进全球生产性就业、扩大基本社会保护、提高劳动收入占比、减少不平等和实现体面劳动方面，也提供了中国方案，做出了中国贡献。'一带一路'倡议为沿线国家创造大量就业机会。中国同沿线国家共同建设的82个境外合作园区，为当地创造近30万个就业岗位。"他表示，面对劳动世界正在发生的重大变化，中方愿提供中国方案，作出中国贡献，积极投身国际劳工组织新的百年征程。

4. 2019年《国际劳工组织关于劳动世界的未来百年宣言》

2019年6月21日，国际劳工组织第108届国际劳动大会通过了《关于劳动世界的未来百年宣言》。《百年宣言》是国际劳工组织历史上的第四个宣言。它指出，在国际劳工组织纪念其成立百年之际，劳动世界面临着由技术创新、人口结构转变、环境与气候变化和全球化所驱动的根本性变革，以及持续存在的不平等现象，这对劳动世界的性质和未来，以及对身在其中的人民的地位和尊严具有深刻影响。当务之急是立即行动起来，抓住机遇，应对挑战，创造一个公平、包容和安全的劳动世界的未来，使人人享有充分、生产性和自由选择的就业和体面劳动。①

《百年宣言》主要包括四个部分的内容：第一部分阐释了国际劳工组织在第二个百年间必须进一步采取以人为本构建劳动世界未来的方法，将工人的权利和所有人的需求、向往和权利置于经济、社会和环境政策的核心，坚持不懈地推进其章程赋予的社会正义使命。国际劳工组织在过去一百多年中发展壮大，迈向普遍成员制，这意味着社会正义能够在世界各地得以实现，且只有国际劳工组织三方成员充分、平等和民主地参与其三方治理结构，才能保证他们对这项事业的全力投入。第二部分宣告构建以人为本劳动世界未来的方法的工作重点，如制定有效政策，目的在于为所有人创造充分、生产性和自由选择的就业与体面劳动机会；促进工人权利，以此作为实现包容性和可持续增长的关键要素，重点是结社自由和有效承认集体谈判权利，以此作为扶持性权利；通过一个变革性议程实现工作中的性别平等，定期评估取得的进展；等等。此外，有效的工作场所合作是有助于确保安全和生产性工作场所的工具，所采取的方式应尊重集体谈判及其成果且不损害工会的作用。② 第三部分呼吁所有成员国考虑各种国情，以三方机制和社会对话为基础，在国际劳工组织的支持下单独和集体开展工作，进一步发展其以人为本构建劳动世界未来的方法。其一，加强所有人从变化的劳动世界机会中获益的能力，措施包括有效实现在机会和待遇上的性别平等；面向所有人的有效终身学习及优质教育；普遍获得全面和可持续的社会保护；用以支持人们度过其在整个工作生涯中将面临的转型的有效措施。其二，强化劳动制度，确保充分保护所有工人，并重申雇佣关系的持续相关性，以此作为向工人提供确定性和法律保护的方式，同时认识到非正规性的程度以及有必要确保采取有效行动，实现向正规性转型。所有工人都应根据体面劳动议程享有适当保护，同时考虑对其基本权利的尊重，适当的法定最低工资或通过谈判达成的最低工资，工时的最长限度以及工

---

① ILO, ILO Centenary Declaration for the Future of Work (conference paper at 108th Session of ILC, Geneva, 2019), p. 3.

② ILC, ILO Centenary Declaration for the Future of Work (conference paper at 108th Session of ILC, Geneva, 2019), pp. 3 - 5.

作中的安全与卫生。其三，通过以下措施促进持久、包容性和可持续的经济增长，充分和生产性就业以及人人享有体面劳动：以这些目的作为其核心目标的宏观经济政策；促进体面劳动和提高生产率的行业、产业和部门政策；对基础设施及对战略部门的投资，以应对劳动世界变革的驱动因素；促进可持续和包容性经济增长、可持续企业的创立和发展、创新以及从非正规经济向正规经济转型的政策和激励措施，以及促进商业实践与《百年宣言》目标对接的政策和激励措施；确保适当保护隐私和个人数据并应对与工作数字化转型（包括平台工作）相关的劳动世界中的挑战和机遇的政策和措施。第四部分强调构建劳动世界未来的保障措施，要求国际劳工组织拥有并促进一套清晰、强大和最新的国际劳工标准体系，并进一步加强透明度。国际劳工标准还需要顺应劳动世界的变化格局，保护工人并兼顾可持续企业的需求，以及受到具有权威性且行之有效的监督的约束。国际劳工组织将协助其成员国批准和有效实施劳工标准。要求成员国致力于批准和落实国际劳工组织的基本公约，并经与雇主组织和工人组织协商，定期考虑批准国际劳工组织的其他公约。要求国际劳工组织加强其三方成员的能力建设，向其成员国和社会伙伴提供服务，在统计、研究、知识管理能力以及专业知识方面保持最高水平，以进一步强化其政策倡导的质量。要求国际劳工组织立足于其章程权责，在多边体系中发挥重要作用，通过加强与其他组织的合作并发展与它们之间的制度化安排，在追求用以人为本的方法来实现劳动世界未来的过程中促进政策协调一致，承认社会、贸易、金融、经济和环境政策之间存在的各种强劲、复杂和重要联系。[①]

第二节 国际劳工组织应对新冠肺炎疫情的努力

新冠肺炎疫情于 2020 年 1 月 31 日被世界卫生组织认定为国际关注的突发公共卫生事件。2020 年 3 月 12 日世界卫生组织宣布新冠肺炎为"全

---

① ILC, ILO Centenary Declaration for the Future of Work (conference paper at 108th Session of ILC, Geneva, 2019), pp. 5 – 7.

球大流行病",新冠肺炎疫情给全人类的健康和生命安全带来威胁,对世界各国的社会经济发展造成巨大冲击。同时,新冠肺炎疫情对全球劳动世界也造成了严重冲击。为应对这一挑战,国际劳工组织采取了一系列措施,主要包括以下几个方面。

首先,国际劳工组织认为新冠肺炎疫情为"第二次世界大战以来最严重的全球危机",对此它提出基于四大支柱的应对措施,并呼吁成员国加以落实:支柱1,刺激经济与就业,具体措施包括积极的财政政策、宽松的货币政策、向包括卫生行业在内的特定行业提供贷款和财务支持;支柱2,为企业、就业和收入提供支持,具体包括全民社会保护、实施就业措施、向企业提供财务/税收及其他减免;支柱3,保护工作场所的工人,包括加强职业安全和卫生措施、调整工作安排(例如远程办公)、防止歧视和排斥、提供全民医疗保健、扩大带薪休假范围;支柱4,依靠社会对话寻求解决方案,包括加强雇主组织和工人组织的能力和韧性,提高政府的能力,加强社会对话、集体谈判和劳动关系的机构和程序。[1]

其次,2020年7月7日至9日,国际劳工组织举办了有史以来最大规模的工人代表、雇主代表和政府代表在线全球峰会,讨论新冠肺炎疫情对劳动世界的影响,以及如何在新冠肺炎疫情后建立劳动世界更美好的未来。[2] 另外,截至2020年4月7日,国际劳工组织已发布了7次监测报告,针对新冠肺炎对劳动世界的灾难性影响,包括遭受最严重冲击的行业和地区,提出政策措施建议,这些都显示了国际劳工组织应对新冠肺炎疫情的努力。[3]

---

[1] ILO, "ILO Global Summit on COVID-19 and the World of Work-Concept note," https://www.ilo.org/global/topics/coronavirus/WCMS_747931/lang--en/index.htm,最后访问日期:2020年12月23日。

[2] ILO, "ILO Global Summit on COVID-19 and the World of Work-Building a Better Future of Work," https://www.ilo.org/global/topics/coronavirus/events/WCMS_747476/lang--en/index.htm,最后访问日期:2020年12月23日。

[3] ILO, "ILO Monitor: COVID-19 and the World of Work. (7th edition)," https://www.ilo.org/global/topics/coronavirus/impacts-and-responses/WCMS_767028/lang--en/index.htm,最后访问日期:2020年12月29日。

国际劳工组织

最后，2021年6月17日，国际劳工大会通过决议，呼吁从新冠肺炎危机中实现包容性、可持续和有韧性的以人为本复苏。① 该决议认为，新冠肺炎大流行正在对人类产生深远影响，凸显了所有社会成员和所有国家的相互依存性。新冠肺炎疫情除造成惨痛的生命损失以及给人类健康和社区带来损害之外，还对劳动世界产生了毁灭性影响。它导致了失业、不充分就业和不活跃状况加剧；劳动和营业收入损失，特别是在受影响最大的行业；企业倒闭和破产，特别是对中小微型企业而言；供应链中断；非正规性及工作和收入的无保障；工作场所卫生、安全和权利面临的新挑战；以及贫困和经济、社会不平等加剧。此外，这场危机不成比例地影响到了最底层、最弱势的群体，以及妇女和年轻人。对此，国际劳工组织呼吁各国政府、雇主组织和工人组织以及国际社会齐心协力采取行动，促进实现社会正义和人人享有体面劳动，包括充分、生产性和自由选择的就业，并在多边等背景下采取紧急和协调一致的行动，确保所有人在全球范围内都能及时公平地获得并负担得起优质、安全和有效的新冠肺炎疫苗、治疗和预防措施，如卫生技术、诊断、治疗和其他新冠肺炎卫生产品，并确保其在社会各阶层进行公平分配。该决议提出，《百年宣言》提出了基于国际劳工组织独特的三方结构和规范权责的以人为本方针，为从危机中实现全面包容、可持续和有韧性的复苏奠定了基础，并支持公正转型。《百年宣言》为各国进行更好地建设制定了积极的愿景和路线图。通过提高重视程度和加大投资力度来加快实施《百年宣言》，这必须成为公共政策、企业行动和国际合作的重中之重。②

各国政府以及雇主组织和工人组织，承诺各自和共同努力，致力于采取紧急行动，推进包容性、可持续和有韧性的以人为本复苏，实现人人享

---

① 国际劳工组织:《全球行动呼吁：从新冠肺炎危机中实现包容性、可持续和有韧性的以人为本复苏》，https://www.ilo.org/wcmsp5/groups/public/---ed_norm/---relconf/documents/meetingdocument/wcms_807533.pdf，最后访问日期：2021年10月14日。
② 国际劳工组织:《全球行动呼吁：从新冠肺炎危机中实现包容性、可持续和有韧性的以人为本复苏》，https://www.ilo.org/wcmsp5/groups/public/---ed_norm/---relconf/documents/meetingdocument/wcms_807533.pdf，最后访问日期：2021年10月14日。

有体面劳动,具体包括:(1)包容性经济增长和就业;(2)保护所有工人;(3)全民社会保护;(4)社会对话。国际劳工组织对包容性、可持续和有韧性的以人为本复苏起领导和支持的作用,具体包括:(1)创造包容性和可持续的经济增长、就业和社会发展,加大支持力度,助力制定方针政策;(2)保护所有工人,包括通过加强政策咨询、能力建设和技术援助;(3)实现普遍获得包括社保底线在内的全面、适足和可持续的社会保护,确保普遍享有收入保障和健康保护,并使包括自营职业者和非正规经济中的工人在内的所有人能够应对生活和工作的挑战,诸如新冠肺炎危机所引发的挑战;(4)加强劳动行政管理部门、劳动监察部门和其他相关主管部门的能力,确保执行规则和条例,特别是关于社会保护和职业安全与卫生的规则和条例;(5)利用社会对话设计和实施复苏战略,包括通过国际劳工组织国际培训中心及其培训伙伴,加强雇主组织和工人组织参与国家复苏战略和在复苏中向其成员提供支持的能力。此外,国际劳工组织还强调多边主义的重要性,特别是在应对新冠肺炎危机对劳动世界影响方面的重要性,将加强与相关多边和区域组织及进程的合作,以便采取强有力和协调一致的全球应对行动,支持国家复苏战略。[1]

---

[1] 《全球行动呼吁:从新冠肺炎危机中实现包容性、可持续和有韧性的以人为本复苏》,国际劳工组织网站,https://www.ilo.org/wcmsp5/groups/public/---ed_norm/---relconf/documents/meetingdocument/wcms_807533.pdf,最后访问日期:2021年10月14日。

附录一

国际劳工组织章程[*]

序　言

鉴于只有以社会正义为基础，才能建立世界持久和平；

鉴于现有的劳动条件使很多人遭受不公正、苦难和贫困，以致产生如此巨大的动荡，使世界和平与和谐遭受危害；改善此种条件是当务之急；例如，通过规范工时，包括确立工作日和工作周的最长限度，规范劳动力供应，防止失业，提供足够维持生活的工资，对工人因工患病和因工负伤予以保护，保护儿童、青年和妇女，提供养老金和残废抚恤金，保护工人在外国受雇时的利益，承认同工同酬的原则，承认结社自由的原则，组织职业教育和技术教育，及其他措施；

鉴于任何一国不实行合乎人道的劳动条件，会对愿改善本国条件的其他国家构成障碍；

各缔约国出于正义和人道的感情，以及谋求世界永久和平的愿望，并为实现本序言所提出的各项目标，赞同下列国际劳工组织章程：

---

[*] 编者注：章程的原始案文制订于1919年，后被以下文本修改：1934年6月4日生效的1922年的修正案、1946年9月26日生效的1945年的修正文书、1948年4月20日生效的1946年的修正文书、1954年5月20日生效的1953年的修正文书、1963年5月22日生效的1962年的修正文书、1974年11月1日生效的1972年的修正文书，以及2015年10月8日生效的1997年修正文书。

国际劳工组织

第一章 组织

第 1 条

建　　立　1. 为促使实现本章程序言中所提出的各项目标和一九四四年五月十日在费城通过的关于国际劳工组织的目的与宗旨的宣言（全文附后）所阐明的各项目标，特此建立一个永久性的组织。

成员资格　2. 国际劳工组织成员国为一九四五年十一月一日已是本组织成员国的国家，以及按本条第3和第4款的规定而得以成为成员国的其他国家。

3. 凡联合国创始成员国和经联合国大会依照其宪章规定接纳为联合国成员国的任何国家，在其函告国际劳工局局长正式接受国际劳工组织章程所载义务后，亦可成为国际劳工组织成员国。

4. 国际劳工组织大会经三分之二与会代表投票赞成，其中包括三分之二到会并参加投票的政府代表投票赞成，亦可接纳成员国加入本组织。这类接纳应在新成员国政府函告国际劳工局局长正式接受国际劳工组织章程所载义务之后生效。

退　　出　5. 国际劳工组织成员国非经将其退出意图通知国际劳工局局长不得退出本组织。此项通知应在局长收到之日起两年后生效，而且，该成员国届时必须已经履行其作为成员国的全部财务义务。如该成员国曾批准某项国际劳工公约，其退出组织不影响公约本身所规定的义务及与公约相关的义务在公约规定的期限内继续有效。

重新加入　6. 凡已停止为本组织成员国的国家，如重新加入为成员国，应按本条第3或第4款的规定办理。

附录一　国际劳工组织章程　International Labour Organization

机　构　第 2 条

本永久性组织组成机构如下：

（a）成员国代表大会；

（b）根据第 7 条组成的理事会；和

（c）在理事会管辖下的国际劳工局。

大　会　第 3 条

会议和代表
1. 成员国代表大会在必要时随时召开会议，每年至少一次。大会由成员国各派四名代表组成，其中二人为政府代表，另二人分别代表各成员国的雇主和工人。

顾　问
2. 每位代表可随带顾问，对于每一议程项目顾问人数不得超过二人。在大会准备审议与妇女特别有关的问题时，顾问中至少须有一名妇女。

来自非本部领土的顾问
3. 凡负责非本部领土对外关系的成员国，可增派以下人员作为每位代表的顾问：

（a）由它指定的在有关任何此种领土自治权力内的事项方面代表该领土的人员；和

（b）由它指定的在有关非自治领土事项方面为其代表提供咨询的人员。

4. 如为两个或两个以上成员国共管的领土，可指派人员为这类成员国代表提供咨询。

指派非政府代表
5. 各成员国保证指派非政府代表和顾问，如各该成员国内存在最具代表性的雇主或工人的产业团体，其人选应征得它们的同意。

顾问的地位
6. 顾问需经他所陪同代表的请求，并经大会主席特许，始有发言权，但无表决权。

7. 代表可以书面形式通知主席，委派其顾问之一为其代理人。该顾问按此身份行事时，应有发言权和表决权。

	8. 代表及其顾问的姓名，由各成员国政府通知国际劳工局。
证　　书	9. 代表及其顾问的证书须受大会审查。经到会代表的三分之二多数票通过，大会可拒绝接受被视为未按本条规定而指派的任何代表或顾问。
表 决 权	第 4 条

1. 每名代表对于大会所审议的一切事项，享有单独表决权。

2. 如一成员国在它有权指派的非政府代表中仅指派一人时，该非政府代表可出席大会并发言，但无表决权。

3. 如按照第 3 条的规定，大会拒绝一成员国的某一代表参会，则适用本条各项规定时，应视作未委派该代表。

大会会议的地点	第 5 条

除上届大会已作决定者外，大会会议应在理事会决定的地点举行。

国际劳工局所在地	第 6 条

国际劳工局所在地的变动，须由大会经出席代表的三分之二多数票通过予以决定。

理 事 会	第 7 条

1. 理事会由五十六人构成：

构　　成	代表政府的二十八人，
	代表雇主的十四人，和
	代表工人的十四人。
政府理事	2. 代表政府的二十八人中，十人须由主要工业成员国委派，其余十八人须由不包括上述十个成员国在内的出席大会的政府代表所选定的成员国来委派。

主要工业成员国	3. 理事会须在必要时决定哪些国家为本组织的主要工业成员国，并须制定规章，以保证与选定主要工业成员国有关的一切问题在理事会作出决定之前，先由一个公平的委员会加以审议。成员国对理事会宣告哪些国家为主要工业成员国一事所提出的任何申诉须由大会裁决。但在大会裁决前，提交大会的申诉不得中止上述宣告的实施。
雇主和工人理事	4. 代表雇主和代表工人的理事须分别由出席大会的雇主代表和工人代表选举产生。
任 期	5. 理事会任期3年。如果由于某种原因，理事会的选举未能在该任期届满时举行，理事会须留任到进行此种选举时为止。
缺额、代理人等	6. 补充缺额和委派代理人的方法及其他类似问题，可由理事会决定，但须经大会批准。
负责人	7. 理事会须从理事中选举一位主席，两位副主席。此三人中应一人代表政府，一人代表雇主，一人代表工人。
程 序	8. 理事会自行规定其议事程序和决定其开会日期。如经十六名以上理事书面请求，应召集特别会议。
局 长	第8条
	1. 国际劳工局设局长一人，须由理事会任命。局长遵照理事会的指示，负责国际劳工局的有效运行和其他交办事项。
	2. 局长或其代表须出席理事会的所有会议。
职 员	第9条
委 派	1. 国际劳工局的职员由局长依据理事会批准的规则委派。
	2. 局长在对国际劳工局的工作效率予以应有的考量的情况下，应尽可能遴选不同国籍的人员任职。
	3. 这些人员中应有一定人数的妇女。

职责的国际性质	4. 局长和全体职员的职责应纯属国际性质。在执行任务时，局长和全体职员不应谋求或接受任何政府或本组织以外的任何其他当局的指示。作为只对本组织负责的国际官员，他们不应采取任何可能妨害这一身份的行动。

5. 本组织各成员国保证尊重局长和全体职员所负职责的纯国际性质，不在他们行使其职责时设法对他们施加影响。 |
| 劳工局的职能 | 第 10 条

1. 国际劳工局的职能包括搜集和传播与对劳工条件和劳动制度进行国际调整有关的所有主题的一切信息，特别是对为制定国际公约而拟提交大会讨论的各种问题进行研究，并按照大会或理事会的要求进行专门调查。

2. 遵照理事会的指示，劳工局须：

（a）为大会会议议程的各项议题准备文件；

（b）应各国政府请求，在力所能及的范围内，就制订以大会决定为根据的法律和规章及就改进行政措施与监察制度，向各国政府提供一切适宜的帮助；

（c）行使本章程的规定对其所要求的在与切实遵守公约相关的方面所承担的职责；

（d）用理事会认为需要的语种编辑和发行国际上所关心的有关工业和就业问题的出版物。

3. 一般而言，该局尚具有大会或理事会可能授予的其他权力和职责。 |
| 同政府的关系 | 第 11 条

任何成员国主管产业和就业问题的政府部门均可通过该国参加国际劳工局理事会的政府理事，在无政府理事时，则可通过该国政府为此指派的其他合格官员，直接同局长联系。 |

附录一 国际劳工组织章程

同国际组织的关系

第 12 条

1. 国际劳工组织须在本章程规定的范围内,与任何对具有专门职责的国际公共组织的活动负有协调责任的综合性国际组织及在有关领域中具有专门职责的国际公共组织合作。

2. 国际劳工组织可作出适当安排,使各国际公共组织的代表得以参加其讨论,但无表决权。

3. 国际劳工组织可作出适当安排,在它认为需要时同公认的非政府国际组织,包括雇主、工人、农民和合作社社员的国际组织进行协商。

财务和预算安排

第 13 条

1. 国际劳工组织可以与联合国就有关财务和预算做出适当安排。

2. 在上述安排尚未做出或尚未实施前:

(a) 各成员国将支付其出席大会会议的代表及顾问以及出席理事会会议的理事的旅费和生活费;

(b) 国际劳工局和大会或理事会会议的其他一切费用,应由国际劳工局局长从国际劳工组织总经费中拨付;

(c) 关于国际劳工组织预算的核准、分摊和征收的各项安排,须由大会经出席代表的三分之二多数票通过决定,并规定由政府代表组成的委员会批准预算和由本组织各成员国分摊经费的办法。

3. 国际劳工组织的费用须由各成员国按照本条第 1 款或第 2 款 (c) 所做的安排负担。

欠缴会费

4. 本组织成员国欠交本组织的会费,如等于或超过它前两个全年应交会费总额时,该成员国在大会、理事会、各种委员会中或选举理事会理事时,不得参加投票:除非大会确信上述欠交会费是由于当事国无法控制的原因造成的,经出席大会代表

局长的财务职责	的三分之二多数票通过，可准许该成员国参加投票。 5. 国际劳工局局长须就国际劳工组织经费的正当使用对理事会负责。

第二章 程序

第 14 条

大会议程	1. 大会所有会议的议程均由理事会决定。任何成员国政府或第 3 条所承认的代表性组织或国际公共组织对议程有任何建议时，理事会均须加以考虑。
大会的筹备	2. 理事会须制订规则，以保证在大会通过公约或建议书前，利用预备会议或其他方式作详尽的技术准备，并同各主要有关成员国作充分的协商。
大会议程和报告的传送	第 15 条 1. 局长须任大会秘书长，在大会开会四个月之前将议程送达各成员国，并经由各该成员国送达经委派的非政府代表。 2. 议程中各项议题的报告应及时寄达各成员国，使它们在大会会议前能作充分考虑。理事会应为实施此项规定订立规则。
对议程的反对意见	第 16 条 1. 任何成员国政府均可正式反对把某一项目或某几个项目列入议程。反对的理由应在送交局长的声明中说明，局长须将声明分送本组织各成员国。 2. 凡如此遭到反对的项目，如经出席大会代表投票表决，有三分之二多数票赞成审议时，则不得被排除在议程之外。

附录一 国际劳工组织章程

大会列入新项目

3. 如经出席大会代表的三分之二多数票赞成,决定某问题(属前款规定情况以外者)须由大会审议,该问题须列入下次会议议程。

大会负责人、程序及委员会

第 17 条

1. 大会须选举主席一人,副主席三人。副主席中,一人应为政府代表,一人应为雇主代表,一人应为工人代表。大会须规定本身的会议程序,并可成立各种委员会审议任何事项和提出报告。

表决

2. 除本章程或任何公约或授予大会权力的其他文件或根据第13条所通过的财务和预算安排的条款已另作明确规定者外,一切事项均应经出席代表投票以简单多数票作出决定。

法定人数

3. 除非投票总数等于出席大会代表的半数,否则表决无效。

技术专家

第 18 条

大会可给它所任命的任何委员会增添无表决权的技术专家。

公约和建议书

第 19 条

大会的决定

1. 当大会已决定采纳关于议程中某一项目的建议时,大会需决定这些建议应采用的形式:(a)国际公约,或(b)建议书,以适应所涉及的事项或其某个方面在当时不适于制定公约的情况。

要求的票数

2. 大会在就通过公约或建议书进行最后表决时,都必须经出席代表的三分之二多数票通过。

针对当地特殊条件的变通办法

3. 大会在制定普遍适用的公约或建议书时,应适当考虑到某些国家因气候条件、产业组织发展不完善或其他特殊情况而使产业条件有很大差异,并应提出它认为需要的变通办法,以适应此类国家情况。

正式文本

4. 公约或建议书应各有两份由大会主席和局长签字确认,其中一份由国际劳工局存档，另一份送联合国秘书长备案。局长应将签署过的公约或建议书副本送交每一成员国一份。

成员国在公约方面的义务

5. 关于公约：

（a）公约将送交各成员国以备批准；

（b）各成员国保证至迟在大会闭幕后一年内，或因特殊情况不能在一年内办理的，则应尽早但无论如何不得迟于大会闭幕十八个月内，将公约提交主管机关，以便制定法律或采取其他行动；

（c）成员国须将其依照本条提交公约至上述主管机关方面所采取的措施，随同有关主管机关本身及其所采取行动的详细情况，通知国际劳工局局长；

（d）成员国如获得主管机关同意，须将公约的正式批准书送交局长，并采取必要行动，使该公约各条款发生效力；

（e）成员国如未能获得主管机关同意，则不再负有义务，但应按理事会的要求，每隔适当时期，向国际劳工局局长报告该国与公约所订事项有关的法律及实际情况，说明通过立法、行政措施、集体协议或其他方法，使公约的任何条款得到实施或打算付诸实施的程度，并申述有何困难阻碍或推迟该公约的批准。

成员国在建议书方面的义务

6. 关于建议书：

（a）建议书将送交各成员国考虑，以便通过国家立法或其他方法予以实施；

（b）各成员国保证至迟在大会闭幕后一年内，或因特殊情况不能在一年内办理的，则应尽早但无论如何不得迟于大会闭幕十八个月内，将建议书提交主管机关，以便制定法律或采取其他行动；

（c）成员国须通知国际劳工局局长它已依照本条规定采取何种措施，将该建议书提交上述主管机关，并将有关主管机关本身及其所采取行动的详细情况一并通告；

(d) 除将建议书送交主管机关外，成员国不再负有其他义务，但应按理事会的要求，每隔适当时期，向国际劳工局局长报告该国与建议书所订事项有关的法律及实际情况，说明建议书各条款已经实施或打算付诸实施的程度，以及在采纳或实施这些条款方面已发现或可能发现有必要做出的修改。

联邦国家的义务　7. 关于联邦国家，须适用下列规定：

(a) 如联邦政府认为，根据其宪法制度，公约和建议书宜由联邦采取行动的，则联邦国成员的义务与非联邦国成员的相同；

(b) 如联邦政府认为，根据其宪法制度，公约和建议书的全部或部分宜由其组成的各邦、各省或各州采取行动，而不由联邦采取行动，则联邦政府须：

(i) 至迟在大会闭幕后十八个月内，根据联邦宪法和有关邦、省或州的宪法作出有效安排，将该公约和建议书送交联邦或邦、省、州的适当的机关，以便制定法律或采取其他行动；

(ii) 在取得有关邦、省或州政府同意的情况下，安排联邦同邦、省或州主管机关之间的定期协商，以便在联邦之内促进协调行动，使该公约和建议书各条款生效；

(iii) 通知国际劳工局局长它已依照本条规定采取何种措施，将该公约和建议书提交联邦、邦、省或州的适当的机关，并将有关主管机关本身及其所采取行动的详细情况一并通告；

(iv) 关于未经联邦批准的每一公约，应按理事会的要求，每隔适当时期，将联邦及其所属各邦、省或州有关该公约的法律和实际情况报告国际劳工局局长，说明通过立法、行政措施、集体协议或其他方法，使公约的任何条款得到实施或打算付诸实施的程度；

(v) 对于此类每种建议书，应按理事会所要求，每隔适当时期，将联邦及其所属各邦、省或州有关该建议书的法律和实际情况报告国际劳工局局长，说明该建议书中各项规定已经实施或打算付诸实施的程度，以及在采纳或实施这些条款方面已发现或可能发现有必要做出的修改。

公约和建议书对更为优越的现行规定的影响

8. 大会对公约或建议书的通过或成员国对公约的批准，在任何情况下都不得被视为影响到那些保证使有关工人获得较公约或建议书之规定更为优越的条件的法律、裁决书、惯例或协议。

废止过时的公约

9. 根据理事会的建议，大会经出席会议代表的三分之二多数票通过，可以废除根据本条规定通过的任何公约，如果该公约看来已失去其目的性或是对达到国际劳工组织的目标不再起有益的作用。

在联合国登记

第 20 条

如此批准的任何公约，须由国际劳工局局长送交联合国秘书长按照联合国宪章第 102 条的规定登记，但仅对批准公约的成员国有约束力。

大会未通过的公约

第 21 条

1. 提交大会作最后审议的公约如未能获得出席代表三分之二票数的支持，本组织的任何成员国仍有权彼此商订该公约。

2. 如此商订的任何公约，须由有关政府送交国际劳工局局长和联合国秘书长按照联合国宪章第 102 条的规定登记。

关于已批准公约的年度报告

第 22 条

各成员国同意就为实施其参加的公约的各项规定所采取的措施向国际劳工局提出年度报告。此种报告应按理事会要求的格式和具体项目编写。

| 报告的审查和送交 | 第 23 条 |

1. 局长须将各成员国按第 19 条和第 22 条规定送交的资料和报告摘要提交下届大会。
2. 各成员国须将按第 19 条和第 22 条规定送交局长的资料和报告的副本送交按第 3 条所承认的代表性组织。

| 对不遵守公约的申诉 | 第 24 条 |

若雇主或工人产业团体就一成员国在其管辖范围内在任一方面未能切实遵守其所参加的公约向国际劳工局提出申诉，理事会可将此项申诉告知被申诉的政府，并可请该政府对此事作出它认为适当的声明。

| 申诉的公布 | 第 25 条 |

如理事会在适当时期内未收到被申诉政府的声明，或收到声明后认为不满意，则理事会有权公布该申诉和答复该申诉的声明。

| 对不遵守公约的控诉 | 第 26 条 |

1. 任一成员国若对另一成员国在切实遵守双方均已按以上条款批准公约方面的状况感到不满时，有权向国际劳工局提出控诉。
2. 理事会如认为适当，可在将该项控诉提交下文所规定的调查委员会之前，按照第 24 条所述办法，通知被控诉的政府。
3. 如理事会认为不需要将该项控诉通知被控诉的政府，或经通知而在适当时期内未收到理事会认为满意的答复时，理事会可设立调查委员会来审议该项控诉并提出报告。
4. 理事会亦可经自行动议或在收到大会某一代表的控诉时，动用同样程序。

5. 在理事会对起因于第 25 条或第 26 条的任何事项进行审议时，被申诉或控诉的政府如在理事会中无代表，则有权派遣一名代表在审议该事项时参加理事会的会议。该事项的审议日期应在事前及早通知被控诉的政府。

与调查委员会合作

第 27 条

成员国同意，如按第 26 条将控诉交付调查委员会时，各成员国无论与该案有无直接关系，均应将其所持有的与该案事项有关的一切资料提供给委员会使用。

调查委员会的报告

第 28 条

在充分审议控诉案后，调查委员会须提出报告，其中包括它针对与确定各方争执有关的一切事实问题的调查结果，并包括该委员会认为适宜的关于处理该案应采取的步骤及采取这些步骤的期限的建议。

对调查委员会的报告采取行动

第 29 条

1. 国际劳工局局长须将调查委员会的报告送交理事会和同控诉案有关的各国政府，并须使报告得以公布。
2. 各有关政府须在三个月内通知国际劳工局局长它是否接受该委员会报告中的建议；以及如不接受，是否拟将该案提交国际法院。

未能将公约或建议书提交主管机关

第 30 条

若一成员国未按第 19 条第 5 款（b）、6 款（b）或 7 款（b）（i）关于公约或建议书的要求采取行动，其他成员国应有权将此事提交理事会。理事会如查明此事属实，须向大会报告。

国际法院的决定

第 31 条

国际法院对于根据第 29 条向它提交的控诉或事项所作的决定应为最终判决。

第 32 条

国际法院可以确认、更改或撤销调查委员会的任何调查结果或建议。

未能执行调查委员会或国际法院的建议

第 33 条

若一成员国在指定时间内不执行调查委员会报告或国际法院判决中的建议，理事会可提请大会采取其认为明智和适宜的行动，以保证上述建议得到履行。

履行调查委员会或国际法院的建议

第 34 条

违约政府可随时通知理事会，它已采取必要的步骤履行调查委员会的建议或国际法院判决中的建议，并可请求理事会组织一个调查委员会加以证实。遇此情况，须适用第 27、28、29、31 及 32 条的规定。如调查委员会的报告或国际法院的判决支持违约政府，理事会须立即提请停止按第 33 条采取的任何行动。

第三章 一般规定

公约对非本部领土的适用

第 35 条

1. 成员国保证其按照本章程规定已经批准的公约须适用于由该国负责国际关系的非本部领土，包括该国作为行政当局的各托管地，但公约所订事项属于该领土自治权力范围者，或公约因当地情况而不能实施者，或公约需作适应当地情况的变通才能实施者除外。

2. 批准公约的各成员国须在批约后尽快向国际劳工局局长送交声明，说明在下列第 4 与第 5 两款所述以外的各领土内，该成员国保证对之实施该公约各条款的程度，并提供公约所规定事项的详细情况。

3. 已按前款送交声明的各成员国，可以随时依照该公约的规定送交新的声明，以修改此前任何一个声明的条款，申明有关该领土的现状。

4. 如公约事项属于非本部领土自治权力范围，负责该领土国际关系的成员国，应尽快将该公约送交该领土的政府，以便由该政府制定法律或采取其他行动。然后，该成员国在征得该领土政府同意后，可以向国际劳工局局长送交声明，代表该领土接受公约的义务。

5. 接受公约义务的声明可按下列方式送交国际劳工局局长：

（a）由本组织两个或两个以上成员国联合管辖的领土，由它们送交；

（b）按联合国宪章或其他条文由国际权力机构负责行政的领土，由该机构送交。

6. 按第 4 或第 5 两款接受公约义务，包括代表有关领土接受该公约条款所规定的各项义务，和接受本组织章程所规定的适用于已批准公约的各项义务。接受公约的声明可说明为使公约适合地方情况而需对其条款作出的变通。

7. 按本条第 4 和第 5 两款送交声明的成员国或国际权力机构，可以随时依照该公约的规定送交新的声明，以修改此前任何一个声明的条款，或代表有关领土解除接受公约的义务。

8. 有关成员国或国际权力机构如未代表本条第 4 或第 5 两款所述的领土接受公约义务，则应将该领土内与该公约所订事项有关的法律与实际情况报告国际劳工局局长，报告应说明通过立法、行政措施、集体协议或其他方法使公约的任何条款得到实施或打算付诸实施的程度，并申述有何困难阻碍或推迟该公约的批准。

章程修正案

第 36 条

经出席大会的代表以三分之二多数票通过的本章程的修正案，须经本组织全体成员国的三分之二，其中包括按本章程第 7 条第 3 款规定参加理事会的十个主要工业国中的五国批准或接受，方可生效。

对章程和公约的解释

第 37 条

1. 对本章程或对各成员国随后依照本章程的规定所制定的公约在解释上发生的任何问题或争议，须提交国际法院判决。

2. 尽管有本条第 1 款的规定，理事会仍可制订下列规则并提请大会批准，即成立裁判庭以快速裁决由理事会或按公约规定向该裁判庭提出的关于解释公约方面所存在的任何争议或问题。国际法院的任何可适用的判决或咨询意见，对于按本款成立的裁判庭须有约束力。此类裁判庭所作的裁决书应分送本组织各成员国，各成员国对该判决书如有意见可提交大会。

区域会议　第38条

1. 国际劳工组织可根据需要召开区域会议和设立区域性机构，以促进实现本组织的目标与宗旨。

2. 区域会议的权力、职能和程序，应由理事会拟订规则加以规定，并提交大会确认。

第四章　杂项规定

国际劳工组织的法律地位　第39条

国际劳工组织应具有完全的法律人格，特别是以下资格：

（a）订立契约；

（b）获得和处置不动产和动产；

（c）提起诉讼。

特权与豁免待遇　第40条

1. 国际劳工组织在其成员国领土内应享受为达成其宗旨所必要的特权及豁免待遇。

2. 出席大会的代表、理事会理事、国际劳工局局长和官员也应享受为独立执行其与本组织有关的职务所必要的此种特权及豁免待遇。

3. 为取得各成员国的同意，此类特权和豁免待遇应由国际劳工组织另拟协定予以规定。

附录　关于国际劳工组织的目标和宗旨的宣言（即《费城宣言》）

本宣言是关于国际劳工组织的目标和宗旨以及对其成员国政策应具启

附录一 国际劳工组织章程

发作用的各项原则,是一九四四年五月十日在费城举行的第二十六届国际劳工大会上通过的。

I

大会重申本组织所依据的基本原则,特别是:

(a) 劳动不是商品;

(b) 言论自由和结社自由是不断进步的必要条件;

(c) 任何地方的贫穷对一切地方的繁荣构成危害;

(d) 反对贫困的斗争需要各国在国内以坚持不懈的力度进行,还需要国际间作持续一致的努力,在此努力中,工人代表和雇主代表享有和政府代表同等的地位,和政府代表一起参加自由讨论和民主决策,以增进共同福利。

II

大会相信经验已经充分证明国际劳工组织章程中所阐述的真理,即持久和平只能建立在社会正义的基础上,确认:

(a) 全人类,不分种族、信仰或性别,都有权在自由和尊严、经济保障和机会均等的条件下谋求其物质福祉和精神发展;

(b) 为实现上述目的而创造条件应构成各国和国际政策的中心目标;

(c) 一切国内、国际的政策和措施,特别是具有经济和财政性质者,均应以此观点来加以评判,只有能促进而不妨碍达成这一基本目标者才能予以接受;

(d) 国际劳工组织有责任按照此基本目标来审查和审议一切国际经济和财政政策及措施;

(e) 国际劳工组织在执行委托给它的任务时,在对一切有关的经济和财政因素加以考虑后,可以在它的决策和建议中列入任何它认为适当的条款。

III

大会承认国际劳工组织在世界各国推进各种计划的庄严义务,以达到:

(a) 充分就业和提高生活标准;

（b）使工人受雇于他们得以最充分地发挥技能与才能，并得以为共同福利作出最大贡献的职业；

（c）作为达到上述目的的手段，在所有相关者有充分保证的情况下，提供培训和包括易地就业和易地居住在内的迁移和调动劳动力的方便；

（d）在工资、收入、工时和其他工作条件方面，其拟订的政策应能保证将进步的成果公平地分配给所有人，将维持最低生活的工资给予所有就业者和需要此种保护的人；

（e）切实承认集体谈判的权利，劳资双方在不断提高生产率方面的合作，以及工人和雇主在制订与实施社会经济措施方面的合作；

（f）扩大社会保障措施，以便使所有需要此种保护的人得到基本收入，并提供完备的医疗；

（g）充分地保护各行各业工人的生命和健康；

（h）提供儿童福利和生育保护；

（i）提供充分的营养、住宅和文化娱乐设施；

（j）保证教育和职业机会均等。

IV

大会确信可以通过国际和国内的有效行动，来更充分更广泛地利用为达到本宣言提出的目标所必需的世界生产资源，这种有效行动包括扩大生产和消费的措施、避免严重经济波动的措施、促进世界上较不发达地区的经济和社会进步的措施、保证主要产品的世界价格更为稳定的措施，以及促进高且稳定的国际贸易量的措施，为此大会保证国际劳工组织与那些对于分担此项伟大任务和促进各国人民的健康、教育和福祉负有责任的国际机构充分合作。

V

大会确信本宣言提出的原则对世界各国人民都完全适用，虽然应用的方式必须在适当考虑各国人民的社会、经济发展阶段的情况下才能决定；对尚未独立或已经获得自治的民族逐步应用这些原则是和整个文明世界有关的事。

附录二

国际劳工组织关于工作中基本原则和权利宣言及其后续措施

鉴于国际劳工组织之建立，系确信社会正义是保障世界持久和平之必需；

鉴于经济发展对确保公平、社会进步和消除贫困是必要的但并非充分的条件，确认国际劳工组织有必要促进强有力的社会政策、正义和民主体制；

鉴于国际劳工组织现在比以往任何时候都更需要在其所有权限领域，特别是在就业、职业培训和工作条件领域中利用标准制定、技术合作和研究所有这些手段，以保证在全球经济和社会发展战略中，经济政策和社会政策是互相加强对方的组成部分，从而创造有广泛基础的可持续发展；

鉴于国际劳工组织应特别重视有着特殊社会需要的人员的问题，特别是失业者和移民工人的问题，动员和鼓励国际、地区和国家各级为解决他们的问题所作的努力，并促进旨在创造就业的有效政策；

鉴于为寻求保持社会进步和经济增长之间的这种联系，保证工作中基本原则和权利具有特殊重要意义，因为它能使有关人员在机会平等基础之上自由要求公平分享其为之作出贡献的财富，以及全面实现人的潜力；

鉴于国际劳工组织是根据章程授权制定和处理国际劳工标准的国际组织和主管机构，并在促进作为其章程原则之体现的工作中基本权利方面享有普遍的支持和认同；

鉴于在经济上相互依存不断增强的形势之下，重申本组织《章程》中体现的基本原则和权利之永久性并促进其普遍实施刻不容缓；

国际劳工大会

1. 忆及：

（a）在自愿加入国际劳工组织时，所有成员国都已接受其《章程》和《费城宣言》陈述的原则与权利，以及保证为实现本组织的总体目标而尽力并充分根据自身具体情况从事工作；

（b）这些原则和权利在被国际劳工组织内部和外部承认是基本公约的公约中以具体权利与义务之形式得以体现和发展。

2. 声明，即使尚未批准有关公约，仅从作为国际劳工组织成员国这一事实出发，所有成员国都有义务真诚地并根据《章程》要求，尊重、促进和实现关于作为这些公约之主题的基本权利的各项原则，它们是：

（a）结社自由和有效承认集体谈判权利；

（b）消除一切形式的强迫或强制劳动；

（c）有效废除童工；以及

（d）消除就业与职业歧视。

3. 承认，为实现这些目标，国际劳工组织有义务根据成员国所确定并表达的需要，向其提供支援，可通过充分利用其章程手段、行动手段及预算手段，包括动员外部资源及支助，以及根据《章程》第十二条的规定，通过鼓励国际劳工组织与之已建立关系的其他国际组织支持这些努力：

（a）通过提供技术合作与咨询服务，以便促进批准并实施基本公约；

（b）通过支援尚未能够批准这些公约中的某些公约或全部这些公约的成员国为尊重、促进和实现关于作为这些公约之主题的基本权利的各项原则所作努力；以及

（c）通过帮助成员国为创造有利于经济与社会发展之气候所作的努力。

4. 兹决定，为全面落实本《宣言》，将根据应被看作是《宣言》之不可分的组成部分的附录具体说明的办法，实施有意义的和有效的促进性后续措施。

5. 强调，不得将劳工标准用于贸易保护主义之目的，并且本《宣言》及其后续措施中的任何内容不得被援引或被以其他方式用于此种目的；此外，无论如何不得因本《宣言》及其后续措施而对任何国家的比较利益提出异议。

附录　《国际劳工组织关于工作中基本原则和权利宣言》的后续措施

一　总体目的

1. 下面叙述的后续措施的目的，是鼓励本组织的成员国作出努力，以促进《国际劳工组织章程》和《费城宣言》所包含并在本《宣言》中得到重申的基本原则和权利。

2. 按照严格属于促进性质的这一目标，本后续措施将使得可以确定一些领域，本组织在这些领域中通过技术合作活动提供的支援，可能会证明有益于帮助其成员国实施这些基本原则和权利。它既不是既定监督机制的替代，也不会妨碍其运转；因此，将不会在本后续措施的框架范围内对那些机制范围内的特定情况进行审查或复审。

3. 下面叙述的本后续措施的两个方面是以现行程序为基础的：有关未批准的基本公约的年度后续措施，仅会对实施《章程》第十九条第5款（e）的目前形式进行某些修改；而综合报告将有益于从根据《章程》实施的程序中获得最佳结果。

二　有关未批准的基本公约的年度后续措施

A. 目的和范围

1. 目的是以简化的程序取代理事会于1995年采用的四年一次的审查，为每年审查尚未批准所有基本公约的成员国根据《宣言》所作的努力提供机会。

2. 后续措施每年涉及《宣言》中规定的基本权利和原则的四个领域。

B. 方式

1. 后续措施将以要求成员国根据《章程》第十九条第 5 款（e）提交的报告为基础。将制定报告的格式，以便在适当考虑《章程》第二十三条和既定惯例的情况下，从尚未批准一项或多项基本公约的政府那里获得关于其法律和惯例可能已有任何变化的资料。

2. 由理事会审查经劳工局编辑的这些报告。

3. 为对如此编辑的报告加以介绍，以提请注意可能需要进行更深入讨论的任何问题，劳工局可以要求理事会为此目的任命一个专家小组。

4. 应研究对理事会的现有程序进行调整，以允许在理事会中没有代表的成员国在理事会讨论期间能以最适宜的方式提供可能证明是必要或有益的澄清，补充其报告中所包含的资料。

三　综合报告

A. 目的和范围

1. 本报告的目的是就前一个四年期期间注意到的有关每一类基本原则和权利的情况提供一幅总的能动画面，作为评估本组织所提供援助效力的基础，并以特别旨在动员实施技术合作所需的内部和外部资源的技术合作行动计划的形式，确定下一个四年期的优先重点。

2. 报告将每年轮流涉及四类基本原则和权利中的一个类别。

B. 方式

1. 本报告将在局长负责之下、在正式资料或根据既定程序收集和评估的资料的基础上加以汇编。对尚未批准基本公约的国家，报告应特别以前面提到的年度后续措施的结果为依据；而对已批准相应公约的成员国，报告应特别以根据《章程》第二十二条提交的报告为基础。

2. 本报告将作为局长报告提交给大会，供三方讨论。大会可以将本报告和根据《大会议事规则》第十二条提交的报告分别加以处理，也可以在专为针对本报告的一次会议上，或以任何其他适宜的方式，对其进行讨论。然后，应由理事会在尽早的一届会议上，根据对下一个四年期要实施的技术合作优先重点和行动计划的讨论结果得出结论。

四　当然：

1. 应对实施上述条款所需的对《理事会议事规则》和《大会议事规则》的修订提出建议。

2. 大会应在适当时候根据所取得的经验对本后续措施的运转情况进行审议，以评估其是否充分实现了第一部分中表达的总体目的。

以上是经在日内瓦召开并于1998年6月18日宣布闭幕的国际劳工组织大会第八十六届会议正式通过的《国际劳工组织关于工作中基本原则和权利宣言》及其后续机制的正式文本。

我们于1998年6月19日签字于后，特此作证。

大会主席
让－雅克·奥克斯兰
（Jean-Jacques Oechslin）
国际劳工局局长
米歇尔·汉森
（Michel Hansenne）

附录三
国际劳工组织关于争取公平全球化的社会正义宣言

国际劳工大会第97届会议于2008年6月10日在日内瓦通过

前　言

2008年6月10日国际劳工组织一致通过了"国际劳工组织关于争取公平全球化的社会正义宣言"。这是1919年国际劳工组织章程问世以来国际劳工大会通过的第三个重要的原则和政策声明。它构筑在1944年费城宣言和1998年工作中的基本原则和权利宣言的基础上。2008年这份宣言表达了国际劳工组织对在全球化时代其权责的当代认识。

这份里程碑式的宣言有力地重申了国际劳工组织的价值理念。它是全球化的社会影响世界委员会报告出台之后开始的三方磋商的结果。通过这份文件，182个成员国政府、雇主和工人组织的代表强调了我们的三方性组织在全球化条件下帮助取得进步和社会正义的关键作用。他们共同承诺通过体面劳动议程，加强国际劳工组织在推进这些目标方面的能力。该宣言将1999年以来国际劳工组织开发的体面劳动概念制度化，为实现国际劳工组织的章程目标而将其置于自身政策的核心位置。

这份宣言产生的政治时机相当关键，反映了对全球化应有强健的社会层面以使大家均获得更好的和公平的结果的广泛共识。宣言是促进基于体面劳动的公平全球化的指南针，也是在国家层面加快实施体面劳动议程的实用工具。宣言通过强调可持续企业在为大家创造更多就业和收入机会方面的重要性，也反映了一种促进生产力的观念。

国际劳工组织

国际劳工组织的议程在区域和全球的最高政治领导层均得到了广泛的国际支持，并于2005年联合国世界峰会时达到了高峰。当时，国家元首和政府首脑宣布："我们坚决支持公平的全球化并决心把包括妇女和年轻人在内的所有人的充分和生产性就业以及体面劳动作为我们相关国家和国际政策以及我们的国家发展战略的中心目标。"这项声明也是构筑在1995年世界社会发展峰会的基础之上。

该宣言表达了体面劳动议程的普遍性：国际劳工组织的所有成员必须采取符合"就业、社会保护、社会对话、工作中的权利"等战略目标的政策。与此同时，宣言强调了一种全面的、一体化的方式，承认这些目标是"不可分割的，相互关联并互相支持的"，确保国际劳工标准的作用是实现所有这些目标的有用手段。

宣言呼吁国际劳工组织帮助其成员根据各自国情和需要努力实施宣言。为了这个目标，国际劳工大会、理事会和国际劳工局有了一项新的挑战，即"国际劳工组织应审议并调整其做法，加强管理和能力建设，以充分利用好其人力和财政资源及其三方结构和标准体系方面的独特优势"。为此，国际劳工组织及其成员必须在国家和国际层面动员一切可以动员的力量，促进实现宣言的宗旨并有效实施其承诺。

该宣言为领导人和决策者提供了在国内联系人民和生产性方案的平衡方法，也为国际层面的管理提供了共同平台。通过统筹考虑社会、经济和环境目标，它可以促进国内可持续发展政策的连贯性，也会使国际组织之间和发展合作政策变得更加协调。在这方面，宣言强调了有关国际和区域组织在实施一体化方法中的重要性，并请它们也促进体面劳动。宣言指出贸易和金融市场政策均对就业有影响，为了实现将就业置于经济政策中心的目标，国际劳工组织有义务评估这种就业影响。该宣言还呼吁与在全球部门层面经营的跨国公司和工会之类的非国营企业和经济实体建立新的伙伴关系，以便加强国际劳工组织实施计划和活动的有效性。

关于争取公平全球化的社会正义宣言重申了国际劳工组织的信念。宣言继承并发扬了国际劳工组织章程中所体现的理念和原则，使之能够迎接21世纪的挑战。它反映出国际劳工组织对自身的使命和责任具有信心，并全心致力于履行时代赋予的责任。宣言的出台恰逢劳动世界面临着广泛的不确定性，侵犯劳动权利的情形继续存在，对全球化进程的关注与日俱增，国际组织需要就这些问题进行更好的合作。更重要的是，宣言强调了国际劳工组织的独特的比较优势和合法性，其所依据的是三方性及其政府、雇主和工人成员在应对影响人们生活的经济社会政策方面具有丰富且互补的实践经验。宣言还忆及具有强大生命力的社会对话的工作方法，这是建立共识的基础，也为面临对话难题的世界带来了希望。

关于争取公平全球化的社会正义宣言标志着自费城宣言以来国际劳工组织最重要的更新。它赋予了我们加强国际劳工组织能力的历史机遇和责任。我们可以与所有认同宣言理想的人们一道努力使国家和国际政策形成有效的统一，促进实现公平的全球化，使世界各地的妇女和男子有更多的机会获得体面劳动。为了更加尊重人类尊严、为了全球的繁荣，为了满足全世界人民、家庭和社区的需求与希望，让我们携起手来努力奋斗吧。

劳工局长

胡安·索马维亚

国际劳工组织关于争取公平全球化的社会正义宣言

值此国际劳工大会第97届会议于日内瓦举行之际，

考虑到目前以新技术的扩散、思想的传播、货物和服务的交流、资本和金融流动的增加、商业和商业进程与对话的国际化以及人员、尤其是工作妇女和男子的流动为特点的全球化框架正在以深远的方式改造着劳动世界：

－一方面，经济合作和一体化进程曾帮助一些国家从高速经济增长和就业创造中获益，将许多农村贫困者纳入现代城镇经济、推动其发展目标以及促进在产品开发和观念交流方面的创新；

－另一方面，全球经济一体化也造成许多国家和部门面临收入不平等的重大挑战、失业和贫困的持续高水平、经济对外来冲击的脆弱性以及影响到雇佣关系和它所能够提供保护的未受保护的工作和非正规经济的增长；

承认，在上述情况下，为满足对社会正义的普遍渴望、实现充分就业、确保开放型社会和全球经济的可持续性、实现社会凝聚力以及与贫困和日益增长的不平等作斗争，实现一种对所有人来说皆为得到改善和公平的结果已变得比以往更加必要；

确信国际劳工组织在不断变化的环境中对帮助促进并实现进步和社会正义可以发挥重要作用：

－基于包括《费城宣言》（1944年）在内的《国际劳工组织章程》中包含的权责，该权责在二十一世纪继续具有充分的相关性并应激励其成员国的政策，该政策除其它宗旨、目标和原则外：

确认劳动不是商品和任何地方的贫困对所有地方的繁荣构成危害；

承认连同在《费城宣言》中提出的所有其它目标，国际劳工组织负有在世界各国促进将会实现充分就业和提高生活标准、最低生存工资以及为提供一种基本收入而将社会保障措施扩展到所有需要此种保护的人的目标计划的庄严义务；

规定国际劳工组织对照社会正义基本目标的实现情况检查和审议所有国际经济和财务政策的权责；和

－依靠并重申《国际劳工组织关于工作中基本原则和权利宣言及其后续措施》（1998年），成员国在该《宣言》中承认诸如结社自由和有效地承认集体谈判权利、消除强迫或强制劳动、有效地废除童工劳动以及消除有关就业和职业歧视这些基本权利在行使本组织的权责方面的特殊重要性；

国际社会承认体面劳动是对全球化挑战的一个有效反应，受此激励并考虑到：

－哥本哈根社会发展世界峰会的成果（1995年）；

－在全球和区域层面对由国际劳工组织发展的体面劳动概念一再表达的广泛支持；和

－国家元首和政府首脑在联合国2005年世界峰会的成果文件中对公

附录三 国际劳工组织关于争取公平全球化的社会正义宣言

平的全球化以及面向所有人的充分和生产性就业和体面劳动目标的普遍赞同，将之作为其相关国家和国际政策的一个中心目标；

相信在日益相互依存和复杂以及生产的国际化的世界中：

- 有关自由、人类尊严、社会正义、安全和非歧视的基本价值观对于可持续的经济和社会发展以及效率来说是必不可少的；

- 政府与具有代表性的国内和国际工人组织和雇主组织之间的社会对话和三方性作法对于取得解决办法以及建立社会凝聚力和法治来说，除其他手段外，特别是通过国际劳工标准，比以往任何时候更为相关；

- 雇佣关系作为向工人提供法律保护手段的重要性应得到承认；

- 生产性、盈利和可持续性企业，连同一个强大的社会经济和一个有活力的公共部门，是可持续的经济发展和就业机会的关键；和

- 《关于多国企业和社会政策原则的三方宣言》（1977年）修订本论述了此类行动方在实现本组织的目标方面日益增加的作用，该《宣言》具有特殊相关性；并

承认当前的挑战要求本组织强化其努力并动员所有行动手段以促进其章程目标，以及使这些努力行之有效并加强国际劳工组织协助其成员国为在全球化背景下达到其目标所作努力的能力，本组织必须：

- 与体面劳动议程和国际劳工组织的四项战略目标相一致，利用这些目标之间的协同作用，在其促进开发一种全球和综合处理方法的手段中确保一致与合作；

- 在充分尊重现有章程规定框架和程序的同时为改善其效力和效率修订其机构惯例和治理；

- 协助三方成员满足它们在三方充分讨论的基础上在国家层面表达的需求，办法是通过提供帮助它们在国际劳工组织的章程目标范围内满足这些需求的优质信息、建议和技术计划；和

- 通过加强国际劳工组织的标准制订政策对劳动世界的相关性，将之作为国际劳工组织活动的基石加以促进，并确保标准作为实现本组织章程目标的一个有益手段的作用；

于二千零八年六月十日通过目前的《宣言》。

国际劳工组织

I．范围和原则

大会承认并宣布：

A. 在当前变革加速的背景下，成员国和本组织实施国际劳工组织章程权责的承诺和努力，包括通过国际劳工标准和将充分和生产性就业以及体面劳动置于经济和社会政策的中心，应以国际劳工组织的具有同等重要性的四项战略目标为基础，体面劳动议程正是通过这些目标体现的，并可归纳如下：

（i）通过创造一种可持续的制度和经济环境促进就业，在这一环境中：

－个人能够开发并更新使他们能够为其个人的实现感和共同的福祉从事生产性职业所需的必要的能力和技能；

－所有企业，无论公营或私营，应是能够创造增长以及为所有人创造更多的就业和收入机会及前景的可持续性企业；和

－社会能够实现其经济发展、良好的生活标准和社会进步的目标；

（ii）发展并加强可持续和适合国情的社会保护措施（社会保障和劳动保护），包括：

－将包括为需要此类保护的所有人提供基本收入措施在内的社会保障扩展到所有人，修订其范围和覆盖面，以满足和应对由于技术、社会、人口统计和经济变革引起的新的需求和不确定性；

－健康和安全的工作条件；和

－旨在确保所有人公正地分享进步成果以及所有在业人员和需要此类保护的人员享有一种最低生存工资的有关工资和收入、工时和其他工作条件的政策；①

---

① 编者注：在起草本案文时，对每种语言都优先考虑与国际劳工大会于 1944 年通过的《费城宣言》第（III）（d）条的相应正式文本保持一致。

（iii）将社会对话和三方性作为开展下列工作最适宜的方法加以促进：

－根据各国的需求和情况调整战略目标的实施；

－将经济发展转变成社会进步，反之亦然；

－促进有关影响就业和体面劳动战略和计划的相关国家和国际政策的共识建设；和

－使劳动法和机构富有成效，包括有关承认雇佣关系、促进良好的产业关系以及建立有效的劳动监察制度；和

（iv）尊重、促进并实现工作中的基本原则和权利，无论是作为根本的权利还是作为充分实现所有战略目标所需的必要条件，它们都是特别重要的，注意到：

－结社自由和有效地承认集体谈判权利对能够使四项战略目标得以实现尤为重要；和

－工作中的基本原则和权利的违反不得被援引或甚至被用以作为一种合法的比较优势，而且劳工标准不应被用以作为保护主义的贸易目的。

B. 这四项战略目标是不可分割、相互关联和相互支持的。促进其中任何一个所遇到的挫折将会妨碍朝着其他目标取得进展。为最大限度地发挥其影响，为促进它们所作的努力应成为国际劳工组织有关体面劳动的全球和综合战略的组成部分。在上述战略目标中，必须将性别平等和非歧视视为涵盖所有相关活动的事项。

C. 成员国如何实现这些战略目标必须是由各成员国决定的一个问题，取决于其现有的国际义务和工作中的基本原则和权利，而且除其他内容外适当考虑到：

（i）国情、环境和需要，以及由具有代表性的雇主组织和工人组织表达的优先考虑；

（ii）国际劳工组织所有成员国之间的相互依赖、声援和合作在全球经济的背景下比以往任何时候更为相关；和

（iii）国际劳工标准的原则和条款。

国际劳工组织

Ⅱ. 实施方法

大会进一步承认，在全球化经济中：

A. 为实施本《宣言》第一节的内容则要求国际劳工组织切实有效地协助成员国的努力。为此，本组织应检查并修订其制度性惯例和加强治理及能力建设，以便能够最佳地利用其人力和财力资源以及其三方性结构和标准体系的独特优势，从而：

（ⅰ）更好地理解其成员国在每一战略目标方面的需求以及国际劳工组织为在大会议程上一再出现的项目框架范围内满足这些需求而采取的以往行动，以便：

— 确定国际劳工组织如何才能通过协调利用它的所有行动手段更有效地处理这些需求；

— 为处理这些需求确定必要的资源，并视情况吸引额外的资源；和

— 在责任方面指导理事会和劳工局；

（ⅱ）加强并精简其技术合作和专家咨询意见以便：

— 支持并帮助各成员国，凡适宜时，通过体面劳动国别计划，并在联合国系统范围内，在三方性的基础上朝着所有这些战略目标取得进展所作的努力；和

— 为促进有意义和连贯的社会政策和可持续发展，凡必要时，帮助成员国以及具有代表性的雇主组织和工人组织的机构能力；

（ⅲ）通过以经验为依据的分析和对具体经验的三方性讨论，在有关国家之间的自愿合作下，并以使成员国在作出涉及全球化机遇和挑战的决策时享有充分信息为目的，促进知识共享和对各战略目标之间协同作用的理解；

（ⅳ）如有要求，向希望在双边或多边协议框架内共同促进战略目标的成员国提供援助，该援助将视其与国际劳工组织义务的相容性而定；及

（ⅴ）发展与非国家实体和其他经济主体的新型伙伴关系，例如多国

附录三 国际劳工组织关于争取公平全球化的社会正义宣言

企业以及在全球部门层面运作的工会,以便加强国际劳工组织实施计划和活动的效果,以任何适宜的方式争取这些组织的支持,并进而促进国际劳工组织的战略目标。这个过程应通过与工人和雇主各自在国家和国际上的代表性组织进行磋商来完成。

B. 同时,成员国负有这样的重要责任,即通过它们的社会经济政策,为实施本《宣言》第一节所概括的体面劳动议程之各项战略目标所采取的全球性和综合性战略作出贡献。在国家层面实施体面劳动议程将取决于各国的需要和优先考虑,并且应由成员国在与工人和雇主的代表性组织磋商的情况下,来决定它们如何履行该责任。为此目的,它们可以考虑采取许多措施,特别是:

(ⅰ)通过一项国家性或区域性的体面劳动战略,或者同时通过这两项战略,其针对的对象是为综合落实各项战略目标而设定的一套优先事项;

(ⅱ)如有必要,可在国际劳工组织帮助下,建立适当的指标或统计资料来监督和评估所取得的进展;

(ⅲ)审议成员国在批准或实施国际劳工组织文书方面的情况,以期实现对每项战略目标有逐步增加的覆盖面,审议应特别强调那些被归类为核心劳工标准的文书以及那些从治理的角度来看是最为重要的、涉及三方性、就业政策和劳动监察的文书;

(ⅳ)采取适宜的步骤,确保在相关国际论坛上代表成员国所采取的有关立场与它们根据目前的《宣言》可能采取的步骤之间的适当协调;

(ⅴ)促进可持续性企业;

(ⅵ)凡适宜的情况下,分享由成功实施包含体面劳动要素的国家性或区域性举措而获得的国家性和区域性良好实践;及

(ⅶ)在双边、区域或多边基础上,只要资源条件允许,向其他成员国提供适宜的支持,使其能够落实本《宣言》中所提及的原则和目标。

C. 在密切相关领域也负有权责的其他国际性和区域性组织可对这种综合处理方法的实施做出重要贡献。国际劳工组织应当邀请它们来促进体面劳动,铭记每一家机构都对其自身的权责拥有完全控制权。由于贸易政

策和金融市场政策均影响就业，因而国际劳工组织的作用就在于评估这些就业影响以实现该组织把就业置于经济政策中心地位的目标。

Ⅲ. 最后条款

A. 国际劳工局局长将确保将目前的《宣言》送达所有成员国，并且通过它们，送达具有代表性的雇主组织和工人组织、在国际和区域层面的相关领域具有职权的国际组织，以及理事会可能认定的此类其他实体。各国政府，以及国家层面的雇主组织和工人组织，应在它们可能参加或派代表出席的所有相关论坛上使《宣言》广为人知，或是将其散发到任何其他可能相关的实体。

B. 理事会和国际劳工局局长将负有为本《宣言》第二节的迅速实施确立适宜模式的责任。

C. 在理事会可能认为适宜的时机并根据将要确立的模式，目前这份《宣言》的影响以及尤其是为促进其实施所采取的步骤，将是国际劳工大会审议的主题，以便评估什么行动可能会是适宜的。

附件　《宣言》的后续措施

Ⅰ. 总体目的和范围

A. 本后续措施的目的旨在论述国际劳工组织用以帮助其成员国为落实对实施本组织的章程授权极为重要的四项战略目标所作承诺而作出的努力的方法。

B. 本后续措施寻求最大可能地利用为履行国际劳工组织的权责而根据其《章程》所提供的行动方法。协助成员国的某些措施可能需要对实施《国际劳工组织章程》第19条第5（e）和第6（d）款的现行模式进行一些调整，而又不增加成员国的报告义务。

Ⅱ. 本组织协助其成员国的行动

行政管理、资源和对外关系

A. 局长将采取所有必要的措施，包括凡适宜时向理事会提出建议，以确保国际劳工组织为了协助成员国依照本《宣言》所做努力将要采用的方法。此类措施应包括审议并对本《宣言》中设定的国际劳工组织的制度惯例和治理作出适应性调整，还应考虑到需要确保：

（ⅰ）为国际劳工局的有效行动，在其内部保持一致、协调与合作；

（ⅱ）建立并保持政策性及操作性能力；

（ⅲ）有效率和效力的资源利用、管理程序和制度结构；

（ⅳ）充分的能力和知识基础，以及有效的治理结构；

（ⅴ）在联合国和多边体制内促进有效的伙伴关系，以加强国际劳工组织实施计划和活动以进而促进国际劳工组织的目标；和

（ⅵ）确定、更新和推广一组从治理的角度来看最为重要的标准清单[①]。

了解成员国的现实并对其需求做出回应

B. 国际劳工组织将根据理事会所同意的模式采用一种由国际劳工大会定期进行讨论的方案，而并非复制国际劳工组织的监督机制，目的是为了：

（ⅰ）更好地了解其成员国就每一项战略目标而言所具备的各式各样的现实和需求，通过利用其所能支配的所有行动手段，包括与标准相关的行动、技术合作以及劳工局的技术和研究能力，更有效地对这些需求做出回应，并相应地调整其优先事项和行动计划；和

（ⅱ）评估国际劳工组织活动的结果，以便使计划、预算和其他治理方面的决定在知情情况下作出。

[①] 1947年《劳动监察公约》（第81号公约）、1964年《就业政策公约》（第122号公约）、1969年《（农业）劳动监察公约》（第129号公约）和1976年《三方协商（国际劳工标准）公约》（第144号公约），以及那些在随后不断更新的各清单中被确定的标准。

技术援助和咨询服务

C. 如有各国政府、工人和雇主各自的代表性组织提出要求，国际劳工组织将在其权限范围内提供所有适宜的援助，支持成员国在通过综合及一致的国家和区域战略、朝着这些战略目标迈进的过程中所作的努力，援助方式包括：

（ⅰ）在体面劳动国别计划以及联合国系统的框架内加强并精简其技术合作活动；

（ⅱ）向每一成员国提供它们出于通过一项国家战略的目的而可能会要求的一般性专门知识和援助，并为实施该战略探索创新性伙伴关系；

（ⅲ）开发能有效评估已取得的进展的适宜工具，并评估其他因素和政策可能会对成员国的努力产生的影响；和

（ⅳ）致力于解决发展中国家、工人和雇主各自的代表性组织的特殊需求和能力问题，包括通过寻求资源动员来加以解决。

研究、信息收集和共享

D. 国际劳工组织将采取适当的步骤，以加强其研究能力、以经验为基础的知识和对各战略目标之间如何互动的理解，并且为社会进步、可持续性企业、可持续发展和在全球经济中消除贫困作出贡献。这些措施可包括在国际、区域和国家层面的下列框架内对经验和良好实践的三方共享：

（ⅰ）以有关国家的政府、雇主和工人各自代表性组织自愿合作为特定基础所开展的研究；或

（ⅱ）感兴趣的成员国可能希望在自愿基础上建立或加入的（诸如同业审议）任何共同方案。

Ⅲ. 大会评估

A.《宣言》的影响，特别是，它通过综合落实国际劳工组织战略目

标、为在各成员国中促进该组织的主旨和目标做出了多大程度的贡献，将是一个由大会进行评估的主题，并可在列入其议程的项目框架内不时地重复进行评估。

B. 国际劳工局将为大会编写一份评估《宣言》影响的报告，报告将包含的信息涉及：

（ⅰ）作为目前《宣言》的结果而采取的行动或措施，这方面信息可由三方成员通过国际劳工组织的办事处（特别是在地区的办事处）来提供，也可由任何其他可靠的来源加以提供；

（ⅱ）由理事会和劳工局为跟进那些与落实战略目标有关的、涉及治理、能力和知识库议题而采取的措施，包括国际劳工组织的计划和活动及其影响；和

（ⅲ）《宣言》对其他感兴趣的国际组织的可能影响。

C. 将为感兴趣的多边组织提供机会参与对有关影响的评估并参与讨论。其他感兴趣的实体可在理事会邀请下出席并参与讨论。

D. 根据其评估，国际劳工大会将就进一步评估的可取性或在采取任何其他形式的适宜行动的机会方面得出结论。

以上《宣言》是国际劳工大会在日内瓦召开的并于 2008 年 6 月 13 日宣布闭幕的第九十七届会议期间正式通过的国际劳工组织关于争取公平全球化的社会正义宣言的正式文本。

我们于 2008 年 6 月 13 日签字于后，特此作证。

大会主席

埃德温·萨拉敏·贾因

(Edwin Salamin Jaen)

国际劳工局长

胡安·索马维亚

(Juan Somavia)

附录四
国际劳工组织关于劳动世界的未来百年宣言

国际劳工大会，值此国际劳工组织成立一百周年之际，在日内瓦召开了其第一百零八届会议，

考虑到过去一个世纪的经验证明，政府、雇主代表和工人代表的持续协调行动对于实现社会正义、民主与促进普遍持久和平至关重要；

承认这种行动带来了经济和社会的历史性进步，从而导致了更加人道的工作条件；

还考虑到世界许多地方持续存在的贫困、不平等与不公正、冲突、灾害和其他人道主义紧急情况对这些进步以及对确保人人享有共同繁荣与体面劳动方面均构成威胁；

回顾和重申《国际劳工组织章程》和《费城宣言》（1944年）所阐述的目标、宗旨、原则和使命；

强调《国际劳工组织关于工作中基本原则和权利宣言》（1998年）和《国际劳工组织关于争取公平全球化的社会正义宣言》（2008年）的重要性；

有感于一百年前催生了国际劳工组织的社会正义诉求，深信世界各国政府、雇主和工人有能力振兴本组织并塑造一个实现其创始愿景的劳动世界的未来；

认识到社会对话有助于社会的整体凝聚力，对于运行良好的生产性经济至关重要；

还认识到可持续企业作为就业创造者及创新与体面劳动推动者角色的重要性；

国际劳工组织

重申劳动不是商品；

致力于构建一个没有暴力与骚扰的劳动世界；

还强调推进多边主义特别是对于塑造我们所希望的劳动世界未来和应对劳动世界的挑战的重要意义；

呼吁国际劳工组织所有三方成员重申其坚定不移的承诺，发奋努力实现其在1919年和1944年一致同意的社会正义与普遍持久和平；

热切期望通过确保所有地区的公平代表性和建立成员国之间的平等原则，实现国际劳工组织治理的民主化，

于二零一九年六月二十一日通过了《国际劳工组织关于劳动世界的未来百年宣言》。

I

大会宣告：

A. 在国际劳工组织纪念其成立百年之际，劳动世界面临着由技术创新、人口结构转变、环境与气候变化和全球化所驱动的根本性变革，以及持续存在的不平等现象，这对劳动世界的性质和未来，以及对身在其中的人民的地位和尊严具有深刻影响。

B. 当务之急是立即行动起来，抓住机遇，应对挑战，创造一个公平、包容和安全的劳动世界的未来，使人人享有充分、生产性和自由选择的就业和体面劳动。

C. 这样一个劳动世界的未来对于旨在终结贫穷、不让任何人掉队的可持续发展至关重要。

D. 国际劳工组织在第二个百年间必须进一步采取以人为本构建劳动世界未来的方法，将工人的权利和所有人的需求、向往和权利置于经济、社会和环境政策的核心，坚持不懈地推进其章程赋予的社会正义使命。

E. 本组织在过去一百年中发展壮大，迈向普遍成员制，这意味着社会正义能够在世界各地得以实现，且只有国际劳工组织三方成员充

分、平等和民主地参与其三方治理结构，才能保证他们对这项事业的全力投入。

II

大会宣告：

A. 在履行其章程赋予的使命，考虑到劳动世界的深刻变革以及进一步制定以人为本塑造劳动世界未来的方法时，国际劳工组织必须着力于：

（i）确保公平过渡到这样一个劳动世界的未来，即它助推其在经济、社会和环境层面上的可持续发展；

（ii）利用技术进步和生产力提高的最大潜力，包括通过社会对话，以实现体面劳动和可持续发展，保证人人享有尊严、自我实现和所有人公正地分享好处；

（iii）作为政府和社会伙伴的一项共同责任，推动所有工人在其整个职业生涯中获得技能、能力和资质，以便：

–解决现存和预期的技能差距；

–特别注意确保教育和培训体系对劳动力市场需求作出回应，同时兼顾劳动世界的变化；及

–增强工人利用现有体面劳动机会的能力；

（iv）制定有效政策，目的在于为所有人创造充分、生产性和自由选择的就业与体面劳动机会，特别是为了推进从教育和培训向就业过渡，重点强调让青年人有效融入劳动世界；

（v）支持有助于年龄较大的工人扩展其选择的措施，优化其在优质、生产性和健康的条件下工作至退休的机会，并使积极老龄化得以实现；

（vi）促进工人权利，以此作为实现包容性和可持续增长的关键要素，重点是结社自由和有效承认集体谈判权利，以此作为扶持性权利；

（vii）通过一个变革性议程实现工作中的性别平等，定期评估取得的进展，该议程：

——确保平等机会、平等参与和平等待遇,包括男女同值工作同等报酬;

——促使更加平衡地分担家庭责任;

——通过使工人和雇主得以就考虑到他们各自需求和利益的解决方法(包括就工作时间)达成一致,提供更好地实现工作—生活平衡的机会;并

——促进对照护经济的投资;

(viii) 确保残疾人以及其他处于脆弱状况的人员在劳动世界中的机会均等和待遇平等;

(ix) 通过促进对创业和可持续企业有利的环境,特别是对微型、小型和中型企业以及合作社和社会及互助经济有利的环境,支持私营部门作为经济增长和创造就业主要来源的作用,以创造体面劳动、生产性就业并提高所有人的生活水平;

(x) 支持公共部门作为重要雇主和优质公共服务提供者的作用;

(xi) 强化劳动行政管理和监察;

(xii) 确保多样化的工作安排、生产和工商业模式,包括在国内和全球供应链中的工作安排、生产和工商业模式,能够利用各种机遇来推动社会和经济进步,提供体面劳动,并有助于实现充分、生产性和自由选择的就业;

(xiii) 消除强迫劳动和童工劳动,促进人人享有体面劳动并促进跨境合作,包括在高度国际一体化的地区或部门;

(xiv) 促进从非正规经济向正规经济转型,同时适当关注农村地区;

(xv) 发展和完善适足、可持续并适应劳动世界发展的社会保护体系;

(xvi) 深化和扩大其在国际劳务移民方面的工作,回应三方成员的需求,在劳务移民中的体面劳动方面发挥领导作用;以及

(xvii) 按照以下认识,强化在多边体系内的参与和合作,以加强政策协调一致:

——体面劳动是实现可持续发展、应对收入不平等和消除贫困的关键,

特别关注受冲突、灾害和其他人道主义紧急情况影响的地区；以及

－在全球化条件下，任何国家未能提供人道的劳动条件比以往任何时候都更会成为所有其他国家进步的障碍。

B. 社会对话，包括集体谈判和三方合作，为国际劳工组织所有行动提供了一个至关重要的基础，并有助于其成员国的成功政策与决策。

C. 有效的工作场所合作是有助于确保安全和生产性工作场所的工具，所采取的方式应尊重集体谈判及其成果且不损害工会的作用。

D. 安全和健康的工作条件对体面劳动十分重要。

III

大会呼吁所有成员国考虑到各种国情，以三方机制和社会对话为基础，在国际劳工组织的支持下单独和集体开展工作，进一步发展其以人为本构建劳动世界未来的方法，通过：

A. 加强所有人从变化的劳动世界机会中获益的能力，通过：

（i）有效实现在机会和待遇上的性别平等；

（ii）面向所有人的有效终身学习及优质教育；

（iii）普遍获得全面和可持续的社会保护；以及

（iv）用以支持人们度过其在整个工作生涯中将面临的转型的有效措施。

B. 强化劳动制度，确保充分保护所有工人，并重申雇佣关系的持续相关性，以此作为向工人提供确定性和法律保护的方式，同时认识到非正规性的程度以及有必要确保采取有效行动，实现向正规性转型。所有工人都应根据体面劳动议程享有适当保护，同时考虑到：

（i）对其基本权利的尊重；

（ii）适当的法定最低工资或通过谈判达成的最低工资；

（iii）工时的最长限度；以及

（iv）工作中的安全与卫生。

C. 通过以下措施促进持久、包容性和可持续的经济增长、充分和生

产性就业以及人人享有体面劳动:

(i) 以这些目的作为其核心目标的宏观经济政策;

(ii) 促进体面劳动和提高生产率的行业、产业和部门政策;

(iii) 对基础设施及对战略部门的投资,以应对劳动世界变革的驱动因素;

(iv) 促进可持续和包容性经济增长、可持续企业的创立和发展、创新以及从非正规经济向正规经济转型的政策和激励措施,以及促进商业实践与本《宣言》目标对接的政策和激励措施;及

(v) 确保适当保护隐私和个人数据并应对与工作数字化转型(包括平台工作)相关的劳动世界中的挑战和机遇的政策和措施。

IV

大会宣告:

A. 制定、促进、批准和监督国际劳工标准对国际劳工组织至关重要。这要求本组织拥有并促进一套清晰、强大和最新的国际劳工标准体系,并进一步加强透明度。国际劳工标准还需要顺应劳动世界的变化格局,保护工人并兼顾可持续企业的需求,以及受到具有权威性且行之有效的监督的约束。国际劳工组织将协助其成员国批准和有效实施标准。

B. 所有成员国应致力于批准和落实国际劳工组织的基本公约,并经与雇主组织和工人组织协商,定期考虑批准国际劳工组织的其他标准。

C. 国际劳工组织有责任加强其三方成员的能力,以:

(i) 鼓励发展强有力和有代表性的社会伙伴组织;

(ii) 在境内和跨境参与所有相关进程,包括劳动力市场制度、计划和政策;

(iii) 酌情在各级通过强有力、有影响力和包容性的社会对话机制处理工作中所有基本原则和权利,

深信此种代表性和对话有助于社会整体凝聚力,是关乎公共利益的事

项，对于运转良好和生产性的经济非常关键。

D. 国际劳工组织向其成员国和社会伙伴提供的服务，特别是通过包括扩大的南南合作和三边合作在内的发展合作所提供的服务，必须符合其权责，并基于对成员国和社会伙伴多样化情况、需求、优先事项和发展水平的深入了解及关注。

E. 国际劳工组织必须在统计、研究、知识管理能力以及专业知识方面保持最高水平，以进一步强化其以证据为依据的政策倡导的质量。

F. 国际劳工组织必须立足于其章程权责，在多边体系中发挥重要作用，通过加强与其他组织的合作并发展与它们之间的制度化安排，在追求用以人为本的方法来实现劳动世界未来的过程中促进政策协调一致，承认社会、贸易、金融、经济和环境政策之间存在的各种强劲、复杂和重要联系。

以上是经在日内瓦召开并于 2019 年 6 月 21 日宣布闭幕的国际劳工组织大会第一百零八届（百年）会议正式通过的《国际劳工组织关于劳动世界的未来百年宣言》的正式文本。

我们于 2019 年 6 月 21 日签字于后，特此作证。

大会主席，

让－雅克·埃尔米格

（Jean-Jacques Elmiger）

国际劳工局局长，

盖·莱德

（Guy Ryder）

附录五

国际劳工公约一览表（1919~2020 年）

一 基本劳工公约

（1）第 29 号公约，1930 年《强迫劳动公约》（Forced Labour Convention, 1930）

（2）第 87 号公约，1948 年《结社自由与保护组织权公约》（Freedom of Association and Protection of the Right to Organize Convention, 1948）

（3）第 98 号公约，1949 年《组织权与集体谈判权公约》（Right to Organize and Collective Bargaining Convention, 1949）

（4）第 100 号公约，1951 年《对男女工人同等价值的工作付予同等报酬公约》（Equal Remuneration Convention, 1951）

（5）第 105 号公约，1957 年《废除强迫劳动公约》（Abolition of Forced Labour Convention, 1957）

（6）第 111 号公约，1958 年《（就业和职业）歧视公约》[Discrimination (Employment and Occupation) Convention, 1958]

（7）第 138 号公约，1973 年《准予就业最低年龄公约》（Minimum Age Convention, 1973）

（8）第 182 号公约，1999 年《禁止和立即行动消除最恶劣形式的童工劳动公约》（Prohibition and Immediate Action for the Elimination of the Worst Forms of Child Labor, 1999）

二 治理劳工公约

（1）第 81 号公约，1947 年《劳动监察公约》（Labour Inspection

Convention, 1947）

（2）第 122 号公约，1964 年《就业政策公约》（Employment Policy Convention, 1964）

（3）第 129 号公约，1969 年《（农业）劳动监察公约》[Labour Inspection (Agriculture) Convention, 1969]

（4）第 144 号公约，1976 年《三方协商（国际劳工标准）公约》[Tripartite Consultation (International Labour Standards) Convention, 1976]

三　技术劳工公约

第 1 号公约，1919 年《（工业）工时公约》[Hours of Work (Industry) Convention, 1919]

第 2 号公约，1919 年《失业公约》（Unemployment Convention, 1919）；

第 3 号公约，1919 年《生育保护公约》（Maternity Protection Convention, 1919）

第 4 号公约，1919 年《（妇女）夜间工作公约》[Night Work (Women) Convention, 1919]

第 5 号公约，1919 年《（工业）最低年龄公约》[Minimum Age (Industry) Convention, 1919]

第 6 号公约，1919 年《（工业）未成年人夜间工作公约》[Night Work of Young Persons (Industry) Convention, 1919]

第 7 号公约，1920 年《（海上）最低年龄公约》[Minimum Age (Sea) Convention, 1920]

第 8 号公约，1920 年《（海难）失业赔偿公约》[Unemployment Indemnity (Shipwreck) Convention, 1920]

第 9 号公约，1920 年《水手安置公约》（Placing of Seamen Convention, 1920）

第 10 号公约，1921 年《（农业）最低年龄公约》[Minimum Age (Agriculture) Convention, 1921]

第 11 号公约, 1921 年《(农业) 结社权利公约》[Right of Association (Agriculture) Convention, 1921]

第 12 号公约, 1921 年《(农业) 工人赔偿公约》[Workmen's Compensation (Agriculture) Convention, 1921]

第 13 号公约, 1921 年《(油漆) 白铅公约》[White Lead (Painting) Convention, 1921]

第 14 号公约, 1921 年《(工业) 每周休息公约》[Weekly Rest (Industry) Convention, 1921]

第 15 号公约, 1921 年《(扒炭工和司炉工) 最低年龄公约》[Minimum Age (Trimmers and Stokers) Convention, 1921]

第 16 号公约, 1921 年《(海上) 未成年人体格检查公约》[Medical Examination of Young Persons (Sea) Convention, 1921]

第 17 号公约, 1925 年《工人 (事故) 赔偿公约》[Workmen's Compensation (Accidents) Convention, 1925]

第 18 号公约, 1925 年《工人 (职业病) 赔偿公约》[Workmen's Compensation (Occupational Diseases) Convention, 1925]

第 19 号公约, 1925 年《(事故赔偿) 同等待遇公约》[Equality of Treatment (Accident Compensation) Convention, 1925]

第 20 号公约, 1925 年《(面包房) 夜间工作公约》[Night Work (Bakeries) Convention, 1925]

第 21 号公约, 1926 年《移民监察公约》(Inspection of Emigrants Convention, 1926)

第 22 号公约, 1926 年《海员协议条款公约》(Seamen's Articles of Agreement Convention, 1926)

第 23 号公约, 1926 年《海员遣返公约》(Repatriation of Seamen Convention, 1926)

第 24 号公约, 1927 年《(工业) 疾病保险公约》[Sickness Insurance (Industry) Convention, 1927]

第 25 号公约, 1927 年《(农业) 疾病保险公约》[Sickness Insurance

(Agriculture) Convention, 1927]

第26号公约，1928年《确定最低工资办法公约》（Minimum Wage-Fixing Machinery Convention, 1928）

第27号公约，1929年《（船运包裹）标明重量公约》[Marking of Weight (Packages Transported by Vessels) Convention, 1929]

第28号公约，1929年《（码头工人）防止事故公约》[Protection against Accidents (Dockers) Convention, 1929]

第30号公约，1930年《（商业和办公场所）工时公约》[Hours of Work (Commerce and Offices) Convention, 1930]

第31号公约，1931年《（煤矿）工时公约》[Hours of Work (Coal Mines) Convention, 1931]

第32号公约，1932年《（码头工人）防止事故公约（修订）》[Protection against Accidents (Dockers) Convention (Revised), 1932]

第33号公约，1932年《（非工业部门就业）最低年龄公约》[Minimum Age (Non-Industrial Employment) Convention, 1932]

第34号公约，1933年《收费职业介绍所公约》（Fee-Charging Employment Agencies Convention, 1933）

第35号公约，1933年《（工业等）老年保险公约》[Old-Age Insurance (Industry, etc.) Convention, 1933]

第36号公约，1933年《（农业）老年保险公约》[Old-Age Insurance (Agriculture) Convention, 1933]

第37号公约，1933年《（工业等）残疾保险公约》[Invalidity Insurance (Industry, etc.) Convention, 1933]

第38号公约，1933年《（农业）残疾保险公约》[Invalidity Insurance (Agriculture) Convention, 1933]

第39号公约，1933年《（工业等）遗属保险公约》[Survivors' Insurance (Industry, etc.) Convention, 1933]

第40号公约，1933年《（农业）遗属保险公约》[Survivors' Insurance (Agriculture) Convention, 1933]

第41号公约,1934年《(妇女)夜间工作公约(修订)》[Night Work (Women) Convention (Revised), 1934]

第42号公约,1934年《工人(职业病)赔偿公约(修订)》[Workmen's Compensation (Occupational Diseases) Convention (Revised), 1934]

第43号公约,1934年《平板玻璃工厂公约》(Sheet-Glass Works Convention, 1934)

第44号公约,1934年《失业补贴公约》(Unemployment Provision Convention, 1934)

第45号公约,1935年《(妇女)井下作业公约》[Underground Work (Women) Convention, 1935]

第46号公约,1935年《(煤矿)工时公约(修订)》[Hours of Work (Coal Mines) Convention (Revised), 1935]

第47号公约,1935年《40小时工作周公约》(Forty-Hour Week Convention, 1935)

第48号公约,1935年《维护移民工人养老金权利公约》(Maintenance of Migrants' Pension Rights Convention, 1935)

第49号公约,1935年《(玻璃瓶工厂)缩短工时公约》[Reduction of Hours of Work (Glass-Bottle Works) Convention, 1935]

第50号公约,1936年《土著工人招募公约》(Recruiting of Indigenous Workers Convention, 1936)

第51号公约,1936年《(公共工程)缩短工时公约》[Reduction of Hours of Work (Public Works) Convention, 1936]

第52号公约,1936年《带薪休假公约》(Holidays with Pay Convention, 1936)

第53号公约,1936年《高级船员资格证书公约》(Officers' Competency Certificates Convention, 1936)

第54号公约,1936年《(海上)带薪假期公约》[Holidays with Pay (Sea) Convention, 1936]

第 55 号公约，1936 年《船东（对病、伤海员）责任公约》[Shipowners' Liability (Sick and Injured Seamen) Convention, 1936]

第 56 号公约，1936 年《（海上）疾病保险公约》[Sickness Insurance (Sea) Convention, 1936]

第 57 号公约，1936 年《（海上）工时和人员配置公约》[Hours of Work and Manning (Sea) Convention, 1936]

第 58 号公约，1936 年《（海上）最低年龄公约（修订）》[Minimum Age (Sea) Convention (Revised), 1936]

第 59 号公约，1937 年《（工业）最低年龄公约（修订）》[Minimum Age (Industry) Convention (Revised), 1937]

第 60 号公约，1937 年《（非工业部门就业）最低年龄公约（修订）》[Minimum Age (Non-Industrial Employment) Convention (Revised), 1937]

第 61 号公约，1937 年《（纺织业）缩短工时公约》[Reduction of Hours of Work (Textiles) Convention, 1937]

第 62 号公约，1937 年《（建筑业）安全规定公约》[Safety Provisions (Building) Convention, 1937]

第 63 号公约，1938 年《工资和工时统计公约》(Convention concerning Statistics of Wages and Hours of Work, 1938)

第 64 号公约，1939 年《（土著工人）就业合同公约》[Contracts of Employment (Indigenous Workers) Convention, 1939]

第 65 号公约，1939 年《（土著工人）刑事制裁公约》[Penal Sanctions (Indigenous Workers) Convention, 1939]

第 66 号公约，1939 年《移民就业公约》(Migration for Employment Convention, 1939)

第 67 号公约，1939 年《（公路运输）工时与间休公约》[Hours of Work and Rest Periods (Road Transport) Convention, 1939]

第 68 号公约，1946 年《（船员）膳食公约》[Food and Catering (Ships' Crews) Convention, 1946]

第 69 号公约，1946 年《船上厨师证书公约》(Certification of Ships'

Cooks Convention, 1946)

第 70 号公约, 1946 年《(海员) 社会保障公约》[Social Security (Seafarers) Convention, 1946]

第 71 号公约, 1946 年《海员退休金公约》(Seafarers' Pensions Convention, 1946)

第 72 号公约, 1946 年《(海员) 带薪休假公约》[Paid Vacations (Seafarers) Convention, 1946]

第 73 号公约, 1946 年《(海员) 体格检查公约》[Medical Examination (Seafarers) Convention, 1946]

第 74 号公约, 1946 年《海员合格证书公约》(Certification of Able Seamen Convention, 1946)

第 75 号公约, 1946 年《船员舱室公约》(Accommodation of Crews Convention, 1946)

第 76 号公约, 1946 年《(海上) 工资、工时和人员配置公约》[Wages, Hours of Work and Manning (Sea) Convention, 1946]

第 77 号公约, 1946 年《(工业) 未成年人体格检查公约》[Medical Examination of Young Persons (Industry) Convention, 1946]

第 78 号公约, 1946 年《(非工业部门就业) 未成年人体格检查公约》[Medical Examination of Young Persons (Non-Industrial Occupations) Convention, 1946]

第 79 号公约, 1946 年《(非工业部门就业) 未成年人夜间工作公约》[Night Work of Young Persons (Non-Industrial Occupations) Convention, 1946]

第 80 号公约, 1946 年《最后条款修订公约》(Final Articles Revision Convention, 1946)

第 82 号公约, 1947 年《(非本部领土) 社会政策公约》[Social Policy (Non-Metropolitan Territories) Convention, 1947]

第 84 号公约, 1947 年《(非本部领土) 结社权利公约》[Right of Association (Non-Metropolitan Territories) Convention, 1947]

第 85 号公约，1947 年《（非本部领土）劳动监察员公约》[Labour Inspectorates (Non-Metropolitan Territories) Convention, 1947]

第 86 号公约，1947 年《（土著工人）就业合同公约》[Contracts of Employment (Indigenous Workers) Convention, 1947]

第 88 号公约，1948 年《职业介绍设施公约》(Employment Service Convention, 1948)

第 89 号公约，1948 年《（妇女）夜间工作公约（修订）》[Night Work (Women) Convention (Revised), 1948]

第 90 号公约，1948 年《（工业）未成年人夜间工作公约（修订）》[Night Work of Young Persons (Industry) Convention (Revised), 1948]

第 91 号公约，1949 年《（海员）带薪休假公约（修订）》[Paid Vacations (Seafarers) Convention (Revised), 1949]

第 92 号公约，1949 年《船员住宿公约（修订）》[Accommodation of Crews Convention (Revised), 1949]

第 93 号公约，1949 年《（海上）工资、工时和人员配置公约（修订）》[Wages, Hours of Work and Manning (Sea) Convention (Revised), 1949]

第 94 号公约，1949 年《（公共合同）劳动条款公约》[Labour Clauses (Public Contracts) Convention, 1949]

第 95 号公约，1949 年《保护工资公约》(Protection of Wages Convention, 1949)

第 96 号公约，1949 年《收费职业介绍所公约（修订）》[Fee-Charging Employment Agencies Convention (Revised), 1949]

第 97 号公约，1949 年《移民就业公约（修订）》[Migration for Employment Convention (Revised), 1949]

第 99 号公约，1951 年《（农业）确定最低工资办法公约》[Minimum Wage Fixing Machinery (Agriculture) Convention, 1951]

第 101 号公约，1952 年《（农业）带薪休假公约》[Holidays with Pay (Agriculture) Convention, 1952]

第 102 号公约，1952 年《社会保障（最低标准）公约》［Social Security（Minimum Standards）Convention，1952］

第 103 号公约，1952 年《保护生育公约（修订）》［Maternity Protection Convention（Revised），1952］

第 104 号公约，1955 年《废除（土著工人）刑事制裁公约》［Abolition of Penal Sanctions（Indigenous Workers）Convention，1955］

第 106 号公约，1957 年《（商业和办公场所）每周休息公约》［Weekly Rest（Commerce and Offices），1957］

第 107 号公约，1957 年《土著及部落人口公约》（Indigenous and Tribal Populations Convention，1957）

第 108 号公约，1958 年《海员身份证件公约》（Seafarers' Identity Documents Convention，1958）

第 109 号公约，1958 年《（海上）工资、工时和人员配置公约（修订）》［Wages，Hours of Work and Manning（Sea）Convention（Revised），1958］

第 110 号公约，1958 年《种植园公约》（Plantations Convention，1958）

第 112 号公约，1959 年《（渔民）最低年龄公约》［Minimum Age（Fishermen）Convention，1959］

第 113 号公约，1959 年《（渔民）体格检查公约》［Medical Examination（Fishermen）Convention，1959］

第 114 号公约，1959 年《渔民协议条款公约》（Fishermen's Articles of Agreement Convention，1959）

第 115 号公约，1960 年《辐射防护公约》（Radiation Protection Convention，1960）

第 116 号公约，1961 年《最后条款修订公约》（Final Articles Revision Convention，1961）

第 117 号公约，1962 年《社会政策（基本宗旨和准则）公约》［Social Policy（Basic Aims and Standards）Convention，1962］

第 118 号公约，1962 年《（社会保障）同等待遇公约》［Equality of Treatment（Social Security）Convention，1962］

第 119 号公约，1963 年《机器防护公约》（Guarding of Machinery Convention，1963）

第 120 号公约，1964 年《（商业和办公场所）卫生公约》［Hygiene（Commerce and Offices）Convention，1964］

第 121 号公约，1964 年《工伤事故和职业病津贴公约》［附表 I 于 1980 年修订］（Employment Injury Benefits Convention，1964［Schedule I amended in 1980］）

第 123 号公约，1965 年《（井下作业）最低年龄公约》［Minimum Age（Underground Work）Convention，1965］

第 124 号公约，1965 年《未成年人（井下作业）体格检查公约》［Medical Examination of Young Persons（Underground Work）Convention，1965］

第 125 号公约，1966 年《渔民合格证书公约》（Fishermen's Competency Certificates Convention，1966）

第 126 号公约，1966 年《（渔民）船员住宿公约》［Accommodation of Crews（Fishermen）Convention，1966］

第 127 号公约，1967 年《最大负重量公约》（Maximum Weight Convention，1967）

第 128 号公约，1967 年《残疾、老年和遗属津贴公约》（Invalidity，Old-Age and Survivors' Benefits Convention，1967）

第 130 号公约，1969 年《医疗和疾病津贴公约》（Medical Care and Sickness Benefits Convention，1969）

第 131 号公约，1970 年《确定最低工资公约》（Minimum Wage Fixing Convention，1970）

第 132 号公约，1970 年《带薪年休假公约（修订）》［Holidays with Pay Convention（Revised），1970］

第 133 号公约，1970 年《船员住舱公约（补充规定）》

[Accommodation of Crews (Supplementary Provisions) Convention, 1970]

第 134 号公约，1970 年《（海员）防止事故公约》[Prevention of Accidents (Seafarers) Convention, 1970]

第 135 号公约，1971 年《工人代表公约》(Workers' Representatives Convention, 1971)

第 136 号公约，1971 年《苯公约》(Benzene Convention, 1971)

第 137 号公约，1973 年《码头作业公约》(Dock Work Convention, 1973)

第 139 号公约，1974 年《职业癌公约》(Occupational Cancer Convention, 1974)

第 140 号公约，1974 年《带薪脱产学习公约》(Paid Educational Leave Convention, 1974)

第 141 号公约，1975 年《农业工人组织公约》(Rural Workers' Organisations Convention, 1975)

第 142 号公约，1975 年《人力资源开发公约》(Human Resources Development Convention, 1975)

第 143 号公约，1975 年《移民工人公约（补充规定）》[Migrant Workers (Supplementary Provisions) Convention, 1975]

第 145 号公约，1976 年《（海员）连续就业公约》[Continuity of Employment (Seafarers) Convention, 1976]

第 146 号公约，1976 年《海员带薪年休假公约》(Seafarers' Annual Leave with Pay Convention, 1976)

第 147 号公约，1976 年《商船（最低标准）公约》[Convention Concerning (Minimum Standards) in Merchant Ships, 1976]

第 148 号公约，1977 年《工作环境（空气污染、噪音和振动）公约》[Working Environment (Air Pollution, Noise and Vibration) Convention, 1977]

第 149 号公约，1977 年《护理人员公约》(Nursing Personnel Convention, 1977)

第 150 号公约，1978 年《劳动行政管理公约》（Labour Administration Convention，1978）

第 151 号公约，1978 年《（公务员）劳动关系公约》[Labour Relations（Public Service）Convention，1978]

第 152 号公约，1979 年《（码头作业）职业安全与卫生公约》[Occupational Safety and Health（Dock Work）Convention，1979]

第 153 号公约，1979 年《（公路运输）工时与间休公约》[Hours of Work and Rest Periods（Road Transport）Convention，1979]

第 154 号公约，1981 年《促进集体谈判公约》（Collective Bargaining Convention，1981）

第 155 号公约，1981 年《职业安全与卫生公约》（Occupational Safety and Health Convention，1981）

第 156 号公约，1981 年《有家庭责任的工人公约》（Workers with Family Responsibilities Convention，1981）

第 157 号公约，1982 年《维护社会保障权利公约》（Maintenance of Social Security Rights Convention，1982）

第 158 号公约，1982 年《终止雇用公约》（Termination of Employment Convention，1982）

第 159 号公约，1983 年《（残疾人）职业康复和就业公约》[Vocational Rehabilitation and Employment（Disabled Persons）Convention，1983]

第 160 号公约，1985 年《劳工统计公约》（Labour Statistics Convention，1985）

第 161 号公约，1985 年《职业卫生设施公约》（Occupational Health Services Convention，1985）

第 162 号公约，1986 年《石棉公约》（Asbestos Convention，1986）

第 163 号公约，1987 年《海员福利公约》（Seafarers' Welfare Convention，1987）

第 164 号公约，1987 年《（海员）健康保护和医疗公约》[Health

Protection and Medical Care (Seafarers) Convention, 1987]

第 165 号公约，1987 年《（海员）社会保障公约（修订）》[Social Security (Seafarers) Convention (Revised), 1987]

第 166 号公约，1987 年《海员遣返公约（修订）》[Repatriation of Seafarers Convention (Revised), 1987]

第 167 号公约，1988 年《建筑安全与卫生公约》(Safety and Health in Construction Convention, 1988)

第 168 号公约，1988 年《就业促进和失业保护公约》(Employment Promotion and Protection against Unemployment Convention, 1988)

第 169 号公约，1989 年《土著和部落居民公约》(Indigenous and Tribal Peoples Convention, 1989)

第 170 号公约，1990 年《化学品公约》(Chemicals Convention, 1990)

第 171 号公约，1990 年《夜间工作公约》(Night Work Convention, 1990)

第 172 号公约，1991 年《（旅馆和餐馆）工作条件公约》[Working Conditions (Hotels and Restaurants) Convention, 1991]

第 173 号公约，1992 年《（雇主破产）保护工人债权公约》[Protection of Workers' Claims (Employer's Insolvency) Convention, 1992]

第 174 号公约，1993 年《预防重大工业事故公约》(Prevention of Major Industrial Accidents Convention, 1993)

第 175 号公约，1994 年《非全日制工作公约》(Part-Time Work Convention, 1994)

第 176 号公约，1995 年《矿山安全与卫生公约》(Safety and Health in Mines Convention, 1995)

第 177 号公约，1996 年《家庭工作公约》(Home Work Convention, 1996)

第 178 号公约，1996 年《（海员）劳动监察公约》[Labour Inspection (Seafarers) Convention, 1996]

第179号公约，1996年《海员招募和安置公约》（Recruitment and Placement of Seafarers Convention, 1996）

第180号公约，1996年《海员工时和船上人员配置公约》（Seafarers' Hours of Work and the Manning of Ships Convention, 1996）

第181号公约，1997年《私营就业机构公约》（Private Employment Agencies Convention, 1997）

第183号公约，2000年《生育保护公约（修订）》［Maternity Protection Convention (Revised), 2000］

第184号公约，2001年《农业安全与卫生公约》（Safety and Health in Agriculture Convention, 2001）

第185号公约，2003年《海员身份证件公约（修订）》［Seafarers' Identity Documents Convention (Revised), 2003, as amended］

第186号公约，2006年《海事劳工公约》（Maritime Labour Convention, 2006）

第187号公约，2006年《关于促进职业安全与卫生框架公约》（Promotional Framework for Occupational Safety and Health Convention, 2006）

第188号公约，2007年《关于渔业部门工作的公约》（Work in Fishing Convention, 2007）

第189号公约，2011年《家庭工人公约》（Domestic Workers Convention, 2011）

第190号公约，2019年《反暴力和骚扰公约》（Violence and Harassment Convention, 2019）

四　议定书

第29号议定书，《关于1930年强迫劳动公约的2014年议定书》（Protocol of 2014 to the Forced Labour Convention, 1930）

第81号议定书，《关于1947年劳动监察公约的1995年议定书》（Protocol of 1995 to the Labour Inspection Convention, 1947）

第89号议定书,《关于1948年夜间工作(妇女)公约(修订)的1990年议定书》[Protocol of 1990 to the Night Work (Women) Convention (Revised), 1948]

第110号议定书,《关于1958年种植园公约的1982年议定书》(Protocol of 1982 to the Plantations Convention, 1958)

第147号议定书,《关于1976年商船(最低标准)公约的1996年议定书》[Protocol of 1996 to the Merchant Shipping (Minimum Standards) Convention, 1976]

第155号议定书,《关于1981年职业安全与健康公约的2002年议定书》(Protocol of 2002 to the Occupational Safety and Health Convention, 1981)

附录六

中国香港特别行政区参加国际劳工公约的情况

在中国香港特别行政区参加的49项劳工公约中，现行有效的有31项，14项被修正公约取代，4项被废止，具体分为以下几个类别。[①]

一 基本劳工公约

（1）第29号公约，1930年《强迫劳动公约》（于1997年7月1日加入，通知适用）；

（2）第87号公约，1948年《结社自由与保护组织权公约》（于1997年7月1日加入，通知适用）；

（3）第98号公约，1949年《组织权与集体谈判权公约》（于1997年7月1日加入，通知适用）；

（4）第105号公约，1957年《废除强迫劳动公约》（于1997年7月1日加入，通知适用）；

（5）第138号公约，1973年《准予就业最低年龄公约》（于1999年4月28日加入，通知适用）；

（6）第182号公约，1999年《禁止和立即行动消除最恶劣形式的童工劳动公约》（于2002年8月8日加入，通知适用）。

二 治理劳工公约

（1）第81号公约，1947年《劳动监察公约》（于1997年7月1日加

[①] ILO, "Notifications for China-Hong Kong Special Administrative Region," https：//www.ilo.org/dyn/normlex/en/f? p =1000：11200：0：：NO：11200：P11200_ COUNTRY _ID：103578，最后访问日期：2021年1月19日。

(2) 第122号公约，1964年《就业政策公约》（于1997年7月1日加入，通知适用）；

(3) 第144号公约，1976年《三方协商（国际劳工标准）公约》（于1997年7月1日加入，通知适用）；

三　技术劳工公约

(1) 第2号公约，1919年《失业公约》（于1997年7月1日加入，通知适用）；

(2) 第3号公约，1919年《生育保护公约》（于1997年7月1日加入，通知适用）；

(3) 第5号公约，1919年《（工业）最低年龄公约》（于1997年7月1日加入，不适用；该公约于2000年4月27日被第138号公约修正取代，自动退约）；

(4) 第8号公约，1920年《（海难）失业赔偿公约》（于1997年7月1日加入，不适用；该公约于2018年12月20日被2006年《海事劳工公约》修正取代，自动退约）；

(5) 第10号公约，1921年《（农业）最低年龄公约》（于1997年7月1日加入，不适用；该公约于2000年4月27日被第138号公约修正取代，自动退约）；

(6) 第11号公约，1921年《（农业）结社权利公约》（于1997年7月1日加入，通知适用）；

(7) 第12号公约，1921年《（农业）工人赔偿公约》（于1997年7月1日加入，通知适用）；

(8) 第14号公约，1921年《（工业）每周休息公约》（于1997年7月1日加入，通知适用）；

(9) 第15号公约，1921年《（扒炭工和司炉工）最低年龄公约》

（于 1997 年 7 月 1 日加入，不适用；于 2017 年 6 月 14 日废止[①]）；

（10）第 16 号公约，1921 年《（海上）未成年人体格检查公约》（于 1997 年 7 月 1 日加入，不适用；该公约于 2018 年 12 月 20 日被 2006 年《海事劳工公约》修正取代，自动退约）；

（11）第 17 号公约，1925 年《工人（事故）赔偿公约》（于 1997 年 7 月 1 日加入，通知适用）；

（12）第 19 号公约，1925 年《（事故赔偿）同等待遇公约》（于 1997 年 7 月 1 日加入，通知适用）；

（13）第 22 号公约，1926 年《海员协议条款公约》（于 1997 年 7 月 1 日加入，不适用；该公约于 2018 年 12 月 20 日被 2006 年《海事劳工公约》修正取代，自动退约）；

（14）第 23 号公约，1926 年《海员遣返公约》（于 1997 年 7 月 1 日加入，不适用；该公约于 2018 年 12 月 20 日被 2006 年《海事劳工公约》修正取代，自动退约）；

（15）第 32 号公约，1932 年《（码头工人）防止事故公约（修订）》（于 1997 年 7 月 1 日加入，通知适用）；

（16）第 42 号公约，1934 年《工人（职业病）赔偿公约（修订）》（于 1997 年 7 月 1 日加入，通知适用）；

（17）第 45 号公约，1935 年《（妇女）井下作业公约》（于 1997 年 7 月 1 日加入，不适用；于 1998 年 6 月 28 日废止）；

（18）第 50 号公约，1936 年《土著工人招募公约》（于 1997 年 7 月 1 日加入，不适用；2018 年经由国际劳工大会第 107 届会议决定废止）；

（19）第 58 号公约，1936 年《（海上）最低年龄公约（修订）》（于 1997 年 7 月 1 日加入，不适用；该公约于 2000 年 4 月 27 日被第 138 号公约修正取代，自动退约）；

---

① 国际劳工大会《废除 1921 年〈（扒炭工和司炉工）最低年龄公约〉（第 15 号）》，决定 2017 年 6 月 14 日废止废除 1921 年《（扒炭工和司炉工）最低年龄公约》，https://www.ilo.org/wcmsp5/groups/public/---ed_norm/---relconf/documents/meetingdocument/wcms_568901.pdf，最后访问日期：2020 年 5 月 16 日。

（20）第 59 号公约，1937 年《（工业）最低年龄公约（修订）》，（于 1997 年 7 月 1 日加入，不适用；该公约于 2000 年 4 月 27 日被第 138 号公约取代，自动退出）；

（21）第 64 号公约，1939 年《（土著工人）就业合同公约》（于 1997 年 7 月 1 日加入，不适用；2018 年经由国际劳工大会第 107 届会议决定废止）；

（22）第 65 号公约，1939 年《（土著工人）刑事制裁公约》（于 1997 年 7 月 1 日加入，不适用；2018 年经由国际劳工大会第 107 届会议决定废止）；

（23）第 74 号公约，1946 年《海员合格证书公约》（于 1997 年 7 月 1 日加入，不适用；该公约于 2018 年 12 月 20 日被 2006 年《海事劳工公约》修正取代，自动退约）；

（24）第 90 号公约，1948 年《（工业）未成年人夜间工作公约（修订）》（于 1997 年 7 月 1 日加入，通知适用）；

（25）第 92 号公约，1949 年《船员住宿公约（修订）》（于 1997 年 7 月 1 日加入，不适用；该公约于 2018 年 12 月 20 日被 2006 年《海事劳工公约》修正取代，自动退约）；

（26）第 97 号公约，1949 年《移民就业公约（修订）》（于 1997 年 7 月 1 日加入，通知适用）；

（27）第 101 号公约，1952 年《（农业）带薪休假公约》（于 1997 年 7 月 1 日加入，通知适用）；

（28）第 108 号公约，1958 年《海员身份证件公约》（于 1997 年 7 月 1 日加入，通知适用）；

（29）第 115 号公约，1960 年《辐射防护公约》（于 1997 年 7 月 1 日加入，通知适用）；

（30）第 124 号公约，1965 年《未成年人（井下作业）体格检查公约》（于 1997 年 7 月 1 日加入，通知适用）；

（31）第 133 号公约，1970 年《船员住舱公约（补充规定）》（于 1997 年 7 月 1 日加入，不适用；该公约于 2018 年 12 月 20 日被 2006 年

《海事劳工公约》修正取代，自动退约）；

（32）第 141 号公约，1975 年《农业工人组织公约》（于 1997 年 7 月 1 日加入，通知适用）；

（33）第 142 号公约，1975 年《人力资源开发公约》（于 1997 年 7 月 1 日加入，通知适用）；

（34）第 147 号公约，1976 年《商船（最低标准）公约》（于 1997 年 7 月 1 日加入，不适用；该公约于 2018 年 12 月 20 日被 2006 年《海事劳工公约》修正取代，自动退约）；

（35）第 148 号公约，1977 年《工作环境（空气污染、噪音和振动）公约》（于 1997 年 7 月 1 日加入，通知适用）；

（36）第 150 号公约，1978 年《劳动行政管理公约》（于 1997 年 7 月 1 日加入，通知适用）；

（37）第 151 号公约，1978 年《（公务员）劳动关系公约》（于 1997 年 7 月 1 日加入，通知适用）；

（38）第 155 号公约，1981 年《职业安全与卫生公约》（于 2007 年 1 月 25 日加入，不适用）；

（39）第 160 号公约，1985 年《劳工统计公约》（于 1997 年 7 月 1 日加入，通知适用）；

（40）第 186 号公约，2006 年《海事劳工公约》（于 2018 年 8 月 6 日加入，通知适用）。

对于 2006 年《海事劳工公约》（第 186 号公约），需要指出的是，根据该公约标准 A4.5（2）[①] 和（10）项[②] 规定，香港特别行政区在参加该公约时明确界定了该公约所提供社会保障的分项险种，即医疗保险、养老

[①] 该项规定，在批准本公约时，各成员国根据规则 4.5 第 1 款所提供的保护应至少包括本标准第 1 款所列 9 个分项中的 3 个。

[②] 该项规定，各成员国在批准公约时应明确指出其根据本标准第 2 款所提供保护的分项险种。在其提供本标准第 1 款中所述的一种或几种其他分项的社会保障保护时应随即通知国际劳工局组织总干事。总干事应保持一份关于此信息的记录，并应备所有相关各方索取。

保险、伤残保险。

由于中国香港特别行政区的特殊情况且实行不同于中国内地的法律制度，其与国际劳工组织的关系[①]及其实施国际劳工公约的情况本章不作探讨。

[①] 齐树洁、于军：《论香港特别行政区与国际劳工组织的关系》，《现代法学》1997年第4期。

附录七

中国澳门特别行政区参加国际劳工公约的情况

澳门特别行政区参加的 36 项劳工公约中,全部现行有效的有 36 项。具体分为以下几个类别。①

一 基本劳工公约

(1) 第 29 号公约,1930 年《强迫劳动公约》(于 1999 年 12 月 20 日加入,通知适用);

(2) 第 87 号公约,1948 年《结社自由与保护组织权公约》(于 1999 年 12 月 20 日加入,通知适用);

(3) 第 98 号公约,1949 年《组织权与集体谈判权公约》(于 1999 年 12 月 20 日加入,通知适用);

(4) 第 100 号公约,1951 年《对男女工人同等价值的工作付予同等报酬公约》(于 1999 年 12 月 20 日加入,通知适用);

(5) 第 105 号公约,1957 年《废除强迫劳动公约》(于 1999 年 12 月 20 日加入,通知适用);

(6) 第 111 号公约,1958 年《(就业和职业)歧视公约》(于 1999 年 12 月 20 日加入,通知适用);

(7) 第 138 号公约,1973 年《准予就业最低年龄公约》(于 2000 年 10 月 6 日加入,通知适用;最低年龄 16 岁);

---

① ILO, "Notifications for China-Macau Special Administrative Region," https://www.ilo.org/dyn/normlex/en/f? p = 1000: 11200: 0:: NO: 11200: P11200 _ COUNTRY _ ID: 103582,最后访问日期:2021 年 1 月 19 日。

（8）第 182 号公约，1999 年《禁止和立即行动消除最恶劣形式的童工劳动公约》（于 2002 年 8 月 8 日加入，通知适用）；

二 治理劳工公约

（1）第 81 号公约，1947 年《劳动监察公约》（于 1999 年 12 月 20 日加入，通知适用）；

（2）第 122 号公约，1964 年《就业政策公约》（于 1999 年 12 月 20 日加入，通知适用）；

（3）第 144 号公约，1976 年《三方协商（国际劳工标准）公约》（于 1999 年 12 月 20 日加入，通知适用）。

三 技术劳工公约

（1）第 1 号公约，1919 年《（工业）工时公约》（于 1999 年 12 月 20 日加入，通知适用）；

（2）第 6 号公约，1919 年《（工业）未成年人夜间工作公约》（于 1999 年 12 月 20 日加入，通知适用）；

（3）第 14 号公约，1921 年《（工业）每周休息公约》（于 1999 年 12 月 20 日加入，通知适用）；

（4）第 17 号公约，1925 年《工人（事故）赔偿公约》（于 1999 年 12 月 20 日加入，通知适用）；

（5）第 18 号公约，1925 年《工人（职业病）赔偿公约》（于 1999 年 12 月 20 日加入，通知适用）；

（6）第 19 号公约，1925 年《（事故赔偿）同等待遇公约》（于 1999 年 12 月 20 日加入，通知适用）；

（7）第 22 号公约，1926 年《海员协议条款公约》（于 2005 年 7 月 20 日加入，通知适用）；

（8）第 23 号公约，1926 年《海员遣返公约》（于 2005 年 7 月 20 日加入，通知适用）；

（9）第 26 号公约，1928 年《确定最低工资办法公约》（于 1999 年

12月20日加入，通知适用）；

（10）第27号公约，1929年《（船运包裹）标明重量公约》（于1999年12月20日加入，通知适用）；

（11）第68号公约，1946年《（船员）膳食公约》（于1999年12月20日加入，通知适用）；

（12）第69号公约，1946年《船上厨师证书公约》（于1999年12月20日加入，通知适用）；

（13）第73号公约，1946年《（海员）体格检查公约》（于1999年12月20日加入，通知适用）；

（14）第74号公约，1946年《海员合格证书公约》（于1999年12月20日加入，通知适用）；

（15）第80号公约，1946年《最后条款修订公约》（于2012年4月17日加入，通知适用）；

（16）第88号公约，1948年《职业介绍设施公约》（于1999年12月20日加入，通知适用）；

（17）第92号公约，1949年《船员住宿公约（修订）》（于1999年12月20日加入，通知适用）；

（18）第106号公约，1957年《（商业和办公场所）每周休息公约》（于1999年12月20日加入，通知适用）；

（19）第108号公约，1958年《海员身份证件公约》（于1999年12月20日加入，通知适用）；

（20）第115号公约，1960年《辐射防护公约》（于1999年12月20日加入，通知适用）；

（21）第120号公约，1964年《（商业和办公场所）卫生公约》（于1999年12月20日加入，通知适用）；

（22）第148号公约，1977年《工作环境（空气污染、噪音和振动）公约》（于1999年12月20日加入，通知适用）；

（23）第150号公约，1978年《劳动行政管理公约》（于2003年3月7日加入，通知适用）；

（24）第 155 号公约，1981 年《职业安全与卫生公约》（于 1999 年 12 月 20 日加入，通知适用）；

（25）第 167 号公约，1988 年《建筑安全与卫生公约》（于 2003 年 3 月 7 日加入，通知适用）。

由于中国澳门特别行政区的特殊情况且实行不同于中国内地的法律制度，其与国际劳工组织的关系及其实施国际劳工公约的情况本章不作探讨。

大事记

1919 年	国际劳工组织成立。
1919 年	中国作为创始成员国参加国际劳工组织。
1944 年	国际劳工组织通过《关于国际劳工组织的目标和宗旨的宣言》（即《费城宣言》），《费城宣言》是对 1919 年《国际劳工组织章程》的补充，于 1946 年作为《章程》附件成为《章程》的组成部分，至今仍然是国际劳工组织宗旨和目标的指南。
1944 年	中国被列为 10 个主要工业国之一，从而成为国际劳工理事会常任政府理事。
1951 年	国际劳工组织理事会建立结社自由委员会。
1969 年	国际劳工组织成立 50 周年之际，获得诺贝尔和平奖。
1971 年	中国恢复在国际劳工组织的合法席位。
1983 年	中国恢复在国际劳工组织的各项活动。
1985 年 1 月	国际劳工组织在北京设立中国和蒙古局。
1995 年 3 月 12 日	在哥本哈根举行的联合国社会发展问题世界首脑会议上，通过的《哥本哈根社会发展问题宣言》倡导在就业关系中尊重国际劳工组织的有关公约，包括关于禁止强迫劳动和童工的公约，以及关于结社自由、组织和集体谈判权以及不歧视原则的公约。
1998 年	国际劳工组织通过《〈关于工作中基本原则和权利宣言〉及其后续措施》

2005 年	世界首脑会议重申"千年发展目标"和精简联合国及其专门机构工作的必要性。
2008 年	国际劳工组织通过《关于争取公平全球化的社会正义宣言》。
1996 年	在新加坡举行的世界贸易组织部长级会议上形成的《新加坡部长宣言》,表达了对国际公认的核心劳工标准的重新承诺。
2011 年 11 月 29 日	国家副主席习近平在北京会见来访的国际劳工组织总干事胡安·索马维亚(Juan Somavia)一行。
2013 年	国际劳工组织总干事在其报告《迎接国际劳工组织一百周年纪念:现实、复兴与三方承诺》中,提出了有关国际劳工组织百年庆典的七项举措。
2016 年 9 月 5 日	习近平主席在杭州会见应邀出席二十国集团领导人杭州峰会的国际劳工组织总干事盖·莱德(Guy Ryder)。
2017 年	成立独立的劳动世界的未来全球委员会。
2019 年	国际劳工组织庆祝其成立 100 周年。
2019 年 1 月 22 日	劳动世界的未来全球委员会发布报告《为了更加美好的未来而工作》,概述了劳动世界面临的前所未有的挑战与变革。
2019 年	国际劳工组织通过《关于劳动世界的未来百年宣言》。

参考文献

一　中文著作

程延园：《集体谈判制度研究》，中国人民大学出版社，2004。

杜晓郁：《全球化背景下的国际劳工标准分析》，中国社会科学出版社，2007。

〔美〕弗朗切斯科·迪纳：《自由贸易的社会建构——欧洲联盟、北美自由贸易协定及南方共同市场》，黄胜强、许铭原译，中国社会科学出版社，2009。

〔荷兰〕弗朗斯·彭宁斯编《软法与硬法之间：国际社会保障标准对国内法的影响》，王锋译，商务印书馆，2012。

葛勇平编著《国际组织法》，知识产权出版社，2018。

国际劳工局：《为了更加美好的未来而工作——劳动世界的未来全球委员会》，国际劳工局，2019。

国际劳工组织北京局：《国际劳工公约和建议书（1919—1993）》第1、2卷，国际劳工组织北京局，1994。

国际劳工组织北京局：《国际劳工公约和建议书（1994—2007）》第3卷，国际劳工组织北京局，2010。

国际劳工局：《国际劳工组织理事会适用规则汇编》，国际劳工局，2019。

〔美〕哈里·卡茨等：《集体谈判与产业关系概论》（第4版），李丽林、吴清军译，东北财经大学出版社，2010；

〔美〕何塞·E. 阿尔瓦雷斯：《作为造法者的国际组织》，蔡从燕等译，法律出版社，2011。

黄越钦：《劳动法新论》，中国政法大学出版社，2003。

李春林：《贸易与劳工标准联接的国际政治经济与法律分析》，法律出版社，2014。

李林、李西霞、〔瑞士〕丽狄娅·R. 芭斯塔·弗莱纳主编《少数人的权利》（下），社会科学文献出版社，2010。

李西霞：《自由贸易协定中的劳工标准》，社会科学文献出版社，2017。

李雪平：《多边贸易自由化与国际劳工权益保护——法律与政策分析》，武汉大学出版社，2007。

李赞：《国际组织的司法管辖豁免研究》，中国社会科学出版社，2013。

梁西：《论国际法与国际组织五讲》（节选集），法律出版社，2019。

林燕玲：《国际劳工标准与中国劳动法比较研究》，中国工人出版社，2015。

刘铁民、朱常有、杨乃莲编著《国际劳工组织与职业安全卫生》，中国劳动社会保障出版社，2003。

刘文军、王祎主编《国际劳工标准案例评析》，中国劳动社会保障出版社，2009。

刘旭：《国际劳工标准概述》，中国劳动社会保障出版社，2003。

刘有锦编译《国际劳工法概要》，劳动人事出版社，1985。

〔德〕马蒂亚斯·赖曼、〔德〕莱因哈德·齐默尔曼编《牛津比较法手册》，高鸿钧等译，北京大学出版社，2019。

莫荣主编《国际劳工标准体系比较研究》，中国劳动社会保障出版社，2015。

〔加〕莫伊舍·普殊同：《时间、劳动与社会统治：马克思的批判理论再阐释》，康凌译，北京大学出版社，2019。

饶戈平主编《国际组织法》，北京大学出版社，1995。

佘云霞：《国际劳工标准：演变与争议》，社会科学文献出版社，2006。

田思路主编《外国劳动法学》，北京大学出版社，2019。

王家宠：《国际劳动公约概要》，中国劳动出版社，1991。

王铁崖主编《国际法》，法律出版社，1995。

王铀镱：《国际劳工标准的立法转化研究》，中国法制出版社，2016。

杨松才：《国际贸易中的劳工权利保障研究》，法律出版社，2013。

姚建华、苏熠慧编著《回归劳动：全球经济中不稳定的劳工》，社会科学文献出版社，2019。

〔英〕詹宁斯、〔英〕瓦茨修订《奥本海国际法》（第一卷）第一分册，王铁崖等译，中国大百科全书出版社，1995。

张乃根：《国际法原理》（第二版），复旦大学出版社，2012。

郑丽珍：《跨国劳动监管制度的重构》，社会科学文献出版社，2014。

周鲠生：《国际法》，商务印书馆，1976。

二　中文期刊论文

安科·哈塞尔、聂子涵：《全球劳动治理体制的演化》，《国外理论动态》2016年第10期。

鲍传健：《全球劳动治理引论》，《国外理论动态》2016年第10期。

常凯：《WTO、劳工标准与劳工权益保障》，《中国社会科学》2002年第1期。

常凯：《我国劳资集体争议的法律规制体系建构研究》，《南京大学学报》（哲学·人文科学·社会科学）2017年第5期。

陈一峰：《劳工、贸易与霸权——国际劳工组织基本劳工权利的缘起与争议》，《北大法律评论》2018年第2期。

陈志阳：《多双边贸易协定中的国际核心劳工标准分析》，《国际贸易问题》2014年第2期。

戴德生：《WTO劳工标准与中国劳动立法的完善》，《政治与法律》2004年第2期。

戴瑞君：《认真对待国际法——基于对亚洲各国宪法文本的考察》，《国际法研究》2016年第4期。

邓纲：《关于国际劳动权利与工作标准问题初论》，《现代法学》1996年第3期。

古列尔莫·米尔蒂、保罗·马金森、宋微：《全球劳动治理：一个新兴视角的潜力与局限》，《国外理论动态》2016年第10期。

郭圆媛：《劳工标准与贸易》，《法学杂志》2004年第2期。

郭曰君、沈慧琳：《国际劳工组织缔约国报告制度研究》，《人权研究》2021年第1期。

郝斌：《人社工作走向世界》，《中国人力资源社会保障》2021年第1期。

洪朝伟、崔凡：《〈美墨加协定〉对全球经贸格局的影响：北美区域价值链的视角》，《拉丁美洲研究》2019年第2期。

胡文娟、李思楚：《国际劳工组织柯凯琳专访：实现所有人体面劳动的下一个100年》，《可持续发展经济导刊》2019年第4期。

李滨：《考克斯对新的世界秩序的探索》，《世界政治研究》2019年第1期。

李琪：《"集体化消融"：对集体劳动关系现状的讨论》，《中国人力资源开发》2019年第2期。

李西霞：《自由贸易协定中劳工标准的发展态势》，《环球法律评论》2015年第1期。

李西霞：《全球贸易自由化进程中劳工标准体系的分化与发展》，《社会发展研究》2015年第1期。

李西霞：《试论TPP劳工标准、其影响及中国的应对策略》，《法学杂志》2017年第1期。

林燕玲：《国际劳工组织的历史贡献及其对中国劳动社会保障法制建设的影响——纪念国际劳工组织成立100周年》，《中国劳动关系学院学报》2019年第6期。

刘超：《欧盟对外贸易优惠中的劳工标准问题》，《学术界》2008年第 6 期。

刘冬梅：《论国际机制对中国社会保障制度与法律改革的影响——以联合国、国际劳工组织和世界银行的影响为例》，《比较法研究》2011 年第 5 期。

刘宏松、杨柳青：《全球劳工治理：主体、现状与困境》，《上海交通大学学报》（哲学社会科学版）2018 年第 1 期。

毛瑞鹏：《古特雷斯联合国改革议程与中国的建设性角色》，《国际展望》2020 年第 2 期。

缪剑文：《世贸组织劳工标准之争及其法律评析》，《国际贸易问题》1998 年第 12 期。

聂资鲁：《国际劳动立法与我国劳动法制的完善》，《财经理论与实践》2008 年第 4 期。

齐树洁、于军：《论香港特别行政区与国际劳工组织的关系》，《现代法学》1997 年第 4 期。

饶戈平：《本体、对象与范围——国际组织法学科基本问题之探讨》，《国际法研究》2016 年第 1 期。

史蒂芬·L. 威尔伯恩：《国际劳工组织的悖论与承诺》，《上海师范大学学报》（哲学社会科学版）2015 年第 1 期。

孙国平：《论劳动法的域外效力》，《清华法学》2014 年第 4 期。

孙国平：《论涉外劳动合同准据法之确定》，《法学》2017 年第 9 期。

田野、林菁：《国际劳工标准与中国劳动治理——一种政治经济学分析》，《世界经济与政治》2009 年第 5 期。

田野：《国际政策扩散与国内制度转换——劳资集体谈判的中国路径》，《世界经济与政治》2014 年第 7 期。

王辉：《我国海外劳工权益立法保护与国际协调机制研究》，《江苏社会科学》2016 年第 3 期。

汪仕凯：《全球劳工治理：议题、机制与挑战》，《世界经济与政治》2015 年第 8 期。

西格丽德·科赫－鲍姆加滕、德梅兰妮·克里斯特、鲍传健：《全球劳动治理中的工会和集体谈判权》,《国外理论动态》2016 年第 10 期。

谢鹏鑫:《调解处理集体争议更有效吗?——个别争议和集体争议调解效果差异的实证研究》,《中国人力资源开发》2019 年第 2 期。

张龙平:《"从众"的全球劳工治理:1919 年华盛顿国际劳工大会与中国》,《学术研究》2017 年第 11 期。

张龙平:《国际劳工组织与中国:百年历史回顾》,《中国社会科学报》2019 年 6 月 4 日。

周长征:《WTO 的"社会条款"之争与中国的劳动标准》,《法商研究》(中南政法学院学报) 2001 年第 3 期。

朱彦、尤垒:《入世与劳工标准问题研究》,《行政与法》2003 年第 5 期。

《中华人民共和国政府一九八四年五月决定承认的十四个国际劳工公约——确定准许儿童在海上工作的最低年龄公约》,《中华人民共和国国务院公报》1984 年第 14 期。

三 中文网络文章

《国际劳工组织柯凯琳:让贫困成为历史》,中国扶贫在线,http://f.china.com.cn/2018-10/17/content_66628807.htm,最后访问日期:2020 年 4 月 15 日。

《国际劳工组织简介》,国际劳工组织网站,https://www.ilo.org/wcmsp5/groups/public/---ed_norm/---relconf/documents/meetingdocument/wcms_654201.pdf,最后访问日期:2020 年 5 月 27 日。

《国际劳工组织在中国的合作伙伴》,国际劳工组织网站,https://www.ilo.org/beijing/countries-covered/WCMS_624962/lang--zh/index.htm,最后访问日期:2020 年 6 月 19 日。

《合作应对重大挑战(回眸 G20 杭州峰会)——访国际劳工组织总干事盖·莱德》,人民网,http://world.people.com.cn/n1/2016/0911/c1002-28706371.html,最后访问日期:2019 年 10 月 12 日。

《劳工组织报告:体面工作的未来需要制定一个以人为中心的议程》,联合国新闻网,https://news.un.org/zh/story/2019/01/1027052,最后访问日期：2020年11月25日。

《联大响应劳工组织建议，致力于推动公平的全球化》，联合国新闻网，https：//news. un. org/zh/story/2004/12/26382，最后访问日期：2020年5月15日。

《联合国纪念国际劳工组织成立100周年 中方承诺继续贡献中国智慧》，国际在线，https：//baijiahao. baidu. com/s？id＝1630588700998743542&wfr＝spider&for＝pc，最后访问日期：2021年1月23日。、

《统计数据展现改革开放40年中国经济社会发展成就》，中国政府网，http：//www. gov. cn/shuju/2018－08/27/content＿5316994. htm，最后访问日期：2021年2月3日。

《我国建成世界上规模最大的社会保障体系》，中国政府网，http：//www. gov. cn/xinwen/2020－12/07/content＿5567819. htm，最后访问日期：2021年2月3日。

《习近平会见国际劳工组织总干事胡安·索马维亚》，中国政府网，http：//www. gov. cn/ldhd/2011－11/29/content＿2006390. htm，最后访问日期：2019年10月12日。

四　英文著作

Bob Hepple, *Labour Laws and Global Trade*, Hart Publishing, 2005.

C. Wilfred Jenks, *The Common Law of Mankind*, Praeger, 1958.

C. Wilfred Jenks, *The Proper Law of International Organizations*, Stevens & Sons Limited, 1962.

Derek W. Bowett, *The Law of International Institutions*, Stevens & Sons Limited, 1963.

Ebere Osieke, *Constitutional Law and Practice in the International Labour Organization*, Martinus Nijhoff Publishers, 1985.

Francis Maupain, *The Future of the International Labour Organization in the Global Economy*, Hart Publishing, 2013.

Franz Christian Ebert and Anne Posthuma, *Labour Provisions in Trade*

Agreements: Current Trends and Perspectives, International Institute for Labour Studies, 2011.

Guy Davidov and Brian Langille, eds., *Boundaries and Frontiers of Labour Law*, Hart Publishing, 2006;

Ian Brownlie, *Principles of Public International Law*, 3rd edn., Claredon Press, 1979.

J. A. Frowein and R. Wolfrum, eds., *Max Planck Yearbook of United Nations Law*, Kluwer Law International, 2000.

Jacob Katz Cogan, Ian Hurd and Ian Johnstone, eds., *The Oxford Handbook of International Organizations*, Oxford University Press, 2016.

J. Tinbergen, *International Economic Co-operation*, Elsevier Publishing Co., Inc., 1945.

Jean-Michel Servais, *International Labour Law* (Fifth Edition), Wolters Kluwer, 2017.

Jordi Agustí-Panareda, Franz Christian Ebert and Desirée LeClercq, *Labour Provisions in Free Trade Agreements: Fostering their Consistency with the ILO Standards System*, ILO, 2010.

Krzysztof Drzewicki, Catarina Krause and Allan Rosas, eds., *Social Rights as Human Rights: A European Challenge*, Institute for Human Rights Abo Akademi University, 1994.

ILO, *International Labour Standards: A Workers' Education Manual*, International Labour Office, 1978.

ILO, *Social Security: A New Consensus*, International Labour Office, 2001.

ILO, *United Nations Reform and the International Labour Organization: Questions and Answers*, International Labour Office, 2009.

ILO, *Towards the ILO Centenary: Realities, Renewal and Tripartite Commitment*, International Labour Office, 2013.

ILO, *Rules of the Game: A Brief Introduction to International Labour Standards*, Third Revised Edition, International Labour Office, 2014.

ILO, *Assessment of Labour Provisions in Trade and Investment Arrangements: Studies on Growth with Equity*, International Labour Office, 2016.

ILO, *International Labour Conference: The Standing Orders at a Glance*, International Labour Office, 2019.

ILO, *Compendium of Rules Applicable to the Governing Body of the International Labour Office*, International Labour Office, 2019.

ILO, *Handbook of Procedures Relating to International Labour Conventions and Recommendations*, Centenary Edition, International Labour Office, 2019.

ILO, *Rules of the Game: An Introduction to the Standards-related Work of the International Labour Organization*, Centenary Edition, International Labour Office, 2019.

ILO, *Special Procedures for the Examination of Complaints alleging Violations of Freedom of Association*, in *Compendium of Rules Applicable to the Governing Body of the International Labour Office*, International Labour Office, 2019.

ILO, *Work for a Brighter Future: Global Commission on the Future of Work*, International Labour Office, 2019.

Malin Mehra, ed., *Human Rights and Economic Globalisation: Directions for the WTO*, Global Publication Foundation, 1999.

Marva Corley and Elizabeth Echeverria Manrique, *Labour Provisions in G7 Trade Agreements: A Comparative Perspective*, International Labour Office, 2019.

Nicolas Valticos and G. von Potobsky, *International Labour Law*, Kluwer Law and Taxation Publishers, 1995.

Shelley Marshall and Colin Fenwick, eds., *Labour Regulation and Development: Socio-Legal Perspectives*, Edward Elgar Publishing Limited, 2016.

Tarja Halonen and Ulla Liukkunen, eds., *International Labour Organization and Global Social Governance*, Springer, 2021.

五 英文期刊论文

Alexandre Berenstein, "The Influence of International Labour Conventions on Swiss Legislation," *International Labour Review*, Vol. 77, 1958.

Alina-Paula Larion, "Regulation of International Labour Organization on Forced Labour," *European Journal of Law and Journal Administration*, Vol. 4, No. 1, 2017.

Claire La Hovary, "A Challenging Ménage À Trois? Tripartism in the International Labour Organization," *International Organization Law Review*, Vol. 12, 2015.

Cleopatra Doumbia-Henry and Eric Gravel, "Free Trade Agreements and Labour Rights: Recent Developments," *International Labour Review*, Vol. 145, No. 3, 2006.

C. Wilfred Jenks, "The Relation between Membership of the League of Nations and Membership of the International Labour Organization," *British Yearbook of International Law*, Vol. 16, 1935.

C. Wilfred Jenks, "The International Labour Organization as a Subject of Study for International Lawyers," *Journal of Comparative Legislation and International Law*, Vol. 22, No. 1, 1940.

David Kucera, "Core Labour Standards and Foreign Direct Investment," *International Labour Review*, Vol. 141, No. 1 - 2, 2002.

Desiree LeClercq, "Sea Change: New Rulemaking Procedures at the International Labour Organization," *ILSA Journal of International & Comparative Law*, Vol. 22, No. 105, 2015.

Erika de Wet, "Governance through Promotion and Persuasion: The 1998 ILO Declaration on Fundamental Principles and Rights at Work," *German Law Journal*, Vol. 9, No. 11, 2008.

Hilary Kellerson, "The ILO Declaration of 1998 on Fundamental Principles and Rights: A Challenge for the Future," *International Labour Review*, Vol. 137, No. 2, 1998.

Isabelle Duplessis, "Francis Maupain, the Future of the International Labour Organization in the Global Economy, Oxford, Hart Publishing,

2013," *Quebec Journal of International Law*, Vol. 27, No. 1, 2014.

Jacques Secretan, "Swiss Constitutional Problems and the International Labour Organisation," *International Labour Review*, Vol. 56, 1947.

J. F. McMahon, "The Legislative Techniques of the International Labour Organization," *British Year Book of International Law*, Vol. 41, No. 1, 1965 – 1966.

Jonas Aissi, Rafael Peels and Daniel Samaan, "Evaluating the Effectiveness of Labour Provisions in Trade Agreements: An Analytical and Methodological Framework," *International Labour Review*, Vol. 157, No. 4, 2019.

Junlin Ho, "The International Labour Organization's Role in Nationalizing the International Movement to Abolish Child Labor," *Chicago Journal of International Law*, Vol. 7, No. 337, 2006.

Jean-Marc SIROËN, "Labour Provisions in Preferential Trade Agreements: Current Practice and Outlook," *International Labour Review*, Vol. 152, No. 1, 2013.

Manley O. Hudson, "The Membership of the United States in the International Labor Organization," *The American Journal of International Law*, Vol. 28, No. 4, 1934.

Nicolas Valticos, "The Influence of International Labour Conventions on Greek Legislation," *International Labour Review*, Vol. 71, No. 6, 1955.

Philip Alston and James Heenan, "Shrinking the International Labor Code: An Unintended Consequence of the 1998 ILO Declaration on Fundamental Principles and Rights at Work?" *New York University Journal of International Law and Politics*, Vol. 36, 2004.

Ronald C. McCallum, "Domestic Constitutions, International Law, and the International Labour Organization: an Australian and Canadian Case Study," *Queen's Law Journal*, Vol. 20, No. 301, 1995.

Sean Cooney, "Testing times for the ILO: Institutional Reform for the New International Political Economy," *Comparative Labor Law & Policy Journal*, Vol. 20, No. 3, 1999.

Steve Charnovitz,"The Future of the International Labour Organization in the Global Economy by Francis Maupain," *The American Journal of International Law*, Vol. 110, No. 3, 2016.

V. K. R. Menon,"The Influence of International Labour Conventions on Indian Labour Legislation," *International Labour Review*, Vol. 73, No. 551, 1956.

Yossi Dahan, Hanna Lerner and Faina Milman-Sivan,"Shared Responsibility and the International Labour Organization," *Michigan Journal of International Law*, Vol. 34, No. 4, 2012.

六 英文网络文章

ILO,"About the International Programme on the Elimination of Child Labour," https：//www.ilo.org/ipec/programme/lang--en/index.htm，最后访问日期：2021年1月7日。

ILO,"*A Fair Globalization：Creating Opportunities for All*," https：//www.ilo.org/public/english/wcsdg/docs/report.pdf，最后访问日期：2019年8月6日。

ILO,"Applying and Promoting International Labour Standards," https：//www.ilo.org/global/standards/applying-and-promoting-international-labour-standards/lang--en/index.htm，最后访问日期：2019年8月12日。

ILO,"Composition of the Governing Body of the International Labour Office," https：//www.ilo.org/wcmsp5/groups/public/@ed_norm/@relconf/@reloff/documents/meetingdocument/wcms_083528.pdf，最后访问日期：2020年9月18日。

ILO,"Conventions," https：//www.ilo.org/dyn/normlex/en/f? p=1000：12000：：：NO：：：，最后访问日期：2020年2月24日。

ILO,"Conventions and Recommendations," https：//www.ilo.org/global/standards/introduction-to-international-labour-standards/

conventions – and – recommendations/lang – – en/index. htm，最后访问日期：2020 年 10 月 25 日。

ILO, "ILO Calls for New Multilateral Initiative to Address Social Implications of Globalization," https：//www. ilo. org/global/about – the – ilo/newsroom/news/WCMS_ 007962/lang – – en/index. htm，最后访问日期：2020 年 10 月 23 日。

ILO, "ILO Constitution," https：//www. ilo. org/dyn/normlex/en/f? p = 1000：62：0：：NO：62：P62_ LIST_ ENTRIE_ ID：2453907：NO，最后访问日期：2020 年 3 月 21 日。

ILO, "ILO Global Summit on COVID – 19 and the World of Work-Concept Note," https：//www. ilo. org/global/topics/coronavirus/WCMS_ 747931/lang – – en/index. htm，最后访问日期：2020 年 12 月 23 日。

ILO, "ILO Global Summit on COVID – 19 and the World of Work-Building a Better Future of Work," https：//www. ilo. org/global/topics/coronavirus/events/WCMS_ 747476/lang – – en/index. htm，最后访问日期：2020 年 12 月 23 日。

ILO, "ILO Monitor：COVID – 19 and the World of Work. 7th Edition," https：//www. ilo. org/global/topics/coronavirus/impacts – and – responses/WCMS_ 767028/lang – – en/index. htm，最后访问日期：2020 年 12 月 29 日。

ILO, "Introduction to International Labour Standards," https：//www. ilo. org/global/standards/introduction – to – international – labour – standards/lang – – en/index. htm，最后访问日期：2019 年 12 月 1 日。

ILO, "Mission and Impact of the ILO," https：//www. ilo. org/global/about – the – ilo/mission – and – objectives/lang – – en/index. htm，最后访问日期：2019 年 12 月 1 日。

ILO, "Notifications for China-Hong Kong Special Administrative Region," https：//www. ilo. org/dyn/normlex/en/f? p = 1000：11200：0：：NO：11200：P11200_ COUNTRY_ ID：103578，最后访问日期：

2021年1月19日。

　　ILO,"Notifications for China-Macau Special Administrative Region," https：//www.ilo.org/dyn/normlex/en/f? p＝1000：11200：0：：NO：11200：P11200_ COUNTRY_ ID：103582,最后访问日期：2021年1月19日。

　　ILO,"Ratifications for China," https：//www.ilo.org/dyn/normlex/en/f? p＝1000：11200：0：：NO：11200：P11200_ COUNTRY_ ID：103404,最后访问日期：2021年1月19日。

　　ILO,"Ratifications of Fundamental Conventions by Number of Ratifications," https：//www.ilo.org/dyn/normlex/en/f? p＝1000：10011：：：NO：10011：P10011_ DISPLAY_ BY,P10011_ CONVENTION_ TYPE_ CODE：2,F,最后访问日期：2021年1月4日。

　　ILO,"Ratifications of Governance（Priority）Conventions by Number of Ratifications," https：//www.ilo.org/dyn/normlex/en/f? p＝NORMLEXPUB：10013：：：NO：10013：P10013_ DISPLAY_ BY,P10013_ CONVENTION_ TYPE_ CODE：2,G,最后访问日期：2021年1月5日。

　　ILO,"Representations," https：//www.ilo.org/global/standards/applying－and－promoting－international－labour－standards/representations/lang－－en/index.htm,最后访问日期：2019年10月12日。

　　ILO,"Rules for the Conference," https：//www.ilo.org/ilc/Rulesfortheconference/lang－－en/index.htm,最后访问日期：2019年12月2日。

　　ILO,"Ratifications by Country," https：//www.ilo.org/dyn/normlex/en/f? p＝NORMLEXPUB：11001：0：：NO：：：,最后访问日期：2020年12月23日。

　　ILO," Standing Orders of the International Labour Conference," https：//www.ilo.org/dyn/normlex/en/f? p＝1000：62：0：：NO：62：P62_ LIST_ ENTRIE_ ID：3088520：NO,最后访问日期：2020年12

月 23 日。

ILO, "Subjects Covered by International Labour Standards," https：//www.ilo.org/global/standards/subjects-covered-by-international-labour-standards/lang--en/index.htm, 最后访问日期：2020 年 2 月 24 日。

ILO, "World Commission on the Social Dimension of Globalization: Globalization Can and Must Change," https://www.ilo.org/global/publications/world-of-work-magazine/articles/WCMS_081347/lang--en/index.htm, 最后访问日期：2020 年 5 月 25 日。

ITC, "We are the Training Arm of the International Labour Organization," https://wwwitcilo.org/about, 最后访问日期：2020 年 6 月 17 日。

UN, "The Ten Principles of the UN Global Compact," http://www.unglobalcompact.org/AboutTheGC/TheTenPrinciples/index.html, 最后访问日期：2020 年 6 月 23 日。

"Promoting Core Labour Standards and Improving Social Governance in the Context of Globalization," http://csdle.lex.unict.it/Archive/LW/Data%20reports%20and%20studies/Reports%20and%20%20communication%20from%20EU%20Commission/20110830-104753_com_2001_416enpdf.pdf, 最后访问日期：2020 年 6 月 17 日。

"Working Party on Policy Regarding the Revision of Standards," https://www.ilo.org/public/english/standards/relm/gb/docs/gb276/prs-2.htm, 最后访问日期：2020 年 11 月 15 日。

WTO, "The WTO and International Labour Organization," https://www.wto.org/english/thewto_e/coher_e/wto_ilo_e.htm, 最后访问日期：2020 年 10 月 23 日。

七　英文文件

European Communities, "Proposal for a Joint ILO/WTO Standing Working Forum," WT/GC/W383, 1999.

国际劳工组织

ILO, "Working Party on Policy Regarding the Revision of Standards," GB. 276/LILS/WP/PRS/2, 1999.

ILO, "Follow-up to the Resolution on the ILO Centenary Declaration for the Future of Work-proposals Aimed at Promoting Greater Coherence within the Multilateral System," GB. 338/INS/3/1, 2020.

ILO, "Improvements in the Standards-related Activities of the ILO: Towards a Final Plan of Action for the Implementation of the Standards Strategy,"
GB. 306/LILS/4 (Rev.), 2009.

ILO, "ILO Relations with Bretton Woods Institutions," GB. 277/ESP/4 (Add. 1), 2000.

ILO, "Improvements in the Standards-related Activities of the ILO-ILO Standards Policy: The Establishment and the Implementation of a Standards Review Mechanism," GB. 312/LILS/5, 2011.

ILO, "ILO Working Party on the Social Dimensions of the Liberalization on International Trade, Future of the Working Party," GB. 276/14/1, 1999.

ILC, ILO Centenary Declaration for the Future of Work (conference paper at 108th Session of ILC, Geneva, 2019).

ILC, Report of the Committee of Experts on the Application of Conventions and Recommendations (conference paper at 64th Session of ILC, Geneva, 1978).

ILO, Report of the Committee of Experts on the Application of Conventions and Recommendations (conference paper at 73rd Session of ILC, Geneva, 1987).

ILC, The ILO, Standard Setting and Globalization (conference paper at 85th Session of ILC, Geneva, 1997).

UN, "Copenhagen Declaration on Social development," A/CONF. 166/9, 1995.

UN, "General Assembly 2758 on the Restoration of the Lawful Rights of the People's Republic of China in the United Nations," 2758 (XXVI), 1971.

UN, "Declaration and Programme of Action of the World Summit for Social Development," A/CONF. 166/9, 1995.

UN, "Resolution on the Recognition by the United Nations of the Representation of a Member State," A/RES/396 (V), 1950.

WTO, "Singapore Ministerial Declaration," WT/MN (96) /DEC/ W, 1996.

索　引

报告制度　12，119，120，122，133，136，137，151，169，176，338

标准实施委员会　34，120～122，130，135，136，140，143～146，148

标准审议机制　112，114，115，248

调查委员会　34，55，153，155～159，164，165，216，271～273

产业团体　44，135，149～154，261，271

常规监督机制　139，140，145～149，163

凡尔赛条约　15，16，27，29，80

费城宣言　15，16，36，37，64，81，159，163，174，183，185，192，193，195，276，280，281，285，287，288，290，299，333

哥本哈根社会发展问题宣言　171，173，217，333

国际劳工标准　1，2，6～9，11～13，15，16，24，27，29，31～36，38，39，43，54，63～66，69，71～74，77～85，87，99，100，102，103，114～116，118，124，131，139，141，143，147～150，167，170，180～182，185，188，189，197，203，208～210，214～216，221，227，231，233，236，240～244，246，248，254，279，286，289～291，295，304，308，324，330，335～337，339

国际劳工大会　16，18，19，21，23，27，30，34，43～53，55～57，63～65，70，78，85，99，103～107，109，110，112，113，116，118，119，135，136，140，143，144，155，158，169，173，174，177，178，187，193，194，199，210，211，214，231，235，247，248，256，277，280，285～287，290，294，295，297，299，325，326，340

国际劳工大会议事规则　44，47～53，55～57，63，103～107，109，112，113，143，144，178，193，194

国际劳工组织章程　15～20，22～26，29～31，36，43～57，60，62，63，78，80，85，88～90，92，97，101，103～107，109，112，113，115，119，

353

133～135，143，144，147，149，150，154～159，165，177，178，182，193～195，209，237，241，259，260，277，281，285，286，288～290，294，299，333

国际劳工组织关于工作中基本原则和权利宣言　3，12，72，137，169，170，174～176，178，179，182，183，189，211，212，279，283，288，299

国际劳工组织关于争取公平全球化的社会正义宣言　3，73，81，87，285，287，297，299

国际劳工组织关于劳动世界的未来百年宣言　4，176，214，241，247，252，299，300，305

雇主组织　2，5，16，19，27，31，33，34，43，44，64～66，69，70，75～78，83，84，92，95，105，107，111，114，121，122，131，136，139，141，142，144，151，152，159～162，173，174，179，184，186，189，195，196，203，231，232，242，248，254～257，289，291，292，294，304

关税及贸易总协定　172，192，220

基本劳工公约　24，32，71～73，86，87，123，136，182，185，211，217，218，226，236，243，307，323，329

记录表决　49，52

简单多数票　48，61，267

结社自由委员会　121，122，130，139，149，150，152，159～164，167，179，180，333

结社自由调查和调解委员会　160，161，164

技术劳工公约　71，86，87，308，324，330

技术援助　2，33～36，63，70，72，80，143，144，148，165～167，175，181，183，186，196，197，215，240，244，257，296

建议书　1，4，10，16，22，23，25～27，31，32，45，49～52，54，62，63，65，69～71，74，75，78，85，96，98～101，103，106，110，111，114～116，119，131，133～136，140，141，143，144，148，181，187，194，242，266～270，272，335

控诉　22，51，55，70，111，121，122，130，131，139，140，149，153～158，160～167，179，271～273

理事会　2，5，16，17，21，23～29，43，45～47，52～64，89，103～111，114，119～123，130，131，133～136，139，140，141，143，144，146，147，149，150，152～162，164，167，169，172，173，176～179，181，193，194，201，203，208，214，216，219，230～232，245，261～266，268～273，275，276，282，283，286，292，294，295，297，333，335

理事会适用规则　28，53，56，58～62，150，160～162，164，335

索 引

两次性讨论程序　103~105，107，109，110，112

灵活性条款　75，76，78，115，116

年度后续措施　176~178，281，282

任择议定书　166

三方结构　11，27，35，43，44，57，63~66，79，82，141，145，163，201，203，242，256，286

四大战略　3，37

社会正义　2~4，13，19，32，36~38，40~42，65，67，72，73，75，80，81，83，87，135，167，174，183，184，193，209，210，213，215，228，240，241，247，248，250，252，253，256，259，277，279，285~289，297，299，300，334

申诉　54，70，111，121，122，130，131，135，139，149~154，162，163，166，167，179，180，263，271，272

社会保护　3，37，81，83，185，203，218，245，248，249，252，253，255，257，286，290，302，303

社会对话　3，37，81，148，185，203，249，251，253，255，257，286，287，289，291，299，301，303，304

特别监督机制　139

一般性调查　134，135，143，146，147

一次性讨论程序　104，106，107，109

治理劳工公约　73，87，123，307，323，330

直接接触　34，141~143，152，163，166

直接询问　142，143，148

专家委员会　34，95，111，120~122，130，131，133~136，140~148，153，159，163，167，234

主要工业成员国　18，53，54，56，262，263

355

后　　记

在本项目研究过程中，中国社会科学院国际合作局对笔者赴瑞士调研提供了资助，对此表示衷心感谢。2019年9月1日至10月29日在赴瑞士佛里堡大学联邦研究所（Institute of Federalism, University of Fribourg）访学期间，笔者先后到瑞士佛里堡大学联邦研究所、瑞士纳沙泰尔大学（University of Neuchatel）和日内瓦国际劳工组织总部进行了调研，拜访了瑞士佛里堡大学联邦研究所所长伊娃·玛丽亚·贝尔瑟（Eva Maria Belser）教授和安德烈·斯通里（Andreas Stockli）教授、瑞士纳沙泰尔大学劳动法教授杜楠（Dunand）教授、国际劳工组织日内瓦总部的劳工标准政策高级顾问蒂姆·德梅尔（Tim De Meyer）先生、日内瓦国际劳工组织总部劳工标准审查机制（Standards Review Mechanism）专家丽莎·托特尔（Lisa Tortell）女士，并与这些专家就国际劳工组织以及国际劳工标准的制定、适用和监督等问题进行了非常有益的讨论，对其分享学术观点并提供学术支持表示特别感谢。同时，也对时任国际劳工组织中国和蒙古局劳动法专家周畅（Irene Zhou）女士与笔者分享学术观点并提供学术帮助表示由衷感谢。此外，特别感谢中国社会科学院国际法研究所原所长莫纪宏研究员为本书作序，也衷心感谢蒂姆·德梅尔先生为本书作序。同时也特别感谢中国社会科学院法学所和国际法所联合党委书记陈国平对本书出版的大力支持。最后，感谢社会科学文献出版社对本书出版的支持，并特别感谢国别区域分社张晓莉社长对统筹本书出版给予的大力支持和宋浩敏、赵海旭编辑对本书的专业细致编校和辛勤付出。

需要说明的是，本书附录一（国际劳工组织章程）、附录二（国际劳工组织关于工作中基本原则和权利宣言及其后续措施）、附录三（国际劳工组织关于争取公平全球化的社会正义宣言）、附录四（国际劳工组织关于劳动世界的未来百年宣言）、附录五（国际劳工公约一览表）、附录六（中国香港特别行政区参加国际劳工公约的情况）、附录七（中国澳门特别行政区参加国际劳工公约的情况）的译文分别参考使用了刘旭在《国际劳工标准概述》中的译文和国际劳工组织网站上的译文，在此一并表示感谢。此外，中文译文仅用于研究目的。

本项目研究自 2019 年 1 月 1 日开始至今，经过三年多的努力终将付梓。希望本书的出版，能将国际劳工组织的知识更广泛地传播给国人，同时促进学界对国际劳工组织的深入研究，为增强我国在国际劳动领域的治理能力提供学理基础和实践经验。欣慰之余，又多有忐忑，每念及此，恳请学界专家和读者朋友对研究中存在的不周之处予以批评指正。

李西霞

2022 年 1 月于北京

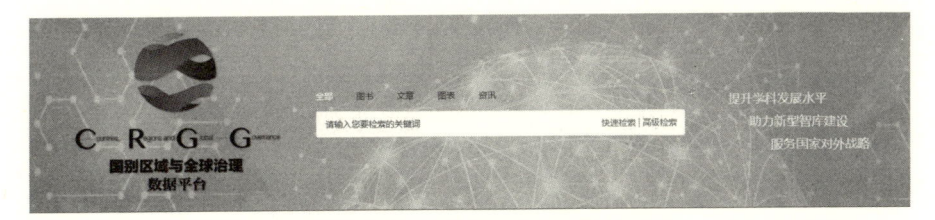

国别区域与全球治理数据平台

www.crggcn.com

"国别区域与全球治理数据平台"（Countries, Regions and Global Governance, CRGG）是社会科学文献出版社重点打造的学术型数字产品，对接国别区域这一重点新兴学科，围绕国别研究、区域研究、国际组织、全球智库等领域，全方位整合基础信息、一手资料、科研成果，文献量达30余万篇。该产品已建设成为国别区域与全球治理数据资源与研究成果整合发布平台，可提供包括资源获取、科研技术服务、成果发布与传播等在内的多层次、全方位的学术服务。

从国别区域和全球治理研究角度出发，"国别区域与全球治理数据平台"下设国别研究数据库、区域研究数据库、国际组织数据库、全球智库数据库、学术专题数据库和学术资讯数据库6大数据库。在资源类型方面，除专题图书、智库报告和学术论文外，平台还包括数据图表、档案文件和学术资讯。在文献检索方面，平台支持全文检索、高级检索，并可按照相关度和出版时间进行排序。

"国别区域与全球治理数据平台"应用广泛。针对高校及国别区域科研机构，平台可提供专业的知识服务，通过丰富的研究参考资料和学术服务推动国别区域研究的学科建设与发展，提升智库学术科研及政策建言能力；针对政府及外事机构，平台可提供资政参考，为相关国际事务决策提供理论依据与资讯支持，切实服务国家对外战略。

数据库体验卡服务指南

※100元数据库体验卡，可在"国别区域与全球治理数据平台"充值和使用

充值卡使用说明：
第1步 刮开附赠充值卡的涂层；
第2步 登录国别区域与全球治理数据平台（www.crggcn.com），注册账号；
第3步 登录并进入"会员中心"→"在线充值"→"充值卡充值"，充值成功后即可使用。

声明

最终解释权归社会科学文献出版社所有

客服QQ：671079496
客服邮箱：crgg@ssap.cn

欢迎登录社会科学文献出版社官网（www.ssap.com.cn）和国别区域与全球治理数据平台（www.crggcn.com）了解更多信息

卡号：9473182678871532

图书在版编目(CIP)数据

国际劳工组织/李西霞著.--北京：社会科学文献出版社，2022.4
（国际组织志）
ISBN 978-7-5201-9548-5

Ⅰ.①国… Ⅱ.①李… Ⅲ.①国际劳工组织-概况 Ⅳ.①D813.7

中国版本图书馆CIP数据核字（2021）第267522号

·国际组织志·
国际劳工组织

著　　者／李西霞

出 版 人／王利民
组稿编辑／张晓莉
责任编辑／宋浩敏
文稿编辑／赵海旭
责任印制／王京美

出　　版／社会科学文献出版社·国别区域分社（010）59367078
　　　　　地址：北京市北三环中路甲29号院华龙大厦　邮编：100029
　　　　　网址：www.ssap.com.cn
发　　行／社会科学文献出版社（010）59367028
印　　装／三河市尚艺印装有限公司

规　　格／开本：787mm×1092mm　1/16
　　　　　印　张：23.75　字　数：355千字
版　　次／2022年4月第1版　2022年4月第1次印刷
书　　号／ISBN 978-7-5201-9548-5
定　　价／128.00元

读者服务电话：4008918866

版权所有 翻印必究